复合人才培养系列丛书

大学生专业知识与就业前景

◎ 胡列 著

华中科技大学出版社
http://press.hust.edu.cn
中国·武汉

图书在版编目(CIP)数据

大学生专业知识与就业前景／胡列著．－－武汉：华中科技大学出版社，2024.6.
ISBN 978-7-5772-0182-5

Ⅰ．G647.38

中国国家版本馆 CIP 数据核字第 20246Y6Y11 号

大学生专业知识与就业前景　　　　　　　　　　　　　　　　　　　　　　胡　列　著
Daxuesheng Zhuanye Zhishi Yu Jiuye Qianjing

策划编辑：	汪　粲
责任编辑：	徐定翔　梁睿哲
封面设计：	原色设计
责任监印：	周治超
出版发行：	华中科技大学出版社(中国·武汉)　　电　话：(027)81321913
	武汉市东湖新技术开发区华工科技园　　邮　编：430223
录　　排：	华中科技大学惠友文印中心
印　　刷：	武汉科源印刷设计有限公司
开　　本：	787mm×1092mm　1/16
印　　张：	19.5
字　　数：	463 千字
版　　次：	2024 年 6 月第 1 版第 1 次印刷
定　　价：	79.00 元

本书若有印装质量问题，请向出版社营销中心调换
全国免费服务热线：400-6679-118　竭诚为您服务
版权所有　侵权必究

作者简介

胡列,博士,教授,1963 年出生,毕业于西北工业大学,1993 年初获工学博士学位,师从原中国航空学会理事长、著名教育家季文美大师。现任西安理工大学高科学院董事长,西安高新科技职业学院董事长。

先后被中央电视台"东方之子"特别报道,荣登《人民画报》封面,被评为"陕西省十大杰出青年""陕西省红旗人物""中国十大民办教育家""中国民办高校十大杰出人物""中国民办大学十大教育领袖""影响中国民办教育界十大领军人物""改革开放 30 年中国民办教育 30 名人""改革开放 40 年引领陕西教育改革发展功勋人物"等,被众多大型媒体誉为创新教育理念最杰出的教育家之一。

胡列博士先后发表上百篇论文和著作,近年分别在西安交通大学出版社、华中科技大学出版社、哈尔滨工业大学出版社、清华大学出版社、人民日报出版社、未来出版社等出版的专著和教材见下表。

复合人才培养系列丛书:	概念力学系列丛书:
高新科技中的高等数学	概念力学导论
高新科技中的计算机技术	概念机械力学
大学生专业知识与就业前景	概念建筑力学
制造新纪元:智能制造与数字化技术的前沿	概念流体力学
仿真技术全景:跨学科视角下的理论与实践创新	概念生物力学
艺术欣赏与现代科技	概念地球力学
科技驱动的行业革新:企业管理与财务的新视角	概念复合材料力学
实践与认证全解析:计算机－工程－财经	概念力学仿真
在线教育技术与创新	实践数学系列丛书:
完整大学生活实践与教育管理创新	科技应用实践数学
我的母亲	土木工程实践数学
创新实践系列丛书:	机械制造工程实践数学
大学生计算机与电子创新创业实践	信息科学与工程实践数学
大学生智能机械创新创业实践	经济与管理工程实践数学
大学物理应用与实践	未来科教探索系列丛书:
大学生现代土木工程创新创业实践	科技赋能大学的未来
建筑信息化演变:CAD－BIM－PMS 融合实践	科技与思想的交融
创新思维与创造实践	未来科技文学:古代觉醒
大学生人文素养与科技创新	未来科技与大学生学科知识演进
我与女儿一同成长	思维永生

Author Biography

Dr. Hu Lie, born in 1963, is a professor who graduated from Northwestern Polytechnical University. He obtained his doctoral degree in Engineering in early 1993 under the guidance of Professor Ji Wenmei, the former Chairman of the Chinese Society of Aeronautics and Astronautics and a renowned educator. Dr. Hu is currently the Chairman of the Board of Directors of The HI-TECH College of XI'AN University of Technology and the Chairman of the Board of Directors of XI'AN High-Tech University. He has been featured in special reports by China Central Television as an "Eastern Son" and appeared on the cover of "People's Pictorial" magazine. He has been recognized as one of the "Top Ten Outstanding Young People in Shaanxi Province" "Red Flag Figures in Shaanxi Province" "Top Ten Private Educationists in China" "Top Ten Outstanding Figures in Private Universities in China" "Top Ten Education Leaders in China's Private Education Sector" "Top Ten Leading Figures in China's Private Education Field" "One of the 30 Prominent Figures in China's Private Education in the 30 Years of Reform and Opening Up" and "Contributor to the Educational Reform and Development in Shaanxi Province in the 40 Years of Reform and Opening Up" among others. He has been acclaimed by numerous major media outlets as one of the most outstanding educators with innovative educational concepts.

Dr. Hu Lie has published over a hundred papers and books. In recent years, his monographs and textbooks have been published by the following presses: Xi'an Jiaotong University Press, Huazhong University of Science and Technology Press, Harbin Institute of Technology Press, Tsinghua University Press, People's Daily Press, and Future Press. The details are listed in the table below.

Composite Talent Development Series:	Conceptual Mechanics Series:
Advanced Mathematics in High-Tech Science and Technology	Introduction to Conceptual Mechanics
Computer Technology in High-Tech Science and Technology	Conceptual Mechanical Mechanics
College Students' Professional Knowledge and Employment Prospects	Conceptual Structural Mechanics
The New Era of Manufacturing: Frontiers of Intelligent Manufacturing and Digital Technology	Conceptual Fluid Mechanics
Panorama of Simulation Technology: Theoretical and Practical Innovations from an Interdisciplinary Perspective	Conceptual Biomechanics
	Conceptual Geomechanics
Appreciation of Art and Modern Technology	Conceptual Composite Mechanics
Technology-Driven Industry Innovation: New Perspectives on Enterprise Management and Finance	Conceptual Mechanics Simulation
Practical and Accredited Analysis: Computing-Engineering-Finance	
Online Education Technology and Innovation	**Practical Mathematics Series:**
Comprehensive University Life: Practice and Innovations in Educational Management	Applied Mathematics in Science and Technology
My Mother	Applied Mathematics in Civil Engineering
	Applied Mathematics in Mechanical Manufacturing Engineering
Innovative Practice Series:	Applied Mathematics in Information Science and Engineering
College Students' Innovation and Entrepreneurship Practice in Computer and Electronics	Applied Mathematics in Economics and Management Engineering
College Students' Innovation and Entrepreneurship Practice in Intelligent Mechanical Engineering	
University Physics Application and Practice	**Future Science and Education Exploration Series:**
College Students' Innovation and Entrepreneurship Practice in Modern Civil Engineering	The Future of Universities Empowered by Technology
Evolution of Architectural Informationization: CAD-BIM-PMS Integration Practice	The integration of technology and thought
Innovative Thinking and Creative Practice	Future Science and Technology Literature: Ancient Awakening
Cultural Literacy and Technological Innovation for College Students	Future Technology and the Evolution of University Student Disciplinary Knowledge
Growing Up Together with My Daughte	Mind Eternal

丛书序一

在这个科技加速进步的时代,传统的知识体系和教育模式已经难以满足社会对复合型人才的需求。我非常高兴为"复合人才培养系列丛书"撰写序言。作为一位关注跨学科知识融合和人才培养研究的学者,我深切认识到,面对挑战愈演愈烈的社会,我们需要一种新的教育策略,这正是本系列丛书所提供的,它既有广度,更有深度;既有实用性,更有前瞻性。

本系列丛书以交叉学科和复合技能为核心,致力于培养既具有深厚专业知识又拥有广泛跨领域知识和实践能力的新型人才。通过以下精心编撰的书籍,胡列博士向我们展现了一个以创新思维和复合能力为核心的全新人才培养框架:

《高新科技中的计算机技术》:介绍计算机科学的最新进展及其在多个领域中的应用,强调计算机技术在推动跨学科创新中的关键作用。

《制造新纪元:智能制造与数字化技术的前沿》:探讨智能制造和数字化技术如何共同推进制造业的现代化和高效化。

《科技驱动的行业革新:企业管理与财务的新视角》:从科技角度重新定义企业管理和财务,展示科技如何促进更全面、更有效的管理实践。

《仿真技术全景:跨学科视角下的理论与实践创新》:倡导仿真技术在不同学科中的应用,为跨学科研究提供支持。

《在线教育技术与创新》:深入研究在线技术如何在教育改革中发挥作用,提高教学质量和效率。

《艺术欣赏与现代科技》:探讨艺术与科技的结合如何开辟新的创造领域和审美维度,对理解艺术和科技的交叉具有重要价值。

《实践与认证全解析:计算机-工程-财经》《大学生专业知识与就业前景》以及《完整大学生活实践与教育管理创新》:这些书籍从高等教育的科学内涵出发,集中讨论如何培养学生的跨学科能力和应对复杂问题的能力。

这套丛书不仅是跨学科知识的宝库,更是一份面向教育者、学者、管理者和所有渴望提升自我的奋进者的实践指南。通过胡列教授的丰富学术积累和对教育的深刻理解,我们得以一窥复合型人才培养的全新模式。这些书籍深化了我们对专业知识的理解,并拓宽了我们对世界多样性的认识,是对快速变化社会的积极回应。

无论您是哪个领域的专家,或是追求个人发展的践行者,这套丛书都将成为您不可多得的资源和指南,引领我们共同在快速变化的世界中不断前行。

舒德干

中国科学院院士、国家自然科学奖一等奖获得者

2024 年 3 月

丛书序二

我很高兴为这套精心编选的"复合人才培养系列丛书"写序。身为一位长期关注科技、教育和人才发展的院士,我愈加明了在这个快速变化的时代,单一的知识结构和传统的教育模式已难以满足社会的需求。本系列书籍以其前瞻性和实用性,应时而生、应需而变,为我们提供了一个独特的视角来重新审视和构建21世纪的人才培养模型。

我也深深地认识到培养复合型人才的重要。在传统的学科研究中,我们往往过于强调深度而忽视广度,过于重视理论而轻视实践。然而,在科技快速发展、行业不断迭代的今天,交叉知识和复合技能成为一种趋势,也是未来人才竞争力的重要来源。本系列丛书以交叉和复合为核心理念,兼顾专业性与通用性,强调创新思维与实践应用,旨在培养具有多元素综合能力的复合型人才。

凌晓峰
加拿大工程院院士
2024年3月

本书序

作为深圳明阳电路科技股份有限公司的董事长,我深知在这个信息爆炸的时代,我们每个人都需要有明确的方向,才能在职业生涯中取得成功。因此,我非常高兴能为我的中学同学胡列博士的新书《大学生专业知识与就业前景》写序。

这本书是胡列教授根据他多年的教学和研究经验以及对大学教育和职业发展的深入理解精心撰写的。它从多个角度全面解析了大学生活的方方面面,包括专业知识结构和就业前景及就业指导等,为学生提供了一本全面的大学生活和职业发展指南。

我特别欣赏这本书的创新之处,那就是它将不同专业群的知识结构和就业前景进行了系统的整合,使得学生能够从宏观角度理解自己的专业和未来的职业发展。同时,书中还强调了终身学习的重要性,提供了实用的学习方法和提高就业竞争力的建议,这对于学生来说是非常有价值的。

胡列教授是我非常敬重的人。我们从中学开始就是同学,他的聪明才智和坚韧不拔的精神给我留下了深刻的印象,他的专业成就和教育事业更是令我敬佩。胡列教授创办了两所大学,他的领导力和前瞻性思维,使得这两所大学都取得了显著的成就,为社会培养了大量优秀的人才。

总的来说,《大学生专业知识与就业前景》是一本充满智慧和创新的书,无论是大学新生还是即将毕业的学生,都可以从中获取宝贵的知识和建议。我相信,在胡列教授的引领下,我们的年轻一代将能够更好地应对未来的挑战,实现自己的职业目标。

张佩珂
深圳明阳电路科技股份有限公司(上市)董事长
2023年5月

前言

我们正在经历一个飞速发展的信息时代，新的技术和理念不断涌现，对于刚刚踏入大学校园的新生来说，如何制定学习目标、掌握专业知识结构、规划未来职业发展、提升竞争力，都是迫切需要解答的问题。为此，《大学生专业知识与就业前景》这本书应运而生，旨在成为新生的大学指南和毕业生的职场工具书。

本书共 9 章，全方位地覆盖了从大学生活规划，到专业知识结构掌握，再到就业前景的探讨。

第 1 章着重强调了在大学生活中明确学习目标的重要性，并提供了一系列实用的建议，帮助新生从大学生活的第一天起就能有一个清晰的学习目标和发展方向。

接下来的 7 章对计算机类、机械类、土木建筑类、电子电气类、管理类、财务类以及教育技术与英语类等 7 大专业群进行了深入详尽的剖析。每一章都围绕着该专业群的知识结构、就业前景以及创业所需的知识和技能进行了阐述，包括各专业就业前景和就业岗位及趋势，各专业培养方向和主干课程以及详细的核心知识点和专业技能，课程论文的书写格式和论文范例，各专业职业资格认证的主要方面，各专业创业所应具备的知识结构和素质、技能，专业的硬软件实验、仿真模拟实验、实训、实习、毕业设计等实践环节的内容和要求，各专业毕业设计的题目示例和开题方向，可以参考就业的典型企业简介。不厌其烦地详细介绍，目的在于帮助学生全面了解自己所学专业，并为未来的发展方向做好规划。

第 9 章聚焦于求职简历与面试技巧，同时强调了终身学习在提升就业竞争力中的关键作用，为毕业生在就业市场中求职提供了实用的指导。每章最后的思考题也有助于学生讨论和研究，启发学习方法和创新思维。

在书稿创作期间，于萍教授，罗兰、谢金鹏、王冬姣、王传领等老师都给予了很好的建议并参与了修改完善，在此一并致谢。

《大学生专业知识与就业前景》是一本为新生提供大学生活规划、为毕业生提供职场指导的工具书。我们希望本书能帮助大学生在大学期间明确学习目标、掌握专业知识、提升竞争力，并在毕业后的职场生涯中取得成功。期待你的大学生活和职业发展都能如愿以偿，一切顺利。

胡列

2023 年 5 月

目 录

引言 大学是塑造人生竞争力的关键时刻	/ 1
第 1 章 完整大学生活提升就业竞争力	/ 9
1.1 志存高远,明确职业规划	/ 10
1.2 重视学习复合交叉专业知识和技能	/ 16
1.3 学会学习、创新思维及实践环节的重要性	/ 20
1.4 通过创新社团和人文艺术体育活动提升团队领导力	/ 26
1.5 本章思考题	/ 31
第 2 章 计算机类专业群知识结构与就业前景	/ 32
2.1 计算机类专业群涉及的行业现状与发展趋势	/ 32
2.2 计算机类专业群就业前景与岗位及趋势	/ 39
2.3 计算机类专业群的培养方向和主干课程及课程论文示例	/ 46
2.4 计算机类专业群各专业核心知识和专业技能的主要内容	/ 56
2.5 计算机类专业群职业资格证及核心培训课程	/ 62
2.6 计算机类专业群毕业生在创业时所需具备的知识结构和技能素质	/ 67
2.7 计算机类专业群硬软件实验和仿真、实训、实习、毕业设计等实践环节	/ 68
2.8 计算机类专业群毕业设计题目示例	/ 72
2.9 计算机类专业群涉及的行业典型企业的介绍与分析	/ 78
2.10 本章思考题	/ 82
第 3 章 机械类专业群知识结构与就业前景	/ 83
3.1 机械类专业群涉及的行业现状与发展趋势	/ 83
3.2 机械类专业群就业前景与岗位及趋势	/ 90
3.3 机械类专业群的培养方向和主干课程及课程论文示例	/ 94
3.4 机械类专业群核心知识点和专业技能的主要内容与要点	/ 99
3.5 机械类专业群职业资格证及核心培训课程	/ 102
3.6 机械类专业群在创业时所需具备的知识结构和技能素质	/ 105
3.7 机械类专业群硬软件实验和仿真、实训、实习、毕业设计等实践环节	/ 107
3.8 机械类专业群毕业设计题目示例	/ 111
3.9 机械类专业群涉及的行业典型企业的介绍与分析	/ 114
3.10 本章思考题	/ 117
第 4 章 土木建筑类专业群知识结构与就业前景	/ 118
4.1 土木建筑类专业群涉及的行业现状与发展趋势	/ 119

  4.2 土木建筑类专业群就业前景与就业岗位及趋势 / 125
  4.3 土木建筑类专业群的培养方向和主干课程及课程论文示例 / 132
  4.4 土木建筑类专业群核心知识点和专业技能主要内容 / 138
  4.5 土木建筑类专业群职业资格证及核心培训课程 / 142
  4.6 土木建筑类专业群在创业时所需具备的知识结构和技能素质 / 146
  4.7 土木建筑类专业群硬软件实验和仿真、实训、实习、毕业设计等
    实践环节 / 147
  4.8 土木建筑类专业群毕业设计题目示例 / 152
  4.9 土木建筑类专业群涉及的行业典型企业的详细介绍与分析 / 157
  4.10 本章思考题 / 160

第 5 章 电子信息与电气工程类专业群知识结构与就业前景 / 162

  5.1 电子信息与电气工程类专业群涉及的行业现状与发展趋势 / 162
  5.2 电子信息与电气工程类专业群就业前景与岗位及趋势 / 167
  5.3 电子信息与电气工程类专业群的培养方向和主干课程及课程论文
    示例 / 171
  5.4 电子信息与电气工程类专业群的核心知识点和专业技能内容 / 179
  5.5 电子信息与电气工程类专业群职业资格证及核心培训课程 / 182
  5.6 电子信息与电气工程类专业群毕业生在创业时所需具备的知识
    结构和技能素质 / 186
  5.7 电子信息与电气工程类专业群实践环节 / 187
  5.8 电子信息与电气工程类专业群毕业设计题目示例 / 191
  5.9 电子信息与电气工程类专业群涉及的行业典型企业的介绍与分析 / 194
  5.10 本章思考题 / 197

第 6 章 管理类专业群知识结构与就业前景 / 198

  6.1 管理类专业群涉及的行业现状与发展趋势 / 198
  6.2 管理类专业群就业前景与岗位及趋势 / 203
  6.3 管理类专业群的培养方向和主干课程及课程论文示例 / 209
  6.4 管理类专业群核心知识点和专业技能内容与要点 / 216
  6.5 管理类专业群职业资格证及核心培训课程 / 219
  6.6 管理类专业群在创业时所需具备的知识结构和技能素质 / 222
  6.7 管理类专业群实验、实训、实习、毕业设计等实践环节 / 223
  6.8 管理类专业群毕业设计题目示例 / 227
  6.9 管理类专业群涉及的行业典型企业的介绍与分析 / 231
  6.10 本章思考题 / 235

第 7 章 财务管理类专业群知识结构与就业前景 / 236

  7.1 财务管理类专业群涉及的行业现状与发展趋势 / 236
  7.2 财务管理类专业群就业前景与岗位及趋势 / 240
  7.3 财务管理类专业群的培养方向和主干课程及课程论文示例 / 244
  7.4 财务管理类专业群核心知识点和专业技能主要内容与要点 / 251
  7.5 财务管理类专业群职业资格证及核心培训课程 / 254

7.6　财务管理类专业群在创业时所需具备的知识结构和技能素质　/ 256
　　7.7　财务管理类专业群实验、实训、实习、毕业设计等实践环节　/ 258
　　7.8　财务管理类专业群毕业设计题目示例　/ 261
　　7.9　财务管理类专业群涉及的行业典型企业的介绍与分析　/ 263
　　7.10　本章思考题　/ 265

第8章　教育技术与英语等专业群知识结构与就业前景　/ 267
　　8.1　教育类和英语等专业群涉及的行业现状与发展趋势　/ 267
　　8.2　教育技术和英语专业群的就业前景与岗位及趋势　/ 270
　　8.3　教育技术和英语专业群的培养方向和主干课程及课程论文示例　/ 273
　　8.4　教育技术和英语专业群的核心知识点主要内容和专业技能要点　/ 278
　　8.5　教育技术和英语专业群职业资格证及核心培训课程　/ 279
　　8.6　教育技术和英语专业群毕业生在创业时所需具备的知识结构和技能素质　/ 281
　　8.7　教育技术和英语类专业群实验、实训、实习、毕业设计等实践环节　/ 282
　　8.8　教育技术和英语类专业群毕业设计题目示例　/ 285
　　8.9　教育技术和英语类专业群涉及的行业典型企业的介绍与分析　/ 286
　　8.10　本章思考题　/ 288

第9章　应聘求职简历与面试及终身学习提高就业竞争力　/ 289
　　9.1　求职简历与面试　/ 289
　　9.2　终身学习的重要性和不断提高就业竞争力的方法　/ 292

引言　大学是塑造人生竞争力的关键时刻

许多人都读过《我的大学》这本书，它是高尔基自传体小说三部曲中的最后一部。作品讲述了阿廖沙 16 岁那年，背井离乡，前往喀山大学求学。在梦想破碎后，他不得不为生计奔波，住在"大杂院"，卖苦力，与流浪汉为伍，与形形色色的市民和知识分子打交道，仿佛进入了一所天地无垠的社会大学。在这所大学里，他经历了精神成长的曲折过程，通过了各种生活考验，对人生的意义和世界的复杂性进行了初步探索。

我们这个时代的青年是幸运的，大多数人有机会拥有属于自己的大学。然而，有多少青年能真正意识到大学的珍贵呢？大学是建立人生价值观的关键时期，是影响人生规划和发展的至关重要的阶级，是奠定人生竞争力的最佳时机。这是掌握创新思维和智慧思考方法的黄金时期，学习数字化和人工智能科技知识以及人机共生技能的关键时刻，这是提高人文艺术修养和磨炼高品质人生的时机，洞察科技进步和社会经济发展趋势的时刻，积累创新创业领导力的阶段。这些知识和技能将助力大学生从象牙塔般的大学向终身学习的社会大学迈进的实践时刻。

拥有有意义的人生是每位大学生首要思考的问题，因为人生态度决定职业目标。让我们回顾并反思一下中外一些"大学"的理念。

科技发展对教育的影响

1. 中国的科技进步和大学使命

中国是世界早期文明的发源地之一，也是最早使用火、发明弓箭和陶器、开展农牧业、观测天文、创立医药的地区之一。在漫长的历史中，春秋战国时期出现了炼钢技术和铸铁柔化技术。秦汉时期的《九章算术》，造纸术、司南、地动仪、医药巨典《本草纲目》，地理著作《徐霞客游记》、海图以及罗盘的运用，《易经》已经用来解释测量时空可变，《道德经》已经开始探讨物质世界，《黄帝内经》成为人类医学的顶尖科技典籍，北宋沈括的科技著作《梦溪笔谈》，明朝宋应星的工艺百科全书《天工开物》……一个个文明成就宛如璀璨星辰，为世界文明的发展作出了巨大贡献。

然而，自近代开始，中国逐渐被西方国家超越。文艺复兴后，近代科学迅速发展，结合 18 世纪中叶以后的工业革命，确立了科学技术在整个社会中的重要地位。

改革开放以来，我国建立了具有社会主义特色的市场经济，大力发展科学技术，创造了大国崛起的经济奇迹。目前，我们正走在迎头赶上世界科技先进水平的道路上，亟需科技创新的领军人物。在向高科技企业转型的过程中,更需要众多高素质技术劳动者——大国工匠。这就是大学师生共同奋斗的责任!借鉴世界科技创新的知识和方法,继承我国传统文化的精华,反思不符合科技和社会发展的错误理念和思潮,推进知识创新、理论创新、方法创新,促进民族复兴进程。这就是大学师生共同奋斗的使命!

2. 现代科技的迅速发展对未来人才素质的要求

人工智能技术的飞速进步,不仅其与经济将产生双重奇点,而且可能对现有的工作模式、就业和职业生涯产生全面而深远的影响。世界未来研究所提出推动未来社会巨变的6个推手:极端的长寿,智能机器和系统的兴起,计算世界,新媒介生态,人类活动方式会根本性的改变,全球互联的世界。强人工智能产生指数级发展的经济奇点和技术奇点,科技的发展是符合幂律分布的,其发展前期缓慢,但是之后会指数级地爆炸增长,导致存储能力、计算能力、芯片规模、带宽规模暴涨。

2023年3月,ChatGPT4在三个月的自迭代学习中进步神速,已经能够初步开始处理图像信息,包括表格、考试题目截图、论文截图、漫画等。在"美国高考"SAT数学部分和证据性阅读与写作部分的考试的测试中,GPT4的得分高于88%的应试者。当然,目前的人工智能系统尚无法达到人类的智力水平,尤其在情感理解、创造力和道德判断等方面还有很大的差距。

未来社会进一步互联和数字化,进而推动大数据、云计算和人工智能发展。强人工智能出现以后,人们的行为会发生什么改变?企业的商业模式会产生哪些变化?未来的社会变成什么样子?我们的生活会向哪些方向演化?应该怎么样学习?世界未来研究所预测了未来社会需要的10种技能:一是意义构建,二是社交智能,三是新颖和适应性思维,四是跨文化能力,五是计算思维,六是新媒体素养,七是跨学科能力,八是设计思想,九是认知负荷,十是虚拟协作。

面对未来所需的这些技能,我们的大学和教育能帮学生培养这些技能吗?如果我们现在的教育没有培养学生这些能力,怎样让他们在未来的世界里去生存?

一本学术著作中提到了未来生存9大原则:第一个是涌现优于权威,也就是未来在大数据、互联网、云计算、深度计算的情况下,很多东西不是设计出来的,而是涌现出来的;第二个是动力优于推力,要有发自内心的动力;第三个是指南针优于地图,即生存意义和人生的方向更重要;第四个原则是风险优于安全;第五个原则是求真优于服从;第六个是实践优于理论;第七是多样性优于能力;第八是韧性优于力量;第九个是系统优于个体。

这些生存原则提醒我们,未来世界会有颠覆性改变,我们的生活方式、能力结构、生存规则均需改变。我们的学习方式也需改变,必须思考如何通过教育改变自己,立足未来。

人工智能和机器人会在替代和强化部分行业的同时,孕育很多新的行业。根据研究,在未来我国710万工作岗位将消失,700种职业、47%的工作可能被人工智能和机器人取代,而同时也将出现许多新职业。靠记忆知识和简单理解为主的工作将全面被人工智能所取代,教育的目标必须由知识记忆为主转向能力培养为主,更加注重培养人的批判性思维能力、创造能力、创新精神和创业精神,更加注重培养人机共生的能力。

人工智能和机器人将改变社会,知识获取便捷,职业可能日益碎片化,生活需求会越来越丰富多彩,呈现日益多样化和高端化。未来社会可能会被机器人、物联网等催生很多新业态,例如精准化服务、新型供应链、健康和养老、艺术文体、新教育等。在这种情况下,知识融合、创新创造、综合能力、变革管理、跨文化领导力等日益重要。从教育的角度来看,任何人适应未来任何行业和岗位,高尚的品格和素养是根本的和不可或缺的,因此通识教育、素养教育、艺术教育会变得越来越重要。

未来人群里会有10%左右的专业精英,30%左右的行业精英,那么其他60%的人怎么办?这些人接受什么样的教育才能在这种环境下生存和生活?因此要更加重视为未来培养复合型的行业精英和创业家,他们需要素养、专业技能、行业知识、领导和管理才能,把通识教育、专业教育、行业教育和管理教育融合起来;把大学生普遍缺乏的企业家精神、领导能力、沟通能力、创造力融合培养;把学习、实习、在岗训练、创业和未来发展融合起来;最后形成学习、科研、实训、创新创业、产业研发等高度融合的一种新型教育模式。教育的目的更应该是培养学生在未来世界中生存的综合能力。技能总会过时,但综合能力却能让学生更好地适应环境的变化。

随着全球经济的快速发展和科技的飞速进步,社会对技能型人才的需求趋势也在不断变化。企业对掌握数字技能的人才的需求越来越高,例如要求具备数据分析、人工智能、机器学习等领域的技能;对人工智能技能人才的需求增加,要求能够开发和维护人工智能系统,并提供智能解决方案;对跨界技能人才的需求增加,要求具备多领域、多技能的跨界型人才;尽管技术的进步已经带来了很多机器自动化,但人类的技能仍然是不可或缺的,例如仍然要求具备沟通、领导力、团队协作等人际交往和管理能力;对持续学习能力的需求增强,要求具备持续学习和适应新技能的能力,以保持竞争优势。

教育价值观与理念的思考

1. 人生态度决定职业目标

孔子,这位从困苦的少年成长为中华民族世代景仰的圣人,用一生的不懈追求实践了他所开辟的六经教育,培养个体和谐的人格。他的大学之道与六经教育密切相关。"十有五而志于学",首先学习《诗》;"三十而立",立足于《礼》;"四十而不惑",源于深入领悟《书》;"五十而知天命",得益于深刻理解《易》;"六十而耳顺",归功于领会《乐》;"七十而从心所欲不逾矩",得益于《春秋》的创作。孔子所倡导的好学精神,如"学而时习之,不亦说乎""好学不厌,诲人不倦""发愤忘食,乐以忘忧,不知老之将至",对于大学生建立良好的学习态度具有重要意义。然而,我们不能将这些儒家思想仅仅局限在人伦日常生活中,而应将其运用于科学技术的追求。

此外,孔子和孟子对个人修养的要求,如"三军可夺帅,匹夫不可夺志""虽千万人,吾往矣""威武不能屈,贫贱不能移,富贵不能淫""吾善养吾浩然之气""己所不欲,勿施于人"等为人准则,对于培养科技社会杰出人才具有深远影响。

大学生应将儒家思想与科学技术追求相结合,以孔子的好学精神为指导,培养自己的学术素养和技能。在个人修养方面,秉持孔孟的道德要求,努力成为品德高尚、具有创新精神和实践能力的人才。这样的人才,将更好地服务于社会,为国家和民族的发展做出重要贡献。

在当今社会,很多家庭仍将读大学视为封建科举,认为读书的目的是做官发财。这种观念认为,只有做官才能造福一方,发财才能体现个人价值。然而,在科技迅猛发展的多元社会中,评价一个人对社会所做贡献和价值的标准已经发生了变化。

衡量一个人对社会的实际做出的贡献和价值已经有了基本的共识:是否有益于社会的进步和发展,是否有利于推动社会文明的发展和进步;是否为社会创造了精神财富和物质财富,为社会提供了有益的帮助和支持;是否通过自己的努力和奋斗,取得了社会的认可和赞誉,赢得了社会的尊重;是否具备高尚的品德和情操,具有良好的道德和行为规范,对社会的和谐稳定和发展起到积极的促进作用;是否在自己的工作岗位上尽职尽责、兢兢业业,做出了突出的成绩和贡献,得到了同事和上级的认可和赞扬;是否具备创新意识和创新能力,能够提出有价值的建议和想法,为社会的发展和进步做出了积极的贡献。

人生态度决定职业目标,有了正确和明确的人生态度,才能确定出明确的职业目标。人生态度是指个人对生命的态度、价值观、信念、行为方式等因素的综合体现。职业目标则是指个人在职业生涯中所追求的目标和方向。

首先,一个人的人生态度会影响他对职业的选择。比如说,一个具有积极向上、乐观向善的人生态度的人更有可能选择那些能够让他发挥个人优势和潜力、并且对社会有益的职业;而一个消极、抱怨的人则更可能选择那些不需要太多精力和动脑筋、收入稳定但不一定有意义的职业。

其次,一个人的人生态度会影响他对职业目标的坚持和追求。一个有着强烈自我意识、自信心和奋斗精神的人,不仅更容易设定高远的职业目标,而且也更有能力在遭遇困难和挫折时坚持不懈地追求自己的目标;相反,一个缺乏自信心、犹豫不决、容易沉溺于安逸的人,则很难在职业生涯中实现自己的理想。

最后,一个人的人生态度会影响他对职业成就的认知和评价。一个乐观、自信、积极向上的人,更容易认识到自己的职业成就来自自己的努力和才能,并且更有可能在职业生涯中不断追求更高的成就;而一个消极、自卑、悲观的人,则往往会过度强调外部因素对自己职业发展的影响,难以享受职业成就带来的快乐和满足感。

因此,人生态度对职业目标的选择、坚持和实现都有着至关重要的影响。我们在职业规划时应该认真思考自己的人生态度,及时调整和纠正不良的态度和行为习惯,以便更好地实现自己的职业目标。

2. 大学是学习和创新的生态系统

大学应该是一个学习和创新生态系统,各种资源在这里聚合、碰撞、合作,最后产生人才、知识、技术、新思想。大学存在的意义就是通过教育影响几代人、通过研究提升人类生存能力、通过新的生活方式和先进文化影响社会的进步和文明。

不论是东方还是西方,人们对教育与技术关系的探索,都是对人与知识关系的探索,其本质是对人与人之间关系的探索。传统的自上而下的、给予式的、命令式的、控制与被控制式的关系,在技术进步的今天,展现出开放、赋权、参与、合作以及自由之类的涵义。这是一种人际关系的"权力转移",顺应了人对自由、平等、公正的追求。技术是人类智慧的结晶,教育是人类智慧的投放。技术与教育的新型关系,不是将传统的课堂搬上网络,而是技术解放了人类原有的天性,使人类的智慧之花得以更加绚烂地绽放。

为了培养有理想、有信念、有责任感的"大国工匠",大学更要不断进行理念的反思和实践。

我以为大学者,大师、大楼、大志也。梅贻琦先生当年曾说:"大学者,非谓有大楼之谓也,有大师之谓也。"何谓大师? 清华大学90周年校庆提出:"第一流人格,第一流学术,第一流思维,第一流胆识,第一流文采。"一所大学不仅要推崇大师,吸引大师,还要让自己成为培育大师的土壤。梅贻琦先生当年关于大师和大楼的论述,未必就不重视大楼。要培养现代化建设所需要的学生,要出高水平的研究成果,就必须拥有现代化的办学条件和设施。

大志就是大学要符合现代教育发展的趋势。大学生是主动学习的主角,大学既要引导大学生树立明确的理想信念和志向,更要因材施教,一切围绕学生制定特色鲜明的培养方案、职业规划、专业课程体系、实践环节等。大学要想制定出符合时代发展和科技进步的人才培养方案,就必须了解当今科技重大进展及其对大学教育的影响,尤其是对未来社会和企业岗位的影响。

3. 从知识灌输到融合式学习

有一幅漫画显示人类最后成了机器人时代的乞讨者。其实人工智能不仅将替代人的智能,还将改变人的思维方式。如果机器能够思维,我们则需要培养学生如下能力:自主学习的能力、提出问题的能力、人际交往的能力、创新思维的能力、谋划未来的能力。重视学生的独立精神和主动性,看重学生的素养、能力和知识体系的形成,帮助学生思考人生意义、学会学习。显然,大学不只是学知识,更是构筑梦想、铸就追梦翅膀的关键阶段。

过去教学基本上是把灌输知识类比为浇灌树苗,让学生尽可能多地吸收知识。现在知识爆炸,相当于暴雨成灾,如果不加以疏导,学生很容易变成表面虚胖甚至水泡烂根,似乎什么都懂但什么也不真懂。因此,教学不再是简单地教知识,要引导学生提出问题、搜寻知识、整合知识、解决问题,并在此过程中提升沟通、合作、表达和执行等能力。

麻省理工学院做过一个有趣的实验,用传感器来观察学生大脑的活动状态。实验结果很遗憾地发现,在大学里依然流行的传统课堂上,学生的脑电波很平静,基本上不动脑;动脑只发生在做实验、做作业、自学、考试甚至做梦的时候。

因此,传统的知识灌输式教学的价值在衰减,教育必须重塑教学过程,需要各种教育手段融合的学习模式。融合式学习不单是面对面式的学习和在线学习的简单融合,而是融合多种教学设备、多种教学方法、多种学习策略与评价方法、同步学习与异步学习、多种课程和学习资源等;学习计划制定、学习方法设计、学习效果评价和学习记录跟踪等相互融合;学生的培养更加个性化,因材施教;通过大数据,分析学生的学习倾向、学习动机、学习风格和学习爱好等,实现个性化的推送学习资源,精准化地辅助学生,自助化完成学习目标等。融合式学习必须改变传统课堂教学以教师为中心的状况,学生真正成为学习的主角。

以互联网、云计算、大数据、物联网、人工智能等为代表的信息技术在教育领域中的应用越来越广泛。MOOC、融合式学习、翻转课堂等已经得到了广泛应用,智能教学系统(ITS)、智能决策支持系统(IDSS)、智能计算机辅助教学(CAI)系统也迅速发展,物联网已经在课堂教学、课外学习和教育管理三个方面给教育提供了相应的支持。随着数字化和智能技术的发展,教师和学生都需要不断改变和适应,利用数字技术提高教与学的质量和效率,进一步提升学生的数字技能,全面培养数字化人才,例如数据分析、编程、人工智能等技术。通过开设创新创业课程、支持学生创业等方式,培养创新精神和创业能力。加强产学研合作,共同推进科技创新和技术转化,培养具有市场竞争力的人才。

完整大学生活实践

1. 培养具备创新思维和综合素质的未来人才

通过完整大学生活实践培养学生的交叉的专业知识和复合的集成技能及创新思维能力,同时通过创新创业和丰富多彩的体育、艺术、文化等活动,培养他们的团队合作精神和领导能力。

首先,要培养交叉的专业知识和复合的技能。在掌握扎实的专业基础知识的同时,还要了解知识应用的领域和方法,掌握交叉、复合集成应用的方法。培养跨学科思维,尝试将不同学科的概念和理论联系起来,发展跨学科的思考能力。交叉知识是创新思维形成的基础。

其次,要培养人文艺术等素质,如语言表达能力、文字写作能力、艺术鉴赏力、社交能力、组织协调能力、创新能力等。人文艺术等素质是一个人的个性和特点,它可以反映出一个人的兴趣、价值观和人格特质,这些特质是核心竞争力的重要组成部分。一个人的人文艺术等素质越突出,他就越有可能成功地实现自己的职业目标,并在职业生涯中获得更多的机会和成功。一个人只有拥有了全面发展的综合素质,才能够更好地适应现代化建设和未来社会的需要,更加广泛、深入、持久地参与交往和合作。健康的心理素质也是非常重要的,这主要表现为情绪稳定、性格开朗、意志坚强、勇于克服困难等。有了以上综合素质,才能真正具备较强的核心竞争力。

最后要引导大学生在大学里努力提高就业竞争力。例如,实习可以让学生更好地了解所学专业的实际运作情况,提高实际操作能力,积累实践经验,了解行业发展趋势和市场需求;利用大学提供的多种机会参与外语学习活动,提升外语能力;积极参与校内活动,不仅可以丰富学生的课余生活,还可以提高学生的综合素质和领导能力,增加学生的社交经验;大学里有技能培训和课程,可以帮助学生获得更多的知识和技能,提高自己的专业素养和职业能力,如参加编程、营销、数据分析等培训和课程;通过建立个人网站、发布文章等方式,展示自己的专业素养和个人特点,提高自己的知名度和影响力,增强竞争力。

如果立志创业,就需要在大学期间储备更多相关知识技能素质,例如,行业背景和专业知识,商业计划和财务管理,创新能力和市场营销,团队协作和领导能力,抗风险和应变能力,人际交往和沟通能力。

2. 创新思维是核心竞争力

教育是塑造灵魂的工程,知识并不等于智慧。知识关乎事物,智慧关乎人生;知识是理念的外化,智慧是人生的反观;知识只能看到一块石头就是一块石头,一粒沙子就是一粒沙子,智慧却能在一块石头里看到风景,在一粒沙子里发现灵魂。智力更不等同于智慧,要多思考如何在大学修炼自己的智慧。

在大学里提高创新思维能力需要积极地寻找机会和方法。大学里经常会有各种创新比赛或项目,大学生可以选择感兴趣的比赛或项目,通过参加比赛或项目来锻炼创新思维和实践能力;创新思维需要跨学科的知识支撑,大学里有丰富的学科资源和知识库,可以尝试跨学科学习,拓宽思维视野;积极探索实践机会,创新思维需要实践支撑,例如实验室、实习、志愿者等,通过实践来激发创新思维;多阅读和思考,阅读和思考是提高创新思维的基本途径,

引言　大学是塑造人生竞争力的关键时刻

可以阅读相关的书籍、期刊、报纸等,关注前沿科技、行业动态等,通过思考来挖掘创新点。

要引导大学生通过学习知识、技能和思维方法,提高自己的认知水平和思考能力。通过参加各种活动、社团和组织来获得宝贵的经验,提高沟通和领导能力;通过阅读各种书籍、报纸、文章和杂志,了解最新的思想和观点,拓宽自己的视野;通过实践和反思自己的经历和行为,发现自己的不足之处和局限性,同时也可以从他人的实践经验和思考中获得启示和灵感,增强自己的智慧。

借鉴优秀的学习方法,及时总结各门功课的适合自己的学习方法。例如,建立学习计划和目标,列出每天的任务和目标,并将其分解逐步完成。提高学习效率,避免拖延和混乱;注意抓住课程的重点和难点,理解重要概念和思想,并学会运用它们解决问题。通过和同学交流、请教老师等方式来深入理解和掌握知识点;阅读教材,多角度、多层次地理解内容,运用课本、参考书、网络资源、查阅相关文献、阅读相关案例、观看相关视频等;在课堂上要积极参与互动,与教师和同学交流讨论,提出问题和疑惑,以便更好地理解和掌握知识点;合理安排时间和休息,坚持运动、多参加课外活动等来提高学习效率和身体素质。

大学生要将为社会做出的实际贡献作为衡量个人价值的唯一标准。人生态度决定职业目标,扎实的知识、技术、素质才是核心竞争力,尤其是适应数字化与智能技术发展的知识结构,以及创新思维与智慧学习和终生自我提升的方法。必须在异常勤奋的基础上,保持清醒辩证的头脑,学方法、学思维、学创新,学会学习、学会做人、学会合作、学会人机共生,找到适应社会和自身发展的最佳路径,只有这样才能实现真正的扬长避短,大幅度提高竞争的能力。

笔者曾为创办的大学凝练校训,其校训曰:"勤学于恒,博学于融,思学于新,仁学于信"。此言之意,实为勤学之道也。学问之路,岂能一蹴而就,必须恒心之持久,不断努力,才能使学业日臻完美;博学则需在渊博的基础上,融会贯通,将各学科知识相互交融,方能开阔眼界,增强学术素养;思学于新,寓意着不断创新之意,不断思考、探索、创新,不断推陈出新,方能迈向更高更远的境界;至于仁学于信,则是以仁义品质与合作精神为核心,以诚信与信念为基石,相互协作、互相扶持,方能成就大业。吾等学院,以此为校训,立志于学问之道,追求博学之境,倡导创新精神,弘扬仁义品质和与合作精神,期以此为根本,引领学子,扶持学术,共铸前程。

本书的构架与目标

为了让大学生更好地理解完整大学生活实践对人生竞争力的重要作用,本书第一章就深入探讨了大学生需要面对自我认知、职业规划、学习技能和个人发展等多个重要议题,并提供实用的指导和建议,以帮助大学生树立远大的人生目标和核心价值观,掌握复合交叉的专业知识结构,学习专业动手技能,培养学习方法和创新思维。同时,我们将探讨实践环节的重要性,提升团队领导力,培养人文和艺术素养,以及打造健康的体魄和心理素质。通过理论阐述、科学家示例和实用建议,本章旨在激发大学生的思考和行动,引导他们充分发挥自身潜力,实现个人的成长和发展。

本书主要分别介绍了计算机类、机械类、土木建筑类、水电与电气电子类、管理类、财经类、教育类等涉及行业的现状和发展趋势。计算机类专业群涵盖：计算机科学与技术、软件工程、软件技术、计算机网络技术、大数据管理与应用、大数据技术、动漫制作技术、数字媒体技术和数字媒体艺术设计；机械类专业群涵盖：机械设计制造及自动化、机械制造及自动化、机电一体化、智能制造工程、工业机器人；土木工程建筑类专业群涵盖：土木工程、道路与桥梁工程技术、建筑工程管理、建筑工程监理、建筑室内设计、风景园林设计、水利水电工程；电子信息与电气工程类专业群涵盖：电子信息工程、电子信息工程技术、电气工程及其自动化、应用电子技术、智能控制技术、建筑电气工程技术；管理类专业涵盖：工程管理、工商企业管理、现代物流管理、连锁经营与管理、电子商务、公共文化服务与管理；财经类涵盖：财务管理、会计信息管理、大数据与会计、工程造价；教育类涵盖：现代教育技术、学前教育、英语。

  本书分别对各专业就业前景和就业岗位及趋势也进行了简述；对涉及的各专业培养方向和主干课程，以及详细的核心知识点和专业技能；特别是每个专业都示例了课程论文的书写格式和论文范例；同时也介绍了每个专业职业资格认证的主要方面；以及各个专业创业所应具备的知识结构和素质技能；每个专业的硬软件实验、仿真模拟实验、实训、实习、毕业设计等实践环节的内容和要求；还分别各专业列举了毕业设计的题目示例和开题方向；每章的最后列举了专业群可以参考就业的典型企业简介。需要说明的是，本书涉及内容多以应用本科和职业本科的要求编写，高职要求可以相应减少或降低，以各校培养方案为准。本书也可以作为入学专业教育、培养方案修订、毕业生就业指导的参考书。

第1章 完整大学生活提升就业竞争力

在本书的首章,我们将探讨如何在大学生活中最大限度地提升就业竞争力。对于许多学生来说,上大学是第一次远离家庭,独立生活。这是一个全新的挑战,也是一个极佳的机会。在这个阶段,大学生将有机会深入了解自己,探索自己的兴趣,建立自己的价值观,规划自己的职业生涯。

大学是人生中宝贵的阶段,不仅为个人的成长和发展提供了广阔的舞台,也为塑造未来社会栋梁奠定了基础。作为大学生,如何充实、丰富、充满意义地度过这段时光,迎接人生的挑战,实现个人价值,是每位学生都面临的重要课题。

本章旨在引导学生们探索学习、发展与成长的全新路径,提供全面而综合的成长指南。通过对远大志向、复合交叉专业知识和技能、学习和创新思维、人文艺术和体育活动、团队领导力以及健康的体魄和心理素质等方面的探讨,希望激发学生的学习热情、培养多元化的素养,助力他们成为具备创造力、领导力和健康素质的优秀人才。

本章将从不同角度、多个层面来探讨如何树立远大志向、明确职业规划,以及通过学习复合交叉专业知识和技能来提升个人竞争力;还将深入探讨学会学习和创新思维的重要性,并通过著名科学家和发明家的启示,引导学生发展自己的专业兴趣和独立思考能力。

此外,本章将强调通过参与人文艺术和体育活动来提升团队领导力、培养人文艺术素养的重要性,并以著名艺术家和科学家的事例为学生们树立榜样。同时,关注学生的身心健康,探讨在大学期间如何打造健康的体魄和良好的心理素质,以应对挑战和压力,保持积极的生活态度。

本书旨在为大学生们提供全面而实用的指导,帮助他们规划学习、发展与成长的路径,塑造综合素质和个人魅力。我们相信,通过努力学习、积极实践和全面发展,每一位学生都能充分展现自己的潜力,迈向辉煌的未来。

希望本章的内容能够激发你的思考,帮助你更好地利用你的大学生活,为你的职业生涯做好准备。无论你是大一新生,还是即将毕业的学生,我相信你都能从本章中受益。

1.1 志存高远,明确职业规划

1.1.1 树立远大志向,践行核心价值观

(1)践行社会主义核心价值观是大学生承担责任和义务的必然要求

大学生作为社会主义事业的接班人,应当树立远大志向,践行社会主义核心价值观。

树立远大志向的重要性:大学生是未来社会的中坚力量,应当树立远大志向,具有远见卓识和长远的发展眼光。远大志向能够激励大学生在学习、工作和社会实践中保持积极向上的精神状态,追求卓越,为实现国家富强、民族振兴、人民幸福的目标而努力。

社会主义核心价值观的意义:社会主义核心价值观是中国特色社会主义事业的价值取向,具有鲜明的时代特征和中国特色。它包括富强、民主、文明、和谐、自由、平等、公正、法治、爱国、敬业、诚信、友善等价值观念,是社会进步和社会稳定的重要基石。

理论联系实际:大学生要通过学习社会主义核心价值观的理论知识,深刻理解其内涵和意义,并将其与实际生活相结合。大学生要通过参加各类实践活动,如志愿服务、社会实践、创新创业等,将社会主义核心价值观转化为自己的行为准则和生活方式。

做时代的先锋:大学生应当以社会主义核心价值观为指引,坚定正确的世界观、人生观和价值观。在学习、工作、交往中,大学生要勇于担当,积极投身到国家和社会的建设中去,为社会主义事业贡献自己的力量。

传承和弘扬优秀传统文化:作为中华优秀传统文化的接受者和传承者,大学生要积极学习、传承和弘扬中华优秀传统文化,并将之与社会主义核心价值观相互融合,形成对中华文化的独特理解和发展。

社会责任与奉献精神:大学生要具备社会责任感和奉献精神,关注社会问题,积极参与公益事业,帮助他人,关爱弱势群体,推动社会的公平正义和和谐发展。大学生应当以社会主义核心价值观为准绳,践行道德规范,自觉履行社会责任,为社会的进步和发展贡献自己的力量。

以身作则,引领风尚:作为社会主义核心价值观的践行者,大学生要自觉做到言行一致,以良好的道德品质和高尚的行为规范示范他人。通过自己的言行和行为激励他人,引领良好的社会风尚,树立积极向上、向善向美的大学生形象。

全面发展,终身学习:大学生要在践行社会主义核心价值观的同时,注重个人全面发展。积极培养自身的专业素养、专业技能和创新能力,不断提升自己的综合素质,为未来成为社会主义事业的建设者和接班人打下坚实的基础。

大学生要树立远大志向,践行社会主义核心价值观,意味着他们要在实现个人价值的同时,承担起为国家和社会发展做出贡献的责任和义务。通过树立远大志向,大学生可以成为社会主义事业的中坚力量,推动社会进步和发展,为实现中国梦的伟大目标而努力奋斗。

(2) 将远大志向与大学生活相结合是实现职业规划目标的具体途径

明确目标：首先，要明确自己的远大志向，思考自己在未来想要达到的目标。将这些目标分解为短期、中期和长期计划，以便在大学阶段逐步实现。

专业发展：根据自己的志向和目标，制定合适的专业计划，努力提升专业知识和技能。例如，可以选择相关课程、进行课题研究、撰写论文等，以提高自己在所关注领域的竞争力。

个人成长：在大学生活中，要关注个人品格、能力、兴趣等多方面的成长。积极参与各类活动，如志愿者服务、实习、兼职等，以培养责任感、团队合作意识和领导力。

拓展人际关系：结识来自不同背景和领域的同学和老师，与他们建立良好的人际关系。通过与他人交流和合作，拓展自己的视野，为实现远大志向积累人脉资源。

时间管理：学会合理安排时间，平衡专业、个人成长、社交等方面的需求。制定合理的时间表，确保在实现远大志向的过程中，各方面的发展都得到充分关注。

身心健康：保持良好的作息习惯，注重身心健康。参加体育锻炼，增强体能；学会调节情绪，保持积极心态。一个健康的身心是实现远大志向的基石。

职业规划：根据自己的远大志向，进行深入的职业规划，为实现目标做好准备。利用实习、兼职等机会，了解行业现状，积累实践经验，提高自己的职业素养。

将远大志向与大学生活相结合，需要在多个方面进行努力。在这个过程中，关键是明确目标、持续学习、积极参与、拓展人脉、合理安排时间以及关注身心健康。只有这样，才能在大学阶段为实现远大志向奠定坚实的基础。

1.1.2 著名的科学家在大学期间树立远大志向的事例

不少著名的科学家在大学期间就将远大志向与完整大学生活相结合，为后面事业的成功奠定了坚实的基础。

(1) 中国"两弹一星"元勋：邓稼先

邓稼先（1924—1986）是中国核物理学家，1999年被追授"两弹一星"功勋奖章。在他的大学时代，他就树立了远大目标，并通过持续的努力最终取得了成功。

邓稼先1941年考入西南联合大学，专攻物理和数学。他表现出极强的求知欲和勤奋精神，为日后的成功打下了基础。他充分利用图书馆资源通宵达旦地学习，不仅掌握了物理学的基本知识，还涉猎了其他学科如化学和生物学。邓稼先积极参加专业竞赛，展示了出色的专业能力，并在数学建模竞赛等方面获得奖项，这些经历对他后来的研究成果产生了积极的影响。

1948年，邓稼先获得庚子赔款留学基金会的奖学金，前往美国留学。在美国，他就读于普渡大学，专攻高等物理和核物理。在留学期间，邓稼先发表了多篇专业论文，在核物理领域取得了突破性的研究成果，为他日后在中国核武器研发中发挥关键作用奠定了基础。

邓稼先在中国航天事业中最重要的成就之一是对两弹一星工程的贡献。这一工程指的是中国自主设计、制造和试验成功的核弹、导弹和卫星。作为总设计师和总指挥，邓稼先领导了中国的核武器和导弹研发工作，成功实现了中国的核试验、导弹试射和卫星发射。

邓稼先凭借其卓越的科学贡献和领导才能获得了许多国内外的奖项和荣誉。他获得过两次国家最高科学技术奖，分别是1982年的国家自然科学奖和1985年的国家科学技术进步奖。邓稼先以其卓越的科学成就、远大目标和无私奉献精神成为中国航天事业的旗帜。他的贡献对于中国航天事业的发展和国家安全具有深远影响。

(2) 国家杰出贡献科学家：钱学森

钱学森（1911—2009），杰出科学家，中国共产党的优秀党员，忠诚的共产主义战士。他被广泛认可为享誉海内外的国家杰出贡献科学家和中国航天事业的奠基人。1991年10月，钱学森获得了国务院和中央军委授予的"国家杰出贡献科学家"荣誉称号，并获得中央军委授予的一级英雄模范奖章。1999年9月，他还获得了党中央、国务院和中央军委授予的"两弹一星"功勋奖章。

钱学森在大学期间就树立了远大志向，并在整个大学生涯中坚持努力学习，最终走向成功。他于1929年至1934年就读于国立交通大学机械工程系，展现了强烈的求知欲和勤奋精神，为日后的成功打下了基础。钱学森在大学期间勤奋好学，阅读了大量书籍，不仅掌握了数学和物理学的基本知识，还涉猎了其他学科如化学和力学。这种勤奋好学为他在科研领域取得突破性成果打下了基础。

1939年，钱学森获得了美国加州理工学院的航空和数学博士学位，深入学习了空气动力学、火箭技术和控制理论等领域的知识。在美国留学期间，他发表了多篇专业论文，并在喷气推进领域的研究中取得了重要突破，为火箭和导弹技术的发展奠定了基础。

1949年，中华人民共和国成立后，钱学森决定回国，为中国的科学事业做贡献。他领导的团队成功地研制出了中国第一型地对地导弹，即"东风"导弹系列。这些导弹的成功研发和试射为中国在军事技术领域取得了重要突破，并为中国的导弹武器装备提供了坚实基础。他积极倡导和推动了中国自主研发和发射卫星的计划，并牵头组织实施了中国第一颗人造卫星的发射任务。1970年，中国发射了"东方红一号"卫星，成为继苏联和美国之后第三个发射人造卫星的国家。

钱学森以其杰出的科学成就、远大志向和对航天事业的热情被誉为中国航天事业的奠基人。他对中国导弹和航天技术的发展作出了巨大贡献，为中国在航天领域取得重要突破奠定了坚实基础。

(3) 科技报国的楷模：黄大年

黄大年是著名地球物理学家、无私的爱国者，曾任吉林大学地球探测科学与技术学院教授、国土资源部"深部探测金边仪器装备研制与实施项目"负责人。

黄大年教授负责协调和组织管理我国跨部门、跨学科优势技术资源和团队。在黄大年团队的努力下，我国在超高精密机械和电子技术、纳米和微电机技术、高温和低温超导原理技术、冷原子干涉原理技术、光纤技术和惯性技术等领域取得了显著的进步并形成了技术能力，首次推动我国快速移动平台探测技术装备研发，攻关技术瓶颈，突破国外技术封锁，是新时代海归科技报国的楷模！

他不求名利，甘于奉献，常年不休，带病工作，把生命最绚丽的部分献给他钟情的教育科研事业。黄大年同志用毕生努力实现了爱国之情、强国之志、报国之行的统一，是新时期高校教育工作者的杰出代表。2017年，他被教育部追授为"全国优秀教师"荣誉称号。

1982年1月15日，黄大年在给大学同学的毕业赠言中写道："振兴中华，乃我辈之责"。

黄大年在世时，常与同事谈起邓稼先等老一辈科学家。他曾在朋友圈里提出"黄大年之问"——"看到他，你会知道怎样才能一生无悔，什么才能称之为中国脊梁。当你面临同样选择时,你是否会像他那样,义无反顾?"

1.1.3 通过完整大学生活确定职业规划

在大学生活中确定职业规划是一个不断探索、调整和明确自我的过程。

(1) 在大学期间通过专业知识和技能学习初步找到适合的职业方向

了解你的专业:你需要了解你的专业。研究你专业的课程大纲,了解这些课程都是关于什么,它们可能带来哪些技能和知识。通常大学的课程描述会提供这些信息。

评估你的兴趣和技能:思考哪些课程你特别感兴趣,或者你在哪些课程中表现出色。这可能暗示你对某些领域有独特的技能或兴趣。比如,如果你在数学统计课上表现出色,你可能适合数据分析或研究的工作。

了解专业与职业的关联:探索你的专业如何与各种职业相关联。例如,教育管理专业的学生学习过心理学,可能在教育事业单位或在人力资源、咨询、市场研究等领域也能找到职业机会;工商管理专业的学生可能在金融、市场营销、运营管理等领域有良好的前景。

探索职业技能需求:研究你感兴趣的职业需要哪些技能。例如,如果你对成为软件工程师感兴趣,你可能需要掌握编程语言、算法、数据结构等。你可以通过在线职业资料、职业指导服务或信息面谈来了解这些信息。

补充相关课程和技能:根据你的职业兴趣,可能需要补充一些专业以外的课程或技能。例如,如果你是计算机科学专业,但对企业管理感兴趣,你可能需要修一些管理和财务的课程。

寻求指导和建议:寻求教授、学长学姐、辅导员、教师的建议,他们可能会提供不同的观点和资源。此外,一些大学提供就业咨询服务,这可能会帮助你确定职业方向。

通过这些步骤,你可以通过专业知识和技能学习,初步了解适合自己的职业方向。这是一个持续的过程,你可能需要在整个大学生涯中不断地探索和调整。

(2) 在大学期间初步了解职业市场逐步明确职业规划的方法

在大学期间,初步了解职业市场和明确职业规划是一个关键的过程。这将有助于你确定你的职业目标和你需要做什么来实现这些目标。以下是一些建议:

自我认知:对自己进行深入的了解,包括自己的兴趣、价值观、优势和劣势。思考哪些职业和领域与你的兴趣和价值观相契合,以及你能在哪些方面发挥自己的优势。

市场研究:研究你所在专业的就业市场,这将帮助你了解哪些工作机会最多,哪些工作是增长最快的,以及哪些职业可能与你的专业和技能相符。你可以通过在线搜索、参考行业报告或者访问职业咨询服务来获取这些信息。

参加职业发展活动:大学通常会举办职业发展活动,如职业展览、讲座、研讨会等。这些活动是了解行业趋势、与潜在企业接触以及了解不同职业需求的好机会。

进行信息面谈:与你感兴趣的职业领域的专业人士进行信息面谈。这可以让你从实践者的角度了解职业,包括工作职责、日常工作流程、所需技能、行业发展趋势等。

建立职业目标:在你了解了市场和可能的职业路径后,你可以开始设定你的职业目标。这可能包括你希望从事的工作类型、你希望在何处工作、你希望达到的职位等。

制定职业规划:有了职业目标后,你需要制定一个规划来实现这些目标。这可能包括需要修的课程、需要获取的技能、需要的实习经验以及你如何准备求职。

寻求指导：在整个过程中，寻求指导是非常有用的。你可以从教授、职业顾问或者你在信息面谈中接触到的专业人士那里获取建议。

设定短期和长期目标：在明确自己的兴趣和职业方向后，设定短期和长期的目标。短期目标可以是提升某项技能、完成某个实习或课程等；长期目标则是关乎你的职业发展和人生规划。

不断调整和更新：职业规划是一个持续的过程，需要随着时间、经验和市场需求的变化进行调整。保持开放的心态，随时关注行业动态，适时调整自己的职业规划。

在大学生活中确定职业规划需要自我认知、了解职业市场、专业与实践相结合、建立人际关系、参加职业发展活动、设定短期和长期目标以及不断调整和更新。在这个过程中，关键是要保持好奇心、勇于尝试和学会反思。通过这些努力，将能够帮助你在大学期间找到适合自己的人生目标和职业方向，并为未来的职业生涯和人生发展奠定坚实基础。

1.1.4 著名科学家和航天英雄在大学期间明确职业方向的事例

(1) 中国地质力学的创立者：李四光

李四光(1889—1971)，地质学家、教育家、音乐家和社会活动家，中国地质力学的创立者，中国现代地球科学和地质工作的主要领导人和奠基人之一。作为新中国成立后的第一批杰出科学家之一，他为新中国的发展做出了卓越贡献。2009年，他被选为100位新中国成立以来感动中国人物之一。

李四光在大学期间就明确了自己的地质职业方向。他于1907年进入日本大阪高等工业学校船用机关科，学习造船机械，并于1910年毕业。随后，他前往英国留学，考入英国伯明翰大学，先学采矿，后改学地质。这一阶段对他来说是关键的转折点，他明确了自己对地质学的热爱和追求，并坚定了地质职业的方向。1919年，他获得了硕士学位。

在中华民国时期，李四光长期担任北京大学地质系的教授和系主任，培养了许多著名的地质学家，对中国地质事业的发展和中国地质科学水平的提高起到了极其重要的作用。李四光先生以敢于挑战旧事物的革命精神、不倦的教育家精神和强烈的责任感作为事业的动力源，在科学实践中贯穿革命、育人和为人的科学思想，永远激励着我们。他作为一位地质学家和思想家，不仅留下了许多需要我们进一步认识、判断和解决的地质问题，也留下了引导我们认识、判断和解决这些问题的思想。

(2) 物理学巨匠：杨振宁

杨振宁是一位著名物理学家和诺贝尔奖获得者，他在粒子物理学、统计力学和凝聚态物理等领域做出了里程碑性质的贡献。在20世纪50年代，他与R.L.米尔斯合作提出了非阿贝尔规范场理论，与李政道合作提出了弱相互作用中宇称不守恒定律。他在粒子物理和统计物理方面进行了开拓性的工作，提出了杨-巴克斯特方程，开辟了量子可积系统和多体问题研究的新方向。

杨振宁在大学期间就明确了他将从事物理学的职业方向。他于1942年毕业于国立西南联合大学，本科论文导师是北京大学的吴大猷教授。尽管他学习的专业是化学，但他对物理学产生了浓厚的兴趣。在大学期间，他阅读了一些经典的物理学教材，如《物理学原理》

等。然而,他意识到这些教材只介绍了基础的物理概念和知识,对于他想要深入学习物理学的愿望来说,远远不够。

因此,杨振宁选择了去美国留学,先在芝加哥大学获物理博士学位,之后进入普林斯顿大学进行博士后研究工作。在留学期间,他得到了一些著名物理学家的指导,如恩里克·费米和爱德华·泰勒。在与这些物理学家的交流中,杨振宁深入探讨了许多深奥的物理问题,并逐渐形成了自己的研究思路和方法。他的学习经历告诉我们,要成为一名优秀的物理学家,除了必须具备扎实的物理学基础外,还需要坚定的学习决心和对深入探究物理学问题的精神。

杨振宁被认为是当之无愧的科学伟人。他的非阿贝尔规范场理论揭示了基本粒子之间的相互作用,使人类对大自然在最深层次结构和作用的认识更加深入。有人称杨振宁为20世纪继爱因斯坦和费米之后具有全面知识和才能的"物理学全才",是华人中知名度最高的当代科学家之一。

(3)航天英雄:杨利伟

杨利伟,1965年6月21日出生于辽宁省,特级航天员,国际宇航科学院院士,中国载人航天工程副总设计师,少将军衔。

2003年10月15日,杨利伟作为执行中国首次载人飞行任务的航天员,驾乘神舟五号飞船在太空飞行21小时23分,实现了中华民族的千年飞天梦想。2003年11月,杨利伟被中共中央、国务院、中央军委授予"航天英雄"荣誉称号,并颁发"航天功勋奖章"。2003年度,杨利伟被评为"中国十大杰出青年"之一,同时被评为"感动中国十大人物"之一。2005年3月,国际天文学联合会以杨利伟的名字命名了一颗小行星"杨利伟星"。2009年,杨利伟被评为"100位新中国成立以来感动中国人物""100位新中国成立后为国防和军队建设作出贡献、具有重大影响的先进模范人物"之一。2011年9月,杨利伟当选国际宇航科学院院士。2017年10月,杨利伟荣获联合国教科文组织"空间科学奖章"。

1983年,高中毕业后考入空军第八飞行学院。1987年,获得中国人民解放军空军航空大学学士学位,后分配至中国人民解放军空军某部,先后成为空军某师强击机、歼击机飞行员。

2009年1月,获得清华大学管理学博士学位。杨利伟分享成长经历说:"我一生就追着这个梦想奔跑:先是当空军飞行员,再是当航天员。我感到最幸福的事情,就是我把自己的梦想与爱好,与国家、民族的事业很好地结合到一起了,这对于我来说,真是太幸运了。"

2010年3月,杨利伟在北京交通大学"为祖国而骄傲"报告会上谈到祖国对当代大学生的要求时,他说:"不管是祖国的航天事业还是其他岗位,需要的是兼具知识、能力和意志的人才,当代大学生应该珍惜大学生活,不仅学习知识,更应学习方法,学习做人、做事,要胸怀祖国、热爱人民、脚踏实地、勤勉自强。中国的航天技术距离世界顶尖水平还有一定差距,这就需要当代大学生更加勤奋努力,为了中国的荣誉不断开拓和创新。"杨利伟说:"从事航天等特殊行业,要以浓厚的兴趣做基础,更需要刻苦的专业学习和训练。航天事业需要高水平的技术人才,未来航天事业对生理素质的要求将逐渐降低,对专业知识的要求将更高,希望通过太空教育的推广吸引更多年轻人关注航天事业。"

1.2 重视学习复合交叉专业知识和技能

1.2.1 在完整大学生活中掌握复合交叉的专业知识结构

(1) 学习和掌握专业知识结构

系统学习课程知识:大学提供了丰富的专业课程,涵盖了专业领域的基础知识和核心技能。认真上课、积极参与课堂讨论、完成课程作业和项目,能够帮助学生系统掌握专业知识结构。

自主学习:养成自主学习的习惯,利用课外时间阅读专业书籍、教材和论文,拓展专业知识面。同时,可利用网络资源,如 MOOC(Massive Open Online Courses)、专业博客和论坛等,学习最新的专业知识和技能。

参加专业活动:积极参加专业活动,如研讨会、讲座和专业培训课程等。这些活动通常邀请行业专家和学者分享最新的研究成果和发展趋势,有助于学生及时了解专业领域的最新动态。

开展课题研究:参与导师的课题研究或自主开展个人研究,以实践方式掌握专业知识。通过研究过程中的文献查阅、实验操作和数据分析等,不仅能加深对专业知识的理解,还能了解最新的研究进展。

与同行交流:与同专业的同学和老师保持良好的沟通,分享专业心得和研究成果。通过交流,可以相互学习、互补不足,共同提高专业素养。

定期关注专业期刊和行业报告:阅读专业期刊和行业报告,及时了解专业领域的最新研究成果和发展动态。同时,关注国内外相关专业会议和活动,掌握行业趋势。

培养跨学科思维:在学习专业知识的同时,培养跨学科思维,关注其他相关领域的发展。很多时候,跨学科的交融与碰撞能带来新的研究思路和方法,有助于拓展专业知识体系。

(2) 探索复合交叉的专业知识结构

确定主要专业领域:选择一个你对其充满兴趣且与你的职业目标相关的主要专业领域。

探索相关领域:确定了主要专业领域后,开始探索与之相关的其他领域。了解哪些学科与你的主要专业领域有交叉和重叠之处,并确定你有兴趣探索的领域。这些领域可能与你的主要专业领域有关联,但有着不同的观点、方法和应用。

选修相关课程:利用选修课程的机会,在你的学业中涉猎相关领域的课程。这些课程可以是其他专业的课程,也可以是跨学科的课程。选择那些能够为你提供与你主要专业领域有关的知识和技能的课程。

寻找交叉学科项目或课程:有些大学提供特定的交叉学科项目或课程,这些项目或课程旨在培养学生跨多个学科领域的知识和技能。参加这样的项目或课程可以帮助你在不同的领域中获取更为综合和交叉的知识结构。

参与实践项目和研究机会:除了课程学习,参与实践项目和研究机会也是获得复合交知识的重要途径。参与实践项目和研究项目可以让你在实际情境中应用和整合不同领域的知识,加深对复合交叉知识的理解和应用能力。

寻求跨学科交流和合作机会:积极参与跨学科的讨论、研讨会、专业会议等活动,与不同学科领域的学生和学者进行交流和合作。这样的交流可以帮助你扩展知识边界,了解其他学科的观点和方法,促进跨学科思维和综合能力发展。

阅读广泛的专业文献:阅读广泛的专业文献和著作是培养复合交叉知识结构的重要途径。阅读涉及你主要专业领域和相关领域的经典著作、综述文章、研究论文等,以深入了解各个领域的理论、方法和实践。同时,关注跨学科研究和综合性的专业期刊,从中获取多领域的知识和见解。

参与专业团队和项目:加入跨学科的专业团队或项目,与不同学科的研究人员和学生一起合作,共同探索复合交叉的问题和研究方向。通过与其他学科的团队合作,你将有机会学习其他领域的知识和技能,加深对复合交叉知识的理解。

实践跨学科思维:培养跨学科思维,意味着能够看到问题的多个方面,整合不同学科的观点和方法,提供综合性的解决方案。在学习和研究过程中,尝试将不同学科的概念和理论联系起来,发展跨学科的思维能力。

持续学习和自主探索:探索复合交叉的专业知识结构是一个持续学习和自主探索的过程。保持对新知识和领域的兴趣,保持开放的心态,不断更新自己的知识体系。利用学习资源,如在线课程、专业讲座、研讨会等,持续深化和扩展自己的知识结构。

拥有复合交叉的专业知识结构需要长时间努力和持续的学习。与不同领域的人交流、深入研究和实践,将帮助你建立更全面和综合的知识体系,并为未来的职业发展和专业研究提供更广阔的视野和能力。

1.2.2　中国现代桥梁之父在大学期间重视复合交叉知识结构的事例

茅以升(1896—1989)被誉为中国现代桥梁之父,是土力学的开拓者,杰出的桥梁建筑大师。他是中国近代桥梁事业的先驱,在20世纪30年代,在极其复杂的水文地质条件下,主持设计并成功建成了一座技术达到国际水平的大桥。

茅以升打破了外国人对中国现代化大桥设计和建造的垄断,该大桥的建成是中国桥梁建设史上的重大里程碑。他于1916年毕业于交通部唐山工业专门学校(现西南交通大学),并于1917年获得美国康乃尔大学硕士学位(桥梁专业),1919年获得美国卡耐基理工学院博士学位。

在茅以升的学习过程中,他的导师贾柯贝是世界著名的桥梁工程专家。尽管他有机会在康奈尔大学担任助教,但茅以升选择了进入导师推荐的匹兹堡桥梁公司实习。在实习期间,他学习了绘图、设计、金工、木工、油工等造桥技术,并与工人们一起参与桥梁构件的制作和装配工作。茅以升意识到,除了掌握实践经验外,他还需要进一步学习桥梁力学的理论知识。

茅以升以超凡的才华和勤奋努力,成为了一位不仅荣获金质奖章的年轻博士,也是桥梁工程科学与工程技术交叉复合的卓越桥梁专家。他广泛而深入的基础知识不仅使他在教育领域取得了巨大的成就,而且在人才培养方面也有丰富的实践经验。茅以升善于总结思考,勇于突破成见和习惯,提出了令人耳目一新的教育思想——工程教育的综合学习。这种综合学习的思想为茅以升和他的学生带来了成功,并为桥梁工程领域注入了新的活力。

1.2.3　在完整大学生活中学习和掌握专业动手技能

(1) 在大学期间着力锻炼动手技能的重要性

在大学期间着力锻炼动手技能对于你的个人和职业发展都是至关重要的。

提升就业竞争力:在当前的就业市场中,企业寻求的不仅仅是理论知识丰富的求职者,而更加重视具有实践技能和经验的候选人。例如,计算机科学专业的学生,具有实际编程能力和项目经验会使他们在就业市场中更具优势。管理专业的学生,如果能展示实际的市场研究或者商业计划的制定经验,会更具吸引力。

促进理论知识的理解:课堂上的理论知识和实际操作有时可能会有鸿沟。通过动手实践,你可以将抽象的理论知识具象化,更深入地理解和掌握这些知识。例如,机械专业学生通过在实验室中操作,可以更好地理解机械的基本原理和过程。

建立职业信心:通过实践,你可以提升自己的技能,这将使你对自己的职业发展更有信心。例如,设计专业的学生在完成一系列设计项目后,会对自己的设计能力更有信心,也能更好地在求职中展示自己。

探索职业兴趣:有时,你可能会在实践中发现你未曾注意到的职业兴趣。比如,你可能在做志愿服务的过程中发现自己对社会工作有兴趣,或者在编程项目中发现自己对数据分析有兴趣。

提升问题解决能力:在实践中,你会遇到各种预料之外的问题。寻找解决这些问题的方法将锻炼你的问题解决能力,这对于你未来的职业发展是非常有价值的。

培养团队合作技巧:在实践项目中,你通常需要与他人一起工作,这将帮助你提升团队合作的技巧。无论是沟通能力、协调能力还是领导能力,都是你在未来职业生涯中必不可少的。

不同专业的动手技能各异,但都对将来的工作有帮助。

计算机类专业:在计算机科学中,动手技能包括编程、软件开发、数据分析等。这些技能能使你在毕业后直接投入到工作中。例如,你可以通过编写实际的软件或应用程序,或者参与开源项目,来提升这些技能。这将使你更加了解实际工作的需求和挑战,同时也能增加你的求职竞争力。

建筑工程类专业:在建筑工程中,动手技能包括使用建筑设计软件(如 AutoCAD 或 BIM)、建筑模型制作、项目管理等。通过参与实际的建筑设计和施工项目,你可以更好地理解建筑原理,同时也能提升你的设计和管理技能。

机械制造类专业:在机械制造中,动手技能包括 CAD/CAM 设计、制造技术、机械系统集成等。这些技能可以通过实验课程、工程项目或实习等方式进行锻炼。例如,你可以参与一个小型机械设备的设计和制造过程,这不仅可以提升你的技能,也能增加你的工作经验。

企业管理和财务类专业:在企业管理和财务中,动手技能包括财务分析、项目管理、商业计划制定等。这些技能可以通过课程项目、模拟比赛或实习等方式进行锻炼。例如,你可以参与一个商业计划竞赛,或者在一家公司中实习,这将使你更加了解实际工作的需求和挑战。

以上每个专业的动手技能都是在大学期间必须重视和锻炼的技能。这不仅可以帮助你提升专业技能,也能使你更好地了解你的专业和未来的职业。这将在你毕业后寻找工作时给你带来很大的优势。

因此,无论你的专业是什么,都应该在大学期间寻找各种机会去锻炼你的动手技能。这可能包括参与研究项目、做实习、参加学生组织,或者进行志愿者工作,等等。这不仅能帮助你提升技能,还能让你的大学生活更丰富、更有意义。

(2)学习和掌握专业动手技能的几个步骤

1)系统学习课程知识。认真学习专业课程,掌握专业基础知识。课程设置通常涵盖了专业领域的核心技能和知识点。要充分利用课堂,积极参与讨论和实践,以巩固和拓展专业技能。

2)积极实践。将所学专业知识应用于实践中,以提高技能。可以参加专业竞赛、实习、兼职工作等与专业相关的活动。实践是检验所学知识的最好方式,也是提升技能的关键途径。

3)深入研究。积极参与课题研究,提升专业素养。可以加入导师的课题组,或者自主开展个人研究项目。通过研究,你可以更深入地了解专业领域的发展趋势和前沿技术。

4)关注行业动态。定期阅读专业期刊、行业报告和新闻,以了解专业领域的最新发展和技术趋势。关注行业动态,能帮助你把握行业发展方向,为自己的职业规划提供有益参考。

5)拓展技能培训。参加专业技能培训和认证课程学习,提升自己的竞争力。许多技能培训课程可以帮助你更深入地掌握专业技能,同时获得行业认可的证书。

6)与同行交流。主动与同专业的同学、教授和行业专家交流,分享技术心得和最新发展。这可以帮助你拓宽专业视野,了解不同领域的技术应用和发展趋势。

7)学习相关领域知识。跨学科学习有助于培养创新思维和多元技能。例如,计算机专业的学生可以学习数据分析、人工智能等相关领域知识,以应对行业发展的需求。

8)定期反思与调整。在学习过程中,要定期反思自己的专业技能掌握情况,分析所学知识与行业需求之间的关系。根据反思结果,适时调整学习方向和方法,以便更好地学习和掌握专业技能。

通过遵循以上步骤,在大学生活中,你可以系统地学习和掌握专业技能,同时关注相应的发展趋势。这一过程需要持续投入、勇于尝试和学会反思。在此基础上,不断提高自己的专业素养和技能水平,为未来的职业生涯和发展奠定坚实基础。

1.2.4　大国工匠杨伟重视技能培养的事例

在大学期间,通过培养动手技能,掌握关键的专业技能,将对后来的事业起到关键作用。

杨伟,中国航空工业集团公司(AVIC)副总经理,歼-20隐形战斗机的总设计师。在大学期间,他注重学习了多个具体的动手技能,为他在歼-20项目的研发和成功起到了关键的作用。

航空工程:杨伟在大学期间主修空气动力学、飞行力学,深入学习了航空原理、气动力学和飞机结构等方面的知识。他掌握了飞机设计和制造的基本原理,为他在歼-20项目的设计和开发提供了技术基础。

飞机结构设计:杨伟注重学习了飞机结构设计的动手技能。他研究了不同材料和结构的适用性,掌握了飞机各个部件的设计和组装方法,为歼-20的结构设计和制造提供了关键的能力。

飞行器控制系统:杨伟在大学期间也注重学习了飞行器控制系统的动手技能。他研究了飞机的航电系统、操纵系统和自动控制技术,为歼-20的飞行控制和导航系统的设计和集成提供了重要的支持。

机载武器系统:杨伟对机载武器系统也表现出浓厚的兴趣。他学习了不同类型的武器系统,包括导弹、航空炸弹和机炮等,为歼-20的武器系统集成和性能优化提供了关键的技术支持。

团队合作和领导力:杨伟在大学期间锻炼了团队合作和领导力的能力。他参与了学生组织和科研项目,通过团队合作解决问题和管理项目,锻炼了自己的领导和协调能力。

杨伟在大学期间注重学习了空气动力、飞行力学、飞机结构设计、飞行器控制系统、机载武器系统等具体的动手技能。这些技能为他在歼-20项目的研发和成功起到了关键的作用,并使中国歼-20成为世界上先进的隐形战斗机之一。

1.3 学会学习、创新思维及实践环节的重要性

1.3.1 学会学习

(1) 在大学期间学会高效学习的建议

设定目标:明确学习目的,设定短期和长期学习目标。这有助于你保持学习动力和方向,避免在学习过程中迷失自我。

时间管理:制定合理的时间表,为学习、休闲、社交等活动分配合适的时间。良好的时间管理可以帮助你充分利用时间,提高学习效率。

主动学习:采取主动学习的态度,不仅在课堂上积极参与讨论,还要在课外进行深入研究。主动学习有助于你更好地理解知识,激发创新思维。

多元学习方法:尝试不同的学习方法,如分组讨论、在线学习、实验实践等。多元化的学习方法可以帮助你从不同角度理解知识,提高学习效果。

思维导图:使用思维导图整理学习内容,帮助自己形成知识体系。思维导图可以清晰地展示知识点之间的关系,有助于激发创新思维。

培养明辨性思维:学会对所学知识进行批判性思考,分析知识的合理性、局限性和适用性。明辨性思维有助于你更深入地理解知识,激发创新灵感。

跨学科学习:拓宽知识面,关注与专业相关的其他领域。跨学科学习可以帮助你打破思

维定式,培养创新思维。

学会反思:定期对自己的学习过程进行反思,分析学习方法的有效性和自己的进步情况。反思有助于你不断调整学习策略,提高学习效果。

创新实践:积极参与创新项目、竞赛和课题研究等活动,将所学知识应用于实际问题。实践是培养创新思维的关键,能帮助你将理论知识转化为实际能力。

(2)在大学期间初步掌握创新思维的方法

对于所有专业的学生来说,都应该保持好奇心、主动学习、勇于尝试新事物,同时,学会反思和自我批判,不断提升自己的思维深度和广度。这些都是培养创新思维的关键。在大学期间,培养创新思维是非常重要的,合适的方法有助于培养创新思维。

尝试学习不同的学科,不限于自己的专业领域。这可以帮助你看到问题的不同角度,从而产生新的思路和解决方案。无论是理工科专业还是人文管理类专业的学生,都可以从跨学科知识中受益。这不仅可以增加学生的知识储备,也可以拓宽他们的思维视角,促进创新。两类学生都可从跨学科学习中获益。

1) 理工科专业跨学科学习的作用。

理工科学生往往更偏重于技术和科学知识,但人文科学和社会科学的知识也对他们非常重要。

人文科学知识:马哲可以帮助理工科学生更好地理解人类的思维方式,提高他们明辨性思维和决策能力。例如,在研发新技术时,了解其可能的社会影响是非常重要的。

社会科学知识:经济学、心理学、艺术等可以帮助理工科学生理解社会现象,更好地设计满足用户需求的产品。例如,在设计产品或服务时,了解用户的需求、行为及创意是非常重要的。

管理和财务知识:无论是在学校还是在未来的职业生涯中,理工科学生都可能需要参与或领导一些项目。了解项目管理的基本原则和技巧,如时间管理、资源分配、风险管理等,可以帮助他们更有效地进行工作。理工科学生可能会创办自己的公司或在一些需要理解财务的位置工作。了解财务的基本概念,如预算、财务分析、成本控制等,可以帮助他们在管理资源和做决策时更加明智。

2) 人文管理类专业跨学科学习的作用。

人文管理类专业的学生虽然更偏重于理解人类社会和行为,但科学技术知识也对他们非常重要。

科学知识:基本的自然科学原理等可以帮助人文管理类专业的学生理解技术如何影响社会和经济。例如,在制定政策或商业策略时,了解科技趋势是非常重要的。

技术技能:基本的编程和数据分析技能等可以帮助人文管理类专业的学生更有效地处理信息,做出更好的决策。例如,在今天的数据驱动的世界里,掌握基本的数据分析技能是非常有价值的。

对于人文管理类专业的学生来说,管理是他们专业的核心部分。学习管理的知识和技巧,如领导力、组织行为、决策制定等,可以帮助他们在未来的工作中更有效地管理团队和组织。无论是企业、政府还是非营利组织,财务决策都是很重要的。了解财务的基本原则和工具,如财务报表、投资评估、风险管理等,可以帮助他们做出更好的策略和决策。

(3) 求知创新实践

主动求知:对于你感兴趣的话题或领域,尝试自主研究、探索新的知识。这可能涉及到读书、网络研究,或参加相关研讨会和讲座。

提出问题:不要害怕提出问题,尤其是那些看似"傻"的问题。这些问题可能会打开新的视野,引导你思考新的可能性。

学习创新方法:一些思维方法,如设计思维、系统思维、明辨思维等,都是培养创新思维的有效工具。你可以通过课程、工作坊或在线学习来学习这些方法。

合作和分享:与他人合作,分享你的想法和观点。他们可能会提供新的视角,启发你的创新思维。

接受失败:创新意味着尝试新事物,而这通常伴随着失败。学会接受失败,从失败中学习,可以帮助你变得更有创新精神。

1) 对理工科专业的学生。

实际应用:将理论知识应用于实践中。例如,参加编程比赛、工程设计项目等。这些活动可以帮助你将课堂知识与实际问题相结合,激发创新思维。

科研实践:尝试加入实验室、参与科研项目。科研过程中的问题解决往往需要创新思维又促进思维发展,同时,这也可以帮助你学习和理解新的科技趋势。

学习最新技术:通过各种渠道了解和学习新兴技术,如人工智能、大数据等。学习和探索新技术,可以开阔视野,促进创新思维发展。

2) 对人文管理类专业的学生。

案例学习:通过学习和分析真实的商业案例,了解并理解成功或失败的原因,以激发创新思维。

团队项目:参与团队项目,如商业计划、市场研究等。在团队合作中,可以通过交流和互动激发创新思维。

实习和社会实践:寻找与专业相关的实习机会,或参加社会实践活动。实践经验可以帮助你理解实际问题,并促使你思考创新的解决方案。

记住,创新思维是一种思维方式,而不仅仅是一种技能。它需要时间和实践来培养。所以,不要急于求成,享受学习和探索的过程。

1.3.2 爱因斯坦在大学期间总结学习方法和创新思维途径的启示

阿尔伯特·爱因斯坦(1879—1955),出生于德国,是20世纪最伟大的科学家之一,他的理论为核能的开发奠定了理论基础。为帮助对抗纳粹,他曾在利奥·西拉德等人的协助下致信美国总统富兰克林·罗斯福,直接促成了曼哈顿计划的启动。二战后他积极倡导和平、反对使用核武器,并签署了《罗素-爱因斯坦宣言》。爱因斯坦开创了现代科学技术新纪元,被公认为是继伽利略、牛顿之后最伟大的物理学家,也是批判学派科学哲学思想之集大成者和发扬光大者。

他在大学期间总结了一系列优秀的学习方法和创新思维途径。他的一些学习方法和创新思维形成过程具有鲜明的爱因斯坦特点。

深入理解基本概念:爱因斯坦非常注重对基本概念的理解,他认为这是掌握复杂理论的关键。在大学期间,他通过自学和探讨,深入研究了物理学、数学等领域的基本概念。这种深入理解使他能够提出许多革命性的理论。

思考实验:爱因斯坦非常擅长进行思考实验,他认为思考实验是一种有效的探索和创新方法。在大学期间,他通过构建虚拟的实验场景来测试和验证各种假设和理论。这种思考实验方法为他的科学成就奠定了基础。

不拘泥于权威:爱因斯坦不拘泥于权威,他勇于质疑和挑战现有的理论和观点。在大学期间,他对传统的科学观念提出了许多质疑,最终为他的创新性研究打下了基础。

保持好奇心:爱因斯坦非常注重保持好奇心,他认为好奇心是科学家的最重要品质。在大学期间,他对周围的世界保持了强烈的好奇心,这使他能够不断地发现新问题并寻求解决方案。

跨学科学习:爱因斯坦非常重视跨学科学习,他认为跨学科学习能够拓宽思维和知识面。在大学期间,他学习了许多与物理学和数学相关的领域知识,如哲学、历史和文学等。这种跨学科学习使他能够从不同角度看待问题并提出独特的见解。

阿尔伯特·爱因斯坦在大学期间通过深入理解基本概念、进行思考实验、不拘泥于权威、保持好奇心以及跨学科学习等方式总结了一套优秀的学习方法和创新思维途径。这些方法和思维为他日后的成功奠定了基础,使他能够提出许多革命性的理论,如相对论。

1930年,爱因斯坦提出了爱因斯坦教育理念。爱因斯坦教育理念强调,学习是一个快乐的过程。培养孩子们学习的兴趣,注重学习的过程,能不断地激发孩子求知的动力。因此,营造宽松、自由、和谐的学习环境,能增加孩子们的学习乐趣,从而激发他们思考问题的主动性。

爱因斯坦在大学期间总结的独特学习方法和创新思维途径为他后来的成功事业发挥了关键作用。

1.3.3 在完整大学生活中积极参与实践

在大学生活中,实践环节是学生将所学知识应用于实际工作中的重要途径,有助于培养实际操作技能、团队合作精神和解决问题的能力。

(1)实践环节中的主要内容

实验:实验课程旨在帮助学生掌握实验技能,提高实验操作能力。通过实验,学生可以将理论知识应用于实际操作中,更好地理解学科原理,培养观察和分析问题的能力。

实训:实训课程通常针对专业技能进行培训,帮助学生掌握专业操作技能。实训可以让学生在实际操作中巩固和提高所学知识,培养专业素养和实际工作能力。

实习:实习是指学生在企业或机构中进行短期工作,了解职业环境,锻炼职业技能。实习有助于学生了解行业现状和职业发展前景,提高自己的就业竞争力。

毕业设计:毕业设计是学生在大学阶段最后一个学期完成的课题研究。通过毕业设计,学生可以充分运用所学知识解决实际问题,展示自己的综合素质和创新能力。

社会实践:社会实践通常包括志愿者服务、社区活动、社会调查等。通过参与社会实践,学生可以培养社会责任感、团队协作能力和人际沟通技巧,拓宽视野,提高综合素质。

(2)实践环节的作用

提高实际操作能力:实践环节让学生将所学知识应用于实际操作中,提高实际操作能力,为将来的职业生涯做好准备。

培养创新能力:实践环节鼓励学生发挥创造力,解决实际问题。通过实践,学生可以培养创新思维和解决问题的能力。

加强团队合作:实践环节让学生与他人合作完成任务,培养团队合作精神和协作能力。

提升职业素养:实践环节让学生了解职业环境,提高职业素养,为将来的职业生涯做好准备。

拓宽视野:实践环节让学生接触不同的工作场景和人群,拓宽视野,增加人生经验。

培养社会责任感:通过参与社会实践活动,学生可以更好地了解社会问题,增强社会责任感。

提高综合素质:实践环节可以帮助学生提高沟通技巧、团队协作能力、分析和解决问题的能力等综合素质,为将来的专业和职业发展奠定坚实基础。

在大学生活中,实践环节是非常重要的一部分。通过实验、实训、实习、毕业设计和社会实践等多种形式的实践活动,学生可以将所学知识应用于实际工作中,提高实际操作能力和综合素质,为未来的专业和职业生涯做好准备。

1.3.4 音乐家和科学家在学习期间实践的事例

(1)国歌的创作者:聂耳

聂耳(1912—1935),中国音乐家,中华人民共和国国歌《义勇军进行曲》的作曲者。聂耳创作了数十首革命歌曲,他的一系列作品影响中国音乐几十年。他的音乐具有鲜明的时代感、严肃的思想性、高昂的民族精神和卓越的艺术创造性,为中国无产阶级革命音乐的发展指出了方向,树立了中国音乐创作的榜样。

2009年9月10日,聂耳被评为"100位为新中国成立作出突出贡献的英雄模范人物"之一。

他从小就明显表露出对音乐的爱好,先后向其家人及邻居邱木匠学习吹奏民族乐器(竹笛、二胡、三弦、月琴等),并开始接触当地民间音乐(如滇戏、花灯、洞经调等),热情投入求实小学的课余音乐活动,曾被选为该校学生自治会会长、学生音乐团指挥等,并曾荣获该校第一号学生奖状。

1929年5月,聂耳昆明省立第一师范学校继续学习。他作为学校的课余文艺活动的积极分子,经常参加校内外的音乐、戏剧等活动,组织九九音乐社,参加戏剧研究会所举办的一系列中文话剧的演出活动。

聂耳是第一个写出中华人民共和国国歌的革命者,第一个为中华民族和中国的劳苦大众写歌并在歌曲中创造了中国无产阶级形象的作曲家,第一个用筑起血肉长城的电影音乐和群众歌曲的形式传达革命理想唤起民众的作曲家,第一个用艺术歌曲的形式塑造中国劳动妇女的形象的作曲家,第一个用儿童歌曲的形式呼唤新中国的作曲家。

(2) 第一位本土自然科学诺贝尔奖获得者:屠呦呦

屠呦呦,1930年12月30日出生于浙江宁波,药学家,现为中国中医科学院首席科学家,共和国勋章获得者。

她于1955年毕业于北京医学院。多年从事中药和西药结合研究,突出贡献是创制新型抗疟药青蒿素和双氢青蒿素。1972年成功提取分子式为$C_{15}H_{22}O_5$的无色结晶体,命名为青蒿素。2011年9月,因发现青蒿素——一种用于治疗疟疾的药物,挽救了全球特别是发展中国家数百万人的生命,获得拉斯克奖和葛兰素史克中国研发中心"生命科学杰出成就奖"。

2015年10月屠呦呦获得诺贝尔生理学或医学奖,理由是她发现了青蒿素,该药品可以有效降低疟疾患者的死亡率。她成为第一位获诺贝尔科学奖项的中国本土科学家。诺贝尔科学奖项是中国医学界迄今为止获得的最高奖项,也是中医药成果获得的最高奖项。她获2016年国家最高科学技术奖,2018年党中央、国务院授予屠呦呦同志"改革先锋"称号,颁授"改革先锋"奖章。

屠呦呦在大学期间和后面的工作中积极参与实践活动,为其事业成功起了重要作用。

实验室研究:屠呦呦在大学期间积极参与了实验室的研究工作。她深入研究药物化学和药理学等,积极进行实验观察和数据收集,为她后来的药物研发打下了坚实基础。

专业会议和研讨会:屠呦呦参加了各类专业会议和研讨会。她聆听专家的报告和演讲,了解最新的科学进展,与其他科研人员交流和合作,拓宽了她的专业视野和科学思维。

药学实习和药物研发项目:屠呦呦积极参与了药学实习和药物研发项目。她在实践中学习了药物筛选和分析的技术,参与了药物研发的各个环节,培养了实际操作和研发能力。

科研论文和科技竞赛:屠呦呦发表了一些科研论文,并参加了科技竞赛。她通过撰写论文和参赛展示自己的研究成果和发现,锻炼了科学写作和展示能力。

草药调查和采集:屠呦呦对中药草药表现出了浓厚的兴趣。她积极参与了草药调查和采集工作,收集草药样本进行研究,为她后来发现青蒿素提供了重要的基础。

北京大学评价她:数十年如一日,屠呦呦从未改变过自己追求真理的底色。她或伏案古籍之间,或奔走田野之中,或守着实验室的夜……岁月镌刻着她在人类抗疟历史上留下的一笔一画。个人的命运与国家的发展相互交织、紧密联系,奏响了她人生的乐章,书写了她无私无悔的一生。

以上事例告诉我们,参加实践项目可以帮助学生在大学生活中培养团队领导力,这些领导力在后来的事业中起到了关键作用。无论是第一位本土自然科学诺贝尔奖获得者屠呦呦,还是人民音乐家聂耳,他们都通过实践环节,得到了大量的团队领导和创新实践锻炼,这让他们在后来的事业中具备了更好的领导力和创新能力,也帮助他们更好地应对各种挑战和机遇。

1.4 通过创新社团和人文艺术体育活动提升团队领导力

1.4.1 在完整大学生活中提升自身的团队领导力

在大学生活中,提升团队领导力对个人成长和职业发展具有重要意义。

(1) 积极参加大学创新创业活动和各类竞赛

在大学期间,有很多国家、省市、学校举办各类创新创业和技能竞赛,是难得的提升团队领导力的锻炼机会。大学生应当积极参加中国"互联网+"大学生创新创业大赛、"挑战杯"全国大学生课外专业科技作品竞赛和中国大学生创业计划竞赛、世界技能大赛、全国职业院校技能大赛等竞赛,参加如数学建模、机器人大赛、各类设计竞赛等,以展示自己在专业领域的才能和实力。

(2) 积极参加各类社团活动增强团队领导力

参与团队活动:积极参加专业团队、社团组织、志愿者活动等,与他人合作完成任务。这有助于你了解团队合作的基本原则,提高团队协作能力。

承担责任:在团队活动中,主动承担一定的责任和角色。当负责某项任务或担任组织领导职务时,可以锻炼自己的组织协调和领导能力。

增强沟通能力:学会有效地与团队成员沟通,倾听他人意见,表达自己的观点。良好的沟通是团队领导力的关键,有助于建立团队信任和凝聚力。

学会倾听:尊重团队成员的意见和建议,耐心倾听他们的想法。学会倾听可以帮助你更好地理解团队成员的需求,提高领导力。

培养判断和决策能力:在团队活动中,学会分析问题,做出明智的决策。良好的判断和决策能力是领导力的重要组成部分。

激发团队激情:作为团队领导者,要能够激发团队成员的积极性和激情,鼓励他们充分发挥自己的潜力。这可以帮助团队更好地完成任务,提高团队效率。

学习领导理论和实践:阅读关于领导力的书籍和文章,了解领导理论和实践。这可以帮助你形成自己的领导风格,提高领导力。

反思和改进:在担任领导角色后,要定期反思自己的领导表现,分析优点和不足。根据反思结果,不断调整和改进自己的领导方式。

通过以上策略,在大学生活中,你可以逐步提升自身的团队领导力。保持谦逊和开放的心态,愿意学习和成长。随着时间的推移,你将成为一个具有影响力和领导力的优秀团队领导者。

1.4.2 著名科学家钱三强在大学期间培养领导力的事例

钱三强,中国科学院院士,核物理学家。科技领导力卓越,人格魅力巨大,爱国敬业,富有科学精神,专业造诣精深,富有创造性。其高瞻远瞩的科技洞察力、基于国家战略需求的科技战略谋划能力、科技人才培育能力和科技战略组织实施能力等,体现在他领导原子弹研制工程和组建科研基地的组织指挥等领导行为中。上述多种能力相互融合,构成了钱三强典型的领导力要素。

他学识精深,科技阅历丰富,富有创造力,科技成就巨大。1937年,钱三强到巴黎大学攻读博士学位,师从伊莱娜·居里。其博士论文在巴黎大学镭学研究所居里实验室和法兰西学院原子核化学实验室同时进行。钱三强勤奋好学、诚实开朗、乐于助人的精神受到普遍好评,其研究工作进展迅速,1940年获得法国国家博士学位。1948年4月26日,在钱三强回国前夕,居里夫人伊莱娜·居里给他的评语:"物理学家钱先生与我们共享期间,证实了他那些早已显示了的研究人员的特殊品格,他的著述数量多且重要。他对科学事业满腔热忱,并且聪慧有创见。十年期间,在那些到我们实验室并由我们指导工作的同时代人当中,他最为优异。我们这样说,并非言过其实。在法兰西学院,我们两人之一曾多次委托他领导多名研究人员。这项艰难的任务,他完成得很出色,从而赢得了他那些法国与外国学生们的尊敬与爱戴。我们的国家承认钱先生的才干,曾先后任命他担任国家科学研究中心研究员和研究导师的高职。钱先生还是一位优秀的组织工作者,在精神、科学与技术方面,他具备研究机构的领导者所应有的各种品德。"从该评价中,我们更可清晰地看到钱三强渊博的知识、聪慧的头脑和创新能力,和在大学期间培养的强有力的领导力。他相继担任近代物理研究所所长、核工业部副部长、中国科学院副院长,以他"科学研究组织工作者所特有的精神"(约里奥·居里语),统领我国的原子科学大军,历经千辛万苦,终于在1964年10月成功地爆炸了我国第一颗原子弹,极大地提高了我国的综合国力。

1.4.3 在完整大学生活中培养自身的人文和艺术素养

在完整的大学生活中,培养自身的人文和艺术素养对于个人成长和综合素质的提升具有重要作用。人文和艺术素养可以丰富思想、拓宽视野、提高审美能力和创造力。

(1) 人文和艺术素养对提升综合素质与创造性的作用

人文和艺术素养对于提升个人的综合素质和创造性有着重要的作用,具体体现在多个方面。

增强理解和表达能力:人文学科如历史、哲学、文学等,可以增强我们的理解力和表达力。教会我们如何理解复杂的概念,如何表达我们的思想和情感,这对于提高我们在学习、工作和生活中的沟通能力有着重要的影响。

培养明辨性思维:人文学科的学习通常涉及到明辨性思维,我们需要分析和评估信息,发表自己的观点。这种明辨性思维能力对于我们在生活和工作中做出明智的决策是非常重要的。

提升创新能力:艺术教育如绘画、音乐、戏剧等,可以刺激我们的创造力。艺术创作通常需要创新、思考新的可能性,这对于我们在学习、工作和生活中的创新能力有着积极的影响。

增强情感理解:人文和艺术教育可以增强我们的情感理解和表达能力。了解艺术和文化的多样性,可以帮助我们更好地理解自己和他人的情感,这对于我们的人际关系和社会互动有着积极的影响。

提供全局视角:人文和艺术教育通常涉及对全局的思考。学习不同的文化、历史和艺术形式,可以帮助我们更全面地理解世界,更好地应对复杂和多变的现代社会。

总的来说,人文和艺术素养对于我们的思维能力、表达能力、创新能力、情感理解和全球视野等多方面的发展都有着积极的作用,它们是综合素质的重要组成部分。

(2)在大学期间培养自身的人文和艺术素养

阅读经典文学作品:阅读经典文学作品可以帮助你了解不同历史时期和文化背景下的人类思想、情感和价值观,提高自己的人文素养。

参加文化活动:积极参加校园内外的文化活动,如讲座、书画展、音乐会等,这有助于你接触到各种艺术形式,丰富自己的艺术素养。

学习艺术技能:尝试学习一种或多种艺术技能,如绘画、音乐、舞蹈等,这可以帮助你发掘自己的艺术潜能,提高创造力。

交流与分享:与他人交流自己的艺术和人文体验,分享自己的感悟和想法,这有助于你更好地理解艺术和人文,提高自己的表达能力。

参观博物馆和历史遗址:参观博物馆和历史遗址,了解人类历史和文明的发展,增加人文知识。

了解世界文化:关注世界各地的文化和艺术动态,了解不同国家和地区的文化传统和艺术风格,这可以拓宽你的视野,丰富你的人文素养。

学习相关课程:选修一些与人文和艺术相关的课程,如艺术史、文学评论等,这可以帮助你系统地学习人文和艺术知识,提高自己的素养。

创作艺术作品:尝试创作自己的艺术作品,如写诗、作画、编曲等。通过创作,你可以发挥自己的想象力和创造力,提高艺术素养。

通过以上方法,在大学生活中培养自身的人文和艺术素养,有助于你形成独特的审美观和世界观,提高自己的综合素质。此外,人文和艺术素养还能帮助你在日常生活中更好地欣赏美、体验美,为你的生活增添色彩。同时,这种素养也会提高你的沟通技巧和人际关系处理能力,使你在职业生涯中更具竞争力。总之,在大学生活中,培养自身的人文和艺术素养有助于全面提升个人品质,丰富精神世界,为未来的职业生涯打下坚实基础。

1.4.4 著名艺术家在大学期间培养人文艺术素养的事例

不少艺术家通过完整大学生活,培养了自身的人文和艺术素养,对他们的事业成功起到了关键作用。

(1)中国近代建筑之父梁思成

梁思成(1901—1972),建筑历史学家、建筑教育家和建筑师,被誉为中国近代建筑之父。他毕生致力于中国古代建筑的研究和保护,参与了人民英雄纪念碑、中华人民共和国国徽等作品的设计。

梁思成在大学期间注重人文素养的培养，打下了扎实的艺术基础。

文学和艺术研究：梁思成对文学和艺术表现出了浓厚的兴趣。他在大学期间广泛阅读文学作品，研究绘画和雕塑艺术，这培养了他的审美观念和艺术素养，为他后来的建筑设计打下了基础。

历史和考古学研究：梁思成对历史和考古学表现出了浓厚的兴趣。他在大学期间研究中国古代历史和建筑风格，参与考古发掘项目，深入了解中国传统文化和建筑的演变，为他后来的文化遗产保护工作提供了坚实的背景。

建筑学课程和实践：梁思成在大学期间接受了系统的建筑学教育。他学习了建筑设计原理、结构力学和建筑材料等课程，并参与了建筑设计和施工实践，这培养了他的设计技能和专业素养。

古建筑保护和修复：梁思成对古建筑保护和修复表现出了浓厚的兴趣。他在大学期间参与了古建筑保护项目，学习了古建筑的结构和建造技术，这培养了他的修复和保护能力。

艺术和文化活动：梁思成积极参与艺术和文化活动。他参观艺术展览、音乐会和戏剧演出，与艺术家和文化界人士交流，这拓宽了他的艺术视野和文化修养。

人文学科研究：梁思成对人文学科表现出了浓厚的兴趣，特别是中国传统文化和哲学。他在大学期间深入研究了中国古代文化、艺术和哲学思想，加深了对中华传统的理解和把握。

（2）科学家艺术家于一身：理查德·费曼

理查德·费曼（Richard Feynman）是美国物理学家，以其卓越的科学成就和非凡的艺术才华而广受赞誉。

在大学期间，费曼注重培养自身的人文艺术素养，并将其与科学工作相结合。他对艺术的兴趣给他的科学工作产生了深远影响。费曼通过研究和实践绘画艺术，培养了自己的图像思维能力，这种能力使他能够形象地想象物理现象，并将其转化为数学模型和理论，推动了他在理论物理领域创新。

艺术推动创造力和想象力发展，而这两个因素对科学工作至关重要。费曼的艺术素养激发了他在物理学中的创造性思维和对新颖观点的追求，推动了他在量子物理和粒子物理领域取得重要贡献。

艺术教会了费曼如何用视觉表达复杂的概念。他将这种能力应用于科学演示和讲解，通过绘图和图像来解释抽象的物理原理，使复杂的概念更易于理解。

费曼在艺术和科学之间建立了一种跨学科的联系。他将艺术的美感和创造力融入科学研究中，拓宽了他的思维视野，帮助他发现不同学科之间的联系和交叉点。

理查德·费曼通过对艺术的学习和实践，培养了自身的人文艺术素养，并将其应用于他的科学工作中。艺术对于费曼的科学研究和创新起到了重要的推动作用，体现在创造力、想象力、图像思维和视觉表达能力等方面。他以在物理学领域的杰出贡献和独特的科学传播方式而受到广泛赞誉。

1.4.5　在完整大学生活中打造健康的体魄和心理素质

在完整的大学生活中，打造健康的体魄和心理素质对于个人的成长、学习和未来的职业发展具有重要意义。一个健康的体魄可以提高学习和工作效率,增强抗压能力;良好的心理素质有助于应对挑战、处理人际关系和保持积极的生活态度。

养成良好的生活习惯:保持规律的作息时间,保证充足的睡眠,合理安排学习和休闲时间。良好的生活习惯有助于保持身心健康。

均衡饮食:注意饮食健康,摄取营养均衡的食物,避免过度摄入高热量、高脂肪食物。均衡饮食有助于维持体能和提高免疫力。

进行体育锻炼:坚持体育锻炼,如跑步、打羽毛球、打篮球等。锻炼可以增强体质,提高抗病能力和抗压能力。

学会压力管理:了解自己的压力源,学会合理分析和处理压力。可以尝试运用深呼吸、冥想、心理暗示等方法缓解压力。

培养健康的心理素质:保持积极的心态,学会调整情绪,面对困难和挑战时保持乐观。心理素质的培养有助于应对生活中的挑战和压力。

建立良好的人际关系:学会与人沟通,建立稳定的社交圈,给自己提供良好的情感支持。良好的人际关系有助于保持心理健康。

参加心理健康活动:学校通常会举办一些心理健康讲座和活动,积极参加这些活动,了解心理健康知识,提高心理素质。

寻求专业帮助:在遇到心理困扰时,不要害怕寻求专业帮助,而是要咨询心理医生或心理辅导师。他们可以为你提供专业的建议和支持。

通过以上方法,你可以在大学生活中打造健康的体魄和心理素质。保持良好的身体和心理状态可以提高生活质量,使你在面对挑战和压力时更加从容自信。

大学是一个关键的人生阶段,你需要充分利用这段时间来打造健康的体魄和心理素质。只有身心健康,你才能更好地追求梦想,实现自己的人生价值。

1.4.6 著名科学家钟南山在大学期间坚持锻炼身体和心理素质的事例

钟南山,1936年10月20日出生,广州医科大学附属第一医院国家呼吸系统疾病临床医学研究中心主任,中国工程院院士,中国抗击非典型肺炎和洛类疫情的领军人物。

钟南山在大学期间就注重强身健体,并培养了坚强的心理素质,为他事业的成功打下了基础。

钟南山注重体育锻炼,尤其是在大学期间,他积极参加各种体育运动,特别是田径运动。作为一名出色的中距离跑选手,他多次在全国比赛中取得优异的成绩,展现出卓越的体育才能和顽强的毅力。

此外,钟南山还注重培养坚强的心理素质。在医学事业中,面对许多挑战和压力,他通过自我调节,以积极乐观的态度坚持追求卓越和克服困难。

《马卡报》评论钟南山:在2003年,这位本可以成为运动员的医生,成为英雄。在抗击非典的过程中,钟南山的治疗方法得到了世卫组织的采纳,他开创性地使用了非侵入性通气技术,在舆论上他一直强调疾病的严重性,真正地成为了一名杰出人物。多年以来,钟南山体现出令人羡慕的健康水平,他经常被人拍到露出健硕肌肉,做举重训练也得心应手,篮球场也经常能见到他的身影。虽然他最后没有选择成为一名职业运动员,但几十年来钟南山一直坚持进行身体锻炼,直到现在也是如此。他说锻炼对于保持体形起着关键作用。

钟南山的强身健体和坚强心理素质为他的事业成功奠定了基础,这些品质使他能够保持身体健康、精力充沛,并在面对困难时保持积极的心态。钟南山以其在呼吸病学领域的杰出贡献而享有盛誉,他的专业知识、坚强心理和强健体魄帮助他成为公众信赖的科学家,他为抗击疫情作出了重要贡献。

钟南山的事例展示了,在大学生活中积极参与体育活动,关注身体健康和心理素质的培养,将有助于我们在未来取得成功。在完整的大学生活中,我们可以通过参加各种体育活动、社交活动、专业讨论和实践项目来全面提升自己。此外,保持良好的作息规律、饮食习惯和情绪管理,也有助于我们更好地应对挑战,实现个人的成长和发展。只有在全面发展的基础上,我们才能更好地实现自己的梦想,为未来的专业和职业生涯打下坚实基础。

1.5 本章思考题

(1) 为什么树立远大志向和践行核心价值观对大学生的职业竞争力具有重要意义?请举例说明。

(2) 在你看来,完整的大学生活如何帮助大学生确定自己的职业规划?举例说明其中的关键因素和步骤。

(3) 为什么学习复合交叉的专业知识和技能对于大学生的就业竞争力至关重要?请举例说明。

(4) 在完整大学生活中,如何提升自身的团队领导力?举例说明你认为有效的方法和途径。

第 2 章 计算机类专业群知识结构与就业前景

本章将深入探讨计算机类专业群的知识结构以及就业前景。由于计算机科学和技术是一个迅速发展、充满活力的领域,了解这个领域的发展趋势和就业前景对于计算机专业的学生和专业人士来说是非常重要的。

首先,我们将概述计算机行业的发展状况和趋势,包括各计算机相关专业的行业现状和发展趋势,详细探讨这些专业的就业前景,包括可能的就业岗位和就业趋势。接下来,我们将深入研究计算机专业群的教育和培训,包括各专业的培养方向、主干课程以及课程论文题目和示例,详述计算机各专业的核心知识和专业技能,以及所需的职业资格证书和核心培训课程。此外,我们还将讨论在创业时所需具备的知识结构和技能素质,详细描述计算机专业群的实践环节,包括硬软件实验和仿真、实训、实习、毕业设计等。最后,我们将提供计算机专业群毕业设计题目示例以及开题方向和内容提要,并列出计算机专业群涉及的行业典型企业的简介。

这一章旨在为读者提供全面而详尽的关于计算机类专业群的知识结构、教育培养、就业前景的信息,以帮助读者更好地了解这个重要的领域。无论你是计算机专业的学生,还是已经在这个领域工作的专业人士,我们希望你都能从这一章中找到有用的信息和启示。

2.1 计算机类专业群涉及的行业现状与发展趋势

2.1.1 计算机科学与技术专业涉及的相关行业现状和趋势

计算机科学与技术专业是当前和未来最为热门及发展迅速的专业之一。

(1) 行业现状

互联网和移动应用:互联网和移动应用行业是计算机科学与技术专业毕业生就业的主

要领域。随着智能手机和移动互联网的普及,互联网和移动应用的发展势头依然强劲,涉及的领域包括电子商务、社交媒体、在线娱乐等。

大数据和数据科学:大数据和数据科学是当前热门的领域之一。随着数据的快速增长,对能够处理和分析大规模数据的专业人才的需求也在增加。大数据领域涉及数据挖掘、机器学习、数据可视化等技术和应用。

人工智能(AI)和机器学习:人工智能和机器学习技术的发展和应用逐渐渗透到各个行业。从语音识别到图像处理,从自动驾驶到智能助手,人工智能的应用越来越广泛,对具备相关技能的专业人才的需求也不断增加。

软件开发:软件开发一直是计算机科学与技术专业的核心领域之一。随着各个行业的数字化转型和软件化需求的增加,软件开发的就业机会依然广泛。涉及的领域包括企业应用开发、嵌入式系统开发、游戏开发等。

(2)行业趋势

边缘计算和物联网:边缘计算和物联网的兴起为计算机科学与技术专业带来了新的发展机遇。边缘计算将计算和数据处理推向网络边缘,而物联网连接了越来越多的设备和传感器,为创造智能化和互联性的解决方案提供了新的可能性。

区块链技术:区块链技术的出现引起了广泛关注,不仅在加密货币领域有应用,还在金融、供应链管理、知识产权保护等方面展现了潜力。对了解区块链技术并能够开发相关应用的专业人才的需求逐渐增加。

云计算和服务化:云计算技术的发展为计算资源的灵活使用和管理提供了新的方式。云计算服务和云平台的出现为企业和个人提供了更多的选择和便利,云计算及其服务化的趋势将继续推动相关技术发展和就业机会增加。

自动化和智能化:自动化和智能化技术在各个行业中的应用将越来越广泛。自动化生产线、智能家居、智能交通等领域都需要计算机科学与技术专业的人才来设计、开发和维护相关系统和应用。

计算机科学与技术专业的就业前景广阔,涉及的行业不断发展和创新。毕业生应持续学习和适应技术快速变化,保持对新兴技术的关注,提升自身技能和综合素质,以把握行业的发展机遇。

2.1.2 软件工程和软件技术专业涉及的相关行业现状和趋势

软件工程和软件技术专业是计算机科学与技术领域中的重要专业,涉及软件开发、软件项目管理和软件工程等方面的知识和技能。

(1)行业现状

软件开发:软件开发一直是软件工程和软件技术专业的核心领域。随着数字化转型和信息化需求的增加,软件开发的市场需求依然旺盛。企业应用开发、移动应用开发、Web开发等需求处在高位,涵盖各个行业。

云计算和云服务:云计算技术的发展带动了云服务的兴起,为企业和个人提供了更灵活、便捷的软件解决方案。云平台、云存储、云应用等服务的需求不断增加,为软件工程师提供了更多的就业机会。

数据分析和大数据：随着数据量的快速增长，对能够处理和分析大规模数据的专业人才的需求也在增加。数据分析和大数据技术的应用和开发对于软件工程师来说是一个新的发展方向。

人工智能(AI)和机器学习：人工智能和机器学习技术的应用范围越来越广泛，对于软件工程师来说是一个重要的发展领域。涉及的应用包括自然语言处理、图像识别、智能推荐等。

(2) 行业趋势

低代码/无代码开发：低代码/无代码开发平台的出现使得非专业开发人员也能够参与软件开发。这一趋势将为软件工程师带来新的挑战和机遇，需要更多地专注于解决复杂问题和提供高级定制服务。

敏捷开发和DevOps：敏捷开发和DevOps方法论的流行推动了软件开发和交付的效率提升及质量提高。软件工程师需要具备敏捷开发和DevOps实践的知识和技能，以适应行业的变化和需求。

自动化测试和质量保证：随着软件的复杂性增加，自动化测试和质量保证变得越来越重要。软件工程师需要掌握自动化测试工具和方法，保证软件质量和稳定性。

区块链技术：区块链技术的应用正在不断扩大，应用范围包括金融、供应链管理、智能合约等领域。软件工程师需要了解区块链技术并能够开发相应的应用，以满足行业的需求。

软件工程和软件技术专业的就业前景广阔，行业发展迅速。毕业生应保持对新技术的关注，提升自身的技术水平和综合素质，以适应行业的变化和需求。同时，注重培养团队协作和沟通能力，能够与多领域专业人员协同工作将有利于在行业中取得成功。

2.1.3 计算机网络技术专业涉及的相关行业现状和趋势

计算机网络技术专业是计算机科学与技术领域中的重要专业，涉及计算机网络架构、网络管理、网络安全等方面的知识和技能。

(1) 行业现状

互联网服务提供商：随着互联网的普及和发展，互联网服务提供商(ISP)成为计算机网络技术专业毕业生的主要就业方向。ISP负责提供互联网接入、网络服务、数据传输等相关服务。

企业网络管理：企业对于网络的需求不断增加，企业网络管理成为一项重要的职责。企业网络管理员负责设计、配置、管理和维护企业内部的计算机网络，确保网络的安全和稳定运行。

云计算和数据中心：随着云计算技术的发展，云服务提供商和数据中心对专业人才的需求也在增加。计算机网络技术专业毕业生可以在云服务提供商或大型数据中心从事网络架构设计、网络管理和网络安全等方面的工作。

网络安全：随着网络攻击和数据泄露事件的频发，网络安全成为各个行业的重要关注点。计算机网络技术专业的毕业生可以从事网络安全相关的工作，包括网络防御、入侵检测、安全策略制定等。

(2) 行业趋势

物联网(IoT)：物联网的快速发展为计算机网络技术专业带来了新的机遇。物联网连接了各种设备和传感器，需要可靠的网络基础设施和安全保障。计算机网络技术专业的毕业生可以在物联网相关的领域从事网络架构设计、数据传输和网络安全等工作。

软件定义网络(SDN)：SDN是一种新兴的网络架构，通过将网络控制与数据转发分离，提供更灵活、可编程的网络管理方式。计算机网络技术专业的毕业生可以了解和应用SDN技术，推动网络架构的创新和优化。

5G技术：随着5G技术的商用化，计算机网络技术专业的毕业生可以在5G网络的设计、部署和维护方面发挥作用。5G网络的高速性和低延迟将为各行各业的数字化转型提供更强大的支持。

虚拟化和云网络：随着虚拟化技术的发展，云网络对专业人才的需求也在增加。计算机网络技术专业的毕业生可以掌握虚拟化技术和云网络的设计与管理，为企业提供高效、弹性的网络解决方案。

计算机网络技术专业的就业前景广阔，行业发展迅速。毕业生应关注行业的最新趋势和技术，不断提升自身的技术水平和综合素质。同时，注重培养网络安全和数据保护的意识，具备团队协作和沟通能力将有利于在行业中取得成功。

2.1.4 大数据管理与应用和大数据技术专业涉及的相关行业现状和趋势

大数据管理与应用以及大数据技术是当前信息技术领域的热门专业，与大数据相关的行业发展迅速，为毕业生提供了广阔的就业机会。

(1) 行业现状

大数据分析和商业智能：大数据管理与应用专业的毕业生可以从事大数据分析和商业智能相关的工作。各行各业对数据分析的需求日益增加，希望通过对海量数据的挖掘和分析来获取商业洞察和决策支持。

数据科学与机器学习：大数据技术专业的毕业生可以在数据科学和机器学习领域从事工作。数据科学家利用大数据技术和机器学习算法，研究和开发数据驱动的模型和解决方案，以实现数据驱动的决策和创新。

互联网公司和科技企业：互联网公司和科技企业对大数据管理与应用以及大数据技术专业人才的需求很高。这些企业面对海量的用户数据和业务数据，需要专业人才来管理、分析和利用这些数据，提供个性化的产品和服务。

政府部门和公共服务：政府部门和公共服务机构也需要大数据管理与应用以及大数据技术专业的人才来处理和分析社会、经济、环境等领域的数据，为政策制定和决策提供支持。

(2) 行业趋势

深度学习和人工智能：随着深度学习和人工智能的快速发展，对大数据技术人才的需求也越来越多。大数据管理与应用以及大数据技术专业的毕业生可以学习和应用深度学习、人工智能技术，进一步提高数据处理和分析的准确性和效率。

边缘计算和物联网：随着物联网的普及，边缘计算技术的应用越来越广泛。大数据管理与应用以及大数据技术专业的毕业生可以关注边缘计算和物联网技术的发展,为海量数据的实时处理和分析提供解决方案。

隐私和数据安全:随着数据泄露和隐私曝光问题的增加,数据安全和隐私保护成为大数据领域的重要议题。大数据管理与应用以及大数据技术专业的毕业生需要具备数据安全和隐私保护的意识,并掌握相应的技术和工具。

数据治理和合规性:随着数据规模的不断增长,数据治理和合规性变得越来越重要。大数据管理与应用专业的毕业生需要了解数据治理的原则和方法,帮助企业建立数据管理规范和流程,确保数据的质量和合规性。

大数据管理与应用和大数据技术专业是当前和未来的热门专业之一,行业发展迅速。毕业生应注重学习与实践相结合,掌握大数据技术和工具,同时注重提升数据分析和解决实际问题的能力,以适应行业的发展趋势和需求。

2.1.5　动漫制作技术专业涉及的相关行业现状和趋势

动漫制作技术专业是与动画制作相关的专业,涉及动画制作的各个环节,包括角色设计、场景构建、动画绘制、特效制作等。

(1) 行业现状

动画制作:大型动画制作公司是动漫制作技术专业毕业生就业的主要方向。这些公司致力于制作电视动画、电影动画、网络动画等不同形式的动画作品,需要专业的动漫制作技术人才来参与项目的制作。

游戏开发:随着游戏行业的快速发展,游戏开发公司对动漫制作技术专业人才的需求也在增加。游戏中常常包含丰富的动画元素,动漫制作技术专业毕业生可以参与游戏角色设计、动画制作和特效制作等工作。

影视制作:在影视制作行业中,动画越来越多地被应用于电影、电视剧和广告等作品中。动漫制作技术专业毕业生可以参与影视作品中的动画制作和特效制作,为影视作品增加视觉效果和吸引力。

广告设计:广告公司和设计机构需要动漫制作技术专业的人才来制作创意动画广告和宣传片,为客户提供独特的视觉呈现和品牌传播。

(2) 行业趋势

虚拟现实和增强现实:随着虚拟现实(VR)和增强现实(AR)技术的发展,动漫制作技术专业的毕业生可以关注这一领域的发展趋势,学习并实践将动漫元素融入虚拟现实和增强现实应用中的技能,为用户提供沉浸式的动漫体验。

2D与3D融合:近年来,2D与3D融合的动画作品越来越受欢迎。动漫制作技术专业毕业生可以学习并应用2D与3D融合技术,创作具有丰富视觉效果和层次感的动画作品。

社交媒体和短视频平台:随着社交媒体和短视频平台的兴起,越来越多的人通过这些平台观看和分享动画作品。动漫制作技术专业毕业生可以关注社交媒体和短视频平台的发展趋势,学习制作适应这些平台的需求的动漫作品。

前沿技术应用:随着科技的不断进步,新的前沿技术如人工智能、深度学习和计算机视觉等将对动漫制作带来新的可能性。动漫制作技术专业毕业生可以关注这些技术的应用,创作具有创新性和高质量的动画作品。

动漫制作技术专业是一个具有广阔发展前景的专业,行业需求不断增加。毕业生可以通过不断学习和实践,掌握前沿的动漫制作技术和工具,关注行业的发展趋势,不断提升自己的创作能力和专业素养。

2.1.6 数字媒体技术专业涉及的相关行业现状和趋势

数字媒体技术专业是与数字媒体制作和应用相关的专业,涉及广告、影视、游戏、动画等领域的数字媒体内容创作和技术应用。

(1) 行业现状

广告和营销:数字媒体技术专业毕业生在广告公司、营销机构等行业中有很好的就业机会。他们可以参与广告创意、视觉效果制作、品牌策划和数字营销等工作,为客户提供创新的数字媒体解决方案。

影视和动画制作:数字媒体技术专业毕业生在影视和动画制作行业中有很好的就业前景。他们可以参与电影、电视剧、动画片等作品的数字特效制作、后期剪辑和视觉效果增强,为影视作品提供高质量的数字媒体内容。

游戏开发和虚拟现实:随着游戏产业和虚拟现实技术的发展,数字媒体技术专业毕业生在游戏开发和虚拟现实领域有很好的就业机会。他们可以参与游戏角色设计、场景构建、特效制作和虚拟现实应用开发等工作,为用户提供沉浸式的数字娱乐体验。

数字媒体平台和社交媒体:数字媒体技术专业毕业生可以在数字媒体平台、社交媒体和短视频平台等领域从事内容制作、编辑和管理等工作。他们可以参与平台运营、用户体验优化和内容创作,满足用户对多样化数字媒体内容的需求。

(2) 行业趋势

跨媒体整合:数字媒体技术专业毕业生可以关注媒体形式的整合趋势。随着媒体形式的融合,数字媒体技术专业毕业生需要具备跨领域的知识和技能,能够灵活运用多种数字媒体技术,创作出多媒体交互性强的作品。

移动互联网和智能设备:随着移动互联网和智能设备的普及,数字媒体技术专业毕业生需要关注移动应用开发、响应式设计和用户体验等方面的技能。他们可以参与移动应用开发、手机游戏制作和移动界面设计等工作。

虚拟现实和增强现实:虚拟现实(VR)和增强现实(AR)技术正成为数字媒体领域的热点。数字媒体技术专业毕业生可以关注虚拟现实和增强现实的发展趋势,学习并应用相关技术,参与虚拟现实和增强现实应用的开发和创作。

数据驱动的内容创作:随着大数据和人工智能技术的发展,数字媒体技术专业毕业生可以关注数据驱动的内容创作趋势。通过数据分析和人工智能算法,他们可以为受众量身定制个性化的数字媒体内容,提供更好的用户体验。

数字媒体技术专业是一个充满发展机遇的专业,行业需求不断增加。毕业生可以通过不断学习和实践,掌握前沿的数字媒体技术和工具,关注行业的发展趋势,不断提升自己的创作能力和专业素养。同时,拥有良好的创意思维、团队合作和沟通能力也是成功就业的关键因素。

2.1.7　数字媒体艺术设计专业涉及的相关行业现状和趋势

数字媒体艺术设计专业涵盖了数字媒体创意和设计方面的内容，注重培养学生在视觉艺术、设计理论和数字媒体技术等方面的综合能力。

（1）行业现状

广告和品牌设计：数字媒体艺术设计专业毕业生在广告公司、品牌策划机构等行业中有良好的就业机会。他们可以参与广告创意、品牌形象设计、平面设计和多媒体设计等工作，为客户提供独特的视觉表达和品牌传播方案。

影视和动画制作：数字媒体艺术设计专业毕业生在影视和动画制作行业中有广阔的就业前景。他们可以参与电影、电视剧、动画片等作品的视觉效果设计、平面概念设计和艺术指导，为影视作品提供高水平的艺术设计支持。

游戏设计和交互体验：随着游戏产业的迅猛发展，数字媒体艺术设计专业毕业生在游戏设计和交互体验领域有良好的就业机会。他们可以参与游戏角色设计、场景构建、用户界面设计和交互设计等工作，为游戏提供精美的艺术设计和优秀的用户体验。

多媒体交互和互动设计：数字媒体艺术设计专业毕业生可以在多媒体交互和互动设计领域从事相关工作。他们可以参与互动展示、数字艺术装置、虚拟现实应用等项目的设计和创作，通过技术与艺术的结合，为用户提供创新的互动体验。

（2）行业趋势

跨媒体整合：数字媒体艺术设计专业毕业生需要关注媒体形式的整合趋势。随着媒体的融合和数字技术的发展，他们需要具备跨领域的设计能力，能够灵活运用不同媒体形式，创造具有艺术价值和创新性的作品。

用户体验设计：用户体验设计成为数字媒体领域的关键要素之一。数字媒体艺术设计专业毕业生需要关注用户体验设计的理念和方法，注重用户需求和互动设计，为用户提供优秀的交互体验。

响应式设计：随着移动设备的普及，响应式设计成为数字媒体领域的重要趋势之一。数字媒体艺术设计专业毕业生需要了解响应式设计的原理和技巧，能够为不同屏幕尺寸和设备提供适配的设计方案。

数字媒体艺术创新：数字媒体艺术设计专业毕业生需要不断关注数字媒体艺术创新的前沿领域，如虚拟现实、增强现实、交互装置等。他们应积极探索数字媒体艺术创新的可能性，通过结合艺术和技术，创造出具有独特艺术价值和创新性的作品。

数字媒体艺术设计专业是一个富有创造力和发展潜力的专业。毕业生应注重培养自身的设计能力和艺术素养，同时关注行业的发展趋势，不断学习和掌握前沿的数字媒体艺术设计技术和工具，以提升自身的竞争力和就业前景。

计算机科学与技术、软件工程、软件技术、电子信息工程、电子信息工程技术、计算机网络技术、大数据管理与应用、大数据技术、动漫制作技术、数字媒体技术和数字媒体艺术设计等专业在现今社会发挥着越来越重要的作用。随着科技的进步和行业的发展，这些领域的技术将不断得到创新，推动各行各业的数字化转型，为人类社会带来更便捷、高效和智能的生活。

2.2 计算机类专业群就业前景与岗位及趋势

2.2.1 计算机类专业群就业前景与趋势

计算机类专业群涉及的就业领域广泛,包括计算机硬件制造、软件开发、互联网技术、信息安全、人工智能等。随着科技的不断进步和智能化的发展,计算机专业的就业前景非常广阔。

就业前景广阔:计算机类专业毕业生在各行各业都有广泛的就业机会。特别是在互联网、电子商务、金融、医疗、教育、制造业等领域,对计算机专业的人才的需求量非常大,毕业生就业前景非常广阔。

产业升级带动需求增加:计算机产业已经成为国家经济转型和产业升级的重要引擎之一。随着科技的不断进步和应用的不断扩展,计算机类专业的就业率将持续增加。

人工智能需求增加:人工智能是未来计算机产业的重要发展方向之一,各行各业对人工智能技术人才的需求也越来越高。人工智能技术的应用将会涉及各个领域,对计算机类专业的人才的需求将持续增加。

信息安全需求增加:信息安全已经成为各类企业和组织关注的重点,随着网络安全问题的不断增加,各行业对信息安全专业人才的需求也将持续增加。

数据分析和人工智能:数据分析是计算机类专业的重要领域之一,涉及数据处理、数据挖掘、数据可视化等。随着人工智能技术的发展,数据分析和人工智能也将更加紧密地结合起来。因此,掌握数据分析和人工智能相关技术的人才将更受欢迎。

云计算和大数据技术:随着互联网技术和云计算技术的发展,大数据技术逐渐成为计算机专业毕业生就业的重要方向之一。掌握云计算和大数据相关技术,可以帮助企业有效地管理和分析数据,提高工作效率和竞争力。

计算机类专业群的就业前景和发展趋势非常广泛。在未来的发展中,随着科技的不断进步和应用的不断拓展,计算机类专业群毕业生将拥有更多的就业机会和发展空间。对于计算机类专业群的毕业生来说,重要的是要不断提高自己的技能和知识水平,紧跟行业的发展趋势,并不断地更新自己的技能和知识,才能在激烈的竞争中脱颖而出。

2.2.2 计算机科学与技术专业就业前景和岗位及趋势

计算机科学与技术是一个热门且前景广阔的专业领域,毕业生在各个行业都有良好的就业机会。

(1) 就业前景

计算机科学与技术专业毕业生的就业前景非常乐观。随着数字化转型和科技的快速发展,计算机技术在各行各业中的应用越来越广泛。各种企业和组织都需要计算机科学与技术专业人才来开发、维护和管理他们的信息技术系统。因此,计算机科学与技术专业毕业生具有很强的竞争力和就业机会。

（2）常见岗位

计算机科学与技术专业的毕业生可以在各个领域找到就业机会,包括但不限于以下岗位:

软件工程师/开发人员:负责软件应用程序的设计、开发和维护。

系统分析师:分析用户需求,设计和规划信息系统。

网络工程师:负责设计、配置和管理计算机网络。

数据库管理员:管理和维护数据库系统,确保数据的安全性和可用性。

人工智能工程师:开发和应用人工智能技术,包括机器学习、自然语言处理等。

前端/后端开发工程师:负责网站和应用程序的前端/后端开发和设计。

信息安全专家:保护计算机系统和数据的安全,预防网络攻击和数据泄露。

（3）趋势

未来计算机科学与技术领域将持续发展,已经呈现了明显的趋势。

人工智能和机器学习:人工智能技术的发展将持续推动计算机科学与技术的创新和应用。机器学习、深度学习和自然语言处理等技术将在各个领域发挥重要作用。

大数据和数据科学:随着数据的爆炸式增长,对数据管理、分析和挖掘专业人才的需求也在增加。大数据和数据科学将成为重要的研究和应用方向。

云计算和边缘计算:云计算技术的发展将提供更强大的计算和存储能力,边缘计算将提供更低延迟的服务。这些技术将为应用开发和数据处理带来新的机会和挑战。

跨界融合:计算机科学与技术与其他学科的交叉融合将推动创新和发展。例如,计算机科学与生物学、医学、金融学等领域的结合将产生新的研究和应用领域。

计算机科学与技术专业的就业前景广阔,岗位丰富多样。随着科技的不断发展,人工智能、大数据、云计算等领域的重要性将进一步增强,计算机科学与技术专业的毕业生需要不断学习和更新知识,以适应未来的发展趋势。

2.2.3 软件工程和软件技术专业就业前景和岗位及趋势

软件工程和软件技术是当前和未来最为热门的专业之一,毕业生在软件行业以及其他各个行业都有广阔的就业机会。

（1）就业前景

软件工程和软件技术专业毕业生的就业前景非常乐观。随着数字化转型和科技的快速发展,软件技术在各行各业中的应用越来越广泛。无论是传统企业还是新兴科技公司,都需要软件工程师和技术人员来开发、维护和管理他们的软件系统。因此,软件工程和软件技术专业毕业生具有很强的竞争力和就业机会。

（2）常见岗位

软件工程和软件技术专业的毕业生可以在各个领域找到就业机会,包括但不限于以下岗位:

软件工程师/开发人员:负责软件应用程序的设计、开发和维护。

前端/后端开发工程师:负责网站和应用程序的前端/后端开发和设计。

软件架构师:设计和规划软件系统的整体结构和框架。
软件测试工程师:负责软件质量保证和测试工作,确保软件的稳定性和功能完整性。
数据库管理员:管理和维护数据库系统,确保数据的安全性和可用性。
项目经理:负责软件项目的规划、执行和管理。
人工智能工程师:开发和应用人工智能技术,包括机器学习、自然语言处理等。

(3) 趋势

未来软件工程和软件技术领域将持续发展,已经呈现了明显趋势。

人工智能和机器学习:人工智能技术的发展将持续推动软件工程和技术的创新和应用。机器学习、深度学习和自然语言处理等技术将在各个领域发挥重要作用。

大数据和数据科学:随着数据的爆炸式增长,对数据管理、分析和挖掘专业人才的需求也在增加。大数据和数据科学将成为重要的研究和应用方向。

云计算和边缘计算:云计算技术的发展将提供更强大的计算和存储能力,边缘计算将提供更低延迟的服务。这些技术将为应用开发和数据处理带来新的机会和挑战。

跨平台开发和移动应用:随着移动互联网的普及,移动应用的需求也在增加。跨平台开发技术和移动应用开发将成为重要的技能。

软件安全和隐私保护:随着信息安全的重要性日益凸显,软件安全和隐私保护将成为关注的焦点。软件工程师和技术人员需要具备相关的安全知识和技能。

软件工程和软件技术专业的就业前景广阔,岗位丰富多样。随着科技的不断发展,人工智能、大数据、云计算等领域的重要性将进一步增加,软件工程和技术专业的毕业生需要不断学习和更新知识,以适应未来的发展趋势。

2.2.4 计算机网络技术专业就业前景和岗位及趋势

计算机网络技术是计算机科学与技术领域的重要分支之一,涉及计算机网络的设计、搭建、维护和管理。随着互联网的快速发展和数字化转型的推进,计算机网络技术的就业前景广阔。

(1) 就业前景

计算机网络技术专业毕业生的就业前景非常乐观。随着信息技术的广泛应用,各个行业都需要计算机网络专业人员来构建、管理和维护他们的网络系统。无论是互联网公司、电信运营商、金融机构、大型企业还是政府机构,都需要计算机网络技术人员来确保网络的安全性、稳定性和高效性。因此,计算机网络技术专业毕业生具有很强的就业竞争力。

(2) 常见岗位

计算机网络技术专业的毕业生可以在各个行业中找到就业机会,包括但不限于以下岗位:

网络工程师/管理员:负责网络的设计、搭建、维护和优化。
网络安全工程师:保护网络系统免受安全威胁,预防和解决网络安全问题。
系统工程师:负责服务器和网络设备的安装、配置和维护。
数据中心工程师:管理和维护大型数据中心的网络和服务器设备。
网络运维工程师:监控和管理网络运行状态,及时处理故障和优化网络性能。

云计算工程师:负责云计算平台的设计、部署和管理。
网络架构师:设计和规划复杂网络系统的整体结构。
网络项目经理:负责网络项目的规划、执行和管理。

(3) 趋势

未来计算机网络技术领域将继续发展,未来发展趋势明显。

5G 技术:随着 5G 技术的商用推广,网络速度和带宽将大幅提升,对计算机网络技术提出了更高的要求和挑战。

物联网和边缘计算:物联网的普及将带来海量的设备和传感器连接需求,边缘计算将提供更低延迟和更高效的数据处理能力。

软件定义网络(SDN):SDN 技术将网络的控制平面和数据平面分离,提供更灵活、可编程和集中管理的网络架构。

云计算和虚拟化:云计算技术的发展将进一步推动网络的虚拟化和软件化,提供弹性和可扩展的网络服务。

网络安全:随着网络攻击和数据泄露事件的增加,网络安全将成为关注的焦点,各行业对网络安全专业人员的需求将进一步增加。

计算机网络技术专业的就业前景广阔,岗位丰富多样。随着互联网和数字化的发展,网络技术将持续进步,社会对网络工程师和技术人员的需求也将增加。毕业生应持续学习和更新知识,关注新技术的发展趋势,提升自身技能和竞争力,以适应未来的就业市场。

2.2.5　大数据管理与应用和大数据技术专业就业前景和岗位及趋势

大数据管理与应用和大数据技术是当前和未来热门的领域之一,涉及处理和分析大规模的数据集以提取有用信息和洞察。

(1) 就业前景

大数据管理与应用和大数据技术专业毕业生的就业前景非常乐观。随着信息时代的到来,各个行业都面临着海量数据的挑战和机遇。企业需要专业人员来管理和应用这些数据,以提高决策的准确性和效率。因此,大数据管理与应用和大数据技术专业毕业生具有广阔的就业机会。

(2) 常见岗位

大数据管理与应用和大数据技术专业的毕业生可以在各个行业中找到就业机会,包括但不限于以下岗位:

大数据工程师:负责构建和维护大数据平台,设计和开发数据处理和分析的工具和技术。

数据科学家:应用统计学、机器学习和数据挖掘技术,分析和解释大数据以提供业务洞察和解决方案。

数据分析师:收集、整理和分析大数据,为企业决策提供数据支持和业务建议。

数据架构师:设计和规划企业的数据架构,确保数据的安全性、一致性和可扩展性。

数据治理专员:负责数据管理和数据质量控制,确保数据的完整性和准确性。

数据挖掘工程师：使用机器学习和数据挖掘技术，发现数据中的模式和趋势，并提供预测和建议。

大数据产品经理：负责大数据产品的规划、设计和推广，了解市场需求并提供相应的解决方案。

（3）趋势

未来大数据管理与应用和大数据技术领域将继续发展，趋势明显。

深度学习和人工智能：大数据与人工智能的结合将推动更高级别的数据分析和预测能力的提升，以及自动化的决策和智能化的应用。

数据隐私和安全：随着数据泄露和隐私曝露问题的增加，数据隐私保护和安全性将成为关注焦点，相关行业需要专业人员来管理和保护数据的安全。

云计算和分布式计算：云计算和分布式计算技术的发展将提供更高效、灵活和可扩展的大数据处理和存储方案。

数据可视化：数据可视化技术将成为重要的工具，帮助人们更好地理解和解释数据，并支持决策和沟通。

边缘计算：随着物联网的普及，边缘计算技术将使数据处理更加分散和本地化，减少网络延迟和数据传输量。

自动化数据流程：自动化工具和流程将改善数据收集、清洗、整合和分析的效率和准确性。

大数据管理与应用和大数据技术专业的就业前景广阔，岗位丰富多样。随着数据规模的不断增长和技术的进步，大数据管理、分析和应用将成为各个行业的核心需求。毕业生应持续学习和更新知识，关注新技术的发展趋势，提升自身技能和竞争力，以适应未来的就业市场。

2.2.6 动漫制作技术专业就业前景和岗位及趋势

动漫制作技术是一个具有广阔就业前景的领域，随着动画和游戏行业的快速发展，相关行业对具备动漫制作技术的专业人才的需求也在不断增长。

（1）就业前景

动漫制作技术专业毕业生的就业前景良好。随着全球动画和游戏市场的扩大以及数字娱乐行业的兴起，对具备动漫制作技术的人才的需求不断增加。动漫制作技术专业毕业生可以在动画工作室、游戏开发公司、媒体公司、广告公司以及在线娱乐平台等各个行业找到就业机会。

（2）常见岗位

动画师：负责角色设计、场景绘制、动画制作等。

游戏设计师：参与游戏角色、场景、界面等元素的设计和制作。

三维建模师：负责使用三维建模软件创建角色、场景、物体等三维模型。

视觉特效师：使用特效软件创建各种视觉特效，如粒子效果、光影效果等。

软件开发工程师：参与动画和游戏相关的软件开发和编程工作。

美术指导：负责项目的整体美术风格、视觉风格的把控和指导。

剧情编剧:负责动画和游戏的故事创作和剧本编写。

(3) 趋势

未来动漫制作技术领域的发展将受到技术发展趋势的影响。

虚拟现实(VR)和增强现实(AR)技术应用:VR 和 AR 技术的兴起将为动漫制作带来更加沉浸式和互动性的体验,为专业人才提供更多的就业机会。

手机和移动设备动画的需求增长:随着智能手机和移动设备的普及,对于适配移动平台的动画内容的需求将不断增加。

数字化制作流程发展:数字化制作流程将更加高效和灵活,包括角色建模、动画制作、特效制作等,提升制作效率和质量。

跨媒体制作和传播:动漫制作逐渐与电影、电视、网络和社交媒体等多媒体形式相结合,提供更多的创作和传播渠道。

视频流媒体兴起:视频流媒体平台的兴起和发展,如在线动画平台和游戏直播平台,为动漫制作技术专业提供更多的就业机会。

动漫制作技术专业的就业前景广阔,岗位多样化。随着动画和游戏行业的持续发展和新兴技术的应用,动漫制作技术专业毕业生需不断提升自身的技能和创作能力,关注行业发展趋势,并灵活适应新的创作和制作方式,以满足市场的需求。

2.2.7　数字媒体技术专业就业前景和岗位及趋势

数字媒体技术是一个具有广阔就业前景的领域,随着数字化和互联网技术的快速发展,各行业对数字媒体技术专业人才的需求也在不断增加。

(1) 就业前景

数字媒体技术专业毕业生的就业前景良好。随着互联网和移动互联网的普及,数字媒体内容的需求快速增长,包括视频制作、网页设计、移动应用开发、社交媒体管理等方面。数字媒体技术专业毕业生可以在广告公司、媒体公司、数字媒体制作公司、互联网企业、游戏公司等各个行业找到就业机会。

(2) 常见岗位

视频制作师:负责视频拍摄、剪辑和后期制作,包括广告片、宣传片、电视节目等。

网页设计师:负责设计和制作网页的界面、布局和图形元素。

移动应用开发工程师:负责开发移动应用程序,包括手机应用和平板电脑应用。

社交媒体管理专员:负责社交媒体平台的管理、运营和内容策划。

3D 建模师:使用三维建模软件创建建筑、产品、角色等三维模型。

用户界面(UI)设计师:负责设计和优化用户界面,以提供良好的用户体验。

数据分析师:负责收集、分析和解读数字媒体数据,为业务决策提供支持。

(3) 趋势

未来数字媒体技术领域的发展将受到技术发展趋势的影响。

移动互联网和社交媒体持续发展:移动设备普及和社交媒体兴起将为数字媒体技术提供更多的创作和传播平台。

视频内容增长和流媒体兴起:随着视频内容的需求增加和流媒体平台的发展,视频制作和视频相关技术的需求将持续增长。

虚拟现实(VR)和增强现实(AR)技术应用：VR和AR技术发展将为数字媒体技术带来更加沉浸式和互动性体验，创造更多的就业机会。

数据驱动内容创作和个性化推荐：通过数据分析和个性化算法，数字媒体技术将更加注重针对用户需求的内容创作和推荐。

用户体验和交互设计的重要性：注重用户体验和交互设计将成为数字媒体技术发展的重要方向，提供更好的用户体验和互动性。

数字媒体技术专业的就业前景广阔，岗位多样化。随着数字化和互联网技术的不断发展，数字媒体技术专业毕业生需不断提升自身的技能和创作能力，关注行业发展的趋势，并灵活适应新的创作和制作方式，以满足市场的需求。

2.2.8 数字媒体艺术设计专业就业前景和岗位及趋势

数字媒体艺术设计是一个充满创意和表现力的领域，与数字媒体技术相结合，为各行各业提供丰富的视觉和艺术设计解决方案。

（1）就业前景

数字媒体艺术设计专业毕业生的就业前景广泛。随着数字化和互联网技术的发展，相关行业对优秀的艺术设计人才的需求不断增加，这些行业涵盖广告、媒体、游戏、电影、动画、品牌营销等。数字媒体艺术设计专业毕业生可以在设计公司、广告代理机构、媒体制作公司、游戏公司、电影工作室等机构找到就业机会。

（2）常见岗位

平面设计师：负责平面设计、品牌标识、海报、宣传册等视觉设计。

UI/UX设计师：负责用户界面和用户体验设计，包括网站、应用程序、游戏界面等。

视觉特效设计师：负责电影、电视剧和游戏中的视觉特效设计和制作。

3D建模师和动画师：使用三维建模软件创建三维模型和制作动画。

插画师和漫画师：负责插画、漫画和角色设计等创作。

媒体艺术家：运用数字技术和艺术创作的结合，创作艺术作品和数字媒体展示。

（3）趋势

未来数字媒体艺术设计领域的发展将受到技术发展趋势的影响。

虚拟现实(VR)和增强现实(AR)技术的应用：VR和AR技术的发展将为数字媒体艺术设计带来更多的创作空间和表现手段。

用户体验和交互设计的重要性：注重用户体验和交互设计将成为数字媒体艺术设计的重要方向，以提供更好的用户体验和互动性。

数据可视化和信息图表设计：数据驱动的信息可视化和图表设计将成为数字媒体艺术设计的重要应用领域。

社交媒体和内容营销的需求：随着社交媒体和内容营销的兴起，数字媒体艺术设计专业毕业生在社交媒体平台的内容创作和品牌营销方面将具有广阔的就业机会。

可持续设计和社会责任意识：在数字媒体艺术设计领域，可持续设计和社会责任意识的重要性将不断提升，设计师将更注重环境保护和社会影响。

数字媒体艺术设计专业的就业前景广阔,岗位多样化。为了应对未来的趋势,数字媒体艺术设计专业毕业生需要不断提升自身的创作能力、艺术感知力和技术素养,关注行业发展趋势,灵活适应新的设计需求和工作方式,与时俱进地拓展自己的创作领域。

计算机科学与技术、软件工程、软件技术、计算机网络技术、大数据管理与应用、大数据技术、动漫制作技术、数字媒体技术和数字媒体艺术设计专业的就业前景普遍较好。随着科技的进步和行业发展,这些专业领域的就业岗位将不断扩大,为毕业生提供更多的发展机会。各行各业对这些领域的技术人才的需求不断增长,使得这些专业的就业市场保持旺盛。同时,技术创新带来的新兴领域和应用也将为这些专业毕业生提供更多的发展空间。此外,跨学科的技能和知识将有助于毕业生在多元化的职业市场中更具竞争力。

2.3 计算机类专业群的培养方向和主干课程及课程论文示例

2.3.1 计算机科学与技术专业培养方向和主干课程及课程论文示例

(1) 培养方向

软件开发与系统集成:着重培养学生在各类软件开发环境下的编程能力、系统设计和集成能力,以适应不同行业软件开发需求。

人工智能与机器学习:专注于为学生提供深度学习、自然语言处理、计算机视觉等人工智能领域的知识体系和实践能力培养。

计算机图形学与多媒体技术:培养学生在计算机图形学、虚拟现实、数字媒体技术等方面的技能和素质。

信息安全与网络技术:针对网络安全、信息保密、密码学等方面的知识,培养学生具备网络安全防护与攻防技术的能力。

嵌入式系统与物联网技术:以嵌入式系统设计、物联网技术、智能硬件开发等为重点,培养学生在嵌入式及物联网领域的技术能力。

(2) 主干课程

程序设计基础(C/C++、Java、Python等):教授基本编程语言,培养学生编程思维与基本编程技能。

数据结构与算法:讲授基本数据结构(如链表、树、图等)和算法(如排序、查找等),培养学生解决复杂问题的能力。

计算机组成与原理:介绍计算机硬件的基本组成和原理,使学生了解计算机系统的底层结构和工作机制。

操作系统:讲解操作系统的基本概念、原理和关键技术,培养学生对计算机系统资源管理理的理解和实践能力。

计算机网络:涉及计算机网络的体系结构、协议和技术,培养学生在网络应用开发和管理方面的技能。

数据库系统原理:介绍关系型数据库的基本原理、设计和管理,培养学生数据存储和检索方面的能力。

编译原理:讲解编译器的基本原理和关键技术,培养学生在编程语言和编译器开发方面的技能。

计算机图形学:涉及计算机图形学的基本原理和技术,培养学生在图形处理、可视化和虚拟现实应用方面的技能。

(3) 课程论文题目

多目标优化算法在无人机路径规划中的应用

基于边缘计算的智慧城市应用框架设计

面向智能电网的数据分析与异常检测技术研究

基于知识图谱的个性化推荐系统设计与实现

面向工业互联网的实时数据处理与分析技术研究

依托物联网的智能物流系统设计与实现

(4) 课程论文示例

中文题目:面向工业互联网的实时数据处理与分析技术研究(示例节选)

英文题目:Research on Real-time Data Processing and Analysis Technology for Industrial Internet of Things

作者:＊＊＊

摘要:随着工业互联网的快速发展,大量的实时数据需要处理和分析。文章介绍了工业互联网的概念和特点,并阐述了实时数据处理和分析技术的重要性。接着,分析了实时数据处理和分析技术的现状和存在的问题。随后,介绍了实时数据处理和分析技术的主要应用场景和应用案例。最后,展望了实时数据处理和分析技术的未来发展方向。

关键词:工业互联网;实时数据处理;实时数据分析;应用场景;未来发展

一、引言

二、实时数据处理和分析技术的重要性

三、实时数据处理和分析技术的现状和存在的问题

四、实时数据处理和分析技术的应用场景和应用案例

五、实时数据处理和分析技术的未来发展方向

六、结论

实时数据处理和分析技术是实现工业互联网智能化的关键技术之一。未来,实时数据处理和分析技术将会越来越重要,并且会在实际应用中发挥越来越大的作用。因此,企业需要注重实时数据处理和分析技术的研究和应用,以便在工业互联网领域中保持竞争优势。

2.3.2　软件工程专业培养方向和主干课程及课程论文示例

（1）培养方向

软件设计与开发：培养学生掌握软件开发流程、软件设计模式和项目管理等方面的知识，提升软件开发能力。

云计算与大数据技术：专注于云计算平台、大数据处理、数据分析等领域的技术和应用，培养学生在这些领域的实践能力。

移动应用开发：以移动平台（如 Android、iOS 等）开发为主要培养方向，培养学生具备移动应用设计与开发能力。

人工智能应用开发：针对人工智能领域的软件应用开发，培养学生具备人工智能软件设计与实现的技能。

（2）主干课程

面向对象程序设计

软件工程基础

软件需求分析与设计

软件项目管理

软件测试与质量保证

云计算与大数据技术

移动应用开发技术

人工智能应用开发

（3）课程论文题目

基于微服务架构的电商平台设计与实现

基于 Android 平台的智能家居控制系统开发

面向大数据的用户行为分析与推荐系统设计

面向智能交通的数据分析与预测技术研究

基于人工智能的客户服务机器人设计与实现

基于大数据的网络安全事件分析与预警系统设计

基于虚拟现实的教育培训应用设计与实现

基于物联网的智能农业监控系统设计与实现

（4）课程论文示例

中文题目：面向大数据的用户行为分析与推荐系统设计（示例节选）

英文题目：Design of User Behavior Analysis and Recommendation System based on Big Data

作者：＊＊＊

摘要：文章提出了一种基于大数据技术的用户行为分析与推荐系统设计方案。通过对用户行为数据的收集、处理和分析，得出用户的兴趣偏好和行为习惯，并将这些信息用于推荐系统中，为用户提供个性化的推荐服务。系统实现了用户画像、行为分析、推荐算法等多个功能模块,具有较高的推荐准确率和较好的用户体验。

关键词:大数据;用户行为分析;推荐系统;个性化推荐

一、引言

二、系统设计

(一)系统架构

(二)系统功能模块

三、系统实现

四、实验结果

五、结论与展望

2.3.3　软件技术专业培养方向和主干课程及课程论文示例

(1) 培养方向

应用软件开发:培养学生在不同软件开发领域(如 Web、移动端、桌面端等)具备设计与实现的能力。

企业级软件开发:关注于大型企业级软件系统的开发与实施,培养学生具备商业系统解决方案的设计与实现能力。

网络安全与信息保护:针对网络安全和信息保护领域的知识,培养学生在信息安全领域的技能与素质。

软件测试与质量保证:培养学生具备软件测试与质量保证的理论知识和实践能力,以提高软件质量。

(2) 主干课程

Web 前端开发技术

Java 程序设计

.NET 程序设计

Python 程序设计

数据库系统原理与应用

企业级软件架构与设计

网络安全与信息保护

软件测试与质量保证

(3) 课程论文题目

基于微信小程序的校园导航系统设计与实现

基于 Java 的电子商务平台开发与优化

使用 Python 实现机器学习模型在文本分类中的应用

网络安全入侵检测技术及其应用研究

基于 Java Web 的在线教育平台设计与实现

基于大数据的网络安全事件分析与预警系统设计

(4) 课程论文示例

中文题目：基于微信小程序的校园导航系统设计与实现（示例节选）

作者：＊＊＊

摘要：文章基于微信小程序平台，针对校园导航系统进行设计与实现。系统通过地图显示、搜索查询、路线规划等功能，为校园内师生提供了方便快捷的导航服务。在系统开发过程中，采用了微信小程序的 API 接口、地图 SDK 等相关技术。通过对系统进行实测与用户调查，验证了系统的实用性与便利性。该文对微信小程序开发及校园导航系统的研究具有一定的参考价值。

关键词：微信小程序；校园导航；地图显示；路线规划

一、绪论

二、相关技术

（一）微信小程序

（二）地图 SDK

（三）路径规划算法

三、系统设计与实现

（一）小程序页面设计

（二）功能设计

（三）功能实现

（四）系统实现

（五）结论

2.3.4 计算机网络技术专业培养方向和主干课程及课程论文示例

(1) 培养方向

网络架构与协议：培养学生在网络架构、通信协议、路由与交换等方面的知识与技能。

网络安全与防护：关注于网络安全策略、防火墙、入侵检测与防护等领域的技术与应用，培养学生在这些领域的实践能力。

无线网络与移动通信：培养学生在无线网络技术、移动通信原理、无线传感器网络等方面的理论知识与实践技能。

云计算与大数据：针对云计算、大数据处理与分析、分布式系统等领域，培养学生在这些方面的实际应用能力。

(2) 主干课程

计算机网络原理

网络协议与应用

无线通信与移动通信技术

网络安全与防护

云计算原理与技术

大数据处理与分析

分布式系统原理与应用

网络编程与应用开发

（3）课程论文题目

网络入侵检测系统设计与实现

基于5G通信技术的无线传感器网络优化策略研究

云计算环境下的数据安全与隐私保护研究

使用边缘计算技术提升物联网应用性能研究

基于软件定义网络的数据中心网络优化研究

（4）课程论文示例

中文题目：基于虚拟现实技术的网络教育平台设计与实现（示例节选）

作者：＊＊＊

摘要：文章提出一种基于虚拟现实技术的网络教育平台设计方案，该平台利用虚拟现实技术，实现了更加直观、互动、真实的在线学习体验，从而提高了学生的学习兴趣和效果。文章介绍了平台的系统架构和核心技术，详细说明了平台的实现过程，并通过实际应用案例分析，验证了该平台在教育领域的应用效果和优势。

关键词：虚拟现实技术；网络教育平台；在线学习；教育技术；教育应用

一、研究背景和意义

二、研究内容和方法

（一）平台系统架构设计

（二）平台核心技术

（三）平台实现过程

（四）应用效果和优势分析

三、结论和展望

2.3.5 大数据管理与应用和大数据技术专业培养方向和主干课程及课程论文示例

（1）培养方向

大数据存储与处理：培养学生在大数据存储技术、分布式计算、数据处理与优化等方面的知识与技能。

数据挖掘与分析：关注于数据挖掘、数据分析、机器学习等领域的技术与应用，培养学生在这些领域的实践能力。

数据可视化与展示：培养学生在数据可视化、交互设计、数据报告等方面的理论知识与实践技能。

大数据安全与隐私:针对大数据环境下的安全与隐私保护问题,培养学生在这些方面的实际应用能力。

(2) 主干课程

大数据原理与技术

数据挖掘与分析

分布式计算与存储

数据可视化与展示

数据安全与隐私保护

机器学习与人工智能

云计算与大数据平台

数据挖掘算法与实践

(3) 课程论文题目

数据可视化在商业智能中的应用研究

大数据环境下的数据安全与隐私保护技术研究

基于神经网络的图像识别技术研究与应用

采用自然语言处理技术进行知识图谱构建的研究

基于大数据的城市交通拥堵预测与优化策略研究

面向物联网的大数据实时流处理技术研究

(4) 课程论文示例

中文题目:面向物联网的大数据实时流处理技术研究(示例节选)

作者:＊＊＊

摘要:文章针对物联网环境下大规模实时数据流的处理问题,提出了一种基于流式计算和增量计算的大数据实时流处理技术。通过设计可扩展、高可用、低延迟的流数据处理架构和实现高效、可定制的大数据实时流处理平台,实现了从数据采集到实时决策的全流程处理。文章还通过应用案例分析,验证了文章提出的技术在智慧城市、智能制造、智慧医疗等领域的应用价值和实际效果。

关键词:物联网;大数据;实时流处理;增量计算;流式计算

一、研究背景和意义

二、研究内容

(一) 实时流数据处理架构设计

(二) 实时数据流处理算法研究

(三) 大数据实时流处理平台实现

(四) 应用案例分析

三、研究结论

2.3.6 动漫制作技术专业培养方向和主干课程及课程论文示例

(1) 培养方向

动画设计与制作:培养学生在动画创意、动画制作、角色设计等方面的知识与技能。

游戏设计与开发:关注于游戏设计原理、游戏引擎、游戏开发技术等领域的技术与应用,培养学生在这些领域的实践能力。

虚拟现实与增强现实:培养学生在虚拟现实、增强现实、交互设计等方面的理论知识与实践技能。

数字媒体艺术设计:针对数字媒体领域的艺术设计、视觉传达、影视制作等,培养学生在这些方面的实际应用能力。

(2) 主干课程

动画设计与制作

游戏设计与开发

虚拟现实与增强现实技术

数字媒体艺术设计

三维建模与动画制作

图形学与计算机视觉

影视剪辑与后期制作

交互设计与用户体验

(3) 课程论文题目

三维角色建模与动画制作技术研究

基于增强现实的导航与定位系统设计与实现

基于计算机视觉的智能视频监控系统设计与实现

交互设计在智能家居产品中的应用研究

面向移动端的游戏开发技术与优化策略研究

增强现实在商业展示中的创新应用研究

数字媒体艺术作品创意与策划方法研究

(4) 课程论文示例

中文题目:面向移动端的游戏开发技术与优化策略研究(示例节选)

作者:＊＊＊

摘要:随着移动设备的普及,移动游戏市场蓬勃发展。然而,由于移动设备的硬件限制和软件环境的不稳定性,移动游戏开发和优化面临着一些挑战。文章主要探讨了面向移动端的游戏开发技术和优化策略,介绍了主流的游戏引擎和开发工具,以及针对移动设备特点的优化方法和技术。实验结果表明,文章提出的优化策略和技术可以有效提高移动游戏的性能和稳定性,对于移动游戏的开发和优化具有重要的参考价值。

关键词:移动游戏;游戏引擎;开发工具;优化策略;性能稳定性

一、引言
二、移动游戏开发技术
(一) 游戏引擎
(二) 开发工具
(三) 移动设备特点的优化方法和技术
三、实时人脸识别系统设计与实现
(一) 系统设计
(二) 系统实现
(三) 实验结果与分析
四、结论

2.3.7 数字媒体技术专业培养方向和主干课程及课程论文示例

(1) 培养方向

数字图像处理：培养学生在数字图像处理、计算机视觉、图像分析等方面的知识与技能。

多媒体技术：关注于音频处理、视频处理、多媒体系统设计等领域的技术与应用，培养学生在这些领域的实践能力。

网络传播与互动设计：培养学生在网络传播、社交媒体、互动设计等方面的理论知识与实践技能。

数字内容创意与制作：针对数字内容创意、制作、发布等，培养学生在这些方面的实际应用能力。

(2) 主干课程

数字图像处理

音视频处理技术

多媒体系统设计

网络传播与互动设计

计算机视觉

数字内容创意与制作

用户体验设计

数据可视化

(3) 课程论文题目

音频指纹识别技术的研究与应用

虚拟现实在数字媒体制作中的创新应用研究

基于物联网的智能家居多媒体系统研究与设计

基于互动设计的智能导览系统研究与实现

面向数字媒体产业的大数据挖掘与分析技术研究

(4) 课程论文示例

中文题目:基于计算机视觉的实时人脸识别系统设计与实现(示例节选)

作者:***

摘要:文章提出了一种基于计算机视觉的实时人脸识别系统设计与实现方法。该系统利用人脸检测、人脸识别和实时处理技术,能够在较短时间内快速准确地识别人脸,并对识别结果进行实时处理。文章重点介绍了系统的整体设计和各模块的实现方法,包括人脸检测模块、人脸识别模块和实时处理模块。通过实验验证,该系统能够在不同环境下实现较高的识别准确率和实时性能,具有较高的实用性和可扩展性。

关键词:计算机视觉;实时人脸识别;人脸检测;实时处理

一、引言

二、系统设计

三、系统实现

(一)人脸检测

(二)人脸识别

(三)实时处理

四、实验结果

五、结论和展望

2.3.8 数字媒体艺术设计专业培养方向和主干课程及课程论文示例

(1) 培养方向

视觉传达设计:培养学生在平面设计、视觉传达、包装设计等方面的知识与技能。

环境艺术设计:关注于室内设计、建筑装饰、景观设计等领域的技术与应用,培养学生在这些领域的实践能力。

动画与游戏艺术设计:培养学生在动画设计、游戏设计、角色设计等方面的理论知识与实践技能。

交互与体验设计:针对交互设计、用户体验、虚拟现实等,培养学生在这些方面的实际应用能力。

(2) 主干课程

视觉传达设计

环境艺术设计

动画与游戏艺术设计

交互与体验设计

设计思维与创意方法

数字绘画与插画技巧

影视剪辑与后期制作

设计项目管理

（3）课程论文题目

面向未来生活的智能家居交互设计研究

创意广告设计的方法与实践案例分析

数字绘画技术在插画艺术中的应用研究

基于虚拟现实的建筑空间设计与体验研究

基于生态美学的景观设计方法研究

面向多媒体展示的数字环境艺术设计策略研究

（4）课程论文示例

中文题目：基于人工智能的创意设计方法与实践探索（示例节选）

作者：＊＊＊

摘要：人工智能的快速发展对创意设计方法和实践产生了重要的影响和变革。文章探讨了人工智能在创意设计中的应用，包括辅助设计的概念、构思设计的实践、评估人工智能辅助设计有效性。通过文献综述，文章总结了人工智能在创意设计中的现状及对设计过程的影响。同时，通过一个产品设计的案例研究展示了人工智能在设计行业中的实际应用。研究表明，人工智能可以提高设计过程的效率和有效性，增强创造力并提供新的想法和灵感。但是，文章也讨论了人工智能在设计中的局限性和挑战，如可能失去人类的创造力和需要更先进的人工智能技术。文章为人工智能在创意设计中的潜力提供了见解，并提出了将人工智能融入设计行业的未来研究方向。

关键词：人工智能；创意设计；构思设计；人工智能辅助设计；设计过程

一、引言

二、相关工作

（一）人工智能辅助设计

（二）构思设计

（三）评估设计效果

三、案例研究

四、讨论与未来工作

2.4 计算机类专业群各专业核心知识和专业技能的主要内容

2.4.1 计算机科学与技术专业核心知识和专业技能

（1）核心知识点

a. 数据结构与算法

线性表(数组、链表、栈、队列)

树(二叉树、平衡二叉树、B 树、红黑树)

图(邻接表、邻接矩阵)

哈希表

排序算法(快速排序、归并排序、插入排序等)

查找算法(二分查找、深度优先搜索、广度优先搜索等)

动态规划

贪心算法

分治算法

b. 计算机组成原理

数据表示(二进制、补码、浮点数)

逻辑门与组合逻辑

时序逻辑与触发器

存储器(RAM、ROM、缓存)

中央处理器(CPU、指令集、流水线)

输入/输出设备

性能评估与优化

c. 操作系统

进程管理(进程创建、调度、同步、通信)

存储管理(内存分配、虚拟内存、页面替换算法)

文件系统(文件结构、存储空间管理、目录管理)

I/O 管理(设备管理、缓冲管理)

系统安全与保护

d. 计算机网络

OSI 七层模型与 TCP/IP 模型

物理层技术(调制、解调、编码、解码)

数据链路层技术(帧同步、差错控制、流量控制)

网络层技术(路由算法、IP 寻址、子网划分)

传输层技术(TCP、UDP、拥塞控制)

应用层协议(HTTP、SMTP、FTP、DNS 等)

e. 数据库系统

关系数据库模型

SQL 语言

数据库设计与范式

索引结构与优化

事务管理与并发控制

数据库备份与恢复

f. 编程语言与编译原理

语法、语义、词法分析
语法分析(自顶向下、自底向上)
中间代码生成
代码优化
目标代码生成
符号表管理
g. 软件工程
需求分析与规格说明
软件设计与建模(UML)
软件开发过程(瀑布、迭代、敏捷等)
软件质量保证与测试
软件维护与管理
(2)专业技能
熟练掌握至少一种编程语言(如C++、Java、Python等)
能够运用数据结构与算法解决实际问题
理解计算机系统的组成及其工作原理,能进行性能优化
掌握操作系统的基本原理,能进行进程管理、内存管理等操作
熟悉计算机网络原理与技术,能进行网络配置与管理
能设计、实现和优化数据库系统
理解编程语言与编译原理,能进行编译器开发
掌握软件工程方法,能进行软件需求分析、设计、开发与测试

2.4.2 软件工程、软件技术专业核心知识和专业技能

(1)核心知识点
a. 软件需求分析
需求获取方法(访谈、问卷、观察等)
需求分类(功能需求、非功能需求)
需求规格说明书编写
b. 软件设计与建模
结构化设计方法
面向对象设计方法
软件建模工具与语言(UML)
c. 软件开发过程与方法论
瀑布模型
迭代增量模型
敏捷开发(Scrum、极限编程等)
d. 软件质量保证与测试
软件测试方法(黑盒测试、白盒测试、压力测试等)

软件测试技术（单元测试、集成测试、系统测试等）

测试用例设计与执行

自动化测试工具与框架

e. 软件项目管理

项目规划与估算

项目执行与监控

风险管理

软件配置管理

f. 软件维护与演化

软件维护类型（正确性维护、适应性维护、完善性维护、预防性维护）

软件重构技术

软件遗留系统处理

（2）专业技能

熟练掌握至少一种编程语言（如C++、Java、Python等）

能进行软件需求分析、设计、开发与测试

掌握软件开发过程与方法论，能适应不同的开发模式

熟悉软件质量保证与测试方法，能进行软件测试与优化

掌握软件项目管理方法，能有效地管理软件项目

能进行软件维护与演化，处理遗留系统问题

2.4.3　计算机网络技术专业核心知识和专业技能

（1）核心知识点

a. 网络体系结构

OSI 七层模型

TCP/IP 模型

b. 数据链路层技术

帧同步与差错控制

流量控制与拥塞控制

MAC 协议（CSMA/CD、CSMA/CA 等）

c. 网络层技术

IP 寻址与子网划分

路由算法（RIP、OSPF、BGP 等）

网络互联与 NAT

d. 传输层技术

TCP 协议与 UDP 协议

TCP 拥塞控制

网络安全与防火墙技术

e. 应用层协议与服务

HTTP、HTTPS
SMTP、POP3、IMAP
FTP、TFTP
DNS、DHCP

f. 网络安全

加密算法（对称加密、非对称加密）

安全协议（SSL/TLS、IPsec 等）

防火墙与入侵检测系统

g. 无线网络与移动通信

无线局域网（IEEE 802.11）

蜂窝移动通信系统（2G、3G、4G、5G）

移动网络协议（Mobile IP）

（2）专业技能

熟练使用网络分析与管理工具（Wireshark、Nmap 等）；

掌握网络设备配置与管理（路由器、交换机等）；

熟悉网络安全技术与防护措施；

能设计、部署与优化计算机网络系统；

掌握无线网络与移动通信技术，能进行无线网络设计与部署。

2.4.4　大数据管理与应用、大数据技术专业核心知识和专业技能

（1）核心知识点

a. 数据存储与管理

关系型数据库（MySQL、Oracle 等）

非关系型数据库（NoSQL，如 MongoDB、Cassandra 等）

分布式文件系统（Hadoop HDFS）

b. 数据处理与分析

MapReduce 编程模型

实时数据处理（Storm、Spark Streaming 等）

数据挖掘与机器学习算法（聚类、分类、回归等）

c. 数据可视化与呈现

可视化工具与库（Tableau、D3.js 等）

Web 前端技术（HTML、CSS、JavaScript 等）

报表与仪表盘设计

d. 大数据架构与系统

Hadoop 生态系统（HDFS、MapReduce、Hive、Pig 等）

Spark 生态系统（Spark Core、Spark SQL、MLlib 等）

分布式计算框架（Flink、Kafka 等）

（2）专业技能

熟练使用大数据存储与管理技术，能设计大数据存储方案

掌握大数据处理与分析技术，能进行数据挖掘与机器学习任务设计

熟悉数据可视化技术与工具，能进行数据呈现与报告设计

能搭建、配置与管理大数据架构与系统

2.4.5　动漫制作技术、数字媒体技术、数字媒体艺术设计专业核心知识和专业技能

（1）核心知识点

a．二维动画制作

绘画基础与原理

关键帧动画与补间动画

动画制作软件（Flash、Toon Boom等）

b．三维动画制作

三维建模与渲染

角色绑定与动画制作

三维动画软件（Maya、3ds Max、Blender等）

c．游戏设计与开发

游戏引擎（Unity、Unreal Engine等）

游戏设计原理与方法

游戏脚本编程（C♯、Blueprint等）

d．交互设计与用户体验

交互设计原则与方法

用户界面设计

原型设计与测试（Axure RP、Sketch等）

e．数字图像处理与计算机视觉

图像处理基本算法（滤波、噪声消除等）

图像识别与分析（人脸识别、物体检测等）

计算机视觉库（OpenCV、Dlib等）

f．音频与视频处理

音频信号处理（采样、滤波、编码等）

视频编解码技术（H.264、MPEG等）

音视频处理软件（Adobe Premiere、After Effects等）

（2）专业技能

掌握二维与三维动画制作技术，能进行动画设计与制作；

熟悉游戏设计与开发流程，能使用游戏引擎进行游戏制作；

掌握交互设计与用户体验方法，能进行用户界面设计与评估；

熟悉数字图像处理与计算机视觉技术，能进行图像识别与分析；

掌握音频与视频处理技术，能进行音视频剪辑与特效制作。

以上是各专业核心知识点与专业技能的详细介绍。请注意，由于各专业之间可能存在一定的交叉与重叠，因此在实际应用中可能需要结合多个领域的知识与技能。同时，这些领域都在不断发展与变化，因此建议保持学习与更新的态度，以适应行业发展的需要。

2.5 计算机类专业群职业资格证及核心培训课程

2.5.1 计算机科学与技术专业

（1）职业资格证

计算机技术与软件专业技术资格（水平）考试：具备一定的计算机技术与软件开发能力，可以通过考试获得相关的资格证书，证明自己的专业能力。

系统集成项目管理工程师：具备系统集成项目管理方面的知识和能力，能够有效地组织和管理计算机系统集成项目。

（2）核心培训课程

数据结构：学习如何组织和管理数据的方法和技巧，包括常用的数据结构和算法的实现与应用。

计算机组成原理：研究计算机硬件系统的组成和工作原理，包括处理器、存储器、输入输出设备等。

操作系统：学习操作系统的原理和设计，包括进程管理、内存管理、文件系统等方面的知识。

计算机网络：了解计算机网络的基本概念、协议和技术，包括网络通信原理、网络安全、网络管理等。

数据库原理：学习数据库的设计和管理，包括数据库模型、查询语言、数据存储和数据安全等方面的知识。

算法设计与分析：研究算法的设计和分析方法，包括常见算法的实现与优化。

编程语言原理：了解不同编程语言的设计原理和特点，包括编程语言的语法、语义和编译原理等。

以上核心培训课程涵盖了计算机科学与技术领域的关键知识和技能。通过学习这些课程，你将获得扎实的计算机科学基础，掌握常用的编程语言和开发工具，培养解决问题和创新的能力，为未来的职业发展打下坚实的基础。

2.5.2 软件工程专业

（1）职业资格证

软件设计师：具备软件设计方面的知识和能力，能够设计和开发高质量的软件系统。

软件评测师:具备软件评测和质量保证方面的知识和能力,能够对软件进行全面的评估和测试,确保其质量和可靠性。

系统分析师:具备系统分析和需求分析方面的知识和能力,能够深入理解用户需求,并提出合理的系统解决方案。

(2) 核心培训课程

软件工程概论:学习软件工程的基本概念、原理和方法论,包括软件开发过程、软件生命周期管理等。

软件需求分析与设计:学习如何从用户需求出发,进行需求分析和软件设计,包括需求获取、需求建模和系统设计等。

软件测试与质量保证:学习软件测试的方法和技术,包括测试计划、测试用例设计和测试执行,以及软件质量管理和缺陷追踪。

软件项目管理:学习软件项目的组织和管理方法,包括项目计划、资源调配、进度控制和风险管理等。

软件过程改进:了解软件过程改进的原理和实践,包括持续集成、敏捷开发和 DevOps 等现代软件工程方法。

以上核心培训课程涵盖了软件工程领域的关键知识和技能。通过学习这些课程,你将掌握软件开发的整个生命周期,包括需求分析、设计、开发、测试和维护,培养团队协作和项目管理的能力,为成为一名优秀的软件工程师奠定基础。

2.5.3 软件技术专业

(1) 职业资格证

程序员:具备基本的编程能力和技术知识,能够进行软件开发和编码工作。

高级程序员:在程序员基础上进一步提升技术能力,具备较高的编码和解决问题的能力。

系统分析员:具备系统分析和需求分析方面的知识和能力,能够深入理解用户需求,并提出合理的系统解决方案。

(2) 核心培训课程

编程语言基础:学习常用的编程语言和编码规范,包括语法、数据结构、算法等。

软件开发工具与环境:学习常用的软件开发工具和集成环境,如 IDE(集成开发环境)、版本控制系统等。

软件架构设计:学习软件架构设计原理和方法,包括模块化设计、分层设计和服务化设计等。

软件测试技术:掌握软件测试的基本原理和方法,包括单元测试、集成测试和系统测试等。

网络编程:学习网络通信和编程技术,包括 Socket 编程、网络协议和安全性等。

移动应用开发:了解移动应用开发的基本流程和技术,如 Android 开发、iOS 开发和跨平台开发等。

以上核心培训课程将帮助你建立扎实的软件技术基础,掌握常用的编程语言和工具,了解软件开发的各个阶段和技术,培养解决问题和编码的能力。这些知识和技能对于从事软件开发和技术工作具有重要的意义。

2.5.4　计算机网络技术专业

(1) 职业资格证

网络工程师:具备计算机网络规划、设计和管理的能力,能够配置和维护网络设备,解决网络故障和安全问题。

网络管理员:具备网络的日常管理和运维的能力,包括网络设备的配置、性能监控和故障排除等。

网络规划设计师:具备网络规划和设计的能力,能够根据业务需求和技术要求,设计合理的网络拓扑结构和架构。

(2) 核心培训课程

计算机网络原理:学习计算机网络的基本原理和体系结构,包括网络拓扑、通信协议和数据传输原理等。

网络协议与技术:深入了解常用的网络协议,如 TCP/IP 协议族,以及相关的路由、交换和传输技术。

网络设备与技术:掌握常见的网络设备,如交换机、路由器、防火墙等的原理、配置和管理技术。

网络安全与防护:了解网络安全的基本概念和常见的安全威胁,学习网络安全的防护策略和技术。

网络规划与设计:学习如何根据需求进行网络规划和设计,包括 IP 地址规划、子网划分和网络拓扑设计等。

通过学习上述核心培训课程,你将掌握计算机网络的基本理论和技术,了解网络设备的配置和管理,具备网络规划和设计的能力,以及网络安全防护的知识。这些能力和知识对于从事计算机网络工程师、网络管理员和网络规划设计师等职业都非常重要。

2.5.5　大数据管理与应用专业

(1) 职业资格证

大数据工程师:具备大数据平台搭建、配置和维护的能力,能够处理和管理大规模的数据集,并设计和实施相应的数据处理流程和算法。

数据分析师:具备数据分析和统计建模的能力,能够从大数据中提取有价值的信息和洞察,并进行数据可视化和报告。

数据挖掘工程师:熟悉数据挖掘算法和技术,能够发现和提取大数据中的隐藏模式和规律,并应用于业务决策和预测分析。

(2) 核心培训课程

大数据基础与原理:学习大数据的基本概念、技术架构和相关工具,了解大数据生态系统和分布式计算的原理。

大数据处理技术：掌握大数据处理的常见技术，如 Hadoop、Spark 等，能够进行大规模数据的存储、处理和分析。

大数据挖掘与分析：学习数据挖掘和机器学习的基本算法和模型，在大数据环境下进行数据挖掘和分析工作。

数据可视化：了解数据可视化的原理和技术，能够将复杂的大数据以图表、图像等形式进行可视化展示。

云计算：了解云计算的基本概念和技术，熟悉大数据在云平台上的部署和应用。

通过学习上述核心培训课程，你将掌握大数据管理与应用的基本原理和技术，包括大数据处理、挖掘、分析和可视化等方面的知识。这些能力和知识对于从事大数据工程师、数据分析师和数据挖掘工程师等职业都非常重要。

2.5.6 大数据技术专业

（1）职业资格证

大数据开发工程师：具备设计和开发大数据系统和应用程序的能力，熟悉大数据存储、处理和分析的技术，能够编写高效的大数据处理代码。

数据架构师：具备设计和构建大数据架构的能力，包括数据存储、数据流和数据处理流程，能够优化和管理大规模的数据集。

大数据安全工程师：具备大数据安全领域的知识和技能，能够保护大数据的隐私和安全性，开发和实施相应的安全措施和策略。

（2）核心培训课程

大数据存储技术：学习大数据的存储和管理技术，如分布式文件系统（HDFS）、NoSQL 数据库等。

数据分析与挖掘：掌握大数据分析和挖掘的算法和工具，能够从大数据中发现有价值的信息和模式。

数据处理与清洗：学习大数据的处理和清洗技术，包括数据清理、数据集成和数据转换等。

机器学习：了解机器学习的基本理论和算法，能够应用机器学习技术进行大数据分析和预测。

分布式计算：熟悉分布式计算的原理和框架，如 Hadoop、Spark 等，能够进行大规模数据的并行处理。

通过学习上述核心培训课程，你将掌握大数据技术的核心知识和技能，包括大数据存储、数据分析、机器学习和分布式计算等方面的能力。这些能力和知识对于从事大数据开发工程师、数据架构师和大数据安全工程师等职业都非常重要。

2.5.7 动漫制作技术专业

（1）职业资格证

动画设计师：具备动画角色设计、场景设计、特效设计等能力，以及良好的绘画和创意能力,熟悉动画制作工具和技术。

游戏美术设计师:具备游戏美术设计领域的知识和技能,包括角色设计、场景设计、界面设计等,具备良好的美术功底和创作能力。

UI设计师:具备用户界面(UI)设计的能力,包括图标设计、页面布局、交互设计等,能够提供用户友好的界面体验。

(2) 核心培训课程

动画设计原理:学习动画设计的基本原理,包括动画构图、动作设计、角色设计等,培养动画设计审美和创意能力。

游戏美术设计:了解游戏美术设计的流程和要求,包括角色设计、场景设计、特效设计等,熟悉游戏美术制作工具和技术。

动画制作技术:学习动画制作的技术和工具,包括绘图软件、动画软件、特效制作等,掌握动画制作的流程和技巧。

三维建模:学习三维建模的原理和技术,包括角色建模、场景建模、物体建模等,掌握三维建模软件的使用。

动画脚本编写:了解动画脚本的写作规范和要求,学习如何编写有吸引力和连贯性的动画剧本。

通过学习上述核心培训课程,你将掌握动漫制作技术的核心知识和技能,包括动画设计原理、游戏美术设计、动画制作技术、三维建模和动画脚本编写等方面的能力。这些能力和知识对于从事动画设计师、游戏美术设计师和UI设计师等职业都非常重要。

2.5.8　数字媒体技术专业

(1) 职业资格证

数字媒体设计师:具备数字媒体设计和创作能力,能够进行图像处理、视频编辑、多媒体设计等工作,熟悉相关设计软件和工具。

视频编辑师:专注于视频编辑和后期制作,能够剪辑、调色、添加特效等,具备良好的视频处理和创作能力。

多媒体设计师:负责多媒体设计和制作,包括音频设计、动画制作、交互式设计等,能够结合多种媒体元素进行创作。

(2) 核心培训课程

数字图像处理:学习数字图像处理的基本原理和技术,包括图像编辑、图像修复、图像特效等,熟悉图像处理软件的使用。

多媒体技术与应用:了解多媒体技术的发展和应用,包括音视频编解码、流媒体传输、互动媒体等,掌握多媒体制作的基本原理和技巧。

音视频编解码技术:学习音视频的编解码原理和技术,了解不同格式的音视频编码算法和工具,能够进行音视频处理和编辑。

虚拟现实技术:了解虚拟现实技术的原理和应用,包括虚拟场景建模、虚拟交互设计等,掌握虚拟现实制作的基本方法和工具。

交互式设计:学习交互设计的原理和方法,了解用户体验和人机交互的基本原则,能够进行交互式媒体设计和制作。

通过学习上述核心培训课程,你将掌握数字媒体技术的核心知识和技能,包括数字图像处理、多媒体技术与应用、音视频编解码技术、虚拟现实技术和交互式设计等方面的能力。这些能力和知识对于从事数字媒体设计师、视频编辑师和多媒体设计师等职业都非常重要。

2.5.9 数字媒体艺术设计专业

(1)职业资格证

数字媒体艺术设计师:具备数字媒体艺术设计和创作的能力,能够运用设计原理和方法进行多媒体艺术创作,包括平面设计、摄影、动画设计等。

平面设计师:具备平面设计领域的知识和技能,能够进行图形设计、排版设计、标志设计等工作,具备良好的视觉传达能力。

UI/UX 设计师:具备用户界面和用户体验设计的能力,能够设计用户友好的界面和交互流程,提供良好的用户体验。

(2)核心培训课程

设计原理与方法:学习设计的基本原理和方法,包括构图、配色、比例等,了解不同设计风格和流派。

平面设计:学习平面设计的基本知识和技巧,包括图形设计、排版设计、标志设计等,掌握设计软件和工具的使用。

摄影与摄像:学习摄影和摄像的基本原理和技术,包括光线控制、构图技巧、后期处理等,能够进行艺术摄影和视频拍摄。

动画设计:了解动画设计的基本原理和技术,包括帧动画、骨骼动画、特效设计等,能够进行动画创作和制作。

交互设计:学习用户界面和用户体验设计的基本原理和方法,了解交互设计流程和工具,能够设计用户友好的界面和交互流程。

视觉传达设计:掌握视觉传达的基本原理和技巧,包括视觉识别、海报设计、展示设计等,能够进行有效的视觉传达。

通过学习上述核心培训课程,你将掌握数字媒体艺术设计的核心知识和技能,包括设计原理与方法、平面设计、摄影与摄像、动画设计、交互设计和视觉传达设计等方面的能力。这些能力和知识对于从事数字媒体艺术设计师、平面设计师和 UI/UX 设计师等职业都非常重要。

2.6 计算机类专业群毕业生在创业时所需具备的知识结构和技能素质

在创业时,计算机专业群的毕业生需要具备综合的知识结构和技能素质。

专业知识:深入理解和掌握所在专业领域的核心知识和技能。例如,计算机科学与技术专业需要扎实的计算机原理和编程基础,软件工程专业需要熟悉软件开发生命周期和软件项目管理等。

创新能力:具备在专业领域内进行创新的能力,能够将创新思维应用于产品设计、技术开发和业务模式创新。

市场分析与调研:具备市场分析和调研能力,能够洞察行业发展趋势、竞争态势,以及用户需求,以指导创业项目的发展方向。

项目管理:具备良好的项目管理能力,能够合理分配资源、控制进度和质量,确保项目顺利推进。

团队协作与沟通:具备良好的团队协作和沟通能力,能够与团队成员有效沟通,协调团队内部关系,提高团队整体执行力。

营销与推广:具备一定的营销和推广能力,能够制定有效的营销策略,扩大产品或服务的市场份额。

财务管理:了解基本的财务管理知识,能够进行成本控制、预算分析和资金筹措等。

法律法规与风险防范:了解相关法律法规和政策,掌握知识产权保护、合同签订、税收政策等方面的基本知识,为创业项目提供法律保障。

跨领域知识与技能:具备一定程度的跨领域知识和技能,以应对创业过程中可能遇到的多元化问题和挑战。

心理素质与抗压能力:具备较强的心理素质和抗压能力,能够在面临困难和压力时保持积极的心态,迅速调整和应对。

创业过程中可能会面临许多挑战,如市场竞争、技术创新、团队管理等。因此,持续学习、自我调整、资源整合、人际关系与合作、创业信念与毅力等都是促进创业成功至关重要的因素。只有不断学习更新知识、积极调整和适应市场变化、合理整合资源、建立良好的人际关系和团队合作、保持坚定的创业信念与毅力,创业者才可能在竞争激烈的市场中立足并取得成功。

2.7 计算机类专业群硬软件实验和仿真、实训、实习、毕业设计等实践环节

计算机科学与技术、软件工程和软件技术、计算机网络技术、大数据管理与应用和大数据技术、动漫制作技术、数字媒体技术、数字媒体艺术设计等专业的实践环节的课程丰富多样。

2.7.1 硬件实验课程

计算机科学与技术、软件工程和软件技术、计算机网络技术、大数据管理与应用和大数据技术、动漫制作技术、数字媒体技术、数字媒体艺术设计等专业的实践环节包括多种硬件实验课程:

硬件组装和维护实验:学习如何组装和维护计算机硬件设备,包括处理器、内存、硬盘等,学习硬件组件的功能和安装方法,并掌握故障排除和维修技巧。

嵌入式系统设计实验:学习如何设计和开发嵌入式系统,将软件与硬件相结合,实现特定功能,学习使用微控制器、传感器和执行器等硬件组件,并编程控制它们实现各种应用。

计算机网络实验:学习计算机网络的基本原理和技术,并通过实验掌握网络配置、路由设置、网络安全等方面的知识,搭建和管理局域网和广域网,并进行网络故障排除和性能优化。

数据库设计与应用实验:学习数据库的设计原理和常用的数据库管理系统,通过实验掌握数据库的建立、查询和维护技术,设计和实现数据库应用,处理实际的数据管理问题。

大数据处理实验:学习大数据处理的基本概念和技术,并通过实验掌握大数据的采集、存储、处理和分析方法,使用大数据平台和工具解决实际的大规模数据处理和挖掘问题。

动漫制作实验:学习动漫制作的基本原理和技术,并通过实验掌握动漫制作软件的使用方法,设计和制作动漫角色、场景和动画效果,实现动漫制作的各个环节。

数字媒体设计实验:学习数字媒体设计的基本原理和技术,包括图形设计、音频制作和视频编辑等方面的知识,使用专业软件工具设计和制作数字媒体作品、展示创意和表达。

硬件实验课程为学生提供了实践机会,让他们通过动手操作和实际应用,加深对计算机科学和相关专业知识的理解和掌握。这些实验环节旨在培养学生的实际操作能力和解决问题的能力,为他们未来的职业发展打下坚实的基础。

2.7.2 软件实验课程

计算机科学与技术、软件工程和软件技术、大数据管理与应用和大数据技术等专业的实践环节包括多种软件实验课程。

软件开发实验:学习软件开发的基本原理和方法,通过实验掌握软件开发过程中的需求分析、系统设计、编码和测试等环节,应用编程语言和开发工具完成小型软件项目的开发和调试。

软件工程实验:学习软件工程的理论和实践,通过实验了解软件开发的规范和流程,学习使用软件工程工具进行软件需求管理、项目计划和团队协作。

软件测试与质量保证实验:学习软件测试的基本原理和技术,通过实验掌握测试用例设计、测试执行和缺陷管理等方面的知识,使用测试工具和框架进行单元测试、集成测试和系统测试,提高软件质量和可靠性。

软件项目管理实验:学习软件项目管理的方法和工具,通过实验了解项目计划、资源管理、进度控制和风险管理等方面的知识,应用项目管理软件规划和执行软件项目,实施全套项目管理。

数据挖掘实验:学习数据挖掘的基本概念和技术,通过实验掌握数据预处理、特征选择、模型建立和结果评估等步骤,使用数据挖掘工具和算法分析、挖掘实际的大规模数据集,发现有价值的信息和模式。

大数据应用实验:学习大数据应用的方法和技术,通过实验了解大数据存储、处理和分析,使用大数据平台和工具、应用大数据技术解决实际的业务问题,基于数据分析结果提出决策依据。

软件实验课程为学生提供了实践机会,让他们通过实际操作和实际项目,加深对软件开发和相关专业知识的理解和掌握。这些实验环节旨在培养学生的实际应用能力和解决问题的能力,为他们未来的职业发展提供实际经验和技能。

2.7.3 仿真和模拟实验课程

计算机科学与技术、数字媒体技术、动漫制作技术等专业的实践环节之一是仿真和模拟实验课程。这些实验课程通过使用计算机软件和工具,模拟和仿真真实场景,培养学生在虚拟环境下解决问题和应用技术的能力。

3D建模和动画仿真实验:学习使用3D建模软件和动画工具创建虚拟场景和角色,并进行动画仿真,利用建模技术、材质贴图、动画制作和渲染技术实现虚拟世界的创作和模拟。

虚拟现实实验:学习虚拟现实技术和设备的应用,使用头戴式显示器和交互设备进入虚拟世界进行体验和交互。设计虚拟场景、开发虚拟应用,并探索虚拟现实在教育、娱乐和其他领域的应用潜力。

数字媒体交互实验:学习数字媒体技术和交互设计,使用交互设备和编程工具设计、开发互动式媒体应用。实现用户界面、用户体验和多媒体交互效果,提升数字媒体作品的创造力和沉浸感。

计算机网络仿真实验:学习计算机网络的原理和协议,使用网络仿真工具模拟和分析网络通信和数据传输的过程。实现网络拓扑、配置网络设备,并测试和优化网络性能。

大数据分析和建模实验:学习大数据处理和分析的方法,使用大数据分析工具和建模软件处理、分析真实的大规模数据集。应用数据挖掘和机器学习算法提取数据中的模式和信息,并进行预测和决策。

仿真和模拟实验课程通过创建和模拟虚拟环境,为学生提供实践和探索的机会。学生将通过实验,加深对相关领域的理解和掌握,培养解决问题和创新的能力,为未来在相关行业的工作和研究做好准备。

2.7.4 实训课

实训课程是计算机科学与技术、软件工程、数字媒体技术等专业的重要实践环节之一。这些课程旨在通过实际项目和实际场景的应用,让学生将所学的理论知识应用到实际工作中,培养他们的实际操作能力和解决问题的能力。

软件开发实训:参与真实的软件开发项目,涉及从需求分析、系统设计到编码和测试等各个阶段。通过团队合作开发,学习软件开发的流程和方法,并掌握常用的开发工具和技术,如编程语言、集成开发环境和版本控制系统等。

网络安全实训:学习网络安全的基本原理和技术,实施实际的网络攻防演练。模拟网络攻击和防御场景,学习常见的攻击技术和防护策略,以保护信息系统的安全性和完整性。

数据库设计与管理实训：学习数据库设计和管理的基本理论和技术，并通过实际的数据库项目训练，涉及数据建模、查询优化和数据库管理等。使用数据库管理系统和相关工具设计和实现数据库应用，演练数据存储和处理的相关技术手段。

数字媒体制作实训：学习数字媒体制作的技术和工具，并通过实际项目训练，涉及图像处理、音视频编辑和特效制作等。应用图形设计软件、音视频编辑工具和动画制作工具创作和编辑数字媒体作品，提升创意和表达能力的技巧。

大数据应用实训：学习大数据技术和应用的基本原理，并通过实际的大数据项目训练，涉及数据采集、清洗、存储和分析等。使用大数据平台和分析工具处理和分析大规模的数据集，挖掘数据中的有价值信息和模式。

实训课程将学生置身于实际项目和场景，使他们能够将所学的知识运用到实际工作中，提升实践能力和解决问题的能力。学生将通过实际操作和实际项目的经验，获得对专业领域的深入理解和实践技能，为将来的职业发展做好准备。

2.7.5 计算机类专业群生产实习

计算机类专业群的生产实习旨在让学生将所学的理论知识应用于实际工作环境，提升他们的实际操作能力和团队合作能力。常见的生产实习方向有多种，一般与专业关系相关。

（1）软件开发实习

开发实际应用程序：参与开发实际的应用程序，如网站、移动应用或桌面应用，熟悉软件开发流程和工具。

软件测试与质量保证：参与软件测试团队，学习测试策略和技术，执行测试用例并分析结果，提供软件质量保证支持。

软件维护与支持：参与现有软件维护和支持工作，协助用户解决问题、排除故障和更新版本等工作。

（2）网络与系统实习

网络管理与维护：参与网络设备配置、管理和故障排除，了解网络安全和性能优化的基本原理。

系统管理与运维：参与服务器和操作系统管理与维护工作，包括安装、配置、备份和监控等任务。

信息安全实践：参与信息安全团队，了解安全策略和技术，参与漏洞扫描、安全审计和事件响应等活动。

（3）数据库与大数据实习

数据库设计与管理：参与数据库设计、创建和维护工作，熟悉常用数据库系统和查询语言。

数据分析与挖掘：参与数据分析项目，学习数据分析工具和技术，进行数据清洗、特征提取和模型建立等工作。

大数据处理与分析：参与大数据平台搭建和维护，学习大数据处理和分析框架，进行大规模数据处理和数据挖掘实践。

在生产实习期间,学生将在实际项目中与团队成员合作,学习解决实际问题的方法和技巧,培养实践操作和沟通协作的能力。他们将在实践中熟悉行业标准和最佳实践,了解工作流程和团队协作的重要性。生产实习不仅提供宝贵的实践经验,也为学生未来的就业和职业发展打下坚实的基础。

2.7.6 毕业设计

毕业设计是计算机科学与技术、软件工程、数字媒体技术等专业中的重要环节之一,是学生在大学期间的高级实践项目。毕业设计旨在让学生运用所学知识和技能,独立完成一个与专业相关的项目或研究,并撰写一份毕业设计报告。毕业设计涵盖的内容应相对完整,与培养方向的要求相吻合。

主题选择:学生根据自身兴趣和专业方向选择一个具体的毕业设计主题。主题可以是软件开发项目、系统设计、算法研究、数据分析等,旨在展示学生在该领域的专业能力和研究能力。

项目开发或研究:学生根据所选的主题,进行项目的开发或研究。对于开发,学生将运用所学的专业知识如编程技术和软件工程原理,完成一个具体的软件或系统。对于研究,学生将进行深入的文献研究、实验设计和数据分析,以解决一个特定的问题或提出新的理论。

实施和测试:学生将按照设计要求,实施和测试他们的项目或研究。他们将根据项目需要进行系统开发、编码、调试、测试和性能评估等工作,确保项目的功能和性能符合预期。

毕业设计报告:学生需要撰写一份详细的毕业设计报告,记录他们的设计过程、实施细节、测试结果和结论。报告应包括背景介绍、需求分析、系统设计、实施过程、测试方法和结果分析等内容,以展示他们的专业能力和研究成果。

毕业设计是学生整个大学学习的一个总结和巅峰,对于学生的专业能力、综合素质和创新能力的评估起着重要作用。它要求学生独立思考、解决问题、实践创新,并具备良好的团队合作和沟通能力。通过毕业设计,学生将深入理解所学专业知识的实际应用,为未来的职业发展做好准备。

2.8 计算机类专业群毕业设计题目示例

2.8.1 计算机科学与技术专业毕业设计开题方向及内容提要示例

(1) 基于深度学习的图像识别系统

开题方向:深度学习、计算机视觉、图像处理。

内容提要:本课题要求研究和实现一种基于深度学习的图像识别系统。通过深度学习算法训练神经网络,提取图像特征并进行分类识别。具体实现包括数据集获取、网络架构设计、参数优化和模型训练与评估等。本课题的应用领域非常广泛,例如人脸识别、物体识别、文字识别等。

(2) 分布式文件存储系统的设计与实现

开题方向:分布式系统、存储技术、网络通信。

内容提要:本课题要求研究和实现一种分布式文件存储系统。通过分布式存储技术,将文件数据分散存储在多个节点上,并通过网络通信传输和访问数据。具体实现包括文件分片存储策略、数据传输安全机制、数据备份和恢复等。本课题的应用领域包括云存储、大数据存储、多媒体存储等。

(3) 面向物联网的智能家居系统开发

开题方向:物联网、智能家居、嵌入式系统。

内容提要:本课题要求研究和实现一种面向物联网的智能家居系统。通过嵌入式系统和物联网技术,实现家居设备智能控制和管理,包括温度、湿度、照明、门窗等方面的控制。具体实现包括硬件设计、软件开发、网络通信等。本课题的应用领域包括智能家居、智能城市等。

(4) 基于人工智能的自动驾驶系统设计

开题方向:人工智能、自动驾驶、机器视觉。

内容提要:本课题要求研究和实现一种基于人工智能的自动驾驶系统。通过机器视觉技术和人工智能算法,实现车辆自主驾驶和智能交通控制。具体实现包括图像识别、目标跟踪、行车决策、智能路线规划等方面的算法研究和实现。本课题的应用领域包括智能交通、智能物流等。

(5) 无人机路径规划算法研究

开题方向:机器视觉、无人机、路径规划。

内容提要:本课题要求研究和实现一种无人机路径规划算法。通过机器视觉技术和路径规划算法,实现无人机自主飞行和任务执行。具体实现包括图像识别、目标跟踪、路径规划算法的设计和实现等。本课题的应用领域包括无人机物流、智能农业等。

2.8.2 软件工程和软件技术专业开题方向及内容提要示例

(1) 电商平台的设计与实现

开题方向:Web 开发、云计算、数据库设计。

内容提要:本课题要求研究和实现一种电商平台。通过 Web 开发技术和云计算平台,实现对商品展示、销售、支付和物流等方面的管理。具体实现包括前端页面设计、后端业务逻辑开发、数据库设计和优化等。本课题的应用领域包括电商、零售、物流等。

(2) 基于微服务架构的在线教育系统开发

开题方向:微服务、云计算、移动端开发。

内容提要:本课题要求研究和实现一种基于微服务架构的在线教育系统。通过微服务架构和云计算平台,实现对课程、学生、教师等方面的管理和协作。具体实现包括微服务设计和实现、移动端应用开发、云平台部署和管理等。本课题的应用领域包括在线教育、远程教育等。

（3）软件项目管理系统的研究与开发

开题方向：项目管理、软件工程、Web 开发。

内容提要：本课题要求研究和实现一种软件项目管理系统。通过项目管理工具和 Web 开发技术，实现对软件项目计划、进度、资源和质量等方面的管理和监控。具体实现包括项目管理工具选型和集成、Web 前端设计和开发、后端业务逻辑和数据库设计和实现等。本课题的应用领域包括软件项目管理、软件工程等。

（4）基于人工智能的聊天机器人开发

开题方向：人工智能、自然语言处理、机器学习。

内容提要：本课题要求研究和实现一种基于人工智能的聊天机器人。通过自然语言处理和机器学习技术，实现机器人自动应答和智能交互，提高用户体验和满意度。具体实现包括机器人语音识别和合成、自然语言理解和生成、对话管理和知识库维护等。本课题的应用领域包括在线客服、智能助手等。

（5）物联网设备管理平台的研究与开发

开题方向：物联网、设备管理、网络通信。

内容提要：本课题要求研究和实现一种物联网设备管理平台。通过物联网技术和网络通信，实现物联网设备集中管理和控制。具体实现包括设备接入和注册、设备状态监测和控制、设备数据分析和展示等。本课题的应用领域包括智能家居、工业物联网、智能城市等。

2.8.3　计算机网络专业开题方向及内容提要示例

（1）网络安全防护体系设计与实现

开题方向：网络安全、信息安全、计算机网络。

内容提要：本课题要求研究和实现一种网络安全防护体系。通过网络安全技术和信息安全技术，实现网络系统安全保护和风险防范，包括防火墙、入侵检测、数据加密、身份认证等方面的技术手段。具体实现包括系统架构设计、安全策略制定、安全设备配置和管理等。本课题的应用领域包括金融、电信、政府等。

（2）网络安全防护体系设计与实现

开题方向：网络安全、安全防护、安全管理。

内容提要：本课题要求研究和实现一种网络安全防护体系。通过对网络攻击和漏洞的分析，设计和实现一套完整的网络安全防护方案，包括网络边界防御、内部网络安全、数据保护等方面。具体实现包括安全设备配置、安全策略制定、安全管理系统建设等。本课题的应用领域包括企业网络、政府机构、金融机构等。

（3）网络数据挖掘与分析方法研究

开题方向：数据挖掘、网络分析、机器学习。

内容提要：本课题要求研究和实现一种网络数据挖掘与分析方法。通过对网络数据进行挖掘和分析，挖掘出网络中的关键信息和隐藏规律，帮助网络管理者更好地管理和优化网络资源。具体实现包括数据集获取和预处理、数据挖掘算法设计和优化、机器学习模型训练和评估等。本课题的应用领域包括网络安全、网络优化、网络管理等。

(4) 网络协议测试与性能评估

开题方向：网络协议、测试、性能评估。

内容提要：本课题要求研究和实现一种网络协议测试与性能评估方法。通过对网络协议进行测试和性能评估，分析协议的性能和可靠性，提出改进方案并验证其有效性。具体实现包括测试用例设计和编写、性能测试工具选择和使用、数据收集和分析等。本课题的应用领域包括网络协议设计和优化、网络设备测试等。

(5) 光纤通信网络中的故障诊断与恢复技术研究

开题方向：光纤通信、故障诊断、恢复技术。

内容提要：本课题要求研究和实现一种光纤通信网络中的故障诊断与恢复技术。通过对网络中的故障进行诊断和恢复，保证网络的稳定性和可靠性。具体实现包括故障诊断的方法和工具、故障恢复的策略和实现、网络维护和监控等。本课题的应用领域包括光纤通信设备、数据中心等。

2.8.4　大数据管理与应用、大数据技术专业开题方向及内容提要示例

(1) 基于 Hadoop 的分布式文件系统设计与实现

开题方向：大数据存储、分布式系统、Hadoop 技术。

内容提要：本课题要求研究和实现一种基于 Hadoop 的分布式文件系统。通过 Hadoop 的分布式存储技术，将文件数据分散存储在多个节点上，并通过网络通信进行数据传输和访问。具体实现包括文件分片的存储策略、数据传输的安全机制、数据备份和恢复等。

(2) 基于 Spark 的大数据处理平台设计与实现

开题方向：大数据处理、分布式计算、Spark 技术。

内容提要：本课题要求研究和实现一种基于 Spark 的大数据处理平台。通过 Spark 的分布式计算技术，实现大规模数据快速处理和分析，包括数据清洗、转化、挖掘和建模等。具体实现包括 Spark 集群搭建、数据导入和导出、Spark 应用程序开发和优化等。

(3) 大数据质量管理与评估方法研究

开题方向：大数据质量、数据质量管理、数据质量评估。

内容提要：本课题要求研究和实现一种大数据质量管理与评估方法。通过对大数据的质量进行评估，提高数据的可靠性和准确性，保证数据的有效性和实用性。具体实现包括数据质量管理的理论和实践、数据质量评估的方法和指标、数据质量检测和修复等。

(4) 基于机器学习的大数据分析与挖掘

开题方向：大数据分析、机器学习、数据挖掘。

内容提要：本课题要求研究和实现一种基于机器学习的大数据分析与挖掘方法。通过机器学习算法对大数据进行分析和挖掘，提取数据的特征和规律，支持基于数据进行预测和决策。具体实现包括数据集获取、机器学习算法选择和优化、数据可视化和分析等。

(5) 大数据应用于智能家居设计与实现

开题方向：大数据、智能家居、物联网。

内容提要：本课题要求研究和实现一种基于大数据技术的智能家居系统。通过物联网技术连接家庭设备，并通过大数据分析家庭成员的使用习惯，从而实现家庭设备自动化控制和管理。具体实现包括数据采集、存储、分析和挖掘，以及对家庭设备进行智能控制。本课题的应用领域包括智能家居、智能城市等。

2.8.5　动漫制作技术专业开题方向及内容提要示例

（1）基于三维建模的动漫角色设计与制作

开题方向：三维建模、角色设计、动画制作。

内容提要：本课题要求设计和制作一个基于三维建模的动漫角色。具体实现包括角色设计、三维建模、纹理贴图、骨骼绑定、动画制作等环节。本课题的应用领域包括游戏开发、影视特效等。

（2）基于实时渲染技术的动漫场景设计与制作

开题方向：实时渲染、场景设计、动画制作。

内容提要：本课题要求研究和实现一种基于实时渲染技术的动漫场景。具体实现包括场景设计、模型建模、纹理贴图、光照效果、动画制作等环节。本课题的应用领域包括游戏开发、虚拟现实等。

（3）基于手绘技术的动漫角色设计与制作

开题方向：手绘技术、角色设计、动画制作。

内容提要：本课题要求设计和制作一个基于手绘技术的动漫角色。具体实现包括角色设计、手绘制作、动画制作等环节。本课题的应用领域包括动画电影、电视剧等。

（4）动漫制作中的剧本创作与故事叙述技巧

开题方向：剧本创作、故事叙述、动画制作。

内容提要：本课题要求研究和实践动漫制作中的剧本创作和故事叙述技巧。具体实现包括剧本构思、情节铺陈、角色设置、台词编写等环节。本课题的应用领域包括动画电影、电视剧等。

（5）基于游戏引擎的动画制作研究与实现

开题方向：动画制作、游戏引擎、3D 建模。

内容提要：本课题要求研究和实现基于游戏引擎的动画制作。通过游戏引擎中的动画制作工具和 3D 建模工具，实现动画制作过程中的建模、绑定、动画设计等功能。具体实现包括游戏引擎使用、3D 建模技术应用、动画设计和实现等。本课题的应用领域包括游戏开发、影视制作等。

2.8.6　数字媒体技术专业开题方向及内容提要示例

（1）基于深度学习的图像处理与识别技术研究与应用

开题方向：数字图像处理、深度学习、计算机视觉。

内容提要：本课题要求研究和实现一种基于深度学习的图像处理与识别技术。通过深度学习算法训练神经网络，实现图像特征提取和分类识别。具体实现包括数据集获取、网络架构设计、参数优化和模型训练与评估等。本课题的应用领域包括图像处理、医学影像分析、智能交通等。

（2）基于AR技术的虚拟现实应用研究

开题方向：增强现实、虚拟现实、计算机图形学。

内容提要：本课题要求研究和实现一种基于AR技术的虚拟现实应用。通过虚拟现实技术将虚拟的三维图像叠加在真实场景中，实现与真实世界交互。具体实现包括AR算法设计和优化、虚拟模型建立和渲染、交互方式设计等。本课题的应用领域包括游戏、教育、文化遗产保护等。

（3）基于AI的音频处理技术研究与应用

开题方向：数字音频处理、人工智能、机器学习。

内容提要：本课题要求研究和实现一种基于AI的音频处理技术。通过机器学习算法，实现音频降噪、语音识别、音乐生成等功能。具体实现包括数据集获取、模型设计和优化、算法实现和优化等。本课题的应用领域包括音乐制作、语音识别、智能家居等。

（4）数字影视后期制作技术研究与应用

开题方向：数字影视后期制作、计算机图形学、视频编码。

内容提要：本课题要求研究和实现一种数字影视后期制作技术。通过计算机图形学和视频编码技术，实现视频特效处理、剪辑和压缩等功能。具体实现包括视频采集和编辑、特效处理算法实现、视频编码优化等。本课题的应用领域包括电影、电视剧等数字影视制作。

（5）基于虚拟现实技术的数字艺术创作

开题方向：虚拟现实、数字艺术、创意设计。

内容提要：本课题要求利用虚拟现实技术，探索数字艺术的新形势和新表达方式。通过应用虚拟现实技术，创作出具有独特风格的数字艺术作品。具体实现包括虚拟现实技术研究和开发、艺术元素融合和设计、交互方式优化和实现等。本课题的应用领域包括数字艺术、文化创意产业等。

2.8.7　数字媒体艺术设计专业的毕业设计题目示例

（1）基于数字技术的艺术设计创作

开题方向：数字技术、艺术设计、创意思维。

内容提要：本课题要求通过数字技术手段，探索创新的艺术设计创作方式。具体实现包括数字素材获取、数字化设计工具运用、数字制造和数字展示等。本课题的应用领域包括数字媒体、数字艺术、数字营销等。

（2）交互设计在数字媒体艺术中的应用研究

开题方向：交互设计、数字媒体艺术、用户体验。

内容提要：本课题要求研究交互设计在数字媒体艺术中的应用。通过用户研究和设计思维，探索数字媒体艺术与观众之间的交互方式，提高用户体验和参与度。具体实现包括交互设计原则制定、交互设计工具运用、交互效果评估等。本课题的应用领域包括数字媒体艺术、数字游戏、数字营销等。

（3）数字影视后期制作技术研究与应用

开题方向：数字影视制作、后期制作技术、视觉特效。

内容提要：本课题要求研究数字影视后期制作技术，实现视觉特效创意设计和实现，包括数字视频编辑、音效处理、视觉特效和颜色校正等后期制作流程和技术的研究应用。具体实现包括视频素材采集、后期制作技术应用和效果评估等。本课题的应用领域包括影视制作、数字广告等。

（4）基于人工智能的创意设计辅助工具研究与实现

开题方向：人工智能、创意设计、图像处理。

内容提要：本课题要求研究和实现一种基于人工智能的创意设计辅助工具，通过人工智能算法实现创意设计过程的辅助工具，提高设计效率和创意品质。具体实现包括图像处理算法应用、人工智能算法设计和优化、用户界面设计和优化等。本课题的应用领域包括广告设计、艺术创作、品牌设计等。

（5）数字音乐创作与演奏系统设计

开题方向：数字音乐、软件工程、用户界面设计。

内容提要：本课题要求研究和实现一种数字音乐创作与演奏系统，通过软件工程技术实现数字音乐创作和演奏。具体实现包括用户界面设计和优化、数字音乐创作和演奏算法设计和优化、音乐效果处理等。本课题的应用领域包括音乐教育、音乐制作、音乐表演等。

2.9 计算机类专业群涉及的行业典型企业的介绍与分析

（1）计算机科学与技术、软件工程、软件技术专业涉及的行业典型企业的详细介绍和分析

1）华为技术有限公司。

华为技术有限公司（Huawei Technologies Co., Ltd.）是一家全球领先的ICT（信息与通信技术）解决方案提供商。

华为成立于1987年，总部位于中国深圳，是一家全球性的跨国科技公司。华为专注于电信网络设备、消费者设备和企业解决方案的研发、制造和销售。公司以"创新、合作、勇于担当、持续奋斗"为核心价值观，致力于推动数字化转型和智能化发展。

其核心业务包括如下方面。

电信网络设备：华为是全球最大的电信设备制造商之一。公司提供各种电信网络设备，包括无线网络、传输网络、核心网络、数据通信等，为全球运营商提供稳定、高效的通信基础设施。

消费者设备：华为的消费者业务包括智能手机、平板电脑、智能穿戴设备等。华为手机在全球市场上具有较高的市场份额，其产品以高质量、创新设计和领先的技术而闻名。

企业解决方案：华为为企业客户提供全面的ICT解决方案，包括企业网络、云计算、数据中心、物联网等。公司致力于帮助企业实现数字化转型，提升效率和竞争力。

华为在全球范围内具有重要的市场地位和影响力。公司的产品和解决方案广泛应用于

全球各个行业,包括电信运营商、企业客户和个人消费者。华为以其创新的技术、高质量的产品和优质的客户服务赢得了广泛的认可和信赖。

华为将继续加强在技术研发和创新方面的投入,持续推动 ICT 领域发展。公司致力于推动数字化经济发展,加速 5G、云计算、人工智能、物联网等领域创新和应用。华为也将继续加强与行业合作伙伴合作,共同构建开放、协同、共赢的生态系统。

华为作为全球领先的 ICT 解决方案提供商,在电信网络设备、消费者设备和企业解决方案方面具有重要的地位和影响力。公司以其创新的技术、高质量的产品和优质的客户服务在全球市场上取得了成功。华为将继续致力于技术创新和数字化转型,为全球客户提供更优质、更智能的解决方案,推动 ICT 行业的发展。

2)腾讯科技(深圳)有限公司。

腾讯是中国领先的科技公司之一,成立于 1998 年,总部位于中国深圳。作为一家综合性科技企业,腾讯在计算机科学与技术、软件工程和软件技术等领域展现出强大的实力和影响力。腾讯的典型业务涉及 IT 领域的多个方面。

计算机科学与技术方面包括如下领域。

人工智能:腾讯在人工智能领域积极布局,涵盖了语音识别、图像识别、自然语言处理等技术,并将其应用于多个产品和服务中,如智能语音助手、人脸识别、智能推荐等。

大数据与云计算:腾讯拥有庞大的用户数据和强大的云计算基础设施,能够处理和分析海量数据,为用户提供个性化的产品和服务。

信息安全:腾讯重视信息安全,在网络安全、数据保护和隐私保护等方面投入了大量资源,并提供多种安全产品和服务,如安全通信、防火墙和数据加密等。

软件工程方面包括如下领域。

软件开发:腾讯致力于开发创新的软件产品和解决方案,涵盖了社交媒体、游戏、电子商务、金融科技等多个领域。其旗舰产品包括微信、QQ、腾讯视频、腾讯游戏等,这些产品在全球范围内拥有庞大的用户群体。

软件测试与质量保证:腾讯注重软件质量,拥有专业的测试团队和先进的测试工具,致力于提供高质量、稳定可靠的软件产品。

软件维护与升级:腾讯持续对现有软件产品进行维护和升级,保持产品的功能完善性和用户体验的优良性。

软件技术方面包括如下领域。

移动应用开发:腾讯在移动应用开发方面具有丰富的经验和实力,推出了众多备受欢迎的移动应用,如微信、QQ 音乐、腾讯视频等,这些应用在移动领域具有广泛的用户基础。

云服务:腾讯提供全面的云服务解决方案,包括云计算、云存储、云数据库等,为企业和开发者提供高性能、高可靠性的云基础设施。

大数据分析:腾讯利用大数据技术进行数据分析,帮助企业和机构挖掘数据中的价值,为决策提供科学依据。

腾讯作为一家科技巨头,在计算机科学与技术、软件工程和软件技术等领域展示了出色的创新能力和领先的技术实力。通过持续的技术研发和产品创新,腾讯不断提升用户体验,推动了行业发展,并在全球范围内获得了广泛的认可和影响力。

(2)计算机网络技术专业涉及的行业典型企业的详细介绍和分析

思科(上海)有限公司是思科系统公司在中国的全资子公司,总部位于上海。作为一家全球领先的网络技术公司,思科在计算机网络技术领域具有重要地位和影响力。

思科(上海)是思科系统公司在中国设立的重要分支机构,成立于2005年,是思科在中国的战略性平台。公司致力于为中国市场提供先进的网络解决方案和技术支持,推动中国企业和机构在数字化转型和网络化建设方面取得成功。

其业务领域和产品包括如下方面

网络设备和解决方案:思科(上海)提供各类网络设备和解决方案,包括交换机、路由器、防火墙、无线网络设备等,满足不同规模和需求的网络架构和应用场景。

网络安全技术:思科在网络安全领域拥有丰富的经验和技术实力,提供包括威胁防护、入侵检测、安全策略等在内的全面的网络安全解决方案。

云计算和数据中心技术:思科(上海)提供高性能、可靠的云计算和数据中心技术,帮助企业构建灵活、可扩展的数据中心架构,并实现云服务快速交付和管理。

企业通信和协作解决方案:思科提供全面的企业通信和协作解决方案,包括IP电话、视频会议、团队协作工具等,提升企业内部和外部沟通的效率和质量。

思科(上海)致力于技术创新和研发,持续推动网络技术进步和发展,并积极参与开放标准和行业联盟,与各方合作推动技术标准和创新落地。公司与中国的合作伙伴关系密切,与各级政府、企业和机构建立了长期稳定的合作关系,共同推动中国网络技术发展。

思科(上海)通过先进的网络设备和解决方案,为中国企业和机构提供了全面的网络技术支持。公司在网络设备、网络安全、云计算和数据中心、企业通信和协作等领域具有强大的技术实力和丰富的经验。思科(上海)在中国市场取得了广泛的认可和成功,为中国的数字化转型和网络化建设作出了重要贡献。

(3) 大数据技术专业涉及的行业典型企业的详细介绍和分析

阿里云(Alibaba Cloud),全称阿里巴巴云计算有限公司,是阿里巴巴集团旗下的云计算服务提供商,也是全球领先的大数据技术企业之一。

阿里云成立于2009年,总部位于中国杭州,是阿里巴巴集团战略布局中的核心组成部分。阿里云致力于为全球企业和开发者提供高效、安全、可靠的云计算和大数据服务。阿里云在大数据技术领域具有丰富的经验和技术实力,积累了大规模数据处理、分析和应用的专业知识和先进技术。

其业务领域和产品包括如下方面。

云计算服务:阿里云提供全面的云计算服务,包括弹性计算、存储和数据库、网络和安全、人工智能等,满足企业在计算资源、数据存储和应用部署方面的需求。

大数据平台和解决方案:阿里云提供完整的大数据平台和解决方案,包括数据存储和处理、数据分析和挖掘、人工智能和机器学习等,帮助企业高效处理和分析海量数据,并获得有价值的业务洞察。

人工智能和机器学习:阿里云在人工智能和机器学习领域拥有领先的技术和平台,提供包括图像识别、语音识别、自然语言处理等在内的人工智能服务,帮助企业实现智能化和自动化。

阿里云致力于技术创新和研发,在云计算和大数据技术方面不断推出新产品和服务,并积极参与开源社区和标准制定,推动技术发展和应用。

第 2 章 计算机类专业群知识结构与就业前景

阿里云与各行业的合作伙伴建立了广泛的合作关系,包括零售、金融、制造业等领域,共同开展大数据分析和应用,实现数字化转型和业务创新。

阿里云作为全球领先的大数据技术企业,通过其强大的云计算和大数据平台,为全球企业和开发者提供了丰富的云计算和大数据服务。阿里云在云计算、大数据平台和解决方案、人工智能和机器学习等方面具有先进的技术和丰富的经验。作为阿里巴巴集团的核心组成部分,阿里云在全球范围内得到了广泛应用和认可,为企业的数字化转型和创新提供了重要支持。

(4) 数字媒体技术专业涉及的行业典型企业的详细介绍和分析

爱奇艺科技有限公司(iQIYI.com)是中国领先的在线娱乐平台和数字媒体技术公司。

爱奇艺成立于 2010 年,总部位于中国北京,是一家专注于在线娱乐和数字媒体技术的公司。公司在短短的时间内迅速发展壮大,成为中国最大的在线视频平台之一。

爱奇艺通过自主研发和运营,为用户提供高质量的电影、电视剧、综艺节目、动漫、纪录片等丰富多样的娱乐内容。同时,公司还积极推动数字媒体技术创新和应用,致力于提升用户体验和服务质量。

其业务领域和产品包括如下方面。

在线娱乐平台:爱奇艺拥有丰富的娱乐内容库,通过在线平台提供用户订阅、点播和免费观看等多种方式,满足用户对电影、电视剧等娱乐内容的需求。

自制剧和综艺节目:爱奇艺积极投资和制作自制剧和综艺节目,为用户提供独家、高质量的原创内容,深受用户喜爱。

云计算和人工智能:爱奇艺在数字媒体技术领域不断创新,积极应用云计算和人工智能技术,提升内容推荐、用户体验和内容分发等方面的效率和质量。

爱奇艺在数字媒体技术的研发和应用方面具备先进的技术能力和创新意识。公司不断投资和探索新的技术,如 4K 高清视频、虚拟现实(VR)、增强现实(AR)等,为用户提供更丰富的、更强烈的沉浸式娱乐体验。

公司采用的商业模式主要是基于订阅、广告和付费点播等多元化的收费方式,以及与内容提供商合作,实现多方共赢。

爱奇艺作为中国领先的在线娱乐平台和数字媒体技术公司,通过丰富多样的娱乐内容和先进的数字媒体技术应用,吸引了大量的用户和观众。公司积极投资和制作自制剧和综艺节目,为用户提供独家、高质量的原创内容,保持了在市场上的竞争优势。爱奇艺在技术创新方面保持了领先地位,不断探索和应用新的技术,以提升用户体验和服务质量。通过多元化的商业模式和与内容提供商合作,爱奇艺实现了稳健的商业发展,并成为中国数字娱乐领域的重要参与者和推动者。

(5) 数字媒体艺术设计专业涉及的行业典型企业的详细介绍和分析

杭州网易云音乐科技有限公司是中国领先的数字媒体艺术设计企业之一。

网易音乐成立于 2013 年,是中国知名的音乐流媒体平台之一。作为网易旗下的子公司,网易音乐致力于提供高质量的音乐内容和艺术设计体验,并通过数字媒体技术为用户提供个性化的音乐推荐服务。

公司通过与各大音乐厂牌、唱片公司和独立音乐人合作,为用户提供丰富多样的音乐资源,涵盖了流行音乐、独立音乐、古典音乐等多个音乐类型。

其产品和服务包括如下方面。

音乐流媒体平台：网易音乐提供在线音乐播放和下载服务，用户可以通过手机应用程序或网页访问平台，享受高品质的音乐。

个性化推荐：网易音乐基于用户的听歌历史、喜好和行为数据，通过算法和人工智能技术，为用户提供个性化的音乐推荐，满足用户对不同音乐风格和流派的需求。

独立音乐人支持：网易音乐积极支持独立音乐人的创作和推广，通过提供平台和资源，帮助他们将作品传达给更广大的听众。

网易音乐注重艺术设计和用户体验，通过界面设计、音乐播放器的交互设计等方面的创新，为用户提供简洁、美观且易用的音乐播放体验。

公司还通过音乐视频、音频特效等技术手段，将音乐与视觉、动画等元素结合，创造出独特的数字媒体艺术作品，为用户提供更为丰富的音乐享受。

网易音乐主要通过广告和付费会员等多元化的商业模式获取收入。同时，公司还通过与音乐厂牌和唱片公司合作，共同推广音乐作品，实现共赢。

网易音乐在中国音乐流媒体市场具有广泛的用户基础和市场份额，凭借其丰富的音乐资源和艺术设计优势，成为用户首选的数字媒体音乐平台之一。

网易音乐作为中国领先的数字媒体艺术设计企业，通过高质量的音乐内容和个性化的推荐服务，吸引了大量的用户和听众。公司注重艺术设计和用户体验，通过创新的界面设计和数字媒体艺术元素应用，提供了独特且美观的音乐播放体验。网易音乐通过与音乐厂牌、唱片公司和独立音乐人合作，实现了音乐作品推广和商业化，为用户提供了多样化的音乐选择。凭借其广泛的用户基础和市场份额，网易音乐在中国音乐流媒体市场具有重要的市场地位和竞争优势。

2.10 本章思考题

（1）计算机类专业群行业发展状况与发展趋势

根据当前计算机行业的发展状况和趋势，预测未来几年计算机类专业群的就业前景如何？对于大学生而言，应如何调整自身的知识结构和技能素质以适应行业的发展需求？

（2）计算机类专业群的培养方向和主干课程

就计算机类专业群而言，哪些方向或领域的知识结构和技能素质需求较高？请列举该专业群中的几门主干课程，讨论这些课程如何培养学生的核心能力和专业技能。

（3）实践环节对于计算机类专业群的就业的重要性

计算机类专业群中的实践环节对于学生的就业竞争力有何重要性？请举例说明某个实践环节对学生的能力培养和就业准备方面有何帮助。

（4）课程论文和毕业设计方向

选择计算机类专业群中的一个具体领域，如人工智能、网络安全等，提出一个适合该领域的课程论文或毕业设计的方向，并解释该方向对学生的就业和专业发展的意义。

第 3 章　机械类专业群知识结构与就业前景

在这一章中,我们将全面探讨机械类专业群的知识结构以及就业前景。由于机械工程是一个关键的且多元化的领域,为了能够跟上技术的步伐,了解行业的发展状况和趋势以及就业前景是非常重要的。

首先,我们将概述机械行业的发展状况和趋势,包括数字化和信息化、自动化和智能制造、新材料和轻量化、可持续发展和环保、定制化和个性化、全球化和产业链整合、服务型制造和智能维护,以及创新与研发投入等方面的趋势,详细讨论机械类专业群各专业的行业发展现状和未来趋势。接下来,我们将分析机械类专业群的就业前景,包括制造业需求、自动化与智能制造、新能源和环保产业、基础设施建设、研发和创新能力、教育和培训、新兴技术领域以及服务业等方面的就业前景,讨论这些专业的就业岗位。在后续的章节中,我们将深入探讨机械类专业群的培养方向和主干课程,包括各专业的课程论文题目示例,探讨这些专业群的核心知识点和专业技能、职业资格证书和核心培训课程,以及在创业时所需具备的知识结构和技能素质。此外,我们还将介绍机械类专业群的实践环节,包括硬软件实验和仿真、实训、实习、毕业设计等,提供机械类专业群的毕业设计题目示例,以及著名机械企业的简介。

这一章旨在为读者提供全面而详尽的关于机械类专业群的知识结构、教育培养、就业前景的信息,以帮助读者更好地了解这个重要的领域。无论你是机械专业的学生,还是已经在这个领域工作的专业人士,我们希望你都能从这一章中找到有用的信息和启示。

3.1　机械类专业群涉及的行业现状与发展趋势

3.1.1　机械类行业发展状况和趋势

机械类行业是全球工业的基石,涉及多个子行业,如设备制造业、汽车、航空、船舶、机器人等。

(1) 数字化和信息化行业状况、趋势

数字化和信息化是当前机械行业的重要趋势、发展方向。随着科技的不断进步和数字技术的广泛应用,机械行业正经历着数字化和信息化的深刻变革。

1) 行业状况。

数字化生产制造:机械行业正积极应用数字化技术,实现生产制造过程自动化和智能化。通过数字化生产制造,企业可以实现生产过程精细化管理、资源高效利用和生产效率提升。

智能制造:智能制造是机械行业的重要发展方向之一。通过应用数字化技术、物联网、人工智能等,实现设备、工艺和资源智能化集成,提高生产线的灵活性、智能化水平和自主性。

数据驱动决策:机械行业越来越重视数据收集和分析,以数据为基础进行决策和优化。通过数据分析,企业可以深入了解产品性能、生产效率和客户需求,优化产品设计和生产流程,提高竞争力和客户满意度。

供应链数字化:机械行业的供应链也在加速数字化和信息化的进程。通过供应链数字化和网络化,企业可以实现供应链透明化、协同化和响应速度提升,有效应对市场需求的变化和产品生命周期的缩短。

2) 趋势展望。

智能化发展:智能化将是机械行业未来的重要发展方向。随着人工智能、机器学习、物联网等技术的不断进步,智能机械设备将在生产制造、运维和服务等领域发挥更大的作用。

虚拟现实和增强现实:虚拟现实(VR)和增强现实(AR)技术将在机械行业得到广泛应用。通过虚拟现实和增强现实技术,企业可以实现产品设计模拟和验证、培训和维修辅助等,提高效率和减少成本。

自动化和机器人技术:自动化和机器人技术在机械行业的应用将持续增长。自动化和机器人技术发展将进一步提高生产效率、产品质量和工作环境的安全性。

网络安全和数据隐私:随着数字化和信息化的推进,网络安全和数据隐私保护将成为机械行业的重要课题。企业需要加强网络安全措施,保护机密信息和客户数据。

数字化和信息化是机械行业的重要趋势,将深刻影响行业发展和转型。未来,机械行业的企业和专业人才需要紧跟科技的发展,积极应用数字化技术,不断提升智能化水平,以适应行业的变革和竞争的挑战。

(2) 自动化和智能制造

自动化和智能制造是当今机械行业发展的重要方向,对于提升生产效率、降低成本、提高产品质量和增强竞争力具有重要意义。

自动化生产:自动化生产是利用计算机控制和自动化技术来实现生产过程自动化和智能化。通过引入自动化设备、机器人和控制系统,生产线可以实现更高的生产效率、更优良的生产质量和更低的人工成本。自动化生产在机械行业中广泛应用,包括生产装配线、自动化仓储系统、自动化设备等。

智能制造系统:智能制造系统是基于先进的信息技术和智能设备,实现生产过程全面智能化的系统。它涵盖了从产品设计、生产计划、生产控制到供应链管理等全过程智能化。智能制造系统通过数据采集、分析和决策支持,实现生产过程优化和智能化管理。

人机协作:人机协作是指人与机器人或自动化设备在生产过程中紧密合作和协调。通过人机协作,机械行业可以实现更灵活的生产方式,提高生产效率和工作安全性。例如,在装配过程中,人工和机器人可以共同完成任务,发挥各自的优势,提高生产效率和质量。

物联网和工业互联网:物联网和工业互联网的发展为自动化和智能制造提供了更广阔的应用场景。通过物联网技术,机械设备和工厂可以实现互联互通,实现数据采集和共享。工业互联网则通过云计算、大数据和人工智能等技术,实现设备和系统远程监控、预测性维护和智能决策。

数据驱动和人工智能:数据驱动和人工智能在自动化和智能制造中发挥重要作用。通过数据采集和分析,企业可以了解生产过程中的潜在问题和改进点,实现生产过程优化和效率提升。人工智能技术可以应用于生产调度、质量控制、故障诊断等领域,实现智能化的生产决策和自主控制。

可持续发展:自动化和智能制造也与可持续发展紧密相关。通过应用自动化和智能化技术,企业可以实现资源有效利用、能源节约和环境保护,推动可持续发展。

自动化和智能制造是机械行业的重要发展趋势。随着科技的不断进步和技术的不断成熟,自动化和智能制造将在机械行业中发挥越来越重要的作用,为企业提供更高效、智能和可持续的生产解决方案。

(3)新材料和轻量化

新材料和轻量化是机械行业发展的重要趋势,旨在提高产品的性能、降低成本、减少能源消耗和环境污染。

新材料应用:随着材料科学和技术的不断进步,越来越多的新材料被应用于机械行业。例如,高强度钢材、铝合金、复合材料、陶瓷材料等具有优异性能的材料被广泛应用于机械零部件制造,以提高产品的强度、刚度、耐磨性和耐腐蚀性。

轻量化设计:轻量化设计旨在减小产品的质量,提高能源利用效率。通过采用轻量化材料、优化结构设计和先进制造技术,可以实现产品的质量减轻,同时保持或提高产品的性能和安全性能。轻量化设计在汽车、航空航天、船舶等领域得到广泛应用。

先进制造技术:为实现新材料和轻量化设计应用,先进制造技术发挥着关键作用。3D打印、复合材料成型、精密加工、表面处理等先进制造技术,能够实现复杂零部件的制造和加工,提高产品的精度、质量和可靠性。

绿色制造和循环经济:新材料和轻量化应用也与绿色制造和循环经济的理念密切相关。通过优化材料选择、降低资源消耗和废弃物产生,实现产品可持续生产和循环利用。例如,废旧材料回收再利用、材料的可降解性等都是绿色制造和循环经济的重要方向。

创新研发和合作:新材料和轻量化发展需要持续的创新研发和产学研合作。通过加强材料科学研究、探索新的制造技术和开展产业合作,可以推动新材料和轻量化技术应用和商业化,促进机械行业创新和发展。

新材料和轻量化是机械行业的重要发展方向。通过应用新材料和采用轻量化设计,可以提升产品的性能和竞争力,降低能源消耗和环境影响,推动机械行业向更高效、环保和可持续的方向发展。

(4) 可持续发展和环保

可持续发展和环保是当今社会各个行业都必须关注和应对的重要议题,机械行业也不例外。

环保设计和制造:机械行业在产品设计和制造过程中要注重环境保护,减少对环境的影响。通过采用环保材料、优化产品结构、降低能耗和废弃物产生,实现产品绿色设计和制造。

节能与减排:机械行业要致力于节能与减排,降低能源消耗和减少排放废气、废水、废渣等污染物。采用节能技术、提高能源利用效率、推广清洁能源等措施,减少对大气、水资源和土地的污染。

循环利用与回收:机械行业应鼓励产品循环利用和废弃物回收。通过设计可拆卸和可回收利用的产品,促进废弃物资源化和再利用,减少资源浪费和环境污染。

环境监测和管理:机械行业要建立健全的环境监测和管理体系,加强对生产过程中的环境污染和排放情况的监测和控制。通过严格执行环境法规和标准,确保企业的环境合规。

绿色供应链管理:机械行业要积极推进绿色供应链管理,与环保意识相符合的供应商合作,选择环境友好型原材料和零部件,推动整个供应链可持续发展。

技术创新和研发:机械行业要加大环保技术研发和创新力度,推动绿色技术应用和推广。例如,发展清洁生产技术、提高能源利用效率的技术、环境治理技术等。

环保意识与教育:机械行业要加强员工的环保意识培养和环保教育,提高员工对环境保护的认识和责任感。通过加强培训和宣传,推动企业和员工积极参与环境保护行动。

可持续发展和环保已成为机械行业发展的重要方向。通过环保设计和制造、节能减排、循环利用和回收、环境监测和管理等措施,机械行业可以实现可持续发展,推动行业向绿色、低碳、环保转型和升级。

(5) 机械类行业的发展状况和未来趋势受到多种因素的影响

定制化和个性化:随着消费者需求日益多样化,机械类行业正面临从大规模生产向定制化、个性化生产转型的挑战。企业需要开发更加灵活的生产技术和供应链管理策略,以满足不同客户的定制化需求。通过提供定制化产品和解决方案,企业可以增加客户满意度和市场竞争力。

全球化和产业链整合:全球化和产业链整合将继续推动机械类行业发展。跨国公司和地区经济一体化使得机械产品和技术在全球范围内迅速传播。企业需要在全球范围内寻求合作伙伴,整合资源,提高供应链的效率和灵活性,以提高竞争力。产业链整合有助于降低生产成本,优化资源配置,提高整体效益。

服务型制造和智能维护:随着制造业向服务型制造转型,机械类行业也需要在提供高产品质量的同时,加大对服务的投入。通过提供设备安装、调试、维护和培训等一体化服务,企业可以增加客户满意度,提高产品附加值。同时,通过应用大数据、人工智能等技术,企业可以实现设备智能维护和故障预测,降低维护成本,延长设备使用寿命。

创新与研发投入:创新是机械类行业持续发展的关键因素。企业需要加大对研发的投入,开发具有核心竞争力的新产品和技术。与高校、研究机构合作可以促进技术创新和产品开发,提高企业的竞争力和市场份额。

人才培养与引进:随着机械类行业技术的不断发展,对人才的需求也日益增加。企业需要重视人才培养,通过培训和提供良好的职业发展机会,吸引和留住具有创新能力和专业技能的人才。同时,通过引进国内外优秀人才,增强团队的多元化和国际化水平,提高整体技术水平和管理能力。

机械类行业的发展状况和未来趋势受到定制化和个性化、全球化和产业链整合、服务型制造和智能维护、创新与研发投入以及人才培养与引进等多种因素影响。为了应对这些趋势,机械类企业需要不断创新,提高产品质量,优化生产工艺,拓展市场,培养人才,以实现可持续发展。

3.1.2 机械设计制造及自动化专业涉及的相关行业现状和趋势

(1) 现状

技术水平提升:随着科技的进步,机械设计制造及自动化行业的技术水平不断提升。从传统的手工制造到计算机辅助设计与制造(CAD/CAM)、数字化制造等先进技术的应用,为机械产品的设计和制造带来了更高的精度、效率和质量。

自动化生产:自动化技术在机械制造行业的应用越来越广泛。引入自动化生产线可以提高生产效率、降低生产成本,并且具有较高的稳定性和一致性。机械制造企业越来越注重应用自动化技术,以提高竞争力。

智能制造:智能制造是机械制造行业的新趋势,通过应用物联网、大数据、人工智能等技术,实现设备互联互通和智能化控制。智能制造可以提高生产的柔性、可定制性和智能化程度,满足个性化需求,并提高生产效率和质量。

(2) 趋势

数字化技术应用:数字化技术在机械设计制造及自动化行业应用将进一步加深。CAD/CAM 技术、虚拟仿真技术和数字孪生技术等将被广泛应用于机械产品设计、制造和维护过程中,提高设计的精度和效率,减少制造过程中的错误和损失。

智能制造发展:智能制造将成为机械制造行业的重要发展方向。通过应用物联网、云计算、大数据分析和人工智能等技术,实现设备之间互联互通、自动化控制和智能决策,提高生产的柔性、智能化程度和可持续性。

精细化制造:随着市场竞争的加剧,机械制造企业将不断追求精细化制造,提高产品的质量和精度。精细化制造包括精密加工技术应用、质量管理提升以及制造过程优化和改进,以满足市场对高品质产品的需求。

绿色制造:环保和可持续发展已经成为全球关注的重要议题,机械制造业也在朝着绿色制造方向发展。采用环保材料、节能技术和循环利用等措施,减少对环境的影响,并提高资源利用效率。

机械设计制造及自动化、机械制造及自动化行业正处于技术创新和转型升级的阶段。数字化技术应用、智能制造、精细化制造和绿色制造等将成为这两个行业的主要发展趋势。企业应积极掌握新技术、改进生产方式,提高产品质量和竞争力,以适应市场需求和实现可持续发展。

3.1.3 机电工程类相关行业现状和趋势

包括机械电子工程、机电一体化、机电技术教育等专业,机电工程类专业是指将机械和电气技术相结合,实现机械系统和电气控制系统的紧密集成,以提高设备的性能、效率和可靠性。以下是机电工程类行业的现状和趋势:

(1) 现状

技术应用广泛:机电工程类技术在多个行业中得到广泛应用,包括制造业、能源领域、交通运输、航空航天等。机电工程类技术已经成为许多行业的核心竞争力,提高了生产效率和产品质量。

自动化水平提升:机电工程类技术的自动化水平不断提高,通过自动化设备和控制系统的应用,实现生产线的智能化和自动化,提高生产效率和准确性,降低人力成本和错误率。

数据化管理:机电工程类系统生成大量的数据,这些数据可以被用于生产过程的优化、预测性维护和质量控制等方面。通过数据化管理,企业可以实现对生产过程的实时监测和分析,提高生产效率和质量水平。

(2) 趋势

智能制造:智能制造是机电工程类行业的重要趋势之一。通过应用物联网、大数据分析、人工智能等技术,实现设备之间的互联互通、数据共享和智能决策,实现生产的柔性化和智能化。

机器人技术:机器人技术在机电工程类行业中的应用越来越广泛。机器人可以承担繁重、危险和重复性高的工作,提高生产效率和产品质量,并降低人工成本。机器人技术的进一步发展将推动机电工程类行业的创新和进步。

网络化和远程控制:随着互联网的普及和网络技术的发展,机电工程类系统可以实现远程监控和控制,实现生产过程的远程管理和故障排除,提高生产效率和运营效果。

环保和能源节约:环保和能源节约已经成为全球的关注焦点,机电工程类行业也需要致力于环保和能源节约的发展。通过使用节能设备、优化生产工艺和提高资源利用效率,减少对环境的影响,实现可持续发展。

机电工程类行业在技术应用广泛、自动化水平提升和数据化管理方面取得了显著进展。未来,智能制造、机器人技术、网络化和远程控制以及环保和能源节约将是机电工程类行业的重要趋势。企业应积极跟进技术发展,加强创新和研发,提高生产效率和产品质量,实现可持续发展。

3.1.4 智能制造工程专业涉及的相关行业现状和趋势

智能制造工程是指将信息技术与制造工程相结合,实现智能化生产、自动化控制和数字化管理的工程领域。

(1) 现状

技术应用广泛:智能制造工程技术在制造业中得到广泛应用,包括工艺设计、生产规划、设备控制、质量管理等方面。应用智能制造工程可以提高生产效率、降低成本、改善产品质量和可靠性。

产业链整合:智能制造工程促使制造业产业链上下游紧密整合,包括原材料供应、生产加工、物流配送等环节的优化和协同。通过信息共享和协作,实现生产过程整体优化和资源高效利用。

数字化转型：智能制造工程推动企业进行数字化转型，通过建立数字化工厂和生产线，实现生产过程实时监测、数据分析和决策支持。数字化转型可以提高企业的灵活性、适应市场需求的变化和快速响应的能力。

（2）趋势

物联网和云计算：物联网技术和云计算技术为智能制造工程提供了更广阔的发展空间。通过物联网技术，各类设备和传感器可以实现互联互通，实时收集和传输生产数据。云计算技术则提供了强大的数据存储和分析能力，支持智能决策和远程管理。

人工智能和大数据分析：人工智能技术和大数据分析技术在智能制造工程中扮演重要角色。通过应用人工智能技术，企业可以实现智能化生产调度和优化，提高生产效率和灵活性。应用大数据分析技术，企业可以从海量数据中提取有价值的信息，指导决策和改进生产过程。

智能机器人和自动化技术：智能机器人和自动化技术在智能制造工程中的应用不断扩大。智能机器人可以承担繁重、危险和重复性高的工作，提高生产效率和安全性。自动化技术则可以实现生产线高度自动化和柔性化，提高生产效率和质量。

跨界融合与合作创新：智能制造工程推动不同行业、企业间跨界融合与合作创新。通过与信息技术、软件开发、数据分析等领域合作，实现技术与应用结合，推动智能制造工程发展。

智能制造工程在技术应用广泛、产业链整合和数字化转型方面取得了显著进展。未来，物联网和云计算、人工智能和大数据分析、智能机器人和自动化技术以及跨界融合与合作创新将是智能制造工程的重要趋势。企业应积极跟进技术发展，加强创新和研发，提高生产效率和质量，实现智能制造工程可持续发展。

3.1.5　工业机器人专业涉及的相关行业现状和趋势

工业机器人行业是智能制造领域的重要组成部分。

（1）现状

快速增长：工业机器人市场近年来呈现快速增长的趋势。机器人的应用范围广泛，涉及制造业的各个领域，包括汽车、电子、机械等行业。机器人在提高生产效率、降低劳动力成本、改善产品质量和可靠性等方面发挥着重要作用。

技术升级：工业机器人的技术不断升级和改进，包括感知技术、运动控制、人机交互等。机器人的智能化和自主决策能力不断提高，能够适应复杂多变的生产环境和任务需求。

应用广泛：工业机器人的应用领域不断扩大，涵盖了生产线上的装配、焊接、喷涂、搬运等工作，以及仓储物流、医疗卫生、农业等领域。机器人在各个行业中提高了生产效率、降低了人力成本，并且在特殊环境和高风险工作中发挥着重要作用。

（2）趋势

协作机器人：协作机器人是一种与人类共同工作的机器人，具有安全性高、操作灵活、易于部署等特点。随着对人机协作的需求增加，协作机器人将成为工业机器人行业的重要趋势，广泛应用于装配、搬运等工作。

人工智能和机器学习：人工智能和机器学习技术的发展将进一步提升工业机器人的智

能化水平。通过使用大数据和深度学习算法,机器人可以感知、学习和决策,实现更加复杂的任务和自主工作。

柔性生产和定制化需求:随着消费者需求个性化和定制化的趋势,工业机器人需要具备柔性生产能力,能够适应不同产品的生产需求。柔性机器人及其生产线的开发将是工业机器人行业的重要方向。

人机协同与工业互联网:工业机器人将与人员和其他设备进行更紧密的协同工作,实现高效的生产协作。同时,工业机器人将与工业互联网相结合,通过实时数据传输和分析,实现生产过程优化和智能化管理。

工业机器人行业目前呈现快速增长的趋势,并且不断涌现出更加智能化和灵活的机器人技术。协作机器人、人工智能和机器学习、柔性生产和定制化需求、人机协同与工业互联网等将是工业机器人行业未来的重要发展方向。企业和研究机构应密切关注技术创新和应用,推动工业机器人行业进一步发展。

随着科技进步和市场需求的变化,机械设计制造及自动化、机械制造及自动化、机电一体化、智能制造工程、工业机器人等专业所涉及的行业将持续发展和变革。这些变化将推动制造业采取更高效、更绿色、更智能的生产方式,以满足日益多样化和个性化的市场需求。

为了应对这些挑战和抓住发展机遇,企业和个人需要不断更新知识结构、提高技能水平和创新能力。另外,政府、行业组织和专业界也应加强合作,共同推动制造业技术创新和产业升级。

在这个过程中,人才培养至关重要。高等院校和职业培训机构需要关注行业发展动态,调整教学内容和培养方案,以培养具备创新思维、跨学科知识和实践能力的复合型人才。这将有助于满足未来制造业对高素质人才的需求,推动行业持续发展和繁荣。

3.2 机械类专业群就业前景与岗位及趋势

3.2.1 机械(设计)制造及自动化专业就业前景与岗位及趋势

机械(设计)制造及自动化专业涉及到机械设计、制造工艺、自动化控制等领域,为学生提供了广阔的就业机会。

(1)就业前景

机械(设计)制造及自动化专业的就业前景较好。随着制造业的发展和技术的不断进步,企业对具备机械设计和制造、自动化控制等专业知识和技能的人才的需求持续增长。该专业毕业生在机械制造、汽车制造、航空航天、电子设备制造等行业都有良好的就业机会。

(2)岗位

机械设计工程师:负责机械产品设计和开发工作,包括制图、模型设计、技术计算和产品测试等。

制造工程师:负责制定产品的制造工艺和生产流程,优化生产效率和质量控制。

自动化工程师:负责设计和实施自动化生产系统,包括自动化设备选择和集成,以提高生产效率和降低成本。

质量工程师:负责制定质量控制标准和流程,监督产品质量检测和改进工作。

项目经理:负责项目规划、执行和管理,确保项目按时、按质量要求完成。

技术销售工程师:负责向客户推销机械设备和解决方案,提供技术支持和咨询服务。

(3) 趋势

智能制造:随着工业自动化和信息技术的发展,智能制造成为机械行业的重要趋势。机械(设计)制造及自动化专业的毕业生需要掌握智能制造技术和工业互联网等领域的知识,以适应智能制造的发展需求。

数字化设计和制造:CAD/CAM 技术的广泛应用使得机械产品设计和制造更加精确和高效。毕业生需要具备数字化设计和制造的能力,熟练掌握 CAD 软件和数控加工技术。

绿色制造:环保和可持续发展成为全球关注的焦点,机械行业也在朝着绿色制造的方向发展。掌握环境保护和节能减排的知识和技能将会增加就业竞争力。

人工智能和机器学习:人工智能和机器学习技术在机械行业中的应用越来越广泛,例如智能机器人和自动驾驶技术。毕业生可以关注人工智能和机器学习的发展,并学习相关的知识和技能,以适应未来的趋势。

机械(设计)制造及自动化专业的就业前景较好,企业提供了多种岗位选择,如机械设计工程师、制造工程师、自动化工程师等。随着智能制造、数字化设计和制造、绿色制造以及人工智能和机器学习等技术的发展,毕业生需要不断学习和更新知识,以适应行业的发展需求。

3.2.2 机电工程类专业就业前景与岗位及趋势

机电工程类专业涉及机械电子工程、机电一体化、机电技术教育等领域的综合技术,为学生提供了广泛的就业机会。以下是这些专业的就业前景、岗位和趋势的一些信息:

(1) 就业前景

机电工程类专业的就业前景良好。随着工业自动化和智能化的发展,机电工程类技术在制造业、能源行业、建筑行业等领域的需求不断增加。该专业毕业生具备机械设计、电气控制和自动化技术等综合能力,具备较强的竞争力。

(2) 岗位

机电工程师:负责机电设备的设计、安装、调试和维护工作。

自动化工程师:负责设计和实施自动化系统,包括自动化设备的选择和集成。

电气控制工程师:负责电气控制系统的设计和调试。

机械设计工程师:负责机械产品的设计和开发工作。

项目经理:负责机电工程项目的规划、执行和管理。

技术销售工程师:负责向客户推销机电设备和解决方案,提供技术支持和咨询服务。

机电技术教育教师:在中高等教育机构教授机电技术相关课程,并指导学生的实践操作。

企业机电技术培训师:在各大企业中负责对员工进行机电技术的培训,确保他们掌握最新的技术和操作规范。

（3）趋势

智能制造：随着工业自动化和信息技术的发展，智能制造成为机电工程类行业的重要趋势。毕业生需要掌握智能制造技术和工业互联网等领域的知识，以适应智能制造的发展需求。

新能源技术：随着全球对于可再生能源的需求增加，新能源技术的研究和应用也日益重要。毕业生可以关注新能源技术的发展，并学习相关的知识和技能。

绿色节能技术：环境保护和可持续发展成为全球关注的焦点，绿色节能技术在机电工程类领域也得到了广泛应用。毕业生需要关注环境保护和节能减排的要求，并具备相应的技能和知识。

自动化和智能化设备：随着工业自动化水平的提高，自动化和智能化设备在各个行业得到了广泛应用。毕业生可以关注自动化和智能化设备的发展趋势，并学习相关的技术和知识。

企业机电技术教育培训：各大企业越来越重视对员工进行机电技术的教育培训，以确保员工能够熟练掌握最新的技术和操作规范，提高生产效率和产品质量。企业机电技术教育培训将成为一个重要的发展方向。

机电工程类专业的就业前景较好，提供了多种岗位选择，如机电工程师、自动化工程师、机械设计工程师等。随着智能制造、新能源技术、绿色节能技术以及自动化和智能化设备的发展，毕业生需要不断学习和更新知识，以适应行业的发展需求。

3.2.3 智能制造工程专业就业前景与岗位及趋势

智能制造工程专业是应对工业智能化发展的需要而设立的专业，涵盖了机械、电气、自动化、计算机等多个领域的知识和技能。

（1）就业前景

智能制造工程专业的就业前景广阔。随着工业智能化和数字化转型的加速推进，智能制造技术在制造业的应用越来越重要。该专业毕业生具备跨领域的技术能力和综合素质，能够在智能制造领域胜任设计、开发、管理和应用等多个岗位。

（2）岗位

智能制造工程师：负责智能制造系统设计、开发和实施，包括设备联网、数据分析、工艺优化等方面的工作。

自动化工程师：负责自动化生产线设计和优化，包括自动化设备选型、系统集成和调试等。

数据分析师：负责生产数据统计、分析和挖掘，提供数据驱动的决策支持。

人工智能工程师：负责开发和应用人工智能算法和技术，实现智能制造系统自主决策和优化。

软件工程师：负责开发和维护智能制造系统所需的软件，包括生产计划管理、工艺控制、设备监测等方面的软件开发。

供应链管理师：负责智能制造环境下的供应链规划和管理，优化供应链的效率和响应能力。

（3）趋势

工业互联网：随着物联网技术的发展，智能制造系统中的设备和工序之间实现了高效的数据共享和协同工作，工业互联网的应用将成为智能制造的重要趋势。

人工智能和大数据：人工智能和大数据技术在智能制造中扮演着重要角色，能够实现数据分析、智能决策和预测等功能，毕业生需要掌握相关技术和算法。

智能制造标准化与规范化：为了推动智能制造发展，相关的标准和规范也在不断完善和制定，毕业生需要关注和了解相关的标准和规范，以便在实践中合规操作。

跨领域综合能力：智能制造工程专业需要具备机械、电气、自动化、计算机等多个领域的综合能力，毕业生需要进行跨领域学习和实践，提升自己的综合素质。

智能制造工程专业的就业前景较好，企业提供了多种岗位选择，如智能制造工程师、自动化工程师、数据分析师等。随着工业互联网、人工智能和大数据技术的发展，以及智能制造标准化的推进，毕业生需要不断学习和更新知识，以适应智能制造领域的发展需求。

3.2.4　工业机器人专业就业前景与岗位及趋势

工业机器人专业是面向工业自动化领域的专业，涉及机械、电气、控制等多个领域的知识和技能。

（1）就业前景

工业机器人专业的就业前景广阔。随着工业自动化水平的提高和制造业的转型升级，工业机器人在生产和制造领域的应用越来越广泛。该专业毕业生具备机器人系统设计、编程、操作和维护等方面的能力，能够在工业机器人研发、应用和服务领域找到就业机会。

（2）岗位

工业机器人工程师：负责工业机器人系统设计、开发、调试和优化。

自动化工程师：负责工业机器人与生产线集成和自动化系统设计与优化。

机器人程序员：负责编写机器人的控制程序，实现任务自动化操作。

机器人维护技术员：负责机器人系统日常维护、故障排除和维修工作。

机器人应用工程师：负责根据客户需求，设计和实施机器人应用方案。

机器人销售与服务工程师：负责机器人产品销售和售后服务，为客户提供技术支持。

（3）趋势

智能化与柔性化：随着工业智能化的发展，工业机器人趋向于智能化、柔性化和协作化。工业机器人将不仅仅是单一的生产工具，而是能够与人类工作协同、灵活适应不同任务需求的智能系统。

人机协作与安全性：随着人机协作机器人技术的不断进步，工业机器人将与人类工作在同一空间中，共同完成任务。在这种情况下，机器人的安全性和人机交互设计变得尤为重要。

数据驱动与人工智能：工业机器人将越来越多地利用数据驱动和人工智能技术，实现更精准的运动控制、决策和学习能力，以适应不断变化的生产环境和任务需求。

行业应用拓展：工业机器人在制造业以外的行业应用也将继续拓展，如医疗、物流、服务业等。毕业生可以关注这些行业对机器人应用的需求,寻找更多的就业机会。

工业机器人专业的就业前景良好,企业提供了多种岗位选择,如工程师、程序员、维护技术员等。随着工业智能化和人机协作技术的发展,毕业生需要不断学习和更新相关技术和知识,提高自身的综合能力,以适应工业机器人领域的发展需求。

3.3 机械类专业群的培养方向和主干课程及课程论文示例

3.3.1 机械设计制造及自动化专业培养方向和主干课程及课程论文示例

(1) 培养方向

培养具有较强的机械设计、制造工艺及自动化技术能力,能够在机械制造、研究、开发和设计等领域工作的专门人才。

(2) 主干课程

工程图学:学习基本的图形绘制方法和阅图能力。

机械设计:学习机械零部件的设计方法和原理,包括零件选型、尺寸计算及材料选择等。

机械制造基础:学习机械加工、装配和检测的基本原理和方法。

电气工程及自动化技术:学习电气元器件、电气控制原理以及自动化技术的基本知识。

传感器原理与应用:学习各类传感器的工作原理、性能及应用场景。

数控技术:学习数控机床的结构、工作原理及编程方法。

PLC 及自动化设备:学习可编程逻辑控制器(PLC)的基本原理、编程方法及其在自动化设备中的应用。

(3) 课程论文题目

工业机器人在自动化生产线中的应用与优化

高速数控机床切削参数优化

自适应控制在数控机床中的实现

机械手在生产线中的应用分析

三维打印技术在机械制造中的应用及优势分析

(4) 课程论文示例

中文题目:工业机器人在自动化生产线中的应用与优化(示例节选)

作者:＊＊＊

摘要:文章研究了工业机器人在自动化生产线中的应用和优化。首先介绍了工业机器人的发展历程和应用现状。然后详细讨论了工业机器人在自动化生产线中的应用场景和优化方法,包括机器人操作技术、控制系统设计、路径规划、安全防护等方面。通过分析实际案例,论证了工业机器人在自动化生产线中的重要性和优势。最后,提出了进一步优化工业机器人在自动化生产线中应用的建议。

关键词:工业机器人;自动化生产线;应用;优化;路径规划

一、引言

二、工业机器人的应用现状

三、工业机器人在自动化生产线中的应用场景

四、工业机器人在自动化生产线中的优化方法

五、实际案例分析

六、进一步优化工业机器人在自动化生产线中应用的建议

七、结论

本文研究了工业机器人在自动化生产线中的应用和优化方法。通过分析实际案例,论证了工业机器人在自动化生产线中的重要性和优势。提出了进一步优化工业机器人在自动化生产线中应用的建议。这些研究成果将有助于提高工业自动化水平和生产效率。

3.3.2 机械制造及自动化专业培养方向和主干课程及课程论文示例

(1) 培养方向

培养具有较强的机械制造工艺、自动化技术和智能制造系统能力,能够在制造业、研究和开发等领域工作的专门人才。

(2) 主干课程

工程图学:学习基本的图形绘制方法和阅图能力。

机械设计:学习机械零部件的设计方法和原理,包括零件选型、尺寸计算及材料选择等。

材料科学与工程:学习金属、陶瓷、高分子等材料的基本性质、制备方法及应用。

工程测量:学习测量仪器的使用方法及测量原理。

制造工艺学:学习各种制造工艺,如铸造、锻造、焊接、热处理等的原理及应用。

数控技术:学习数控机床的结构、工作原理及编程方法。

自动化生产线设计与调试:学习自动化生产线的设计方法、调试技巧及优化策略。

(3) 课程论文题目

数字孪生技术在制造业中的应用

无人化智能仓储系统设计与实现

基于物联网的智能工厂信息系统设计

工业4.0背景下制造企业数字化转型策略研究

人工智能在机械制造设备故障诊断中的应用

(4) 课程论文示例

中文题目:工业4.0背景下制造企业数字化转型策略研究(示例节选)

作者：＊＊＊

摘要：随着工业4.0时代的到来，制造企业数字化转型成为当前的重要议题。文章主要从数字化转型的意义、数字化转型的现状、数字化转型的挑战以及数字化转型的策略四个方面进行探讨。在数字化转型的策略上，文章主要从智能化制造、供应链数字化、产品数字化、服务数字化等方面提出了具体的策略和建议。

关键词：工业4.0；数字化转型；智能化制造；供应链数字化；产品数字化；服务数字化

一、引言

二、数字化转型的意义

三、数字化转型的现状

四、数字化转型的策略

五、结论

3.3.3　机电工程类培养方向和主干课程及课程论文示例

（1）培养方向

培养具有较强的机械、电气、计算机技术能力，能够在自动化装备制造、系统集成、工业自动化及机电技术教育领域工作的专门人才。

（2）主干课程

工程图学：学习基本的图形绘制方法和阅图能力。

机械设计：学习机械零部件的设计方法和原理，包括零件的选型、尺寸计算及材料选择等。

电气工程及自动化技术：学习电气元器件、电气控制原理以及自动化技术的基本知识。

微机原理及应用：学习微处理器的结构、工作原理及其在自动控制系统中的应用。

传感器原理与应用：学习各类传感器的工作原理、性能及应用场景。

嵌入式系统设计：学习嵌入式硬件与软件设计方法及应用实例。

机电系统集成与设计：学习机械、电气、控制等多领域知识的综合应用与设计方法。

工业控制网络：学习工业控制网络的基本原理、协议和应用，了解工业物联网的发展趋势。

新能源技术：学习新能源技术的基本原理及其在机电系统中的应用。

机电技术教育：学习教育理论、教学方法及实践技能，掌握如何将机电技术知识传授给学生。

（3）课程论文题目

基于嵌入式系统的智能家居控制系统设计

工业机器人在自动化物流中的应用与优化

机电一体化在新能源汽车制造中的应用

基于物联网的智能制造系统架构与应用

无人机机电一体化设计与控制策略研究

智能楼宇控制系统的设计与实现

新能源发电系统中的机电一体化应用研究
工业4.0背景下的智能工厂机电系统设计
机电技术教育课程设计与效果评估
基于虚拟仿真实验的机电技术教育模式研究
（4）课程论文示例

题目：机械与电子工程在智能制造中的应用（示例节选）
作者：
摘要：随着工业4.0的发展，智能制造成为制造业的一个新热点。机械与电子工程技术在智能制造中发挥着重要作用，能够提高生产效率、优化产品质量和降低成本。本文将详细介绍机械与电子工程在智能制造中的应用及其优势，并提出了智能制造中机械与电子工程技术的发展趋势和未来发展方向。
关键词：机械与电子工程；智能制造；生产效率；产品质量；成本降低
一、引言
二、机械与电子工程在智能制造中的应用
三、机械与电子工程在智能制造中的优势
四、机械与电子工程在智能制造中的发展趋势
结论

3.3.4　智能制造工程专业培养方向和主干课程及课程论文示例

（1）培养方向

培养具有较强的智能制造理论、技术及应用能力，能够在工业自动化、智能工厂建设等领域工作的专门人才。

（2）主干课程

工程图学：学习基本的图形绘制方法和阅图能力。

机械设计：学习机械零部件的设计方法和原理，包括零件选型、尺寸计算及材料选择等。

电气工程及自动化技术：学习电气元器件、电气控制原理以及自动化技术的基本知识。

传感器原理与应用：学习各类传感器的工作原理、性能及应用场景。

机器人学：学习工业机器人的结构、控制原理及应用实例。

智能制造技术：学习数字化、网络化、智能化等技术在制造业中的应用及实践。

工业大数据与人工智能：学习大数据分析技术及人工智能在智能制造中的关键作用。

（3）课程论文题目

工业互联网在智能制造中的应用及挑战

虚拟现实技术在智能制造生产过程中的应用

工业4.0背景下智能制造企业的人才培养策略

智能制造中工程项目管理的挑战与对策
数字化生产线在智能制造中的关键技术研究
(4) 课程论文示例

中文题目:工业4.0背景下智能制造企业的人才培养策略(示例节选)

作者:＊＊＊

摘要:随着工业4.0时代的到来,智能制造已成为制造业发展的重要趋势。智能制造企业需要具备一批高素质的人才,以保证企业在智能制造领域的竞争力。文章分析了智能制造企业人才培养面临的挑战,并提出了相应的人才培养策略,包括加强教育培训、创新人才培养模式、提高员工薪资待遇等。通过对这些策略的实施,可以更好地培养适应智能制造企业发展的高素质人才。

关键词:工业4.0;智能制造;人才培养;竞争力;教育培训

一、引言

二、智能制造企业人才培养面临的挑战

三、智能制造企业人才培养策略

四、结论

3.3.5　工业机器人专业培养方向和主干课程及课程论文示例

(1) 培养方向

培养具有较强的工业机器人理论、技术及应用能力,能够在自动化装备制造、系统集成、工业自动化领域工作的专门人才。

(2) 主干课程

工程图学:学习基本的图形绘制方法和阅图能力。

机械设计:学习机械零部件的设计方法和原理,包括零件选型、尺寸计算及材料选择等。

电气工程及自动化技术:学习电气元器件、电气控制原理以及自动化技术的基本知识。

传感器原理与应用:学习各类传感器的工作原理、性能及应用场景。

机器人学:学习工业机器人的结构、控制原理及应用实例。

机器人控制系统:学习机器人控制系统设计、实现及调试方法。

机器人视觉系统:学习机器视觉技术在工业机器人中的应用及实践。

(3) 课程论文题目

工业机器人在汽车制造中的应用现状与发展趋势

工业机器人在3D打印中的应用与挑战

工业机器人在现代物流中的应用及发展趋势

基于机器学习的工业机器人故障诊断方法研究

工业机器人在建筑行业中的应用与展望

(4) 课程论文示例

中文题目:工业机器人在现代物流中的应用及发展趋势(示例节选)

作者:＊＊＊

摘要:工业机器人在现代物流中应用广泛,可以提高物流运作的效率和准确性,降低人工成本,提高工作环境安全性。文章首先介绍了工业机器人的发展历程和分类,然后详细阐述了工业机器人在现代物流中的应用情况和优势,包括自动化存储和取货、自动化包装和拣选、自动化搬运和装卸等方面。最后,文章分析了工业机器人在现代物流中的发展趋势,包括机器人技术不断创新和智能化水平提高、机器人与物流信息系统融合、机器人与物流员工协同工作等方面。文章旨在为工业机器人在现代物流中的应用和发展提供参考。

关键词:工业机器人;现代物流;自动化存储和取货;自动化包装和拣选;自动化搬运和装卸;发展趋势

一、引言

二、工业机器人的分类和发展历程

三、工业机器人在现代物流中的应用

四、工业机器人在现代物流中的发展趋势

五、结论

工业机器人在现代物流中的应用越来越广泛,可以提高物流作业效率和准确性,降低成本和风险,改善工作环境。随着工业机器人技术的不断创新和发展,工业机器人在现代物流中的应用前景非常广阔。因此,制定合理的工业机器人在现代物流中的应用和发展策略是十分必要的。

3.4 机械类专业群核心知识点和专业技能的主要内容与要点

3.4.1 机械设计制造及自动化专业核心知识点和专业技能

(1) 核心知识点

机械原理:机械运动规律、速度、加速度、力等基本概念及其应用。

机械设计方法:零件设计、装配设计、材料选择、公差与配合等。

制造工艺:切削、铸造、锻造、焊接等传统制造工艺和现代制造技术。

自动控制原理:控制系统的基本原理、方法和技术。

机器人技术:工业机器人的结构、运动学、动力学、控制系统等。

(2) 专业技能

机械产品设计与制造:设计、制造和验证机械产品。

数控加工:编写数控程序,操作数控机床进行加工。

自动化生产线设计与调试：规划、设计和调试自动化生产线，提高生产效率。
机器人应用：开发和应用工业机器人，实现生产自动化。

3.4.2　机械制造及自动化专业核心知识点和专业技能

（1）核心知识点
制造工艺学：各种材料的加工方法和技术。
数控加工：数控设备编程和操作，实现高效加工。
自动化生产线：自动化生产过程设计、实施和优化。
质量管理：产品质量和生产过程的可靠性保证。
生产管理：生产活动规划、组织、指导和控制。
（2）专业技能
机械制造工艺设计与优化：设计和优化制造工艺，提高生产效率和产品质量。
数控加工：编程和操作数控设备，实现高精度加工。
自动化生产线规划与管理：设计、实施和管理自动化生产线。
质量控制与检测：检测产品质量，确保生产过程的可靠性。

3.4.3　机电工程类核心知识点和专业技能

（1）核心知识点
机械原理：研究机械运动规律、速度、加速度、力等基本概念及其应用。
电气控制：设计和实施电气控制系统，包括电气元器件的选择和电路的设计。
传感器技术：研究各种传感器的原理和应用，了解其在不同环境中的性能和使用方法。
计算机控制：开发计算机控制系统和软件，掌握编程和系统集成技术。
系统集成：整合各种技术和设备，实现高效、智能的系统，了解多学科技术的交叉与融合。
自动化原理：理解自动化系统的基本原理，包括控制理论、反馈机制和自动化流程。
嵌入式系统：学习嵌入式系统的硬件和软件设计，掌握微处理器及其应用。
工业控制网络：了解工业控制网络的架构、通信协议和应用，掌握工业互联网技术。
新能源技术：了解新能源的基本原理及其在机电系统中的应用。
机电技术教育：学习教育理论和教学方法，了解如何有效地传授机电技术知识。
（2）专业技能
机电系统设计与集成：设计和实施机械、电气、计算机等多学科交叉的系统，具备从设计到实现的全流程能力。
自动化设备开发：开发具有自动化功能的机械设备和工具，掌握自动化设备的设计、制造和调试技能。
嵌入式系统设计与应用：设计和开发嵌入式硬件和软件系统，掌握嵌入式系统的编程和应用。
机器人系统设计与实现：设计、制造和控制工业机器人，掌握机器人系统的结构设计、控制算法和应用场景。

计算机控制编程：掌握编程技能，能够开发和调试计算机控制系统的软件。

传感器数据分析：掌握传感器数据的采集和分析技术，能够利用传感器数据进行系统优化和故障诊断。

工业控制网络配置与维护：能够配置和维护工业控制网络，确保系统的稳定性和安全性。

新能源系统设计：掌握新能源系统的设计与实施技能，能够在机电系统中应用新能源技术。

教育与培训技能：掌握教育理论和教学方法，能够有效地教授机电技术知识，并设计相关的培训课程。

3.4.4 智能制造工程专业核心知识点和专业技能

（1）核心知识点

智能制造系统：数字化、网络化、智能化制造技术及其集成应用。

数控加工：数控设备编程和操作，实现高效加工。

工业自动化：自动化生产过程设计、实施和优化。

物联网技术：物联网的原理、技术和应用。

人工智能与机器学习：人工智能理论、算法和应用。

大数据分析：大量数据处理、分析和挖掘，发现有价值的信息。

（2）专业技能

智能制造系统设计与实施：设计和实施智能制造系统，提高生产效率和质量。

工业自动化方案设计：为生产过程设计自动化方案，实现高效生产。

数据分析与处理：利用数据分析技术，解决生产过程中的问题。

人工智能在制造领域的应用：将人工智能技术应用于制造业，提高生产智能化水平。

机器学习算法在生产过程中的实际应用：将机器学习算法应用于生产过程，提高生产效率和质量。

3.4.5 工业机器人专业核心知识点和专业技能

（1）核心知识点

机械原理：机械运动规律、速度、加速度、力等基本概念及其应用。

电气控制：电气控制系统设计和实施。

计算机控制：计算机控制系统和软件开发。

传感器技术：各种传感器的原理和应用。

机器人技术：工业机器人的结构、运动学、动力学、控制系统等。

运动控制：运动控制系统设计和实施，实现精确的运动控制。

（2）专业技能

机器人设计与制造：设计、制造和验证工业机器人。

机器人控制系统开发:设计、实施和优化机器人控制系统,包括硬件和软件。

机器人应用方案设计:为不同行业和应用场景设计适用的机器人解决方案。

机器人工智能制造领域的集成与应用:将机器人技术应用于智能制造过程,提高生产效率和质量。

机械类专业群的核心知识点和专业技能涵盖了机械工程、自动化技术、计算机科学等多个学科。学生需要通过系统学习这些知识点,培养相关专业技能,才能适应现代制造业的发展需求。在实际工作中,这些专业技能可以帮助学生解决生产过程中的问题,提高生产效率和质量,为现代制造业发展作出贡献。

3.5 机械类专业群职业资格证及核心培训课程

3.5.1 机械设计制造及自动化专业

(1) 职业资格证

注册机械工程师:通过相关考试并获得注册资格,具备从事机械工程相关工作的合法资质。

机械设计师:具备机械设计能力,能够进行机械产品设计和技术方案制定。

机械制造师:具备机械制造工艺和技术知识和技能,能够进行机械产品制造和加工工艺规划和管理。

(2) 核心培训课程

工程图学:学习工程制图的基本原理和技巧,包括平面图、剖视图、装配图等绘制。

机械制图:学习机械零件和装配图绘制,了解标准符号和尺寸标注等要求。

机械设计:学习机械设计的基本原理和方法,包括机械结构设计、零件设计和装配设计等。

材料力学:了解材料的力学性质和力学行为,学习如何在设计中如何考虑材料的强度和刚度等因素。

机械原理:学习机械运动和机构的基本原理和分析方法,了解机械系统的工作原理。

机械制造工艺:学习机械制造的工艺流程和方法,包括加工工艺、装配工艺和质量控制等。

数控技术:了解数控机床的基本原理和操作技术,能够进行数控加工和编程。

通过学习上述核心培训课程,你将掌握机械设计、制造和自动化领域的核心知识和技能,包括工程图学、机械制图、机械设计、材料力学、机械原理、机械制造工艺和数控技术等方面的能力。这些能力和知识对于从事注册机械工程师、机械设计师和机械制造师等职业都非常重要。

3.5.2　机械制造及自动化专业

（1）职业资格证

机械制造工程师：具备机械制造工程相关知识和技能，能够从事机械制造工艺规划、工艺设计和生产管理等工作。

数控编程工程师：掌握数控机床编程和操作技术，能够编写和调试数控加工程序。

制造技术工程师：具备制造工艺和生产技术的知识和技能，能够进行生产工艺优化和工艺改进等工作。

（2）核心培训课程

机械制造技术基础：学习机械制造工艺和生产技术的基本原理和方法，包括加工工艺、装配工艺和质量控制等。

数控原理与编程：掌握数控机床的工作原理和操作方法，学习数控编程的基本技巧和调试方法。

切削力学：了解切削过程中的力学原理和切削力的计算方法，能够进行切削工艺优化和切削参数选择。

自动化生产线设计：学习自动化生产线的设计原理和方法，了解自动化设备选择和配置，能够进行自动化生产线规划和设计。

工程测量技术：掌握工程测量的基本原理和方法，包括测量仪器使用和测量数据处理分析。

通过学习上述核心培训课程，你将掌握机械制造和自动化领域的核心知识和技能，包括机械制造技术基础、数控原理与编程、切削力学、自动化生产线设计和工程测量技术等方面的能力。这些能力和知识对于从事机械制造工程师、数控编程工程师和制造技术工程师等职业都非常重要。

3.5.3　机电工程类职业资格证和核心培训课程

（1）职业资格证

机电一体化工程师：具备机械、电子、控制等多学科知识，能够进行机械与电气系统的设计、集成和控制。

自动化设备设计师：具备自动化设备设计和集成的能力，能够进行自动化设备的方案设计和系统集成。

嵌入式系统开发工程师：掌握嵌入式系统开发的技术和方法，能够进行嵌入式系统的硬件设计和软件开发。

机电技术教育教师：具备机电技术教育的能力，能够在教育机构中教授机电技术相关课程，并指导学生的实践操作。

（2）核心培训课程

机械原理：学习机械运动原理和机械系统的设计与分析方法，包括机械结构、传动装置和动力系统等。

电子技术基础：了解电子元器件的特性和电路的基本原理，包括电路设计、电子器件选型和电路分析等。

传感器与检测技术：学习传感器的工作原理和应用技术，包括传感器的选择、接口和信号处理等。

微机原理与接口技术：掌握微机系统的原理和接口技术，包括微处理器、嵌入式系统和通信接口等。

控制理论与应用：了解控制理论的基本原理和方法，包括控制系统的设计、参数调节和系统优化等。

系统集成与设计：学习如何将机械、电气、控制等多学科知识进行整合，实现高效、智能的系统。

工业自动化技术：学习工业自动化设备的工作原理和应用技术，包括PLC编程、工业机器人操作和自动化生产线设计等。

新能源技术：了解新能源技术的基本原理及其在机电系统中的应用，学习如何设计和应用新能源发电系统。

机电技术教育理论与实践：学习教育理论和教学方法，掌握如何将机电技术知识传授给学生，并设计相关的培训课程。

通过上述核心培训课程，你将获得机电工程类领域的核心知识和技能，包括机械原理、电子技术基础、传感器与检测技术、微机原理与接口技术以及控制理论与应用等方面的能力。这些能力和知识对于从事机电一体化工程师、自动化设备设计师、嵌入式系统开发工程师和机电技术教育教师等职业非常重要。

3.5.4 智能制造工程专业

（1）职业资格证

智能制造工程师：具备智能制造系统设计、开发和优化能力，能够应用先进的制造技术和智能化解决方案。

工业互联网工程师：熟悉工业互联网技术和平台，能够进行工业数据分析、设备连接和系统集成。

人工智能制造技术工程师：掌握人工智能在制造领域的应用技术，能够开发智能化的制造系统和解决方案。

（2）核心培训课程

智能制造基础：学习智能制造的基本概念、技术架构和标准，智能制造的发展趋势和应用场景。

工业机器人技术：掌握工业机器人的工作原理和应用技术，包括机器人编程、控制和安全等方面的知识。

工业自动化技术：学习自动化控制系统设计和应用，包括PLC编程、传感器应用和工业网络等方面的内容。

人工智能制造：了解人工智能在制造领域的应用，包括机器学习、深度学习和数据分析等技术的应用。

云制造技术:学习云计算、大数据和物联网技术在制造领域的应用,包括云制造平台和智能制造系统的构建等。

通过学习上述核心培训课程,你将获得智能制造工程领域所需的核心知识和技能,包括智能制造基础、工业机器人技术、工业自动化技术、人工智能制造和云制造技术等方面的能力。这些能力和知识对于从事智能制造工程师、工业互联网工程师和人工智能制造技术工程师等职业非常重要。

3.5.5 工业机器人专业

(1)职业资格证

工业机器人工程师:掌握工业机器人的工作原理、应用技术和系统集成能力,能够进行机器人系统设计、安装和调试。

机器人系统集成工程师:具备机器人系统集成的能力,能够将机器人与其他设备和系统进行集成,实现自动化生产流程。

机器人编程与控制工程师:熟悉机器人编程语言和控制系统,能够进行机器人编程和控制调试。

(2)核心培训课程

机器人原理与技术:学习机器人的结构、工作原理和动力学等基础知识,了解不同类型机器人的特点和应用场景。

机器人控制系统:掌握机器人的控制系统架构和控制算法,包括位置控制、力控制和路径规划等方面的内容。

机器人编程与仿真:学习机器人编程语言和开发环境,能够进行机器人编程和仿真实验,验证机器人的功能和性能。

机器视觉:了解机器视觉系统的原理和应用,能够使用视觉传感器进行机器人的视觉识别和定位。

工业自动化技术:学习工业自动化技术的基本理论和应用技术,包括传感器应用、自动化控制系统和工业网络等方面的知识。

通过学习上述核心培训课程,你将获得工业机器人领域所需的核心知识和技能,包括机器人原理与技术、机器人控制系统、机器人编程与仿真、机器视觉和工业自动化技术等方面的能力。这些能力和知识对于从事工业机器人工程师、机器人系统集成工程师和机器人编程与控制工程师等职业非常重要。

3.6 机械类专业群在创业时所需具备的知识结构和技能素质

机械类专业群在创业时需要具备以下知识结构和技能素质:

机械设计与制造:深入理解和掌握机械设计、制造工艺、自动控制等方面的核心知识和技能。创业者需要具备扎实的机械原理和制造工艺知识,能够进行机械设计和制造的技术研发和应用。

　　自动化技术:了解自动化设备及系统的设计和应用,掌握自动化生产线的规划与实施方法。

　　材料科学:掌握材料的性质和应用,能够选择适合的材料进行产品设计和制造。

　　创新思维:具备在机械领域内进行创新的能力,能够将创新思维应用于产品设计、工艺改进和技术创新,以提升企业竞争力。

　　技术前瞻性:关注行业前沿技术和发展趋势,能够预见技术发展方向并应用于产品创新。

　　市场洞察力:具备市场分析和调研能力,能够洞察行业需求、市场趋势和竞争态势,以指导产品开发和市场定位。

　　客户需求分析:能够分析和理解客户需求,制定符合市场需求的产品策略。

　　项目规划:具备良好的项目管理能力,能够合理分配资源、控制进度和质量,确保项目的顺利实施。

　　资源整合:能够有效整合内外部资源,确保项目顺利推进。

　　团队建设:具备良好的团队协作和沟通能力,能够与团队成员有效沟通,协调团队内部关系,提高团队整体执行力。

　　领导能力:能够激励和引导团队成员,实现共同目标。

　　市场营销:具备一定的市场营销和推广能力,能够制定有效的营销策略,拓展产品或服务的市场份额。

　　品牌建设:能够打造和维护企业品牌,提高市场影响力。

　　财务规划:具备基本的财务管理知识,能够进行成本控制、预算分析和资金管理,保持企业的财务健康。

　　风险投资:了解风险投资的基本知识,能够有效吸引投资。

　　法律知识:了解相关法律法规和政策,掌握知识产权保护、合同管理和风险防范等方面的基本知识,为创业项目提供法律保障。

　　合规管理:确保企业运营符合相关法律法规,降低法律风险。

　　跨学科知识:具备一定程度的跨领域知识和技能,以应对创业过程中可能遇到的多元化问题和挑战。

　　综合解决能力:能够将不同领域的知识和技能综合应用于问题解决。

　　心理素质:具备较高的心理素质和抗压能力,能够在面对困难和压力时保持积极的心态,灵活应对挑战。

　　坚韧毅力:保持创业信念与毅力,坚持不懈地追求成功。

　　教育理论:掌握教育理论和教学方法,能够有效地进行技术培训和知识传授。

　　终身学习:保持持续学习的习惯,及时更新专业知识和技能,以适应市场和技术的变化。

　　创业过程中,持续学习更新知识、具备创新能力、市场敏锐度、良好的项目管理和团队合作能力、营销策略、财务管理、法律法规和风险防范意识等方面的素质都是创业者成功的关键。通过不断学习、调整、整合资源、建立良好的人际关系和团队合作、保持创业信念与毅力等途径,创业者可以在竞争激烈的市场中取得成功。

3.7 机械类专业群硬软件实验和仿真、实训、实习、毕业设计等实践环节

机械设计制造及自动化、机械制造及其自动化、机电一体化、智能制造工程、工业机器人等机械类专业群实践环节的课程丰富多样。

3.7.1 机械类硬件实验课程

在机械类专业中,硬件实验课程是学生学习和应用机械工程原理与技术的重要环节。通过学习这些实验课程,学生能够亲自操作和使用各种机械设备、工具和仪器,深入了解机械原理、结构和工作原理。

机械原理实验:学习和验证机械原理中的基本概念和定律,使用实验设备和仪器观察和测量力、运动、力矩等物理量,通过实验数据分析和计算,验证机械原理的基本规律。

机械加工实验:学习和实践机械加工的基本技术和工艺,使用机床、刀具和测量工具进行加工操作,如车削、铣削、钻孔等,制作零件和组装机械结构。通过实验熟悉加工工艺流程、了解加工质量要求,并培养实际操作技能。

传动实验:学习和测试不同类型的传动装置和机械传动系统,使用齿轮、皮带、链条等传动装置测量传动效率、传动比、动力传递和运动控制特性,了解传动装置的设计和应用原理。

流体力学实验:学习和实验流体力学的基本原理和实验方法,使用流体力学实验设备,如流量计、压力计等,测量流体的压力、流速、流量等参数,研究流体的运动特性和压力分布,验证流体力学的基本理论。

控制系统实验:学习和实践机械控制系统的设计和调试,使用传感器、执行器、控制器搭建和调试机械控制系统,实现位置控制、速度控制和力控制等功能。通过实验了解控制系统的原理和应用,培养系统设计和调试的能力。

这些机械类硬件实验课程将为学生提供实际操作和实践机会,帮助他们巩固和应用所学的机械工程理论和知识。学生通过实验,将培养实验设计、数据分析、问题解决和团队合作的能力,为日后的机械工程实践打下坚实的基础。

3.7.2 机械类相关软件实验课程

在机械设计制造及自动化、机械制造及其自动化、机电一体化、智能制造工程和工业机器人等专业中,软件实验课程具有重要的意义,它们帮助学生掌握与机械相关的软件工具和技术。

CAD软件实验:学习计算机辅助设计(CAD)软件的基本原理和应用技巧。使用CAD软件进行三维模型设计、装配和绘图,掌握设计规范和标准,并学习如何生成工程图纸和技

术文档。

CAM 软件实验：学习计算机辅助制造（CAM）软件的使用，了解数控机床编程和加工过程的基本知识，使用 CAM 软件生成数控机床的加工路径和刀具轨迹，进行仿真和优化，控制数控机床进行零件加工。

有限元分析软件实验：学习有限元分析软件的原理和应用，使用该软件分析机械结构应力、变形和振动等，评估结构的强度和稳定性，并优化设计以满足要求。

PLC 编程与控制实验：学习可编程逻辑控制器（PLC）的原理和编程技术。使用 PLC 软件编写程序，控制和监测机械系统运行，学习如何实现自动化控制和生产过程优化。

仿真与虚拟现实实验：学习使用机械仿真软件和虚拟现实技术进行虚拟建模和仿真，模拟机械系统的运行和性能，进行虚拟实验和优化设计，提高产品开发和生产过程的效率。

通过学习机械类相关的软件实验课程，学生将深入了解机械工程中的软件工具和技术，并掌握其在机械设计、制造和控制等方面的应用。这些实验课程将帮助学生培养工程实践能力、解决实际问题的能力，并为他们未来的机械工程职业发展做好准备。同时，学生还将学习团队合作、沟通和项目管理等软技能，提高综合素质。

3.7.3 机械类仿真和模拟实验课

在机械类专业中，仿真和模拟实验课程是学生通过计算机软件进行虚拟实验和模拟的重要环节。这些实验课程通过使用专业的仿真软件和模拟工具，帮助学生理解和应用机械原理、结构和工作过程，以及优化设计和分析机械系统的性能。

机械系统仿真：使用机械系统仿真软件建立机械系统的虚拟模型，模拟不同工况下的运动、应力和振动等特性。通过仿真分析和优化机械系统的结构和参数，预测系统性能，并评估设计方案的有效性。

运动学仿真：使用运动学仿真软件模拟机械系统的运动学行为，包括位置、速度和加速度等。通过仿真研究和分析机械系统的运动特性，例如轨迹规划、机构运动学分析和驱动方案设计等。

结构强度仿真：使用结构仿真软件分析机械结构的强度和刚度，模拟不同载荷情况下的结构响应，评估结构的强度和刚度，并进行优化设计，确保结构安全性和可靠性。

流体力学仿真：使用流体力学仿真软件模拟和分析机械系统中的流体流动和压力分布。研究流体力学现象，如流体阻力、流速分布和涡旋形成等，优化流体系统的设计和性能。

控制系统仿真：使用控制系统仿真软件模拟和调试机械控制系统的行为和性能。建立控制系统的数学模型，设计和调试控制算法，并通过仿真评估系统的稳定性、响应速度和鲁棒性。

这些机械类仿真和模拟实验课程通过计算机软件的应用，为学生提供了虚拟实验和模拟的机会，帮助他们理解和分析机械系统的行为和性能。学生通过仿真和模拟，可以进行系统性能评估、优化设计和问题解决，培养计算机仿真和模拟的能力，并将其应用于机械工程实践中。

3.7.4 机械类实训课

机械类实训课程是机械工程专业中非常重要的一环,它旨在通过实际操作和实践项目,让学生将所学的理论知识应用于实际工程实践中。这些实训课程通常结合实验室、工作坊或实践场地,提供学生与真实机械设备和工具进行交互的机会,培养他们的实际操作技能、解决问题的能力和团队合作精神。

机械加工实训:在机械加工实验室中学习和实践各种机械加工操作,如铣削、车削、钻孔和切割等。使用机床和加工工具制作零件、组装机械装置,培养加工技能和工艺操作能力。

机械装配实训:学习和实践机械装配技术,在实验室或工作坊中进行机械零部件装配和调试。了解装配工艺和工具的使用,学习装配顺序和方法,培养装配技能和质量控制意识。

机械维修实训:学习和实践机械设备的维修和保养技术,包括故障诊断、零部件更换和系统调试等。熟悉维修工具和设备,学习维修流程和操作规范,培养故障排除和维修技能。

机械设计实训:通过机械设计实践项目、应用设计软件和工具设计机械零部件和系统。学习设计原理和方法,制定和优化设计方案,并通过实际制作和测试验证设计的可行性和性能。

机器人实训:学习和实践机器人系统的操作和编程。了解机器人的结构和工作原理,学习编写控制程序和运行机器人任务,培养机器人操作和编程技能。

这些机械类实训课程通过实际操作和实践项目,为学生提供了与机械设备和工具进行互动的机会。学生通过实践,能够巩固和应用所学的理论知识,培养实际操作技能、解决问题的能力和团队合作精神。这些实训课程为学生提供了宝贵的实践经验,为他们未来的机械工程实践做好准备。

3.7.5 机械类生产实习

机械类生产实习是机械工程专业中的重要环节,旨在让学生通过参与实际的生产工作,了解机械制造和生产过程,并将所学的理论知识应用于实际生产中。这种实习经验使学生能够获得实践操作技能、工作经验和团队合作能力,为未来的职业发展做好准备。以下是一些机械类生产实习的常见形式:

工厂实习:学生有机会在机械制造或加工企业中进行实习,参与实际生产过程。他们将跟随导师或工程师,了解工厂的生产流程、设备和工具的使用,并参与具体的机械制造或加工任务。

车间实习:学生在学校或合作企业的机械制造车间中进行实习。他们将参与实际的机械零部件或产品的制造过程,学习和运用机械加工技术、装配技术和质量控制方法。

设计与制造实习:学生将在机械设计和制造的实践项目中进行实习。他们可能参与设计和制造一个机械系统或产品,并负责实施设计方案、制作原型和进行测试验证。

质量控制实习:学生将参与质量控制和检验方面的实习工作。他们将学习和应用质量控制方法和工具,参与零部件或产品的质量检测、测试和评估。

生产管理实习:学生将在生产管理方面进行实习,了解生产计划、物料管理、生产流程优化等方面的工作。他们可能参与生产计划制定、生产进度跟踪和生产效率改进等任务。

教育培训实习:学生将在教育培训机构或企业培训部门进行实习,参与机械类课程的设计与实施。他们将了解机械技术教育的理论与实践,学习如何设计教学内容和组织培训课程,培养教育和培训技能。

机械类生产实习通过让学生参与实际的生产工作,使他们能够将所学的理论知识应用于实践,获得实际操作技能和工作经验。通过与导师或工程师的互动,学生可以了解工业环境中的实际需求和挑战,并培养解决问题和团队合作的能力。同时,教育培训实习为学生提供了宝贵的教学实践机会,帮助他们提升教育和培训能力。

3.7.6 机械类毕业设计

机械类毕业设计是机械工程专业学生在大学期间的重要环节之一,它旨在让学生运用所学的机械工程知识和技能,独立完成一个机械工程项目,并展示他们在设计、制造、分析和解决问题方面的能力。机械类毕业设计需完成一个综合项目,环节较多,一般按照步骤实施。

选题和问题定义:根据自身兴趣和专业领域选择一个机械工程项目的题目,明确研究目标和问题定义。这可以是一个新产品设计和制造、机械系统优化改进、工艺流程优化等。

文献综述和理论基础:进行文献综述,研究相关的理论知识和技术,了解前人在该领域的研究成果。这有助于学生建立理论基础,确定设计和分析方法。

设计和分析:进行设计和分析工作,包括机械零部件设计、装配和结构分析、运动学和动力学分析等。可以使用计算机辅助设计(CAD)软件和仿真工具来辅助设计和分析过程。

制造和实验:根据设计方案制造零部件或系统,并进行实验和测试。可能需要使用机械加工设备、测量仪器和测试设备来验证设计的性能和可靠性。

结果分析和评估:对实验和测试结果进行数据分析,并对设计方案的性能和可行性进行评估。通过性能指标、安全性、经济性等方面来评价设计的优劣。

报告和展示:将整个毕业设计的过程和结果撰写成毕业设计报告,并进行口头展示。清晰地表达设计思路、方法和结果,并回答评委和观众的问题。

机械类毕业设计是学生将所学的理论知识和技能应用于实际项目的重要机会,它要求学生具备设计思维、分析能力、实验技巧和项目管理能力。通过完成毕业设计,学生可以提升自己的综合能力和创新能力,并为未来的职业发展打下坚实的基础。毕业设计是评价学生在机械工程领域的综合素质和专业能力的重要标准。

3.8 机械类专业群毕业设计题目示例

3.8.1 机械设计制造及自动化专业毕业设计题目示例

（1）基于SolidWorks的机械零件三维建模及应力分析

开题方向：机械零件设计与分析。

内容提要：利用SolidWorks软件进行机械零件的三维建模，分析零件在工作过程中所承受的应力，为零件设计优化提供参考。研究零件材料、尺寸及形状等因素对应力分布的影响，提出优化方案。

（2）数控车床编程与仿真

开题方向：数控机床应用。

内容提要：通过编写数控程序实现车床加工过程，使用仿真软件模拟加工过程，验证程序的正确性和可行性。研究加工参数对加工质量和效率的影响，优化加工过程。

（3）机械手臂的设计与制作

开题方向：自动化设备设计。

内容提要：根据实际应用需求设计并制作一台机械手臂，研究其运动原理、结构设计和控制方法。分析机械手臂的性能指标，如运动范围、负载能力等，并进行实际应用验证。

（4）某型号齿轮减速器的设计与优化

开题方向：传动装置设计。

内容提要：针对某型号齿轮减速器，进行减速器设计与优化，提高其传动效率和使用寿命。分析齿轮材料、齿形和齿数等因素对减速器性能的影响，提出优化方案。

（5）某生产线自动化改造方案设计

开题方向：生产线自动化改造。

内容提要：针对某生产线进行自动化改造方案设计，提高生产线的自动化水平和生产效率。分析改造前后生产线的性能指标，如产量、质量等，并对改造方案进行经济效益分析。

3.8.2 机械制造及自动化专业毕业设计题目示例

（1）某型号刀具刀柄设计与制造

开题方向：刀具设计与制造。

内容提要：根据刀具的应用需求，设计并制造某型号刀具刀柄。研究刀柄的结构设计、材料选择和制造工艺，验证刀柄的性能和可行性。

（2）某型号气动夹具设计与制作

开题方向：气动夹具设计。

内容提要：针对某型号气动夹具的应用需求，进行夹具设计与制作。研究夹具的结构设计、气动系统设计和制造工艺,验证夹具的性能和可行性。

(3) 基于图像处理技术的焊缝检测系统设计与实现

开题方向:焊缝检测技术。

内容提要:利用图像处理技术设计并实现一套焊缝检测系统,提高焊接质量检测的速度和准确性。研究图像处理算法、检测方法和实现方案,验证系统在实际应用中的性能。

(4) 某机械零件的精密测量技术研究

开题方向:精密测量技术。

内容提要:研究某机械零件的精密测量技术,提高测量的准确性和重复性。探讨测量方法、测量工具和误差分析方法,验证测量技术的可行性。

(5) 基于机器人的自动化焊接工艺研究

开题方向:自动化焊接技术。

内容提要:研究基于机器人的自动化焊接工艺,提高焊接质量和生产效率。探讨焊接机器人选择、运动规划和控制策略,验证自动化焊接工艺的实际应用效果。

3.8.3 机电工程类专业毕业设计题目示例

(1) 机械电子工程

题目:某型号工业机器人的设计与控制研究

开题方向:工业机器人设计与控制

内容提要:针对某型号工业机器人,进行设计与控制策略研究,提高机器人的性能和稳定性。探讨机器人结构设计、运动规划和控制算法,验证机器人的实际应用效果。

题目:基于 PLC 的某生产线自动化改造研究

开题方向:生产线自动化改造

内容提要:针对某生产线,进行基于 PLC 的自动化改造研究,提高生产效率和产品质量。研究改造方案、PLC 编程和实施策略,进行改造后效果的评价。

题目:某智能仓库管理系统设计与实现

开题方向:智能仓库管理

内容提要:针对某智能仓库,进行管理系统的设计与实现,提高仓储管理效率和准确性。研究系统架构、信息采集与处理技术,验证系统的实际应用效果。

(2) 机电一体化

题目:基于机器视觉的某自动检测系统设计与实现

开题方向:机器视觉技术

内容提要:利用机器视觉技术设计并实现一套自动检测系统,提高生产过程中的检测速度和准确性。研究图像处理算法、检测方法和实现方案,验证系统在实际应用中的性能。

题目:基于模糊控制的某温控系统设计与实现

开题方向:模糊控制技术

内容提要:针对某温控系统,研究基于模糊控制的设计与实现方法,提高系统的控制性能。探讨模糊控制原理、参数调整方法和实际应用效果。

题目:基于物联网的智能制造系统架构与应用

开题方向:物联网技术与智能制造

内容提要:设计和实现基于物联网技术的智能制造系统,提高生产过程的智能化水平。研究系统架构、数据采集与处理技术,验证系统在智能制造中的应用效果。

(3)机电技术教育

题目:机电技术课程的设计与教学研究

开题方向:教育技术与课程设计

内容提要:针对机电技术教育,设计一套综合性课程并进行教学研究。探讨课程内容设计、教学方法和评估方式,验证课程在实际教学中的效果。

题目:虚拟仿真实验在机电技术教学中的应用

开题方向:虚拟仿真与教学创新

内容提要:利用虚拟仿真技术设计并实现机电技术实验教学,提高教学效果和学生的实践能力。研究虚拟仿真平台的构建、实验设计和教学应用,验证其在教学中的实际效果。

题目:机电技术教育中的项目式教学研究

开题方向:项目式教学与实践应用

内容提要:研究项目式教学在机电技术教育中的应用,提高学生的综合实践能力。探讨项目设计、实施过程和评估方法,验证项目式教学在实际教学中的效果。

3.8.4　智能制造工程专业毕业设计题目示例

(1)基于物联网技术的某智能制造车间监控系统设计与实现

开题方向:物联网技术。

内容提要:利用物联网技术设计并实现一套智能制造车间监控系统,提高生产过程的监控与管理效率。研究系统架构、数据采集与处理技术,验证系统的实际应用效果。

(2)某智能制造企业的生产调度与优化研究

开题方向:生产调度与优化。

内容提要:针对某智能制造企业,研究生产调度与优化方法,提高生产效率和资源利用率。探讨调度模型建立、优化算法和实际应用效果。

(3)基于大数据分析的某智能制造企业质量管理研究

开题方向:大数据分析。

内容提要:利用大数据分析技术对某智能制造企业的质量管理进行研究,提高产品质量和客户满意度。研究质量数据分析方法、质量改进策略,验证实际应用效果。

(4)某智能制造企业的供应链协同与优化研究

开题方向:供应链协同与优化。

内容提要:针对某智能制造企业,研究供应链协同与优化方法,提高供应链整体效率。探讨供应链协同原理、优化模型建立和实际应用效果。

(5)基于数字孪生技术的某智能制造生产线性能优化研究

开题方向:数字孪生技术。

内容提要:利用数字孪生技术对某智能制造生产线进行性能优化研究,提高生产效率和资源利用率。研究数字孪生模型建立、仿真分析和优化策略,验证实际应用效果。

3.8.5　工业机器人专业毕业设计题目示例

工业机器人专业的毕业设计题目,涵盖了该专业的核心课程和研究方向,旨在培养学生的实践能力和创新能力,提高他们在工业机器人领域的竞争力。

(1) 基于机器人视觉的柔性制造系统设计与实现

开题方向:机器人视觉。

内容提要:利用机器人视觉技术设计并实现一套柔性制造系统,提高生产效率和生产灵活性。研究机器人视觉技术、系统设计和实际应用效果。

(2) 基于工业机器人的某自动化生产线优化研究

开题方向:工业机器人。

内容提要:利用工业机器人对某自动化生产线进行优化研究,提高生产效率和产品质量。探讨工业机器人应用、生产线优化方法和实际应用效果。

(3) 某工业机器人系统的运动控制算法研究

开题方向:机器人运动控制。

内容提要:针对某工业机器人系统,研究机器人运动控制算法,提高机器人的运动精度和生产效率。研究运动控制算法、机器人建模和实际应用效果。

(4) 基于人机交互的某工业机器人操作系统设计与实现

开题方向:人机交互。

内容提要:利用人机交互技术设计并实现一套某工业机器人操作系统,提高机器人的操作便捷性和生产效率。研究人机交互技术、操作系统设计和实际应用效果。

(5) 某工业机器人系统的路径规划与避障研究

开题方向:机器人路径规划。

内容提要:针对某工业机器人系统,研究机器人路径规划和避障算法,提高机器人的运动精度和生产效率。探讨路径规划算法、避障技术和实际应用效果。

3.9　机械类专业群涉及的行业典型企业的介绍与分析

(1) 海尔集团

海尔集团(Haier Group)是中国知名的家电和消费电子制造企业,也是全球最大的家电制造商之一。公司成立于1984年,总部位于中国青岛市。海尔以创新的产品设计、高品质的产品和卓越的用户体验而闻名,拥有包括冰箱、洗衣机、空调、电视等在内的多个家电产品线。

海尔的成功主要归功于其以用户为中心的创新模式和全球化战略。公司注重深入了解用户需求,并通过不断创新和研发满足用户的需求。海尔还积极拥抱全球化,通过建立全球研发和生产基地,以及与全球合作伙伴合作,实现了全球市场拓展和业务增长。

除了在家电领域获得了成功,海尔还在智能家居领域取得了重要突破。公司积极推动智能家电和智能家居解决方案研发和应用,通过物联网技术实现了设备之间互联和智能控制,提供更便捷、高效和智能化的生活体验。

在全球化方面,海尔通过收购和合作伙伴关系在全球范围内建立了广泛的销售和服务网络。公司在全球多个国家和地区设立了研发中心、制造工厂和销售分支机构,为全球用户提供优质的产品和服务。

海尔以其卓越的产品及服务质量和创新能力赢得了广泛的认可和声誉。公司连续多年荣获世界500强企业、全球最受尊敬企业等荣誉,是中国制造业的杰出代表之一。海尔的成功经验还为其他企业树立了创新、用户至上和全球化发展的典范。

海尔作为一家机械类企业,在家电制造领域取得了显著的成就,并积极拓展智能家居领域。其以用户为中心的创新模式、全球化战略和卓越的产品及服务质量赢得了广泛的市场认可。海尔的成功经验为其他机械类企业提供了宝贵的借鉴和启示。

(2) 中国中车集团

中国中车集团(CRRC Corporation Limited)是中国最大的轨道交通装备制造企业,也是全球最大的轨道交通装备制造商之一。

公司概况:中国中车集团成立于2015年,由中国南车和中国北车两大企业合并而成。总部位于中国北京,在全球范围内设有多个分支机构和研发中心。公司在铁路车辆、城市轨道交通车辆、机车车辆等领域具有全面的产品线。

产品范围:中国中车集团的产品涵盖高速动车组、城市轨道交通、地铁、电力机车、内燃机车等各类车辆。公司在轨道交通装备制造领域具有广泛的经验和技术实力,其产品在设计、制造、运营和维护方面都处于行业领先地位。

技术实力:中国中车集团拥有一流的研发团队和技术实力,致力于技术创新和产业升级。公司在高速铁路、轻轨交通、地铁等领域取得了许多重要的技术突破和创新成果。通过自主研发和引进国际先进技术,中国中车在轨道交通装备制造方面保持了强大的竞争优势。

国际市场拓展:中国中车集团注重国际市场拓展,通过参与国际项目和开展合作,已经在多个国家和地区建立了广泛的业务合作关系。公司产品远销亚洲、欧洲、美洲、非洲等地,成为国际轨道交通装备制造市场的重要参与者。

企业社会责任:中国中车集团注重可持续发展和企业社会责任。公司积极推动绿色环保、节能减排和资源循环利用,努力实现可持续发展目标。同时,中国中车还积极参与社会公益活动,为社会做出积极贡献。

中国中车集团作为中国和全球轨道交通装备制造行业的领先企业,凭借雄厚的技术实力、广泛的产品线和全球化的布局,在市场竞争中取得了显著的成绩。公司致力于为客户提供高品质、高性能的轨道交通装备,推动世界轨道交通事业发展。

(3) 中国重汽

中国重汽集团有限公司(China National Heavy Duty Truck Group Co.,Ltd.)是中国重型汽车制造业的领军企业之一。

公司概况:中国重汽集团成立于1956年,总部位于山东省济南市。作为中国重型汽车制造业的龙头企业,中国重汽在商用车、特种车、军用车等领域拥有广泛的产品线,并以其旗下品牌"中国重汽""汉德星"等享有较高声誉。

产品范围：中国重汽集团主要生产重型卡车、中型卡车、轻型卡车、挂车等各类商用车辆，涵盖了货运、建筑、物流、工程等多个行业领域。其产品以可靠性、耐用性和适应性强的特点而闻名，并在国内外市场上享有较高的市场份额。

技术实力：中国重汽集团注重科技创新和技术提升，在研发和制造方面具备强大的技术实力。公司设有研究院和技术中心，致力于新产品开发和技术改进。通过引进国际先进技术和自主研发，中国重汽不断提升产品的性能和质量，满足不同用户的需求。

市场地位：中国重汽集团在国内市场上具有较强的竞争力和市场地位，其产品广泛应用于物流、工程建设、矿山、农业等领域，受到广大用户信赖和好评。同时，中国重汽还积极拓展国际市场，产品远销亚洲、非洲、南美等地，逐步扩大了在全球市场上的影响力。

可持续发展：中国重汽集团注重可持续发展和企业社会责任。公司积极推动绿色制造和节能减排，致力于环保技术研发和应用。同时，中国重汽还积极参与社会公益事业，关注员工福利和社会责任，为社会做出积极贡献。

中国重汽集团作为中国重型汽车制造业的领军企业，凭借丰富的经验、强大的技术实力和广泛的产品线，在市场竞争中取得了卓越成绩。公司致力于为客户提供高质量、高性能的商用车辆，推动交通运输和物流行业发展，同时注重可持续发展和企业社会责任。

（4）柳工集团

柳工集团（Liugong Group）是中国领先的工程机械制造企业之一。

公司概况：柳工集团成立于1958年，总部位于中国广西壮族自治区柳州市。公司是全球工程机械制造业的重要参与者之一，在国内外市场上享有较高的知名度和影响力。柳工集团以其坚实的技术实力、卓越的产品质量和广泛的产品线而闻名。

产品范围：柳工集团主要生产各类工程机械设备，包括挖掘机、装载机、推土机、摊铺机、起重机等。公司的产品广泛应用于土建工程、矿山、建筑、公路、港口等领域。柳工的产品以其卓越的性能、可靠性和耐用性而备受用户青睐。

技术实力：柳工集团注重技术创新和研发投入，在工程机械领域具备强大的技术实力。公司设有柳工研究院，拥有一支高素质的研发团队，并与国内外知名的研究机构和大学合作，不断推动产品技术升级和创新。

国际市场地位：柳工集团在国际市场上也取得了显著的成绩。公司的产品出口到全球多个国家和地区，并在许多国际市场上拥有良好的销售网络和声誉。柳工通过积极参与国际合作和开拓新市场，逐步扩大了在全球工程机械市场的份额。

可持续发展：柳工集团致力于可持续发展和企业社会责任。公司推动绿色制造和节能减排，注重环境保护和资源利用，积极应对气候变化和环境挑战。柳工还关注员工的安全和福利，并积极参与社会公益事业，为社会做出贡献。

柳工集团作为中国工程机械制造业的领军企业，凭借雄厚的技术实力、优质的产品和全球市场拓展，取得了卓越的成绩。公司致力于为客户提供高品质、高性能的工程机械设备，推动全球基础设施建设和工程行业发展。柳工集团注重可持续发展和企业社会责任，致力于环境保护和社会贡献。

（5）中联重科

中联重科（Zoomlion Heavy Industry Science & Technology Co., Ltd.）是中国领先的重型机械制造企业之一。

公司概况：中联重科成立于 1992 年，总部位于中国湖南省长沙市。公司是全球重型机械制造和服务的领先者，主要从事建筑机械、工程机械、农业机械、环保设备等产品研发、制造和销售。中联重科以其创新的技术、高品质的产品和全球化的市场布局而著名。

产品范围：中联重科的产品线广泛，包括起重机、混凝土机械、装载机、挖掘机、压路机、桥梁机械等。公司的产品在工程建设、能源、交通运输、农业等领域得到广泛应用。中联重科的产品以其高效、安全、可靠的特点而备受用户认可。

技术实力：中联重科注重技术创新和研发投入，拥有一支庞大的研发团队和先进的研发设施。公司与国内外多所高校、科研机构合作，不断推动产品技术升级和创新。中联重科的技术实力在全球工程机械行业中处于领先地位。

国际市场地位：中联重科在国际市场上取得了显著的成绩。公司的产品销往全球多个国家和地区，并在许多国际市场上建立了强大的销售网络和售后服务体系。中联重科通过全球化战略和积极参与国际合作，不断提升自身在全球市场的竞争力。

可持续发展：中联重科致力于可持续发展和企业社会责任。公司积极推进绿色制造和节能减排，致力于环境保护和资源利用。中联重科关注员工的职业发展和福利，注重安全生产和员工培训。公司还积极参与社会公益事业，履行社会责任。

中联重科作为中国重型机械制造业的龙头企业，凭借卓越的技术实力、优质的产品和全球市场的拓展，取得了显著的成绩。公司致力于为客户提供高效、安全、可靠的重型机械设备，推动全球基础设施建设和工程行业发展。中联重科注重可持续发展和企业社会责任，致力于环境保护和社会贡献。

3.10 本章思考题

（1）机械类专业群的就业前景与岗位需求

分析机械类专业群就业前景的趋势和变化，探讨当前机械行业对于不同岗位的需求情况，以及对应岗位所需要的专业知识结构和技能素质。

（2）知识结构和技能素质对机械类专业群的就业的影响

就机械类专业群而言，除了专业知识外，哪些技能素质对于提高就业竞争力至关重要？请从领导能力、团队合作、创新思维等方面进行分析和讨论。

（3）实践环节在机械类专业群中的重要性

探讨机械类专业群中实践环节对学生的就业能力培养和职业发展的重要性，如实验、实训、实习等，以及其对于学生职业规划的指导作用。

（4）课程论文和毕业设计的方向

在机械类专业群中选择一个具体领域，如制造工程、机械设计等，提出一个适合该领域的课程论文或毕业设计的方向，并解释该方向对学生的就业和专业发展的意义。

第 4 章 土木建筑类专业群知识结构与就业前景

在现代社会中,土木建筑行业发挥着至关重要的作用,它不仅涉及人类的基本生活需求,还与国家基础设施建设、城市发展和经济增长密切相关。作为土木建筑类专业群的学生,了解本专业群知识结构与就业前景是至关重要的。本章旨在帮助学生全面了解土木建筑类专业群的发展现状、培训方向、核心课程以及毕业后的就业和创业前景。通过对本章的学习,希望学生能够更好地规划自己的职业生涯,为自己的未来发展奠定坚实的基础。

本章首先介绍了土木建筑行业的发展现状与趋势,包括土木建筑行业的整体发展状况,以及未来中国建筑工程行业的发展趋势。接着,本章详细分析了土木建筑类各专业涉及行业的现状与未来发展趋势,这将帮助学生了解各专业在实际工作中的应用和发展前景。本章接着探讨了土木建筑行业的就业前景与就业岗位及趋势。这部分内容将帮助学生了解毕业后可能从事的工作岗位,以及各专业的具体就业岗位和发展趋势。接下来,本章详细阐述了土木建筑类各专业的培养方向和主干课程及相关课程论文题目示例,以便学生对自己的专业学习有更清晰的认识。此外,本章还总结了土木建筑类专业群的核心知识点和专业技能主要内容,以便学生在学习过程中更加注重关键知识和技能培养。为了进一步提升学生的实际操作能力,本章还涉及了土木建筑类专业群职业资格证及核心培训课程,以及在创业时所需具备的知识结构和技能素质。最后,本章着重介绍了土木建筑类专业群的实践环节,包括硬件实验和仿真、实训、实习、毕业设计等内容,提供了各专业毕业设计题目示例,以及著名建筑企业简介。

这一章旨在为读者提供全面而详尽的关于土木建筑类专业群的知识结构、教育培养、就业前景的信息,以帮助读者更好地了解这个重要的领域。无论你是土木建筑类专业的学生,还是已经在这个领域工作的专业人士,我们希望你都能从这一章中找到有用的信息和启示。

4.1 土木建筑类专业群涉及的行业现状与发展趋势

4.1.1 土木建筑专业涉及的相关行业现状与发展趋势

(1) 土木建筑行业发展现状

中国建筑工程行业在过去几十年里取得了显著的发展。随着城市化、基础设施建设和产业升级的推进,建筑工程行业在中国经济增长中发挥了举足轻重的作用。

城市化进程:过去几十年里,中国城市人口不断增加,对住房和基础设施的需求不断扩大。为了满足这些需求,建筑工程行业投入了大量的资源进行住宅楼、商业建筑、道路、桥梁、隧道等基础设施建设。

基础设施建设:中国政府大力投资基础设施建设,包括高速公路、铁路、机场、港口等。这些投资带动了建筑工程行业快速发展,使得中国在全球基础设施建设领域占据了重要地位。

产业升级:随着产业结构的调整,中国建筑工程行业逐渐从低附加值、高能耗、高排放的发展模式转向绿色、节能、环保的发展方向。绿色建筑、智能建筑、装配式建筑等新兴领域得到了迅速发展。

国际合作与竞争:中国建筑企业逐渐走向世界,参与全球基础设施建设项目,与国际建筑企业展开合作与竞争,提升了中国建筑工程行业的技术水平和管理水平。

(2) 未来中国建筑工程行业的发展趋势

绿色建筑:随着环保意识的提升和政策的推动,绿色建筑将成为建筑工程行业的主流。节能减排和可持续性设计将成为行业的核心要求,包括使用可再生能源、绿色建筑材料、绿色施工技术等。

智能建筑:随着物联网、人工智能和大数据等技术的发展,智能建筑将成为建筑工程行业的重要趋势。这些技术将用于提高建筑的舒适性、安全性、节能性和可持续性,从而为居住者和使用者创造更好的生活环境。

装配式建筑:为了提高施工效率、降低成本、减少建筑废弃物,中国建筑工程行业将进一步发展装配式建筑。这种建筑方式将建筑构件在工厂生产,然后在施工现场进行组装,从而减少现场施工时间、降低环境污染。

城市更新:随着中国城市老旧建筑不断增加,城市更新将成为建筑工程行业的重要领域。这包括旧城改造、城市功能优化、历史文化保护等方面,旨在提高城市品质和居民生活水平。

国际化:中国建筑工程行业将继续加强与国际市场合作与竞争,积极参与全球基础设施建设项目,为中国企业在全球市场的竞争力积累经验和技术。

科技创新:为了提高建筑工程行业的竞争力,中国将进一步加大科技创新力度,研发新材料、新技术和新方法,提高建筑质量、降低成本并提升建筑可持续性。

未来中国建筑工程行业将继续保持快速发展,但将更加关注绿色、智能、装配式建筑等新兴领域发展,同时积极参与全球基础设施建设,努力提升行业的科技水平和国际竞争力。

4.1.2　土木工程专业涉及的相关行业现状与趋势

土木工程是土木建筑类专业中的一个重要领域,涵盖了基础设施建设、土地利用规划、结构设计、施工管理等方面。

(1) 现状

基础设施建设:土木工程在基础设施建设中发挥着重要作用,包括道路、桥梁、隧道、水利工程等。随着城市化进程和经济发展的推进,对基础设施建设的需求持续增加。

建筑工程:土木工程在建筑领域中扮演着重要角色,包括住宅、商业建筑、公共建筑等。随着城市人口的增加和建筑需求的多样化,建筑工程呈现出多样化和高度专业化的发展趋势。

环境工程:土木工程在环境保护和可持续发展中具有重要地位,包括污水处理、固体废物管理、环境评估等。提高环境保护意识和加强环境法规推动了环境工程发展。

施工管理:土木工程的施工管理涉及项目管理、成本控制、质量管理等方面,对项目的成功实施起着关键作用。施工管理技术不断发展提高了工程施工效率和质量。

(2) 未来趋势

可持续发展:随着环境保护和可持续发展的重要性日益凸显,土木工程将更加注重环境友好型建设和资源节约型设计,推动绿色建筑和可持续基础设施发展。

智能化和数字化:智能化和数字化技术在土木工程中的应用将不断增加,包括建筑信息模型(BIM)、无人机测量、物联网等。这些技术将提高工程设计和施工的效率和精确度。

新材料和新技术:新材料应用和新技术发展将推动土木工程创新和进步,例如高性能混凝土、复合材料、3D打印等。这些新材料和新技术将改善工程的性能和可靠性。

城市化和城市更新:随着城市化进程的加速,土木工程将面临城市更新和改造的挑战。包括老旧建筑改造、城市交通网络优化等,为土木工程提供了更多的发展机会。

土木工程行业在基础设施建设、建筑工程、环境工程和施工管理等方面具有广阔的就业前景。未来,可持续发展、智能化和数字化、新材料和新技术以及城市化和城市更新将是土木工程行业的重要发展趋势。土木工程专业的毕业生应不断提升自身专业能力,紧跟行业发展,以适应行业的需求和挑战。

4.1.3　道路与桥梁工程技术专业涉及的相关行业现状与趋势

道路与桥梁工程技术是土木建筑类专业中的一个重要领域,涉及道路和桥梁规划、设计、施工和维护等方面。

(1) 现状

基础设施需求:随着城市化进程和经济发展的推进,道路和桥梁是基础设施建设的重要组成部分,对其需求持续增加。特别是在发展中国家和新兴经济体,对基础设施建设的投资持续增加,为道路与桥梁工程技术提供了广阔的就业机会。

可持续发展:环境保护和可持续发展意识提高对道路与桥梁工程技术产生了影响。在设计和施工过程中,越来越多地关注环保和资源节约。例如,使用可再生材料、节能技术和环保施工方法等,以减少对环境的影响。

技术创新:道路与桥梁工程技术领域涌现了许多创新技术,如 BIM(建筑信息模型)、智能交通系统、无人驾驶技术等。这些技术应用改善了工程设计的精确度、施工的效率和道路交通的安全性。

(2) 未来趋势

智能化和数字化:智能化和数字化技术将在道路与桥梁工程技术中发挥越来越重要的作用。例如,智能交通系统可以提高交通管理效率和交通安全性,数字化技术(如 BIM)可以提高工程设计和施工的精确度。

绿色和可持续发展:绿色和可持续发展将是未来道路与桥梁工程技术的重要趋势。在设计和施工过程中,将更多关注环保和资源节约。例如,使用环保材料、推广低碳交通方式、开展可持续性评估等。

智能交通和智慧城市:随着城市化的加速和交通需求的增加,智能交通和智慧城市发展将对道路与桥梁工程技术提出更高的要求,包括交通流量优化、智能交通信号控制、智慧停车管理等方面的创新。

大数据和人工智能:大数据和人工智能技术应用将为道路与桥梁工程技术带来更多的机遇。通过收集和分析交通数据,可以优化道路设计和交通管理,提高道路运行效率和安全性。

道路与桥梁工程技术行业在基础设施建设、可持续发展、技术创新等方面具有广阔的就业前景。未来,智能化和数字化、绿色和可持续发展、智能交通和智慧城市、大数据和人工智能将是道路与桥梁工程技术行业的重要发展趋势。道路与桥梁工程技术专业的毕业生应注重技术创新和专业知识提升,不断适应行业的变化和需求。

4.1.4 建筑工程管理专业涉及的相关行业现状与趋势

建筑工程管理是建筑类专业中的一个重要领域,涵盖了建筑项目规划、组织、协调和控制等方面。

(1) 现状

建筑需求稳定增长:建筑行业作为基础产业,受到经济发展和城市化进程推动,需求持续增长。特别是在发展中国家和新兴经济体,建筑项目投资持续增加,为建筑工程管理提供了广阔的就业机会。

技术应用与创新:数字化技术在建筑工程管理中的应用不断推进,如建筑信息模型(BIM)、远程监控和数据分析等。这些技术应用提高了建筑项目的效率、质量和安全性,促进了项目管理智能化和精细化。

可持续发展:环境保护和可持续发展意识提高对建筑工程管理产生了影响。建筑项目越来越注重绿色建筑、节能减排和资源循环利用等可持续性原则应用。建筑工程管理需要在项目规划、设计和施工过程中考虑环境影响,推动可持续建筑发展。

(2) 未来趋势

数字化和智能化：数字化技术在建筑工程管理中的应用将进一步普及和深化。BIM 技术应用将更加广泛，实现建筑项目全生命周期数字化管理。智能建筑和智慧工地发展将提升建筑工程管理的效率和质量。

绿色建筑和环境保护：绿色建筑和环境保护将成为建筑工程管理的重要方向。建筑项目需要更多地采用节能环保技术，减少碳排放和资源消耗。环境评估和生态建设将成为项目管理的重要环节。

项目管理和协同合作：项目管理和协同合作的重要性将进一步提升。建筑工程管理需要具备优秀的项目管理技能，包括项目计划、风险管理、成本控制和供应链管理等方面。同时，与各方协同合作和信息共享将更加紧密，以提高项目执行效率和项目质量。

国际化和全球化：随着全球化的深入发展，建筑工程管理需要适应国际化和跨国合作的趋势。建筑项目越来越多地涉及国际标准、国际合作和国际竞争，需要具备跨文化沟通和管理能力。

建筑工程管理行业在建筑需求稳定增长、技术应用与创新、可持续发展和项目管理等方面具有广阔的就业前景。未来，数字化和智能化、绿色建筑和环境保护、项目管理和协同合作以及国际化和全球化将是建筑工程管理行业的重要发展趋势。建筑工程管理专业的毕业生应注重技术创新和管理能力的提升，不断适应行业的变化和需求。

4.1.5　建筑工程监理专业涉及的相关行业现状与趋势

建筑工程监理是建筑行业中的一个重要职业，主要负责对建筑项目的施工过程进行监督和管理，以确保工程质量、安全和进度达到预期目标。

(1) 现状

监理需求稳定增长：随着城市化进程的推进和基础设施建设的不断扩大，对建筑工程监理的需求持续增加。政府和企业对工程质量和安全越来越重视，推动了建筑工程监理行业发展。

法律法规加强：国家对建筑行业的监管力度不断加强，建立了一系列相关法律法规和标准，如《建设工程质量管理条例》和《建设工程监理规范》等。这些法规的实施促使建筑工程监理行业更加规范和专业化。

技术应用提升：随着信息技术的发展，建筑工程监理行业也逐渐引入了先进的技术工具和管理系统，如无人机、激光扫描、BIM 技术等被广泛应用于监理工作，提高了工作效率和质量控制水平。

(2) 未来趋势

数据化和数字化：建筑工程监理行业将越来越依赖数据化和数字化技术。监理过程中的各项数据将被收集、分析和管理，以提供更准确、全面的监督和管理。通过数据分析和预测，可以提前发现问题并采取相应措施。

环境保护和可持续发展：随着环境保护和可持续发展意识的提高，建筑工程监理将更加注重环保和可持续性方面的要求。监理人员需要了解并推动绿色建筑、节能减排和资源循环利用等可持续性原则应用。

质量控制和风险管理:质量控制和风险管理将成为建筑工程监理的重要任务。监理人员需要制定详细的质量控制计划,确保施工符合标准和规范。同时,需要识别和管理工程风险,减少施工过程中的问题和事故发生。

专业能力和综合素质要求:建筑工程监理行业对专业能力和综合素质的要求越来越高。监理人员需要具备扎实的技术知识和专业背景,同时还需要具备良好的沟通、协调和团队管理能力。

建筑工程监理行业在监理需求稳定增长、法律法规加强、技术应用提升等方面呈现出良好的现状。未来,数据化和数字化、环境保护和可持续发展、质量控制和风险管理以及专业能力和综合素质要求将是建筑工程监理行业的发展趋势。专业毕业生应注重提升技术和管理能力,不断适应行业的变化和需求。

4.1.6 建筑室内设计专业涉及的相关行业现状与趋势

建筑室内设计行业是建筑领域的一个重要分支,负责对建筑内部空间进行规划和设计,以实现功能性、美观性和舒适性的目标。

(1) 现状

市场需求稳定增长:随着人们对生活环境和工作环境的要求提高,对室内设计的需求也日益增加。不仅住宅和商业空间,也包括酒店、办公楼、医疗设施等各类建筑项目都需要室内设计的专业服务。

设计理念多样化:室内设计行业呈现出多样化的设计理念和风格。从传统的经典风格到现代的简约风格,从环保的绿色设计到创新的科技应用,客户对室内设计的需求越来越多样化,设计师需要具备灵活应变的能力。

技术工具应用:随着技术的进步,室内设计行业也开始广泛应用各种技术工具和软件。计算机辅助设计(CAD)、三维建模、虚拟现实(VR)等技术被用于设计过程中,帮助设计师更好地展示和沟通设计方案。

(2) 未来趋势

可持续设计:环境保护和可持续发展已成为全球关注的焦点,室内设计行业也在朝着可持续设计的方向发展。设计师将更加注重绿色材料选择、能源效率、废物管理等方面,推动建筑室内环境的可持续性。

数字化和智能化:数字化和智能化技术在室内设计中的应用将越来越普遍。智能家居系统、物联网设备和智能控制技术等将与室内设计相结合,提供更便捷、舒适和智能化的居住和工作体验。

人性化设计:人们对室内空间的舒适性和功能性的要求日益提高,人性化设计成为未来的趋势。设计师将更加关注用户的需求和行为模式,设计出更符合人体工学和心理需求的空间。

文化融合与个性化:全球化发展使得文化融合成为一个重要的设计元素。室内设计将更加注重融入当地文化元素,并与个性化需求相结合,打造独特的设计风格和体验。

建筑室内设计行业在市场需求增长、设计理念多样化、技术工具应用等方面呈现出良好的现状。未来,可持续设计、数字化和智能化、人性化设计以及文化融合与个性化将是建筑室内设计行业的发展趋势。建筑室内设计专业的毕业生应不断提升设计能力,紧跟行业的发展趋势,并注重创新和提供高质量的设计服务。

4.1.7　风景园林设计专业涉及的相关行业现状与趋势

风景园林设计行业负责规划和设计公共和私人景观空间,包括公园、城市广场、社区花园、庭院等。

(1) 现状

城市绿化和景观改造需求增加:城市化进程加快,人们对城市绿化和景观改造的需求日益增加。政府和企事业单位投入更多资源用于城市公共空间和景观设计与建设。

环境保护与可持续发展:环境保护和可持续发展的意识提高,风景园林设计越来越注重生态和可持续性。设计师更加注重生态环境保护、水资源合理利用、植物选择的多样性和生态系统恢复。

多元化设计理念:风景园林设计领域呈现出多样化的设计理念和风格。从传统的园林设计到现代的景观艺术、生态景观、社区参与式设计等,设计师根据不同项目和需求,运用不同的设计理念和方法。

(2) 未来趋势

智慧景观和数字化技术应用:智慧城市和数字化技术发展将影响风景园林设计。智慧景观通过应用物联网、传感器和数据分析等技术,实现景观管理和维护智能化。同时,虚拟现实(VR)和增强现实(AR)等技术也可以为设计师提供更好的设计展示和交互体验。

城市生态系统规划:在城市化进程中,保护和恢复城市生态系统变得越来越重要。风景园林设计将更加注重城市生态系统规划,包括绿色基础设施布局、城市森林建设、生态廊道连接等,以提升城市的可持续性和生态环境。

社区参与式设计:社区居民对自身生活环境的参与和影响力增加,社区参与式设计成为趋势。设计师将更多地与社区居民合作,了解他们的需求和意见,并将其纳入设计过程中,共同打造满足社区需求的景观空间。

文化与历史融合:将更加注重将文化和历史融入风景园林设计。通过保护和重现历史文化遗产,设计师可以赋予景观更深层次的意义和价值,并提升人们对文化传承的认识和关注。

风景园林设计行业在城市绿化和景观改造需求增加、环境保护与可持续发展、多元化设计理念等方面呈现出良好的现状。未来,智慧景观和数字化技术应用、城市生态系统规划、社区参与式设计以及文化与历史融合将是风景园林设计行业的发展趋势。风景园林设计专业的毕业生应不断提升设计能力,紧跟行业的发展趋势,并注重创新和提供高质量的设计服务。

4.1.8　水利水电工程专业涉及的相关行业现状和趋势

水利水电工程行业负责规划、设计、建设和管理水资源利用、水利工程和水电站等项目。

(1) 现状

水资源紧缺和管理需求：随着全球人口的增加和工业化进程的加速，水资源日益紧缺。水利水电工程行业面临管理和利用有限水资源的挑战，包括水资源调度、水库建设、灌溉系统改造等。

水电能源开发：水电能源是一种清洁、可再生的能源形式，对于能源结构调整和碳减排具有重要意义。水利水电工程行业在水电站建设、水能资源开发等方面发挥关键作用，以满足能源需求和推动可持续发展。

防洪和抗旱工程：水利水电工程行业在防洪和抗旱方面发挥着重要作用。随着气候变化的影响，洪水和干旱等极端气候事件频繁发生，需要加强防洪抗旱工程建设和管理，以保护人民生命财产和满足农业灌溉需求。

（2）未来趋势

水资源综合管理：水利水电工程行业将更加注重水资源综合管理。通过综合考虑水资源调度、水污染治理、水节约利用等方面，实现对水资源科学管理和合理利用。

绿色水利和生态恢复：绿色水利理念的提出将对水利水电工程行业产生影响。注重生态恢复、保护河流湖泊水生态系统、推广水资源循环利用等绿色水利措施将成为未来的发展趋势。

智能化和数字化技术应用：随着信息技术的发展，智能化和数字化技术在水利水电工程中的应用将增加。远程监控、数据分析、人工智能等技术将提升工程管理水平和运行效率，实现智慧水利的目标。

国际合作与技术交流：水利水电工程行业将继续加强与国际间合作与交流。通过引进国外先进技术和经验，推动国内水利水电工程创新发展，并参与国际水利项目建设，提高行业的国际竞争力。

水利水电工程行业在水资源管理、水电能源开发、防洪抗旱工程等方面面临挑战和机遇。未来，水资源综合管理、绿色水利和生态恢复、智能化和数字化技术应用以及国际合作与技术交流将是水利水电工程行业的重要趋势。水利水电工程专业的毕业生应具备跨学科综合能力，了解最新技术发展和管理方法，并注重环保和可持续发展理念，以应对行业的发展需求。

4.2 土木建筑类专业群就业前景与就业岗位及趋势

4.2.1 土木工程专业就业岗位与趋势

土木工程专业涵盖了土木建筑、道路与桥梁、水利水电、地下工程、施工管理等领域。

（1）岗位

建筑工程师/项目经理：土木工程专业毕业生可以在建筑工程领域从事项目管理、施工监管、工程设计等工作。随着城市化进程的推进和基础设施建设规模的不断扩大，对建筑工程师和项目经理的需求持续增加。

结构工程师:结构工程师负责建筑物、桥梁和其他基础设施的结构设计和分析。随着城市发展和建筑技术的进步,对结构工程师的需求将继续增加。

水利工程师:水利工程师从事水利工程规划、设计、施工和管理工作,包括水库、水渠、排水系统等。随着水资源管理和水环境保护的重要性增加,对水利工程师的需求也将持续增加。

道路与桥梁工程师:道路与桥梁工程师负责道路和桥梁设计、施工和维护。随着交通网络的不断扩展和交通基础设施的更新,对道路与桥梁工程师的需求将持续增加。

地下工程师:地下工程师负责地下结构和地下空间规划、设计和施工。随着城市化进程的加速和土地资源的减少,地下空间开发和利用将成为未来的重要趋势,地下工程师将面临更多的就业机会。

施工管理师/监理工程师:施工管理师和监理工程师负责工程施工过程管理和监督,确保项目按时、按质完成。随着工程项目的复杂性和规模的增加,对施工管理师和监理工程师的需求也在增加。

(2) 趋势

绿色建筑和可持续发展:随着环境意识的增强,对绿色建筑和可持续发展的需求不断增加。土木工程师需要关注环境保护、能源效率和可再生能源等方面的知识和技能,以满足可持续建筑的需求。

数字化和信息化:土木工程领域也逐渐应用数字化和信息化技术,如建筑信息模型(BIM)、无人机测量和监测系统等。掌握这些技术的土木工程师将更具竞争力。

城市化和基础设施建设:随着城市化的不断推进,对基础设施建设的需求将持续增加。土木工程师在城市规划、交通网络、水利设施等方面将扮演重要角色。

建筑信息管理:建筑信息管理将在土木工程领域得到更广泛的应用,包括项目管理、数据分析和决策支持。具备建筑信息管理能力的土木工程师将具备更多的就业机会。

土木工程专业的就业前景较好,特别是在城市化和基础设施建设的推动下。然而,随着技术的发展和行业的变化,土木工程专业的毕业生需要不断学习和更新知识,关注新技术和趋势发展,提升自身的专业能力和综合素质,以适应就业市场的需求。此外,积累实践经验、拓展人脉和持续学习也是提升就业竞争力的重要因素。

4.2.2 道路与桥梁工程技术专业就业岗位与趋势

道路与桥梁工程技术专业涉及道路、桥梁、交通设施等领域。

(1) 岗位

道路工程师/技术员:道路工程师负责道路规划、设计和施工等工作,技术员则协助工程师完成具体任务。随着城市化进程的不断推进,对道路建设和改造的需求将持续增加,道路工程师和技术员的就业前景较好。

桥梁工程师/技术员:桥梁工程师从事桥梁设计、施工和维护工作,技术员协助工程师进行具体操作。随着城市交通网络的扩展和桥梁的老化,对桥梁工程师和技术员的需求也在增加。

交通规划师/交通工程师:交通规划师负责城市交通规划和交通流量分析,交通工程师负责交通设施设计和管理。随着交通拥堵问题的日益突出和城市交通规划需求的增加,交通规划师和交通工程师的就业前景较好。

施工管理师/监理工程师:施工管理师和监理工程师负责道路与桥梁工程项目管理和监督。他们确保施工按照设计要求进行,保证工程质量和进度。随着工程项目规模的扩大和质量监督的加强,对施工管理师和监理工程师的需求也在增加。

城市交通运营管理师:城市交通运营管理师负责城市公交、地铁等交通系统运营和管理。随着对城市交通运营的需求增加和城市公共交通网络的建设,城市交通运营管理师的就业前景较好。

(2) 趋势

可持续交通:随着环境保护意识的增强,可持续交通成为重要发展方向。推广公共交通、鼓励非机动出行、建设绿色道路等,这将对道路与桥梁工程技术带来新要求和机遇。

智能交通:随着信息技术的发展,智能交通系统应用越来越广泛,包括智能信号控制、交通数据分析和交通管理系统等。掌握智能交通技术的道路与桥梁工程技术人员将更具竞争力。

桥梁维护和修复:许多桥梁逐渐老化,需要进行维护和修复。桥梁工程技术人员需要具备桥梁检测、评估和维护技术,以确保桥梁安全和可持续使用。

基础设施改造和扩展:随着城市化进程的推进,旧有的道路和桥梁需要进行改造和扩展,以适应交通需求的增加。道路与桥梁工程技术人员在城市基础设施改造和扩展项目中将扮演重要角色。

道路与桥梁工程技术专业的就业前景较好,特别是在城市交通建设和改造的推动下。然而,行业发展和技术变化也对从业人员提出了更高的要求。为了保持竞争力,道路与桥梁工程专业的毕业生应不断学习新技术,关注行业趋势,提升自身的专业能力和综合素质。

4.2.3 建筑工程管理专业就业岗位与趋势

建筑工程管理涉及项目管理、工程施工、质量控制、成本控制、人力资源管理等方面。

(1) 岗位

项目经理/工程经理:项目经理或工程经理负责整个建筑工程项目管理和协调。他们负责项目计划、进度控制、资源调配、质量控制等工作。随着建筑工程项目规模的增大和复杂性的提高,对项目经理和工程经理的需求也在增加。

工程监理师/监理工程师:工程监理师或监理工程师负责对建筑工程施工进行监督和管理。他们确保工程按照设计要求进行,并解决施工过程中的问题。随着对建筑工程质量和安全的要求提高,对工程监理师和监理工程师的需求也在增加。

质量控制工程师/专员:质量控制工程师或专员负责建筑工程施工过程中的质量管理。他们制定质量标准、进行质量检查和验收,并提出改进措施。随着质量管理的重视程度提高,质量控制工程师和专员的就业前景较好。

成本控制工程师/专员:成本控制工程师或专员负责建筑工程项目的成本管理和控制。他们进行预算编制、成本估算和成本监控,以确保工程项目在预算范围内完成。随着对建筑工程成本控制的需求增加,成本控制工程师和专员的就业前景较好。

BIM 工程师/技术员：BIM(Building Information Modeling)工程师或技术员利用 BIM 技术进行建筑信息建模、管理和协调。他们在项目设计、施工和运营阶段使用 BIM 技术，提高工程效率和减少冲突。随着 BIM 技术在建筑工程领域的普及，对 BIM 工程师和技术员的需求也在增加。

环境工程师/专员：环境工程师或专员负责建筑工程项目的环境保护和可持续发展。他们进行环境评估、环境管理和环境监测，确保工程项目符合环境保护要求。随着环境保护意识的提高，环境工程师和专员的就业前景较好。

(2) 趋势

数字化管理：随着信息技术的发展，建筑工程管理趋向于数字化管理，包括使用建筑信息模型(BIM)、物联网、云计算等技术，实现工程信息集中管理和实时监控，提高工程效率和质量。

绿色建筑和可持续发展：对绿色建筑和可持续发展的需求不断增加，建筑工程管理将越来越注重环保和能源效率方面的管理。建筑工程管理人员需要具备相关知识和技能，推动绿色建筑发展。

智能化施工和管理：智能化技术在建筑工程领域的应用越来越广泛，包括无人机、机器人、传感器等。建筑工程管理人员需要掌握智能化工具和技术，提高施工和管理效率。

项目整合和协同：建筑工程越来越复杂，需要各方协同合作和项目整合。建筑工程管理人员需要具备项目管理和协调能力，加强团队合作，提高项目整体效率和质量。

建筑工程管理专业的就业前景较好，特别是在城市化进程和基础设施建设的推动下。然而，行业发展和技术变化对从业人员提出了更高的要求。为了保持竞争力，建筑工程管理专业的毕业生应不断学习新知识，关注行业趋势，提升自身的专业能力和综合素质。

4.2.4　建筑工程监理专业就业岗位与趋势

建筑工程监理是建筑工程管理的重要组成部分，负责对建筑工程施工过程进行监督和管理。

(1) 岗位

工程监理师/监理工程师：工程监理师或监理工程师是建筑工程监理的核心岗位。他们负责对建筑工程施工进行监督和管理，确保工程按照设计要求进行，并解决施工过程中的问题。工程监理师的就业需求稳定，市场需求量较大。

施工现场监理：施工现场监理人员负责现场施工过程监督和管理，确保施工按照规范进行，并解决施工现场问题。他们与施工人员、设计人员和监理人员紧密合作，确保工程质量和进度控制。对施工现场监理人员的需求相对稳定。

质量检测员：质量检测员负责对建筑工程的质量进行检测和评估。他们使用各种检测设备和方法，检查施工质量是否符合规范要求。对质量检测员的需求与施工项目的增加和对工程质量的重视程度相关。

施工安全监督员：施工安全监督员负责监督施工现场的安全管理，确保施工过程中的安全措施得到有效实施。他们制定安全规范和安全计划，并进行现场巡视和指导。随着对施工安全的重视，对施工安全监督员的需求相对稳定。

(2) 趋势

数字化监理：随着信息技术的发展，建筑工程监理趋向于数字化监理，包括使用建筑信息模型（BIM）、无人机、传感器等技术，实现工程信息实时监控和问题识别，提高监理效率和准确性。

绿色建筑监理：对绿色建筑和可持续发展的要求越来越高，建筑工程监理将注重对绿色建筑要求的监督和评估。建筑工程监理人员需要具备相关知识和技能，推动绿色建筑发展。

独立第三方监理：独立第三方监理在建筑工程领域的应用越来越广泛。独立第三方监理机构具有独立性和公正性，可以提供专业的监理服务，提高工程质量和安全性。

法律风险管理：建筑工程监理人员需要关注法律风险和合规性问题，遵守相关法律法规和标准，确保监理工作的合法性和可靠性。

建筑工程监理专业的就业前景较好，特别是在建筑工程规模不断扩大和质量安全要求提高的背景下。然而，行业竞争激烈，对从业人员提出了更高的要求。建筑工程监理专业的毕业生应注重自身专业素养和综合能力提升，不断学习新知识和技能，适应行业发展的需求。

4.2.5　建筑室内设计专业就业岗位与趋势

建筑室内设计是一个与建筑相关的专业领域，涉及到室内空间的规划、设计和装饰。

(1) 岗位

室内设计师：室内设计师是室内设计领域的核心从业人员，负责根据客户需求和项目要求进行室内空间规划、设计和装饰。他们需要具备艺术、设计和技术方面的知识和技能，并能与客户、建筑师和施工团队进行有效的沟通和协作。

室内设计助理：室内设计助理协助室内设计师完成项目的各个阶段，包括收集资料、绘制设计图纸、协调供应商等工作。他们通常具备一定的室内设计知识和技能，但需要在实践中不断积累经验和提升能力。

室内设计顾问：室内设计顾问与客户进行沟通和协商，了解客户需求并提供专业建议和解决方案。他们需要具备较强的沟通和客户服务能力，能够理解客户的需求并将其转化为实际的设计方案。

室内设计项目经理：室内设计项目经理负责管理和协调室内设计项目的各个方面，包括预算控制、进度管理、供应商协调等。他们需要具备项目管理和团队管理的能力，能够有效地组织和领导项目团队，确保项目顺利进行。

(2) 趋势

环保和可持续设计：随着对环境保护和可持续发展的关注增加，室内设计趋向于环保和可持续设计，包括使用环保材料、节能设备、可再生能源等，以减少对环境的影响并提升室内空间的舒适度和健康性。

数字化设计和技术应用：数字化设计工具和技术发展，如建筑信息模型（BIM）、虚拟现实（VR）、增强现实（AR）等，使室内设计师能够更好地以可视化方式呈现设计方案，提高设计效率和交流效果。

多功能和灵活空间设计：随着工作和生活方式的改变，室内设计需要更多地考虑多功能和灵活空间设计，以适应不同的需求和活动，这包括可移动隔断、可调节家具、多功能嵌入式设备等设计元素应用。

人性化和健康导向设计：室内设计越来越注重人性化和健康导向设计，考虑人们的舒适性、安全性和健康性，这包括人体工学设计、室内空气质量控制、光照和声学设计等方面的考虑。

室内设计专业的就业前景良好，特别是建筑和房地产行业发展对室内空间设计的需求不断增加。然而，行业竞争激烈，要求从业人员具备良好的设计能力、创造力和沟通能力。室内设计专业的毕业生应持续学习和更新知识，关注行业的发展趋势，不断提升自己的专业素养和竞争力。

4.2.6 风景园林设计专业就业和岗位与趋势

风景园林设计是一个专门从事公共和私人空间的景观规划、设计和管理的领域。

（1）岗位

风景园林设计师：风景园林设计师负责规划和设计公共和私人空间的景观，包括公园、庭院、城市广场、景点等。他们需要具备艺术、设计和技术方面的知识和技能，能够将自然和人文环境有机地结合起来，创造出美观、实用和可持续的景观设计方案。

园林规划师：园林规划师负责对整个区域进行综合规划和设计，包括城市公共空间、景区、居住区等。他们需要考虑到城市发展、环境保护、社会需求等方面的因素，制定长期的园林发展规划，为城市提供美丽和宜居的环境。

园林项目经理：园林项目经理负责管理和协调园林项目的各个方面，包括预算控制、进度管理、人力资源协调等。他们需要具备项目管理和团队管理的能力，能够有效地组织和领导项目团队，确保项目按时、高质量地完成。

园林施工监理：园林施工监理负责对园林项目的施工过程进行监督和管理，确保施工按照设计要求进行，并保证质量和安全。他们需要了解园林施工的各个环节和技术要求，能够与施工队伍有效沟通和协调。

（2）趋势

可持续发展：随着环境保护和可持续发展意识的增强，风景园林设计越来越注重生态保护、资源节约和环境友好性。设计师将会运用环保材料、节水措施、绿色植被等手段，创造出可持续发展的景观空间。

智能化设计：随着科技的发展，智能化设计将成为风景园林设计的趋势。智能灯光、智能喷泉、智能监测系统等技术将被应用于景观设计中，提升景观的美观性和功能性。

社区参与：越来越多的设计项目将会注重社区参与和反馈。设计师将与居民和相关利益方合作，了解他们的需求和意见，并将其纳入设计过程中，创造出符合社区期望的景观空间。

文化融合：随着文化交流和融合的加深，风景园林设计将注重将不同文化元素融入设计中，展现地域特色和文化魅力。设计师需要了解和尊重不同文化的特点，创造出多元化和具有独特魅力的景观。

风景园林设计专业的就业前景良好，特别是在城市化进程中，对美化和改善城市环境的需求不断增加。然而，行业竞争激烈，要求从业人员具备良好的设计能力、创造力和沟通能力。风景园林专业的毕业生应不断学习和提升自己的专业素养,关注行业的发展趋势,适应社会需求的变化,以提高自身的竞争力。

4.2.7　水利水电工程专业就业前景和岗位与趋势

水利水电工程涉及水资源开发、利用和管理,包括水库、水电站、灌溉系统、防洪工程等领域。

(1) 就业前景

水利水电工程的就业前景较好,主要原因如下:

水资源管理的需求:随着人口的增长和经济的发展,对水资源的需求不断增加,对水利水电工程专业的人才需求量大。

水利基础设施建设:各国对水利基础设施建设和更新进行投资,需要大量的水利工程师和技术人员。

环境保护和生态恢复:人们对水环境保护和生态恢复的关注度提高,需要专业人士参与水资源管理和环境保护工作。

(2) 岗位

水利工程师:负责水利工程设计、施工、监理和管理工作。

水资源工程师:参与水资源开发、调配和管理,包括水库规划、水文测算等。

水电工程师:负责水电站设计、建设和运营。

水文工程师:研究水文数据和水文模型,为水资源管理和水利工程设计提供支持。

灌溉工程师:设计和管理灌溉系统,提高农田灌溉效率。

(3) 趋势

可持续发展:注重水资源可持续利用和生态环境保护,开发绿色、低碳的水利水电工程项目。

智能化技术应用:利用先进的信息技术和自动化技术,提高水利水电工程的运行效率和管理水平。

水资源管理综合化:注重整合各方面的资源和利益,实现水资源统筹调配和综合管理。

技术创新和研发:研究新型的水利水电工程技术和解决方案,提高工程的可靠性和效益。

国际合作与交流:水利水电工程领域需要跨国合作和经验交流,吸取国际先进经验,提升工程水平。

水利水电工程专业的就业前景良好,特别是在水资源管理、环境保护和基础设施建设方面。未来的趋势将更加注重可持续发展、智能化应用和综合化管理,水利水电工程专业的毕业生应不断提升专业技能和综合素质,关注行业的发展动态,适应行业的变化和需求,以提高自身的竞争力。

4.3 土木建筑类专业群的培养方向和主干课程及课程论文示例

4.3.1 土木工程专业培养方向和主干课程及课程论文示例

（1）培养方向

土木工程是一门应用性较强的学科，旨在培养掌握土木工程的基本理论和技术，具备土木工程规划、设计、施工、管理和监理等方面的综合能力的人才，包括结构工程、地基工程、岩土工程、桥梁工程、隧道工程等。

（2）主干课程

力学、材料力学、结构力学、钢筋混凝土结构、岩土力学与地基基础、土力学、岩土工程、隧道工程、桥梁工程等。

（3）土木工程主干课程论文题目示例

拱桥与悬索桥的比较分析

桥梁结构的动力特性分析

轻型钢结构与传统结构的性能对比研究

预应力混凝土梁设计和施工

超高层建筑的结构设计和施工管理

（4）课程论文示例

中文题目：轻型钢结构与传统结构的性能对比研究（示例节选）

作者：＊＊＊

摘要：文章以轻型钢结构和传统结构为研究对象，分别从结构材料、结构形式、施工技术等方面进行对比研究。通过对轻型钢结构和传统结构的性能指标进行分析比较，研究结果表明轻型钢结构具有重量轻、抗震性好、施工周期短等优势，但在承载能力和防火性能方面相对劣势较大。因此，在实际工程应用中应根据具体需求进行综合考虑。

关键词：轻型钢结构；传统结构；性能对比；结构材料；结构形式；施工技术

一、绪论

二、轻型钢结构与传统结构的性能对比

（一）结构材料

（二）结构形式

（三）施工技术

三、轻型钢结构与传统结构的应用对比

四、结论

通过对轻型钢结构与传统结构的性能对比研究，可以得出以下结论：轻型钢结构在重量轻、抗震性好、施工周期短等方面具有优势,适用于轻型钢结构房屋、轻型钢结构别墅等建筑类型;传统结构具有较高的承载能力、较好的防火性能、较长的使用寿命等优点,适用于大型建筑、高层建筑、重要公共建筑等。

4.3.2　道路与桥梁工程技术专业培养方向和主干课程及课程论文示例

(1) 培养方向

道路工程、桥梁工程、交通规划等。

(2) 主干课程

交通工程学、道路与桥梁工程、交通规划、路基工程、路面工程、交通运输经济学等。

(3) 论文题目示例

城市道路交通信号控制优化

大跨径钢桥结构的动力特性分析

城市公共自行车系统规划与管理

高速公路车道数与通行能力的关系研究

城市道路绿色交通系统规划与设计

高速公路路面结构研究与设计

(4) 课程论文示例

中文题目:城市公共自行车系统规划与管理(示例节选)

作者:＊＊＊

摘要:城市公共自行车系统是城市绿色交通的重要组成部分,具有环保、便捷、低碳等优点,受到越来越多城市青睐。文章首先介绍了城市公共自行车系统的发展历程和现状,然后分析了规划和管理城市公共自行车系统的重要性,并从城市规划、设施建设、运营管理等方面提出了相关策略和措施。最后,通过对国内外城市公共自行车系统的案例分析,总结出城市公共自行车系统规划和管理的经验和不足之处,为今后的发展提供参考。

关键词:城市公共自行车系统;规划;管理;城市绿色交通;低碳出行

一、城市公共自行车系统的发展历程和现状

二、规划和管理城市公共自行车系统的重要性

三、城市公共自行车系统规划和管理的策略和措施

四、国内外城市公共自行车系统案例分析

五、城市公共自行车系统规划和管理的经验和不足

六、城市公共自行车系统的发展趋势

七、结论

4.3.3　建筑工程管理专业培养方向和主干课程及课程论文示例

（1）培养方向

培养掌握建筑工程管理的基本理论和技能,能够从事建筑工程规划、设计、施工、管理、监理等工作的人才。培养方向包括工程管理、工程造价、建筑节能等。

（2）主干课程

建筑工程概论、工程制图、工程材料学、建筑力学、建筑结构、建筑设备、建筑施工组织与管理、工程经济与造价管理、建筑工程质量管理、建筑施工法规与标准等。

（3）课程论文题目示例

建筑工程项目管理中的风险管理

BIM 技术在建筑工程管理中的应用研究

建筑工程施工进度控制与管理

工程造价核算方法研究与实践

建筑工程项目招投标策略研究

建筑工程监理机构管理与规范研究

（4）课程论文示例

中文题目：工程质量安全管理在建筑工程中的应用（示例节选）

作者：＊＊＊

摘要：工程质量和安全管理是建筑工程施工过程中非常重要的环节。文章首先介绍了工程质量和安全管理在建筑工程中的基本概念和作用,然后从质量管理、安全管理、风险管理等方面,阐述了工程质量和安全管理的主要内容和实施方法,并结合建筑工程实际案例,提出了相应的对策和建议。最后,总结了工程质量和安全管理在建筑工程中应用的优势和不足之处,并对今后的发展提出了建议。

关键词：工程质量；安全管理；建筑工程；质量管理；风险管理

一、工程质量和安全管理在建筑工程中的基本概念和作用

二、工程质量和安全管理的主要内容和实施方法

三、建筑工程实际案例分析

四、工程质量和安全管理的对策和建议

五、工程质量和安全管理在建筑工程中应用的优势和不足之处

六、发展建议

4.3.4　建筑工程监理专业培养方向和主干课程及课程论文示例

（1）培养方向

培养掌握建筑工程监理的基本理论和技能,能够从事建筑工程监理、质量检测和技术咨

询等工作的人才。该专业的培养方向包括建筑工程监理、工程质量检测与认证、工程造价与审计等。

（2）主干课程

建筑工程监理概论、工程监理法规与标准、建筑工程质量检测与认证、建筑工程材料与质量控制、建筑工程工程造价与审计、建筑工程投标与合同管理、建筑工程施工组织与管理等。

（3）课程论文题目示例

建筑工程监理中的质量管理与控制

建筑工程监理中的技术咨询与评估

建筑工程监理中的 BIM 技术应用研究

建筑工程监理中的工程造价与审计

建筑工程监理中的建筑施工现场质量控制

（4）课程论文示例

中文题目：建筑工程监理中的建筑施工现场质量控制（示例节选）

作者：＊＊＊

摘要：建筑工程监理是建筑工程施工过程中至关重要的一环。文章主要研究了建筑工程监理中建筑施工现场质量控制的实践应用，针对建筑施工现场存在的问题和难点，提出了一系列有效的解决方案和措施。文章首先介绍了建筑工程监理的基本概念和作用，然后重点阐述了建筑施工现场质量控制的主要内容和实施方法，并结合具体案例进行分析和研究。最后，对建筑工程监理中建筑施工现场质量控制的优势和不足进行了总结，并对今后的发展提出了建议。

关键词：建筑工程监理；建筑施工现场；质量控制；实施方法；案例分析

1. 建筑工程监理的基本概念和作用
2. 建筑施工现场质量控制的主要内容和实施方法
3. 具体案例分析
4. 建筑工程监理中建筑施工现场质量控制的优势和不足
5. 今后的发展建议

4.3.5　建筑室内设计专业培养方向和主干课程及课程论文示例

（1）培养方向

建筑室内设计、展示设计、景观设计、软装配饰等。

（2）主干课程

建筑构造与材料、室内设计、室内陈设、室内灯光设计、室内装饰设计、家居设计、景观设计、建筑室内设计软件应用等。

（3）课程论文题目示例

城市公共空间的室内设计与创新
建筑室内空间设计与构造
家具设计的创新与可持续性
色彩在建筑室内设计中的应用研究
建筑室内设计中的多媒体技术应用研究
建筑室内设计中的智能化技术研究
建筑室内设计中的人体工学研究
（4）课程论文示例

中文题目：建筑室内设计中的材料与技术创新研究（示例节选）

作者：＊＊＊

摘要：文章研究了建筑室内设计中材料与技术的创新应用，通过对现有材料与技术的分析和总结，提出了创新设计的思路和方法，并结合具体案例进行分析和研究。文章首先介绍了建筑室内设计的基本概念和作用，然后重点阐述了材料和技术在室内设计中的重要性和应用场景，并探讨了如何在设计中运用创新的材料和技术实现艺术与实用完美结合。最后，通过分析案例和总结，提出了今后建筑室内设计中材料与技术创新的发展方向和应用前景。

关键词：建筑室内设计；材料创新；技术创新；设计方法；案例分析

一、引言

二、建筑室内设计的基本概念和作用

三、材料和技术在室内设计中的应用

四、创新设计的思路和方法

五、具体案例分析

六、材料和技术创新在建筑室内设计中的应用前景

七、结论

4.3.6　风景园林设计专业培养方向和主干课程及课程论文示例

（1）培养方向

培养掌握风景园林设计的基本理论和技能，能够从事风景园林设计、规划、施工、管理、维护等工作的人才。该专业的培养方向包括公共绿地、城市绿化、旅游景区规划设计、历史文化园林保护与恢复等。

（2）主干课程

风景园林设计概论、植物造景设计、水景设计、园林艺术、景观规划、园林施工与管理、历史文化园林设计与保护等。

（3）课程论文题目

现代城市园林设计的理论与实践

风景园林景观规划的绿色设计

城市绿化建设管理信息化的应用研究
风景园林设计中的文化遗产保护
建筑与景观融合设计研究
(4) 课程论文示例

中文题目：现代城市园林设计的理论与实践（示例节选）
作者：＊＊＊
摘要：文章探讨了现代城市园林设计的理论与实践，重点分析了城市园林设计中的概念、原则和方法，同时结合实际案例进行研究和分析。文章首先介绍了现代城市园林设计的背景和发展历程，然后探讨了城市园林设计的基本概念和设计原则，接着从设计方法和实践角度出发，对城市园林设计进行了深入剖析和探讨。最后，通过案例分析和总结，提出了现代城市园林设计中需要关注的问题和今后的发展方向。
关键词：城市园林设计；理论；实践；概念；方法；案例分析
一、引言
二、现代城市园林设计的背景和发展历程
三、城市园林设计的基本概念和设计原则
四、城市园林设计的方法和实践
五、具体案例分析
六、现代城市园林设计中需要关注的问题
七、结论

4.3.7　水利水电工程专业培养方向和主干课程及课程论文示例

(1) 培养方向
培养具有水利水电工程的基本理论和实践能力，能够进行水利水电工程规划、设计、施工和管理的高级工程技术人才。
(2) 主干课程
水力学：主要介绍流体力学、水力模型试验和水电站的水力特性等知识。
水工结构：主要介绍水利水电工程中的各类水工结构设计和施工等知识。
水电站设计：主要介绍水电站的设计原理、建设规划、调度控制等知识。
水资源利用与管理：主要介绍水资源开发利用和管理等知识。
水土保持与治理：主要介绍水土保持的基本原理和措施、土地利用变化对水资源的影响等知识。
(3) 课程论文题目示例
水利工程环境影响评价的方法和标准研究
水利工程抗震性能研究
水电站电气设备优化设计研究

水利水电工程的智能监测系统设计与应用研究
水利水电工程施工中的项目管理研究
（4）课程论文示例

中文题目：基于GIS的水利水电工程规划和管理系统研究与开发（示例节选）

作者：＊＊＊

摘要：水利水电工程在国家经济和社会发展中具有重要地位，规划和管理对工程的成功实施至关重要。文章以GIS技术为基础，设计开发了一种水利水电工程规划和管理系统。系统采用了先进的空间数据处理和分析技术，可实现工程规划、监测、管理等多种功能。文章详细介绍了系统的设计思路、主要功能、数据源以及实现方法。该系统的开发有助于提高水利水电工程规划和管理的效率和精度，具有一定的实用价值和应用前景。

关键词：GIS；水利水电工程；规划；管理；系统

一、引言

二、系统设计

三、主要功能

四、数据源以及实现方法

五、结论

4.4 土木建筑类专业群核心知识点和专业技能主要内容

4.4.1 土木工程专业核心知识点和专业技能

（1）核心知识点

土力学与岩土工程学：土壤性质及其应力、变形和稳定性，岩土体力学和地下水流动。

结构力学：力学基本概念和基本定律，应力和应变的概念，各种结构受力情况的计算方法。

材料力学：各种材料的力学特性，材料的力学性质和应用。

结构设计与分析：各种结构的设计方法和分析方法，计算机辅助设计方法。

施工技术：土木工程的施工管理，包括施工方法和工序、施工材料和施工质量控制等。

工程测量：测量原理、测量设备、测量数据处理和应用。

（2）专业技能

土地开发与规划：具备土地利用和规划设计的能力，包括地形地貌和地下水资源的综合利用。

土建结构设计与施工管理:具备各种建筑结构设计和施工管理的能力,包括建筑物的基础和框架结构设计。

基础设施建设与维护管理:具备城市基础设施设计和建设、道路和桥梁建设和维护的能力。

环境污染治理技术:具备土壤污染和水污染的治理技术和控制方法的知识和技能。

地下水资源管理与利用:具备地下水资源利用和管理的能力,包括地下水开采、补给和保护。

4.4.2 道路与桥梁工程技术专业核心知识点和专业技能

(1)核心知识点

结构力学:各种桥梁和道路的结构分析、设计和计算方法。

材料力学:桥梁和道路所用的各种材料的力学特性,材料的力学性质和应用。

道路工程学:道路设计和建设方法,包括地面和下层的结构设计和施工方法。

桥梁工程学:桥梁设计和建设方法,包括各种桥梁的类型、桥墩和桥梁主体设计和施工方法。

施工技术:道路和桥梁工程的施工管理,包括施工方法和工序、施工材料和施工质量控制等。

路面养护与维修:道路养护和维修方法,包括路面的破损处理和路面养护材料选择和使用方法。

(2)专业技能

道路、桥梁规划和设计:具备根据交通运输的需要,规划、设计道路和桥梁的线路、长度、宽度、高度、坡度等参数的能力。

道路、桥梁材料和构造设计:具备选择适当的材料和构造设计方案,根据工程要求和地质条件,设计适当的桥梁和道路结构的能力。

道路、桥梁施工和管理:具备工地施工组织和管理的知识和技能,包括施工方案编制、现场施工管理、质量监督和施工安全等方面。

道路、桥梁检测和维修:具备对已建成的道路和桥梁进行检测、评估、维修和改造的能力。

4.4.3 建筑工程管理专业核心知识点和专业技能

(1)核心知识点

建筑工程组织管理:建筑工程的项目组织和管理方法,包括项目管理组织结构、流程、目标等。

工程造价与预算管理:建筑工程的造价和预算管理,包括建筑工程的预算编制、造价测算、成本核算和成本控制等。

工程质量与安全管理:建筑工程质量和安全管理,包括建筑工程的质量控制、安全管理和环保等。

工程进度与施工计划管理：建筑工程的进度计划和施工计划管理，包括施工周期、进度管理和施工进度控制等。

工程合同法律法规：建筑工程合同管理的法律法规和标准规范。

（2）专业技能

工程项目招标与评审：具备建筑工程项目招标、投标和评审等工作的知识和技能。

工程投资与资金管理：具备建筑工程投资和资金管理的知识和技能，包括资金筹措、资金管理和资金运用等。

工程施工组织设计与管理：具备建筑工程的施工组织设计和管理的知识和技能，包括施工技术、施工管理和现场安全控制等。

工程项目质量安全控制与监督：具备建筑工程项目的质量和安全控制及监督的能力，包括施工工艺和材料、质量检验和安全监测等。

工程项目进度管理：具备建筑工程项目的进度管理和控制的能力，包括施工进度计划、进度监测和进度控制等。

4.4.4　建筑工程监理专业核心知识点和专业技能

（1）核心知识点

工程测量学：建筑工程测量学基础，包括测量原理、测量设备和测量数据处理方法等。

建筑工程法律法规：建筑工程监理的法律法规和标准规范。

建筑结构力学：建筑工程的结构力学，包括各种建筑结构的受力情况和计算方法等。

施工技术：建筑工程的施工管理，包括施工方法和工序、施工材料和施工质量控制等。

工程质量安全检测与监测：建筑工程的质量和安全检测和监测，包括质量检验和安全监测等。

（2）专业技能

工程监理合同管理与法律规定：具备建筑工程监理合同管理和法律规定遵守等方面的知识和技能。

工程施工组织设计与管理：具备建筑工程的施工组织设计和管理的能力，包括施工技术、施工管理和现场安全控制等。

工程材料管理与控制：具备建筑工程材料管理和控制的能力，包括材料质量检验和使用、材料储存和材料消耗等。

工程环保技术与管理：具备建筑工程环保技术和管理的能力，包括环境影响评价和环境保护等。

工程质量安全监测与管理：具备建筑工程质量和安全监测及管理的能力，包括质量检验和安全监测等。

4.4.5　建筑室内设计专业核心知识点和专业技能

（1）核心知识点

建筑设计原理与规划：室内设计的设计原则和规划，包括空间布局和设计风格等。

室内设计原理与实践：室内设计的原理和实践，包括设计理念和创新、平面布局和立体设计等。

艺术与设计：室内设计的艺术与设计，包括色彩、材料、家具等方面设计。

建筑材料与构造设计：室内设计所用的材料和构造设计，包括墙面、地面和天花板等方面设计。

室内灯光设计与照明设备选用：室内设计的灯光设计和照明设备选用，包括灯光设计理念、灯光亮度、灯光颜色、灯光布置和照明设备选用等。

(2) 专业技能

室内设计方案设计与表现：能够根据客户需求和建筑空间特点，设计出满足需求的室内设计方案，并运用设计软件进行效果图和平面图表现。

室内装修施工监督：具备室内装修工程的施工监督和质量控制的能力，包括现场施工管理和工程质量监测等。

室内摆设及家具选购：能够根据室内设计风格，挑选合适的摆设和家具，保证设计效果实现。

室内软装及配饰选购：能够根据室内设计风格，挑选合适的软装和配饰，丰富室内空间的氛围。

室内设计项目管理：具备室内设计项目管理和实施的能力，包括项目策划、执行和管理等。

4.4.6　风景园林设计专业核心知识点和专业技能

(1) 核心知识点

园林艺术与设计原理：风景园林的艺术和设计原则，包括景观规划和设计思路等。

园林植物学与生态学：园林植物的学科基础，包括植物分类和特性，以及生态学相关知识。

园林设计软件应用：风景园林设计所需的软件应用，包括CAD、PS、SketchUp、Lumion等设计软件。

园林工程技术：风景园林工程技术，包括园林建设的施工技术、园林材料选用和维护技术等。

园林规划与管理：风景园林规划和管理方法，包括园林建设方案设计和实施等。

(2) 专业技能

园林规划与设计：能够根据客户需求和场地特点，设计出满足需求的园林规划和设计方案。

园林施工监督：具备园林工程的施工监督和质量控制的能力，包括现场施工管理和工程质量监测等。

园林植物选用和配置：能够根据设计需要，选择适合的植物种类和配置方案，满足园林设计的需求。

园林项目管理：具备园林项目管理和实施的能力，包括项目策划、执行和管理等。

园林景观营造和维护:具备园林景观营造和维护工作的知识和技能,保证园林景观美观和长久保存。

4.4.7 水利水电工程专业核心知识点和专业技能

(1)核心知识点

水文学:流量、水位、波浪、水位变化等水文学概念和测量方法。

水资源管理:水资源调查、评价、规划、利用和管理的原理和方法。

河流动力学:河道流态、泥沙运动、河道形态变化、水文地貌等基础理论和方法。

水工结构:水坝、渠道、闸门、水电站等水利工程中的水工建筑物设计、施工和监理技术。

(2)专业技能

水利水电工程设计:基于设计标准和规范,能够设计符合安全、经济和环保要求的水利水电工程。

水利水电工程施工和监理:掌握水利水电工程施工和监理技能,能够保证工程建设的质量、安全和进度。

水利水电工程维护和管理:掌握水利水电工程维护和管理技能,能够确保工程长期稳定运行。

水利水电工程自动化控制技术应用:掌握水利水电工程自动化控制技术的原理和应用技能,能够实现自动化控制和智能化管理。

水文测算、水质分析、水资源管理:掌握水文测算、水质分析、水资源管理等技能,能够进行水资源调查、评价、规划、利用和管理。

4.5 土木建筑类专业群职业资格证及核心培训课程

4.5.1 土木工程专业

(1)职业资格证

注册土木工程师:具备土木工程设计和施工管理的能力,能够负责土木工程项目规划、设计和施工监理。

建筑工程造价师:掌握建筑工程造价估算和成本管理的技能,能够进行工程项目的成本控制和预算管理。

建筑施工员:熟悉建筑施工的工艺和流程,能够组织施工队伍并进行现场施工管理。

(2)核心培训课程

工程力学:学习力学的基本原理和应用,包括静力学、动力学和强度学等方面的内容,为土木工程设计提供基础知识。

结构力学:了解结构力学的理论和方法,学习结构的受力分析和设计原理,包括梁、柱、桥梁和土木结构等方面的知识。

土木工程材料：学习土木工程常用材料的性能和特点，包括混凝土、钢材、木材和土壤等材料的应用和工程质量控制。

土木工程施工技术：了解土木工程施工的工艺和流程，学习土木工程施工方法和设备选择与应用，包括土方工程、混凝土施工和结构施工等方面的内容。

土木工程项目管理：掌握土木工程项目管理的原理和方法，包括项目规划、进度管理、成本控制和质量管理等方面的知识。

4.5.2 道路与桥梁工程技术专业

（1）职业资格证

注册道路工程师：该资格证书由相关行业主管部门颁发，证明持有人在道路工程设计、施工和管理方面具备专业能力。

注册桥梁工程师：该资格证书由相关行业主管部门颁发，证明持有人在桥梁工程设计、施工和管理方面具备专业能力。

注册公路养护师：该资格证书专门针对公路养护领域的专业人员，证明持有人具备公路养护技术和管理能力。

注册土木工程师：虽然不是专门针对道路与桥梁工程技术，但注册土木工程师资格证书可以涵盖该专业的相关知识和技能。

（2）核心培训课程

道路工程学：学习道路设计、路基处理、路面材料和施工技术等方面的知识。

桥梁工程学：学习桥梁结构设计、桥梁材料、施工技术和维护管理等方面的知识。

高速公路工程：学习高速公路设计、施工、养护和管理等方面的知识。

桥梁施工技术：学习桥梁施工的各个环节和技术要点。

道路施工技术：学习道路施工的工艺和方法。

工程测量与勘察：学习工程测量的原理和方法。

4.5.3 建筑工程管理专业

（1）职业资格证

建筑工程项目管理师：该资格证书表明持有人在建筑工程项目管理方面具备专业能力，能够进行项目计划、组织、协调和控制，确保工程项目按时、按质、按量完成。

建筑工程造价师：该资格证书证明持有人具备建筑工程造价方面的专业知识和技能，能够进行工程造价估算、成本控制和造价咨询等工作。

建筑工程监理师：该资格证书证明持有人具备建筑工程监理方面的专业能力，能够对工程施工过程进行监督、检查和质量控制。

（2）核心培训课程

建筑工程技术：通过学习建筑工程技术的知识和应用技能，掌握建筑结构、施工工艺和材料选用等方面的专业知识。理解不同类型建筑工程的特点和要求，并具备进行合理技术设计和施工组织。

工程经济学:这门课程注重工程项目的经济管理和决策。学习成本估算、投资分析和经济评估等内容,掌握工程项目经济性和可行性的评估方法,能够进行经济决策,确保项目的经济效益。

工程项目管理:该课程涵盖了工程项目的全过程管理。学习项目规划、组织与协调、进度管理和风险管理等方面的知识,掌握项目管理的理论和方法,能够有效地组织和管理建筑工程项目。

工程质量管理:这门课程侧重于建筑工程的质量管理。学习质量标准与规范、质量控制技术和质量检测与验收等内容,了解建筑工程质量管理的原则和方法,能够确保建筑工程的质量符合要求。

建筑工程施工组织设计:该课程关注建筑工程施工过程的组织和管理。学习施工组织设计、资源调配和施工安排等内容,能够合理安排施工流程和资源,保证施工进度和质量。

学习这些核心培训课程以及取得资格证书将使学生具备全面的建筑工程管理知识和技能,为他们在建筑工程项目管理、施工组织和质量控制等方面的职业发展奠定良好基础。

4.5.4 建筑工程监理专业

(1) 职业资格证

建筑工程监理师:这是建筑行业中的专业资格证书,证明持有人具备进行建筑工程监理的专业知识和技能。持有建筑工程监理师证书的人员可以从事建筑工程的监理工作,确保工程施工符合相关标准和规范。

建筑工程造价师:这是建筑行业中负责工程造价评估和控制的专业资格证书。持有建筑工程造价师证书的人员可以从事工程造价估算、成本控制和费用管理等工作,确保工程项目的经济合理性和可行性。

建筑质量检测员:这是建筑行业中负责检测和评估工程质量的专业资格证书。持有建筑质量检测员证书的人员可以进行工程质量检查、测试和评估,确保工程施工质量符合相关标准和规范。

(2) 核心培训课程

建筑工程技术:学习建筑工程的基本知识和技术要求,包括建筑结构、材料选用、施工工艺等方面,能够理解建筑工程的技术细节和特点,为监理工作提供技术支持和指导。

建筑工程管理:该课程涵盖了建筑工程的管理理论和实践。学习工程项目管理的基本原则和方法,包括项目组织与协调、进度控制、质量管理等方面,能够进行建筑工程管理和监督,确保项目顺利进行。

工程质量管理:这门课程侧重于建筑工程的质量控制和检测。学习质量管理的理论和实践,包括质量标准与规范、质量控制技术、质量检测与验收等方面,能够进行建筑工程的质量监督和检查,确保项目的质量符合要求。

工程合同管理:该课程关注建筑工程合同管理和执行。学习合同管理的原则和方法,包括合同签订、变更管理、索赔处理等方面,能够处理建筑工程合同相关的事务,确保合同的合法性和顺利履行。

建筑法规与政策:这门课程涵盖了建筑法规和政策的基本知识。将学习相关法律法规和政策文件,了解建筑工程的法律责任和规范要求,能够遵守建筑法规和政策,确保项目的合法性和规范性。

通过学习以上核心课程的学习,建筑工程监理专业的学生将全面掌握建筑工程监理的理论和实践知识,具备建筑工程监理师、建筑工程造价师和建筑质量检测员等职业资格证书,为他们在建筑行业中的就业和职业发展提供了帮助。

4.5.5　建筑室内设计专业

(1) 职业资格证

注册室内设计师:注册室内设计师是经过官方认证并注册的室内设计专业人员。他们具备设计室内空间、选择装饰材料、进行室内布置等方面的能力。持有注册室内设计师资格证的人员可以独立进行室内设计工作,并负责项目整体规划和设计。

室内装饰工程师:室内装饰工程师是负责室内装饰施工的专业人员。他们了解装饰工程的技术和施工要求,能够有效地组织和管理装饰施工过程,确保施工质量和进度符合设计要求。

室内空间规划师:室内空间规划师专注于室内空间布局和规划。他们能够根据客户需求和功能要求,合理安排室内空间的各个区域,使空间得到充分利用并满足使用者的需求。

(2) 核心培训课程

室内设计基础:学习色彩学、造型学、设计理论等基本知识,打下室内设计的基础。

建筑构造:学习建筑结构的基本原理和构造技术,了解建筑的承重系统和施工技术。

室内环境设计:学习室内环境规划和设计,包括照明设计、空调设计、声学设计等。

室内空间规划:学习室内空间布局和规划原则,了解人机工程学和空间设计的相关理论和方法。

装修材料与施工:学习不同类型的装修材料和施工技术,了解室内装饰材料选择和施工流程。

4.5.6　风景园林设计专业

(1) 职业资格证

注册风景园林设计师:注册风景园林设计师是经过官方认证并注册的风景园林设计专业人员。他们具备设计公共和私人的景观空间、选择植物材料、进行景观规划和设计等方面的能力。持有注册风景园林设计师资格证的人员可以独立进行风景园林设计工作,并负责项目整体规划和设计。

园林规划师:园林规划师负责对园林项目进行规划和布局。他们考虑环境、地理和文化等因素,制定合理的园林规划方案,并确保规划的可持续性和美观性。

园林绿化工程师:园林绿化工程师负责园林绿化项目施工和管理。他们了解绿化工程的技术和施工要求,能够有效地组织和管理绿化工程过程,确保绿化质量和进度符合设计要求。

(2)核心培训课程

风景园林设计原理:学习景观设计的基本原理和理论,包括景观构图、空间规划、色彩搭配等。

园林植物学:学习园林植物的种类、特性和应用,了解植物在景观设计中的重要性。

园林工程技术:学习园林工程施工技术和管理方法,包括土壤改良、绿化植物种植和养护等。

园林规划与设计:学习园林项目规划原则和设计方法,包括景观规划、场地分析和设计方案制定等。

环境艺术设计:学习将艺术元素融入景观设计中,创造美观和富有艺术感的景观空间。

4.5.7 水利水电工程专业

(1)职业资格证

注册水利工程师:注册水利工程师是经过官方认证并注册的水利工程专业人员。他们负责水利工程规划、设计、施工和管理等方面的工作。持有注册水利工程师资格证的人员可以独立进行水利工程设计和管理,并负责工程全面实施。

水利水电施工员:水利水电施工员在水利水电工程的施工阶段起到重要的作用。他们负责组织和协调工地施工活动,确保工程按照设计要求和工期顺利施工。

水利水电设计师:水利水电设计师负责水利水电工程设计工作。他们考虑水利水电工程的特殊性和技术要求,制定合理的设计方案,并确保工程安全和可持续发展。

(2)核心培训课程

水利工程学:学习水利工程的基本理论和原理,包括水资源开发利用、水利工程设计与施工、水力发电等方面的知识。

水力学:学习水的运动规律和力学原理,掌握水力学在水利工程中的应用和分析方法。

水电站设计与运行:学习水电站设计、建设和运营管理,包括水轮机、发电机组和水力发电系统等方面的知识。

水利水电工程施工技术:学习水利水电工程施工技术和方法,包括工程施工组织、土石方工程、混凝土工程、水工金属结构等方面的知识。

水资源管理与规划:学习水资源管理的理论和方法,了解水资源评价、规划和保护等方面的知识。

4.6 土木建筑类专业群在创业时所需具备的知识结构和技能素质

土木建筑类专业群毕业生在创业时,需要具备综合的知识结构和技能素质。

专业知识:具备土木工程、建筑设计与施工、结构力学、工程管理等方面的专业知识,深入了解土木建筑行业的工艺、材料、施工流程等。

创新能力：具备在土木建筑领域内进行创新的能力，能够提出独特的设计理念和解决方案，推动项目创新发展。

市场分析与调研：具备市场分析和调研能力，了解行业发展趋势、市场需求和竞争状况，为创业项目的定位和发展提供依据。

项目管理：具备良好的项目管理能力，包括项目规划、资源调配、进度控制、质量管理、风险防控等，确保项目顺利进行。

团队协作与沟通：具备良好的团队协作和沟通能力，能够有效地与团队成员、合作伙伴和客户进行沟通和合作，共同推动项目实施。

财务管理：具备基本的财务管理知识，能够进行预算编制、成本控制、财务分析等，保证项目的经济效益和财务健康。

法律法规与风险防范：了解土木建筑行业相关的法律法规和政策，熟悉合同管理、安全生产和风险防范等方面的知识，确保项目合规运营。

设计能力与创意思维：具备一定的建筑、结构和空间设计能力和创意思维，能够提供符合客户需求的设计方案。

建筑材料与施工技术：了解各种建筑材料的特性和应用，掌握先进的施工技术，能够选择合适的材料和施工方法，确保项目质量。

建筑环境与可持续发展：了解建筑环境的影响因素和可持续发展的理念，能够在设计和施工过程中考虑环境保护和资源节约的问题。

创业者还需要具备持续学习和自我提升的能力，紧跟行业发展动态，不断更新知识和技能。同时，具备创新思维、团队协作、市场营销、财务管理、沟通能力、决策能力等综合素质也是创业成功的关键。通过不断学习、实践经验、与行业专家和企业家交流等途径，创业者可以提升自身的能力和素质，更好地应对创业过程中的挑战和机遇。

4.7 土木建筑类专业群硬软件实验和仿真、实训、实习、毕业设计等实践环节

土木工程、道路与桥梁工程技术、建筑工程管理、建筑工程监理、建筑室内设计、风景园林设计、水利水电工程等专业群实践环节丰富多样。

4.7.1 土木建筑类硬件实验课程

土木建筑类硬件实验课程是土木工程、道路与桥梁工程技术、建筑工程管理、建筑工程监理、建筑室内设计、风景园林设计、水利水电工程等专业学生在大学期间进行的实践环节之一。这些实验课程旨在通过实际操作和实验来培养学生的实践能力、技术技能和创新能力。

材料实验：在实验室中进行各种土木建筑材料的性能测试和分析，如混凝土强度测试、

钢材力学性能测试、土壤力学性质测试等。通过这些实验,了解不同材料的性能特点,并掌握实验方法和数据分析技能。

结构实验:进行各种结构模型搭建和加载实验,如梁、柱、桥梁等。通过对结构的加载和观测,了解结构的受力性能和变形特点,并掌握结构实验的基本原理和操作技巧。

施工实验:在实验场地进行建筑施工实验,如砌筑墙体、混凝土浇筑、钢结构搭建等。通过亲身参与施工过程,了解建筑施工的流程和操作规范,掌握基本的施工技能和安全注意事项。

建筑设备实验:在实验室或工程场地进行建筑设备操作和维护实验,如起重机操作、混凝土搅拌机操作、电梯维护等。通过这些实验,了解各种建筑设备的工作原理和操作要点,并培养操作技能和安全意识。

水利水电实验:进行水利水电工程实验,如水流测量、水压实验、水力发电模型实验等。通过这些实验,了解水利水电工程的基本原理和运行机制,并掌握实验方法和数据处理技巧。

以上是土木建筑类硬件实验课程的一些例子,具体内容和安排会因不同专业和课程的要求而有所差异。这些实验课程为学生提供了锻炼实践能力和技术技能的机会,帮助他们将理论知识应用到实际工程中,并为未来的工作和研究打下坚实的基础。

4.7.2 土木建筑类软件实验课

土木建筑类软件实验课程是土木工程、道路与桥梁工程技术、建筑工程管理、建筑工程监理、建筑室内设计、风景园林设计、水利水电工程等专业学生在大学期间进行的实践环节之一。这些实验课程旨在通过使用专业软件工具来进行土木建筑相关的模拟、设计和分析,培养学生的软件应用能力和解决实际问题的能力。

建筑设计软件实验:使用建筑设计软件(如 AutoCAD、SketchUp、Revit 等)绘制和设计建筑平面图、立面图、剖面图等。通过这些实验,掌握建筑设计软件的基本操作和设计技巧,了解建筑设计的流程和规范。

结构分析与设计软件实验:使用结构分析与设计软件(如 STAAD.Pro、ANSYS、SAP2000 等)进行结构静力分析、动力分析、抗震设计等。通过这些实验,了解结构分析与设计软件的原理和应用,掌握结构分析和设计的基本方法。

土力学与地基工程软件实验:使用土力学与地基工程软件(如 Plaxis、FLAC、GEO5 等)进行土壤力学性质分析、地基承载力计算、基坑开挖模拟等。通过这些实验,了解土力学与地基工程软件的使用方法和应用范围,掌握土壤力学和地基工程的基本原理。

水利水电工程软件实验:使用水利水电工程软件(如 HEC-RAS、HEC-HMS、EPANET 等)进行水流模拟、水资源评估、水力发电计算等。通过这些实验,了解水利水电工程软件的功能和应用,掌握水利水电工程的基本理论和方法。

建筑信息模型(BIM)软件实验:使用建筑信息模型软件(如 Revit、Archicad、Tekla 等)进行建筑模型的三维设计、协同设计和施工图制作等。通过这些实验,了解 BIM 技术在建筑行业中的应用,掌握 BIM 软件的基本操作和设计流程。

以上是土木建筑类软件实验课程的一些例子,具体内容和软件工具会因不同专业和课程的要求而有所差异。这些实验课程帮助学生熟练掌握专业软件工具,提升软件应用能力,并培养解决实际问题的能力,为未来的工作和研究打下坚实的基础。

4.7.3 土木建筑类仿真和模拟实验课

土木建筑类仿真和模拟实验课程是土木工程、道路与桥梁工程技术、建筑工程管理、建筑工程监理、建筑室内设计、风景园林设计、水利水电工程等专业学生在大学期间进行的实践环节之一。这些实验课程旨在通过使用仿真软件和模拟工具,对土木建筑相关的场景、结构、流体等进行模拟和分析,以增强学生的实际操作能力和问题解决能力。

结构仿真实验:使用结构仿真软件(如 ANSYS、ABAQUS、LS-DYNA 等)对各种结构进行仿真分析,如钢结构、混凝土结构、桥梁结构等。通过这些实验,了解结构仿真软件的使用方法和原理,分析结构的强度、稳定性和动力响应等问题。

土力学仿真实验:使用土力学仿真软件(如 Plaxis、FLAC、GEO5 等)对不同土体的力学性质和工程问题进行仿真分析,如土壤侧向力、基坑开挖、地基沉降等。通过这些实验,了解土力学仿真软件的原理和应用,分析土体的力学行为和工程效应。

水流仿真实验:使用水流仿真软件(如 Flow-3D、OpenFOAM、MOOSE 等)对河流、水库、水闸等水力工程问题进行仿真模拟,如水流动力学、泥沙运移、水能利用等。通过这些实验,了解水流仿真软件的使用方法和原理,分析水力工程中的水文水力特性和工程效果。

建筑能耗仿真实验:使用建筑能耗仿真软件(如 EnergyPlus、DesignBuilder、eQUEST 等)对建筑能耗进行仿真模拟和分析,如热传导、太阳辐射、空调系统等。通过这些实验,了解建筑能耗仿真软件的原理和应用,评估建筑能效和节能策略。

风场模拟实验:使用风场模拟软件(如 WindSim、WindPRO、CFD 等)对风能利用和建筑风环境进行仿真模拟,如风力发电、风场分布、建筑风压等。通过这些实验,了解风场模拟软件的使用方法和原理,分析风力工程和建筑风环境的特性和效果。

以上是土木建筑类仿真和模拟实验课程的一些例子,具体内容和软件工具会因不同专业和课程的要求而有所差异。这些实验课程帮助学生通过仿真和模拟手段深入理解土木建筑领域的实际问题和工程现象,提高实际操作能力和问题解决能力,为未来的工作和研究提供实践基础。

4.7.4 土木建筑类实训课

土木建筑类实训课程是土木工程、道路与桥梁工程技术、建筑工程管理、建筑工程监理、建筑室内设计、风景园林设计、水利水电工程等专业学生在大学期间进行的实践环节之一。这些实训课程旨在通过实际操作和实地实践,让学生接触和应用各类土木建筑设备、工具和技术,培养他们的实际操作能力和团队合作精神。

建筑施工实训:在实际的建筑工地或模拟建筑工地上进行建筑施工实训。学习并参与各种建筑工程活动,如基础施工、墙体砌筑、屋面施工等。通过实践,了解施工流程、操作技术和安全注意事项,培养实际操作能力和团队协作精神。

结构实验室实训:在结构实验室中进行各种土木建筑结构实验。学习使用各类测量仪器和试验设备,进行结构强度、变形和振动等方面的实验。通过实际操作,掌握结构实验的基本原理和方法,培养实验设计和数据分析能力。

建筑材料实训:在建材实验室中进行各种建筑材料的实验和测试。学习建筑材料的性能、特点和使用方法,进行材料强度、耐久性、防火性能等方面的实验。通过实践,掌握材料实验和测试的基本技术和标准,培养材料选择和评估能力。

CAD绘图实训:通过计算机辅助设计(CAD)软件进行土木建筑绘图实训。学习使用CAD软件绘制建筑平面图、立面图、剖面图等,了解绘图规范和符号,培养图纸设计和展示能力。

工程测量实训:在实际工地或模拟工地上进行工程测量实训。学习使用测量仪器和工具进行地形测量、建筑物定位、坐标测量等。通过实践,掌握测量技术和数据处理方法,培养精准测量和空间感知能力。

以上是土木建筑类实训课程的一些例子,具体内容和安排会因不同专业和课程的要求而有所差异。这些实训课程通过实际操作和实地实践,让学生接触和应用土木建筑领域的实际工作和技术,提高他们的实际操作能力、问题解决能力和团队合作精神。同时,实训课程也为学生未来的工作和职业发展提供了实践基础。

4.7.5　土木建筑类生产实习

土木建筑类生产实习是土木工程、道路与桥梁工程技术、建筑工程管理、建筑工程监理、建筑室内设计、风景园林设计、水利水电工程等专业学生在大学期间进行的实践环节之一。这些实习课程旨在让学生亲身参与土木建筑项目的实际施工和生产过程,深入了解工程实践和现场管理,培养他们的实际操作能力、问题解决能力和团队协作精神。

工地实习:在实际的土木建筑工地上进行实习。参与工地的日常施工和生产活动,了解各种土木建筑设备、材料和工艺,学习工程施工流程和安全管理。通过实际操作,掌握现场施工技术、质量控制和进度管理等方面的知识和技能。

建筑公司实习:在建筑公司或工程承包商等相关企业进行实习。参与公司的土木建筑项目,了解项目管理、合同管理、工程监督等方面的工作内容。通过实际工作,学习项目组织与协调、资源调配、成本控制等实际运营管理技巧。

设计院实习:在土木建筑设计院或规划设计机构进行实习。参与建筑设计项目,了解设计理念、图纸绘制、施工图深化等方面的工作内容。通过实际设计工作,掌握设计流程、专业软件应用和培养设计创意。

施工管理实习:在工地施工管理部门进行实习。参与施工管理工作,了解工程进度控制、质量验收、安全监督等方面的工作内容。通过实际管理实践,学习施工管理技术、培养团队协作和问题解决能力。

实验室研究实习:在土木建筑相关的研究机构或实验室进行实习。参与科研项目或实验室研究,进行实验数据采集、数据分析和技术探索等工作。通过实际研究实习,学习科研方法、培养创新思维和实验技能。

以上是土木建筑类生产实习的一些例子,具体内容和安排会因不同专业和课程的要求而有所差异。这些实习课程通过让学生参与实际的土木建筑项目和工作场景,在实践中学习和应用专业知识和技能,培养解决实际问题的能力和职业素养。同时,实习也为学生提供了与行业专业人士互动、了解行业发展趋势和建立职业网络的机会,为他们未来的工作和职业发展打下基础。

4.7.6 土木建筑类毕业设计

土木建筑类毕业设计是土木工程、道路与桥梁工程技术、建筑工程管理、建筑工程监理、建筑室内设计、风景园林设计、水利水电工程等专业学生在大学最后阶段进行的综合性设计项目。毕业设计旨在通过学生独立或小组合作完成一个具体的土木建筑设计任务,运用所学的专业知识和技能解决实际问题。

土木建筑类毕业设计是一个综合设计项目,涉及的环节较多,一般按照一定的步骤实施。

选题与规划:学生根据自身兴趣和专业背景选择一个合适的设计题目,并与指导教师一起进行讨论,并确定设计方向。在确定题目后,学生需要制定设计规划和目标,明确设计任务的范围和要求。

背景调研与文献综述:学生需要进行相关领域的背景调研和文献综述,了解现有的设计理论、技术和实践经验。通过研究前人工作,学生可以获取宝贵的设计参考和启示,为自己的设计提供支持。

方案设计与优化:学生根据设计任务,提出不同的设计方案,并对方案进行评估和优化。这包括设计方案绘图、计算、分析和模拟等工作。学生需要考虑设计的可行性、经济性、安全性和环境可持续性等因素,并选择最佳的设计方案。

设计计算与细化:学生需要进行设计计算和细化工作,包括结构计算、材料选型、工艺流程设计等。学生需要运用相关的设计规范和工程原理,保证设计方案的安全可靠性和实施可行性。

绘图与报告撰写:学生需要将设计方案以图纸和报告的形式进行呈现。这包括制作平面图、立面图、剖面图等设计图纸,并撰写设计报告,详细描述设计方案的设计思路、计算结果和技术要求。

毕业答辩:学生需要参加毕业设计答辩,向评委会展示自己的设计成果并回答评委的问题。在答辩中,学生需要清晰地表达自己的设计思路、设计方法和设计成果,展示自己的专业能力和创新思维。

土木建筑类毕业设计的内容和要求会因不同专业和学校的要求有所差异。毕业设计旨在培养学生的创新能力、综合应用能力和解决问题的能力,为他们进入职业领域做好准备。通过毕业设计的实践锻炼,学生可以综合运用所学的理论知识和实践技能,提升自己的专业水平,并为未来的工作和职业发展打下坚实的基础。

大学生专业知识与就业前景

4.8　土木建筑类专业群毕业设计题目示例

4.8.1　土木工程专业的毕业设计开题方向和内容提要

(1) 长跨度桥梁结构的疲劳损伤分析研究

开题方向：长跨度桥梁结构的疲劳损伤分析研究。

内容提要：以长跨度桥梁结构为研究对象，分析疲劳损伤的成因和影响因素，提出疲劳分析的方法和步骤，探讨不同桥梁结构的疲劳寿命和维护方案。

(2) 高层建筑地基基础设计与施工技术研究

开题方向：高层建筑地基基础设计与施工技术研究。

内容提要：以高层建筑地基基础为研究对象，分析地基基础设计的原理和方法，探讨不同地质条件下的基础形式和选型方案。通过实地考察和文献资料收集，提出地基基础施工的技术措施和质量控制方案。

(3) 土木工程中的新型建筑结构研究

开题方向：土木工程中的新型建筑结构研究。

内容提要：以新型建筑结构为研究对象，分析新型建筑结构的设计原理和方法，探讨不同地区建筑结构选型和施工方案。通过实地考察和文献资料收集，提出新型建筑结构的施工技术和质量控制方案。

(4) 抗震设计与施工技术研究

内容提要：以桥梁抗震设计与施工技术为研究对象，分析桥梁抗震设计的原理和方法，探讨不同地区桥梁抗震设计和施工方案。通过实地考察和文献资料收集，提出桥梁抗震设计的管理措施和质量控制方案。

(5) 土木工程中的钢筋混凝土结构施工技术研究

开题方向：土木工程中的钢筋混凝土结构施工技术研究。

内容提要：以钢筋混凝土结构施工技术为研究对象，分析钢筋混凝土结构施工的原理和方法，探讨不同钢筋混凝土结构条件下的技术手段和施工方案。通过实地考察和文献资料收集，提出钢筋混凝土结构施工的管理措施和质量控制方案。

4.8.2　道路与桥梁工程技术专业的毕业设计开题方向和内容提要

(1) 高速公路路面结构优化设计

开题方向：针对高速公路路面结构设计存在的问题，研究其优化设计方案，提高路面的承载能力和耐久性。

内容提要:对高速公路路面结构中的各个构件进行分析,利用有限元分析等方法,设计出优化的路面结构,并通过实验验证和现场施工应用,证明新设计方案的优越性。

(2) 悬索桥跨越长江的设计研究

开题方向:针对悬索桥在跨越大河时遇到的问题,研究其设计方案,保证桥梁的安全稳定性。

内容提要:结合国内外悬索桥跨越江河的案例,通过有限元分析等方法,对悬索桥的设计方案进行研究。重点研究悬索桥锚固系统、桥塔设计和桥面结构等方面,保证桥梁的安全稳定性。

(3) 道路交通流模拟仿真技术研究

开题方向:针对城市交通拥堵问题,研究道路交通流模拟仿真技术,优化城市交通运行。

内容提要:对道路交通流模拟仿真技术进行研究,结合实际数据和城市交通运行特点,设计仿真模型,通过模拟不同方案下的交通状况,优化交通系统运行,提高道路使用效率。

(4) 桥梁施工现场质量管理研究

开题方向:针对桥梁施工现场质量管理问题,研究管理方法和技术,提高桥梁施工质量。

内容提要:以桥梁施工现场质量管理为研究对象,分析桥梁施工质量管理的重要性和存在的问题,探讨管理方法和技术。通过实地考察和文献资料收集,提出桥梁施工质量管理的管理措施和质量控制方案。

(5) 高速公路收费站设计研究

开题方向:针对高速公路收费站存在的问题,研究设计方案,提高收费站的服务水平和管理效率。

内容提要:以高速公路收费站设计为研究对象,分析收费站的服务水平和管理效率问题,探讨收费站的设计方案。从道路交通组织、收费系统设计、环境景观等方面进行研究,提出一系列优化的措施。

4.8.3 建筑工程管理专业的毕业设计开题方向和内容提要

(1) 基于 BIM 的建筑工程管理系统设计

开题方向:建筑工程管理系统设计的 BIM 应用。

内容提要:通过 BIM 技术,建立建筑工程管理系统,实现工程立体化管理。探究 BIM 技术在建筑工程管理中的应用,并分析 BIM 技术的优势和不足。

(2) 建筑工程成本管理

开题方向:建筑工程成本管理的理论与实践。

内容提要:研究建筑工程成本管理的理论和方法,并以具体建筑工程为例,对成本进行控制和管理,提高建筑工程质量和效益。

(3) 建筑工程质量管理

开题方向:建筑工程质量管理的方法与实践。

内容提要:分析建筑工程质量管理的流程和关键点,研究工程质量管理的方法和实践,提高建筑工程质量水平。

(4) 建筑企业现代化管理模式研究

开题方向：研究建筑企业现代化管理模式，提高企业管理水平和效益。

内容提要：以建筑企业现代化管理为研究对象，探讨现代化管理的概念、特点及其对建筑企业的影响，分析现代化管理在建筑企业中的应用现状和存在的问题，提出相应的解决方案。

(5) 建筑工程成本管理研究

开题方向：研究建筑工程成本管理，提高工程成本控制能力和效益。

内容提要：以建筑工程成本管理为研究对象，探讨成本管理的概念、特点及其对建筑工程的影响，分析成本管理在建筑工程中的应用现状和存在的问题，提出相应的解决方案。

4.8.4 建筑工程监理专业的毕业设计开题方向和内容提要

(1) 建筑工程施工现场质量监督管理研究

开题方向：研究建筑工程施工现场质量监督管理的流程和方法，提高施工现场的质量控制水平。

内容提要：以建筑工程施工现场为研究对象，对施工现场质量监督管理的流程和方法进行分析和研究，提出质量控制的有效措施。

(2) 建筑工程施工图审查管理研究

开题方向：研究建筑工程施工图审查管理的流程和方法，提高审查效率和准确性。

内容提要：以建筑工程施工图审查为研究对象，分析审查管理的流程和方法，并提出优化建议，以提高审查效率和准确性。

(3) 建筑工程监理中的现场施工管理研究

开题方向：研究建筑工程监理中的现场施工管理方法，提高现场施工效率和质量。

内容提要：以建筑工程监理为研究对象，分析现场施工管理的方法和流程，并提出具体措施，以提高现场施工效率和质量。

(4) 建筑工程监理中的质量监控体系研究

开题方向：以建筑工程监理中质量监控体系为研究对象，研究其构成和应用，提高建筑工程质量。

内容提要：通过对建筑工程监理中质量监控体系的构成和应用进行研究，提高建筑工程质量。重点研究监理人员如何进行有效监管，以及如何规范施工现场。

(5) 建筑节能技术在工程监理中的应用

开题方向：研究建筑节能技术在工程监理中的应用，探讨建筑节能技术在工程监理中的优势和难点，提高工程监理的能力和水平。

内容提要：以建筑节能技术为研究对象，以工程监理为背景，探讨建筑节能技术在工程监理中的应用。通过分析建筑节能技术的优势和难点，探讨如何在工程监理中应用建筑节能技术，提高工程监理的能力和水平。

4.8.5 建筑室内设计专业的毕业设计开题方向和内容提要

(1) 时尚概念在商业空间设计中的应用

开题方向:探讨时尚概念在商业空间设计中的应用价值,并研究如何巧妙地将时尚元素运用到商业空间设计当中。

内容提要:通过收集大量商业空间设计案例和时尚行业案例,探讨时尚概念在商业空间设计中的应用,并以时尚设计为切入点,探究如何将时尚元素融入商业空间设计中,以达到更好的商业效果。

(2) 文化元素在酒店室内设计中的应用

开题方向:探讨如何在酒店室内设计中巧妙地运用文化元素,增加酒店的文化内涵,提高消费者满意度。

内容提要:以文化元素的定义和酒店室内设计为切入点,研究文化元素在酒店室内设计中的应用。通过案例分析和调查问卷的方式,探讨如何在设计中加入具有本土文化特色的元素,以增加酒店的文化内涵和特色。

(3) 利用 AR 技术提升博物馆展览空间的互动性

开题方向:利用增强现实技术提升博物馆展览空间的互动性,改善参观者的参观体验。

内容提要:以增强现实技术为手段,针对博物馆展览空间存在的问题,研究如何提升展览空间的互动性,改善参观者的参观体验。通过 AR 技术将展品和展览空间进行虚拟化,并结合实际展览,设计一套 AR 应用方案,增强展览空间的互动性和参观者的参观体验。

(4) 办公室绿色设计策略研究

开题方向:探讨如何通过绿色设计策略优化办公室室内环境,提高员工的舒适感和工作效率。

内容提要:从绿色建筑的角度出发,探讨办公室绿色设计的概念和策略。结合实例分析如何通过绿色设计策略优化办公室室内环境,包括采光、通风、温度、湿度等方面。通过问卷调查和实地考察,评估绿色设计策略对员工舒适感和工作效率的影响。

(5) 儿童游乐设施设计及应用研究

开题方向:针对儿童游乐设施存在的安全隐患和设计不足,研究其设计原则和应用技术,提高游乐设施的安全性和趣味性。

内容提要:以儿童游乐设施为研究对象,分析儿童游乐设施存在的安全隐患和设计不足。重点探讨儿童游乐设施的设计原则和应用技术,通过设计和实验,验证相关技术的可行性和有效性。

4.8.6 风景园林设计专业的毕业设计开题方向和内容提要

(1) 城市公园设计中的生态环境保护研究

开题方向:研究城市公园设计中生态环境保护的原则和策略,探讨如何实现生态环境保护与城市公园美化相统一。

内容提要:以城市公园设计为研究对象,通过文献综述和案例分析,探讨城市公园生态环境保护的原则和策略,并提出生态环境保护与城市公园美化的统一方法。

(2)古典园林设计中的文化遗产保护研究

开题方向:研究古典园林设计中文化遗产保护的原则和策略,探讨如何实现文化遗产保护与古典园林设计完美结合。

内容提要:以古典园林设计为研究对象,通过文献综述和案例分析,探讨古典园林设计中文化遗产保护的原则和策略,并提出实现文化遗产保护与古典园林设计完美结合的方法。

(3)现代城市广场设计中的人文关怀研究

开题方向:研究现代城市广场设计中的人文关怀,探讨如何通过设计来满足城市居民的精神需求。

内容提要:以现代城市广场设计为研究对象,通过文献综述和案例分析,探讨现代城市广场设计中的人文关怀,分析城市居民的精神需求,并提出设计策略以满足这些需求。

(4)城市绿地系统规划中的生态保护研究

开题方向:研究城市绿地系统规划中的生态保护策略,探讨如何实现城市绿地系统规划生态可持续发展。

内容提要:以城市绿地系统规划为研究对象,通过文献综述和案例分析,探讨城市绿地系统规划中的生态保护策略,分析城市绿地系统规划生态可持续发展的方法。

(5)园林艺术在现代景观设计中的应用

开题方向:以现代景观设计为背景,探究园林艺术在景观设计中的应用价值。

内容提要:通过对园林艺术的定义和现代景观设计的特点的分析,深入探讨园林艺术在现代景观设计中的应用方式和效果,为提高现代景观设计水平提供有益的借鉴。

4.8.7 水利水电工程专业毕业设计题目和开题方向

(1)水库防汛工程设计

以某水库为研究对象,通过对历史洪水的分析和预测,设计一套科学有效的防汛工程,提高水库的防洪能力。

(2)水电站智能监控系统设计

以某水电站为研究对象,利用物联网和云计算技术,设计一套智能监控系统,提高水电站的运行效率和设备维护质量。

(3)水电站电力调度与控制系统设计

以某水电站为研究对象,设计一套完整的电力调度和控制系统,提高水电站的发电效率和电力供应质量。

(4)水电站水轮机启闭机构的设计与优化

以某水电站为研究对象,通过对水轮机启闭机构的分析和优化,提高水电站的发电效率和设备使用寿命。

(5)水力发电站自动化控制研究

以某水力发电站为研究对象，设计一套智能化的自动化控制系统，提高发电站的运行效率和能量利用率。

4.9 土木建筑类专业群涉及的行业典型企业的详细介绍与分析

(1) 中国建筑集团有限公司

中国建筑集团有限公司(China State Construction Engineering Corporation，简称中国建筑集团)是中国最大的建筑施工企业之一，也是世界上规模最大的建筑工程公司之一。

中国建筑集团成立于1982年，总部位于中国北京。公司业务范围广泛，涵盖建筑施工、设计咨询、房地产开发、物业管理等领域。作为国有大型企业，中国建筑集团在中国及全球范围内承揽了众多重要的工程项目，包括高速公路、桥梁、铁路、机场、体育场馆、商业综合体等。

其核心竞争力如下局面：

丰富的项目经验：中国建筑集团参与过众多重大工程项目，积累了丰富的项目经验和技术实力。公司在高层建筑、基础设施、工业厂房等领域具有卓越的施工能力。

全球化布局：中国建筑集团在全球范围内设有多个分支机构和子公司，拥有强大的国际化运作能力。公司在海外市场上承建了许多标志性项目，树立了良好的声誉。

创新科技应用：中国建筑集团注重科技创新，积极应用信息化、智能化、建筑工艺等技术，提升工程质量和施工效率。

中国建筑集团是中国建筑行业的龙头企业，也是全球建筑工程领域的重要参与者。凭借雄厚的实力和卓越的施工能力，中国建筑集团在国内外市场上享有良好的声誉和广泛的影响力。公司在中国房地产开发和基础设施建设领域具有较高的市场份额和竞争力。

中国建筑集团致力于推动创新发展和可持续发展。未来，公司将继续加强技术研发，提升工程质量和施工效率；加强国际合作，拓展海外市场；积极参与绿色建筑和智慧城市建设，推动行业可持续发展。

中国建筑集团作为中国最大的建筑施工企业之一，凭借丰富的项目经验、技术实力和全球化布局，成为行业领导者。公司以卓越的施工能力和良好的声誉，为国内外的重要工程项目提供优质的服务。在未来，中国建筑集团将继续引领行业发展，致力于创新和可持续发展。

(2) 中铁建工集团有限公司

中铁建工集团有限公司(China Railway Construction Corporation Limited)是中国最大的建筑施工企业之一，也是世界知名的建筑工程公司之一。

中铁建工集团成立于2007年，总部位于中国北京。作为中国铁道建筑工程总公司(中铁建)的重要子公司，中铁建工集团在建筑施工、房地产开发、基础设施建设等领域具有广泛的业务范围。公司在中国及全球范围内承揽了众多重要工程项目，包括高速公路、铁路、桥梁、隧道、机场、城市轨道交通等。

其核心竞争力有如下方面：

丰富的工程经验：中铁建工集团承揽了众多重大工程项目，拥有丰富的工程经验和专业的施工团队。公司在各类建筑工程、土木工程和基础设施建设方面具备较强的施工能力。

全球化布局：中铁建工集团在全球范围内设有多个分支机构和子公司，具备国际化运作能力。公司在海外市场上承建了许多重要工程，积累了丰富的国际经验和声誉。

技术创新与绿色发展：中铁建工集团注重技术创新和绿色建筑，积极应用先进的施工技术和环保材料，推动可持续发展。

中铁建工集团是中国建筑行业的龙头企业之一，也是全球建筑工程领域的重要参与者。公司以雄厚的实力和卓越的施工能力享有良好的声誉和广泛的影响力。中铁建工集团在中国基础设施建设和房地产开发领域占据重要地位，同时也在国际市场上取得了显著的成绩。

未来发展

中铁建工集团致力于推动创新发展和绿色建筑，积极参与国家重大工程和城市建设。未来，公司将继续加强技术创新，提升施工效率和质量；加强国际合作，开拓更多海外市场；积极推动可持续发展和绿色建筑，为建设美丽中国做出贡献。

中铁建工集团作为中国最大的建筑施工企业之一，凭借丰富的工程经验、全球化布局和技术创新能力，成为行业领导者。公司在基础设施建设、房地产开发和各类工程项目上取得了显著成绩，树立了良好的声誉。在未来，中铁建工集团将继续引领行业发展，致力于技术创新和可持续发展。

(3) 中国交通建设集团有限公司

中国交通建设集团有限公司(China Communications Construction Group Limited，简称CCCC)是中国最大的综合性交通基础设施建设企业之一，也是全球知名的交通建设集团之一。

中国交通建设集团成立于2005年，总部位于中国北京。作为中国交通运输部直属的大型国有企业，中国交通建设集团在公路、铁路、港口、航道、桥梁、隧道等领域拥有广泛的业务范围。公司在中国及全球范围内承揽了众多重要交通基础设施项目，为国家和地区的交通建设做出了重要贡献。

其核心竞争力有如下方面：

综合性实力：中国交通建设集团具备全方位的建设能力，涵盖了规划、设计、施工、设备制造等多个环节。公司拥有一流的工程技术和管理团队，能够实施复杂的交通基础设施项目。

全球化布局：中国交通建设集团在全球范围内设有多个分支机构和子公司，具备国际化运作能力。公司在海外市场上承建了许多重要的交通基础设施项目，拥有丰富的国际经验和声誉。

技术创新和可持续发展：中国交通建设集团注重技术创新和可持续发展，在推动交通建设的同时，致力于节能减排、环境保护和生态修复等方面的工作。

中国交通建设集团是中国交通建设行业的龙头企业之一，也是全球交通建设领域的重要参与者。公司在公路、铁路、港口等领域拥有广泛的项目经验和技术实力，享有良好的声誉和广泛的影响力。中国交通建设集团在中国交通基础设施建设和海外市场上都占据重要地位，为国家和地区的交通发展做出了重要贡献。

中国交通建设集团将继续致力于技术创新和可持续发展，加强国际合作，开拓更多海外市场。公司将继续推动交通基础设施建设，提升工程质量和效率，为国家的交通运输事业做出更大贡献。

中国交通建设集团作为中国最大的交通基础设施建设企业之一，凭借综合性实力、全球化布局和技术创新能力，在行业中占据重要地位。公司在公路、铁路、港口等领域具备丰富的项目经验和技术优势，积极参与国家和地区的交通建设。中国交通建设集团将继续致力于技术创新和可持续发展，推动交通基础设施建设和行业发展。

(4) 中建二局集团有限公司

中建二局集团有限公司(China Construction Second Engineering Bureau Group Co., Ltd.)，简称中建二局，是中国知名的建筑施工企业之一。

中建二局集团成立于 1953 年，总部位于中国北京。作为中国建筑工程集团有限公司的全资子公司，中建二局在建筑工程施工领域具有深厚的实力和丰富的经验。公司承接了众多国内外的重大工程项目，涉及住宅、商业、工业、公共建筑等多个领域。

其核心竞争力有如下方面：

丰富的经验和专业技术：中建二局在建筑施工领域具有多年的丰富经验，拥有一支技术精湛、专业化的工程团队。公司在项目管理、工程质量控制、安全管理等方面具备卓越的能力。

大型综合工程能力：中建二局具备承接各类大型综合工程项目的能力，包括超高层建筑、桥梁隧道、地铁轨道交通、水利水电等。公司在技术、设备和施工组织方面具备较强的综合实力。

国际化运营能力：中建二局在国内外市场都具有广泛的业务拓展能力。公司在海外市场承揽了许多重要的建筑工程项目，积累了丰富的国际经验和优秀的业绩。

中建二局在中国建筑施工行业中享有较高的声誉和影响力，被评为中国建筑企业 500 强之一。公司在各类建筑工程项目中承担重要角色，为国家和地区的建设事业做出了重要贡献。中建二局在国内外市场上拥有广泛的合作伙伴和客户，与众多知名企业和机构建立了紧密的合作关系。

中建二局将继续秉持"追求卓越，创造精品"的发展理念，注重科技创新和可持续发展，提高工程质量和效率。公司将进一步拓展国内外市场，加强与国内外合作伙伴合作，推动企业可持续发展和国际化运营。

中建二局集团作为中国著名的建筑施工企业，凭借丰富的经验、专业技术和卓越的项目管理能力，成为国内建筑工程行业的重要参与者。公司具备承接各类大型综合工程项目的能力，并在国内外市场上取得了良好的业绩和声誉。中建二局将继续致力于科技创新和可持续发展，为国家的建设事业做出更大的贡献。

(5) 中国水利水电建设集团有限公司

中国水利水电建设集团有限公司(China Water Resources and Hydropower Engineering Corporation)，简称中国水利水电集团，是中国专业从事水利水电工程建设的大型企业。

中国水利水电建设集团成立于1983年,总部位于中国北京。作为中国水利部直属的专业施工企业,中国水利水电集团承接了众多国内外的水利水电工程项目。公司业务涵盖水库、水电站、港口工程、治水工程等多个领域。

其核心竞争力有如下方面:

丰富的水利水电工程经验:中国水利水电集团在水利水电工程建设领域拥有多年的丰富经验,具备全面的项目管理和技术能力。公司在水利工程规划、设计、施工等方面具备较强的专业实力。

高质量工程建设能力:中国水利水电集团注重工程质量和安全,具备严格的质量管理体系和安全管理体系。公司拥有一支技术精湛、经验丰富的专业团队,能够高效完成各类水利水电工程项目。

创新科技与技术引领:中国水利水电集团积极推动科技创新和技术引领,注重应用先进的工程技术和装备,提升工程建设的效率和质量。公司在水利水电领域取得了一系列创新成果和技术突破。

中国水利水电集团在中国水利水电工程建设行业中具有较高的市场地位和影响力,是中国水利工程施工的重要力量之一。公司在国内外市场上承接了众多重大水利水电工程项目,为国家和地区的水资源开发和管理做出了重要贡献。中国水利水电集团与国内外众多合作伙伴和客户建立了紧密的合作关系。

中国水利水电集团将继续致力于科技创新和绿色发展,提升工程质量和安全水平。公司将加强与国内外水利水电企业合作,推动行业技术进步和交流。中国水利水电集团将以国际化视野,积极参与国际水利水电工程合作,扩大在国际市场的影响力。

中国水利水电建设集团作为中国水利部直属的专业施工企业,具备丰富的水利水电工程建设经验和专业能力。公司在水利水电领域具有较高的市场地位和影响力,承接了众多重大水利水电工程项目。中国水利水电集团将继续致力于科技创新和绿色发展,推动水利水电工程建设可持续发展,为国家水资源开发和管理做出更大的贡献。

4.10 本章思考题

(1) 土木建筑类专业群的行业发展状况与趋势

分析土木建筑类专业群的行业发展状况和未来趋势,讨论对应行业领域的就业前景和就业岗位的需求。

(2) 知识结构和技能素质要求对土木建筑类专业群的就业的影响

除了专业知识,土木建筑类专业群对于学生的哪些技能素质有较高的要求?探讨这些技能素质如何提高学生的就业竞争力。

(3) 实践环节对土木建筑类专业群的重要性

讨论土木建筑类专业群中的实践环节(如实验、实训、实习等)对于学生的能力培养和就业准备方面的重要性。

（4）课程论文和毕业设计的方向

选择土木建筑类专业群中的一个具体领域，如结构工程、建筑管理等，提出一个适合该领域的课程论文或毕业设计的方向，并解释该方向对学生的就业和专业发展的意义。

第 5 章　电子信息与电气工程类专业群知识结构与就业前景

电子信息与电气工程是现代科技发展中的重要领域，它们的进步与变革直接影响着人类生活的各个方面，从通信网络、智能家居到工业生产、能源系统，都离不开电子信息与电气工程的贡献。因此，对于这两个专业领域的学生来说，了解自己专业的知识结构、发展趋势以及就业前景是至关重要的。

本章主要针对电子信息与电气工程类专业群的相关内容进行全面、深入的阐述。首先，我们将介绍各个专业涉及的行业现状和发展趋势，让学生了解到自己所学知识在实际生活中的应用，以及未来的发展方向。接下来，详述各专业的就业前景和可能从事的工作岗位，以及这些岗位的发展趋势，帮助学生对自己的未来有一个清晰的规划。在对行业现状和就业前景有了初步了解后，本章将对电子信息与电气工程类专业群的培养方向和主干课程进行详细的介绍，同时提供相关课程论文的示例，帮助学生更好地理解课程内容，提高专业研究能力。同时，我们也会阐述各专业的核心知识点和专业技能，帮助学生了解自己需要掌握的主要知识和技能。此外，本章还将介绍各专业可能需要的职业资格证及核心培训课程，以及在创业时所需具备的知识结构和技能素质。对于希望自主创业的学生来说，这部分内容无疑是非常重要的。最后，本章将详细描述各专业的实践环节，包括硬件实验、仿真、实训、实习以及毕业设计等内容，并提供一些毕业设计题目的示例。

本章旨在为电子信息与电气工程类专业群的学生提供一个全面、深入的专业指导，帮助他们更好地了解自己的专业，提高专业能力，规划未来的专业和职业生涯。

5.1　电子信息与电气工程类专业群涉及的行业现状与发展趋势

电子信息与电气工程类专业群主要涉及四个专业，即电子信息工程和电子信息工程技术、电气工程及其自动化、应用电子技术、智能控制技术等专业，它们在当今社会中扮演着重要角色。这些专业领域为不同行业发展提供了关键技术支持。

5.1.1 电子信息工程和电子信息工程技术专业的相关行业现状和趋势

电子信息工程和电子信息工程技术专业涉及电子信息领域的理论与应用知识,培养学生具备设计、开发和管理电子系统和设备的能力。

(1) 现状

通信行业:通信行业是电子信息工程的主要就业领域之一。随着移动通信、互联网、物联网等技术的迅速发展,通信设备、网络建设和通信服务等领域需求持续增长。

电子设备制造业:电子设备制造业是电子信息工程的重要就业领域之一。随着电子产品的普及和更新换代,各类电子设备制造和研发需求不断增加。

能源与电力行业:电力行业需要电力系统设计、电网建设和电力设备研发与管理,电子信息工程专业的人才在电力行业有着广泛的应用。

制造业:电子信息工程专业的技术在制造业中也得到广泛应用,如工业自动化、控制系统、工厂智能化等领域。

(2) 趋势

5G与物联网:5G和物联网快速发展将为电子信息工程专业提供更多就业机会。5G技术将推动移动通信、物联网、智能城市等领域创新和发展。

人工智能与大数据:人工智能和大数据技术兴起将对电子信息工程产生深远影响。电子信息工程专业的学生需要具备相关技能,如机器学习、数据分析和智能系统开发等,以满足人工智能和大数据行业的需求。

智能家居与智能设备:智能家居和智能设备市场快速增长带动了对智能硬件和软件开发的需求。电子信息工程专业的学生可以在智能家居、智能穿戴设备、智能医疗设备等领域找到就业机会。

绿色与可持续发展:环保和可持续发展的重要性日益凸显。在电子信息工程行业,对绿色设计和能源效率的关注逐渐增加,例如低功耗电子设备和可再生能源技术。

跨学科领域:电子信息工程专业与其他学科交叉融合将推动创新和发展。例如,与生物医学工程、材料科学、光电子技术等领域结合,将带来更多的机会和挑战。

电子信息工程和电子信息工程技术专业在通信、电子设备制造、能源与电力、制造业等行业有着广泛的就业机会。未来,随着5G、物联网、人工智能等新技术的发展,电子信息工程专业的就业前景将更加广阔。学生可以通过持续学习和更新知识,不断适应行业的变化和需求,提升自身竞争力。

5.1.2 电气工程及其自动化专业涉及的相关行业现状和趋势

电气工程及其自动化是一个广泛应用于各个领域的专业领域,涉及电力系统、电机与电力电子、控制系统、自动化技术等方面。

(1) 现状

电力行业:电力行业是电气工程及其自动化专业的主要就业领域之一。电力行业包括电力发电、输配电、电网调度等,电气工程及其自动化专业的人才在电力行业中有着广泛的应用。

制造业:电气工程及其自动化专业的技术在制造业中扮演着重要角色。例如,自动化生产线、机器人技术、工业控制系统等在制造业中广泛应用,提高生产效率和质量。

建筑业:电气工程及其自动化专业在建筑业中也有重要地位。电力供应、照明系统、智能建筑技术等都需要电气工程及其自动化专业的技术支持。

能源行业:随着可再生能源的发展和能源转型的推进,对电气工程及其自动化专业的人才需求也在增加。例如,太阳能发电、风能发电等可再生能源技术开发和应用都需要电气工程及其自动化专业的人才。

(2) 趋势

新能源与智能电网:新能源开发与利用是未来能源行业的重要趋势,而智能电网建设将为电气工程及其自动化专业提供更多的发展机会。智能电网结合可再生能源、能源存储和智能控制技术,实现能源高效利用和可持续发展。

电动汽车与充电设施:随着电动汽车的普及,充电设施建设和管理成为重要任务。电气工程及其自动化专业的人才在电动汽车充电设施设计、建设、运营和管理方面将扮演重要角色。

工业自动化与机器人技术:工业自动化和机器人技术在制造业中的应用越来越广泛。电气工程及其自动化专业的人才将在工业自动化系统设计、调试、维护和机器人技术研发等方面有着广阔的就业机会。

智能控制系统与物联网:随着物联网技术的快速发展,智能控制系统在各个领域的应用也越来越广泛。电气工程及其自动化专业的人才将在智能控制系统设计、集成和优化方面发挥重要作用。

电气工程及其自动化专业的就业前景广阔。随着新能源、智能电网、电动汽车、工业自动化、机器人技术、智能控制系统等领域的快速发展,对电气工程及其自动化专业的人才需求将持续增加。学生们可以通过持续学习和掌握相关技能,不断适应行业发展的需求,提高自身竞争力,并积极参与行业创新与实践。

5.1.3　应用电子技术专业涉及的相关行业现状和趋势

应用电子技术是指将电子技术应用于各个领域,如通信、消费电子、医疗、交通、能源等,以实现功能增强、性能提升和应用创新。

(1) 现状

通信行业:通信行业是应用电子技术的重要领域之一。随着移动通信、宽带接入和物联网的快速发展,应用电子技术在无线通信设备、通信网络、移动应用等方面扮演着重要角色。

消费电子行业:消费电子产品普及和创新推动了应用电子技术发展。智能手机、智能家居、智能穿戴设备等都离不开应用电子技术的支持。

医疗行业:应用电子技术在医疗设备、医疗信息系统和医疗影像等方面有广泛应用。例如,心电图仪、医疗传感器、远程医疗等都依赖于应用电子技术的先进技术。

交通行业:交通行业发展需要应用电子技术来提高交通安全性、提升交通效率和实现智能交通。例如,车载导航系统、智能交通管理系统、电动车充电设施等都是应用电子技术的典型应用。

(2) 趋势

物联网:物联网快速发展将进一步推进应用电子技术应用。物联网连接了各种设备和物品,通过传感器、无线通信等技术实现信息交互和智能控制,为各行各业带来更多的创新和发展机会。

人工智能:人工智能技术发展将为应用电子技术带来更多的应用场景。例如,语音识别、图像识别、自动驾驶等领域都需要应用电子技术的支持和创新。

智能家居与智能城市:随着智能家居和智能城市的建设,应用电子技术将在家居设备、城市基础设施、公共服务等方面发挥重要作用,提升生活质量和城市管理效率。

可穿戴设备与健康医疗:可穿戴设备在健康监测、运动追踪和医疗辅助等方面具有广阔应用前景。应用电子技术创新将使可穿戴设备更加智能化、便捷化和精确化。

应用电子技术的行业前景广阔。随着物联网、人工智能、智能家居、智能城市等领域的快速发展,应用电子技术将在各个行业中发挥越来越重要的作用。学生们可以通过深入学习应用电子技术的原理和应用,不断提升技术能力和创新能力,以适应行业发展的需求,并积极参与相关项目和实践,为行业发展做出贡献。

5.1.4 智能控制技术专业涉及的相关行业现状和趋势

智能控制技术是将先进的控制理论、计算机技术和人工智能技术应用于工业自动化、机器人、交通运输、能源管理等领域,实现自动化、智能化和优化控制。

(1) 现状

工业自动化:智能控制技术在工业自动化领域得到广泛应用,包括工业生产线、自动化生产设备、智能仓储系统等。智能控制技术可以提高生产效率、降低能耗、提高产品质量和安全性。

机器人技术:智能控制技术是机器人技术的核心。机器人智能控制包括运动控制、路径规划、感知识别、决策与规划等,以实现精确、灵活、高效的操作。机器人在制造业、医疗、物流等领域的应用越来越广泛。

智能交通:智能控制技术在交通领域可以实现智能交通信号控制、智能交通管理和车辆自动驾驶等功能,提高交通效率、减少交通拥堵和事故发生的概率。

能源管理:智能控制技术在能源领域可以实现能源设备智能监控、能源系统优化调度和能源消耗预测与节约,以实现能源高效利用和节能减排。

(2) 趋势

人工智能与智能控制融合:人工智能技术将与智能控制技术相结合,实现更高级的智能决策和学习能力,推动智能控制技术发展。

边缘计算和物联网:边缘计算和物联网兴起将为智能控制技术提供更多的数据源和计算资源,实现实时、分布式的智能控制与决策。

自适应控制与优化:智能控制技术将越来越注重自适应控制和优化控制,根据环境和工况的变化自动调整控制策略,以实现更高效的控制性能。

安全与隐私保护:随着智能控制技术的广泛应用,安全和隐私保护将成为重要的考虑因素。智能控制系统需要具备防护和安全性能,保护系统和数据的安全与隐私。

智能控制技术行业具有广阔的发展前景。随着工业自动化、机器人技术、智能交通、能源管理等领域的不断发展和创新,智能控制技术将在各个行业中发挥重要作用。学生们应关注智能控制技术的最新发展,提升自身的技术能力和专业素养,并积极参与相关项目和实践,为行业发展做出贡献。

5.1.5 建筑电气工程技术专业涉及的相关行业现状与趋势

建筑电气工程技术是建筑领域的重要专业,涉及建筑电气系统设计、安装、调试和维护等工作。

(1)现状

建筑施工行业:建筑电气工程技术在建筑施工行业中起着重要作用。随着城市化进程的加速和建筑业的快速发展,对建筑电气工程技术的需求持续增长。建筑电气工程技术人员参与建筑项目的电气系统设计、安装和调试,确保建筑的电力供应和安全运行。

建筑设计咨询机构:建筑设计咨询机构负责为建筑项目提供专业的设计和咨询服务。建筑电气工程技术人员在建筑设计咨询机构中扮演重要角色,负责电气系统设计、能源管理和节能优化等方面的工作。

建筑运营与维护:建筑电气工程技术人员在建筑运营与维护阶段起到关键作用。他们负责建筑设备运行监控、维护保养和故障排除,确保建筑电气系统正常运行和安全性。

(2)趋势

能源效率与节能:随着全球能源紧缺和环境保护意识的增强,建筑电气工程技术趋向于更加注重能源效率和节能。建筑电气系统设计和管理将更加侧重于提高能源利用效率,采用智能控制、照明自动化和节能设备等技术手段,降低建筑能耗。

智能建筑技术:随着信息技术的发展,智能建筑技术在建筑电气工程领域的应用越来越广泛。智能化系统包括智能照明、智能安防、智能控制等,提高了建筑的舒适性、安全性和便捷性。

可再生能源:随着可再生能源的发展和应用,如太阳能和风能等,建筑电气工程技术将逐渐融入可再生能源系统设计和集成。建筑电气工程技术人员需要了解和掌握可再生能源技术,为建筑提供可持续的能源解决方案。

智能网联建筑:随着物联网和5G技术的快速发展,智能网联建筑成为未来发展的趋势。建筑电气工程技术人员需要掌握相关技术,参与智能网联建筑系统设计和集成,实现建筑与外部环境智能互联。

建筑电气工程技术专业的相关行业的现状是建筑电气工程技术在建筑施工、设计咨询和运营维护等领域有着广泛的应用。未来的趋势是注重能源效率和节能、智能建筑技术发展、可再生能源应用以及智能网联建筑兴起。学习建筑电气工程技术的学生应不断学习和更新相关知识,提升自身技术能力,以适应行业发展的需求。

5.2 电子信息与电气工程类专业群就业前景与岗位及趋势

5.2.1 电子信息工程(电子信息工程技术)专业就业前景和岗位及趋势

电子信息工程(或电子信息工程技术)是一个广泛的领域,涉及电子技术、通信技术、信息处理和控制系统等方面。

(1) 就业前景

电子信息工程是一个快速发展的领域,就业前景较好,主要原因如下:

技术需求:随着信息技术的快速发展和应用的广泛普及,对电子信息工程专业人才的需求量大,特别是在通信、网络、电子设备和电子制造等领域。

产业发展:电子信息技术在各个行业和领域中发挥着关键作用,如通信、互联网、智能设备、自动化控制等,对相关专业人才的需求不断增加。

创新和研发:新兴技术涌现和技术创新需求为电子信息工程专业提供了更多就业机会,如人工智能、物联网、大数据等领域。

(2) 岗位

电子工程师:负责电子设备和电路设计、制造、维护和测试。

通信工程师:从事通信网络规划、设计、安装和维护,涉及移动通信、数据通信等领域。

网络工程师:负责计算机网络设计、配置和管理,包括局域网、广域网和互联网等。

控制工程师:参与自动化控制系统设计、调试和维护,涉及工业自动化、机器人控制等领域。

系统工程师:负责电子信息系统整体设计和集成,确保各个组成部分协同工作。

(3) 趋势

5G通信技术:随着5G通信技术的推广和应用,对相关专业人才的需求将持续增加,涉及网络架构、射频设计、信号处理等方面。

物联网技术:物联网技术发展带动了对智能设备和传感器的需求增长,需要专业人才参与物联网系统设计和开发。

人工智能与大数据:人工智能和大数据技术在各个领域中得到广泛应用,相关岗位涉及数据分析、机器学习、模式识别等方面。

绿色电子技术:注重电子设备的能效和环保性能,推动绿色电子技术发展,如节能电路设计、可再生能源应用等。

跨学科融合:电子信息工程越来越与其他学科交叉融合,如生物医学工程、智能交通等,创造出新的就业机会和发展方向。

电子信息工程专业的就业前景广阔,涵盖多个领域和岗位。未来的趋势将更加注重5G

通信、物联网、人工智能和大数据等前沿技术的应用,毕业生应不断提升专业技能,关注行业动态,积极适应技术发展和变化,以提高自身的竞争力。

5.2.2 电气工程及其自动化专业就业前景和岗位

电气工程及其自动化是一个广泛的领域,涉及电力系统、电子技术、自动控制、电机与电力设备等方面。

(1) 就业前景

电气工程及其自动化专业是一个具有良好就业前景的领域,主要原因如下:

电力需求:电气工程及其自动化专业与电力系统和能源密切相关,随着能源需求的增长和电力行业的发展,对相关专业人才的需求也在增加。

工业自动化:自动化技术在工业生产中得到广泛应用,对自动化控制和电气工程专业人才的需求也在增加。

可再生能源:随着对可再生能源的关注度提高,如太阳能和风能等,对电气工程及其自动化专业的需求也在增加。

(2) 岗位

电气工程师:从事电力系统、电气设备和电气工程设计、施工和维护工作。

自动化工程师:参与工业自动化控制系统设计、调试和维护,包括PLC、SCADA、DCS等技术的应用。

控制系统工程师:负责控制系统设计、软件编程和调试工作,确保工业过程自动化和优化控制。

电力工程师:参与电力系统规划、输配电网设计和运行管理工作。

研发工程师:从事电气设备、电力系统和自动化技术研究与开发工作。

(3) 趋势

智能电网:随着电力系统向智能电网转型,对智能电网技术和相关专业人才的需求不断增加。

可再生能源:可再生能源发展将促进电气工程及其自动化领域在太阳能、风能和储能技术等方面的应用和研究。

工业自动化与智能制造:工业自动化和智能制造发展将提高生产效率和质量,对自动化控制和电气工程技术的需求也在增加。

数字化与物联网技术:数字化和物联网技术应用将改变传统电气工程的工作方式,涉及数据采集、远程监控、云平台等技术。

能源效率与节能技术:对能源效率和节能技术的需求增加,电气工程及其自动化专业人才在能源管理和优化方面有更多就业机会。

电气工程及其自动化专业的就业前景良好,涵盖多个领域和岗位。未来的趋势将更加注重智能电网、可再生能源、工业自动化与智能制造、数字化与物联网技术以及能源效率与节能技术等前沿领域的应用和研究。毕业生应不断提升专业技能,关注行业发展动态,适应技术变化和需求变化,以提高自身的竞争力。

5.2.3 应用电子技术专业就业前景和岗位

应用电子技术是一个广泛应用于各个行业的领域,涵盖了电子设备、通信技术、电子产品开发和应用等方面。

(1) 就业前景

应用电子技术专业具有广阔的就业前景,主要原因如下:

信息技术发展:随着信息技术的不断发展和应用,对应用电子技术的需求也在增加。各个行业都需要应用电子技术来支持信息系统、通信设备和网络技术等方面的发展。

电子产品市场:随着电子产品市场的不断扩大和更新换代,对应用电子技术专业人才的需求也在增加,包括消费电子、通信设备、智能家居等领域的产品开发和应用。

科技创新:科技创新对应用电子技术的需求也很大。新兴领域如物联网、人工智能、虚拟现实等都需要应用电子技术的支持和应用。

(2) 岗位

电子工程师:从事电子设备、电子产品设计、制造和维护工作。

通信工程师:参与通信系统设计、调试和维护,包括无线通信、网络通信等方面的应用。

嵌入式系统工程师:负责嵌入式系统开发和应用,包括嵌入式软件和硬件设计与调试。

自动化控制工程师:参与自动化控制系统设计、调试和维护,包括工业控制、机器人技术等方面应用。

电子产品开发工程师:从事电子产品研发、测试和生产工作,如手机、平板电脑、智能设备等。

电子商务专员:负责电子商务平台建设和维护,包括网站开发、电子支付、电子营销等方面的工作。

(3) 趋势

物联网应用:随着物联网技术的发展,应用电子技术在物联网设备和系统开发与应用方面有更多机会和挑战。

人工智能与大数据:应用电子技术结合人工智能和大数据技术,将在智能系统、数据分析和决策支持等方面发挥重要作用。

智能家居和智能城市:随着智能家居和智能城市的兴起,对应用电子技术的需求不断增加,包括智能家电、智能安防、智能交通等领域的应用。

新能源与节能技术:随着对新能源和节能技术的关注度提高,应用电子技术在可再生能源和能源管理方面的应用和研究也将增加。

应用电子技术专业的就业前景广阔,涵盖多个行业和岗位。未来的趋势将更加注重物联网应用、人工智能与大数据、智能家居与智能城市、新能源与节能技术等领域的发展与创新。毕业生应不断提升专业技能,关注行业发展趋势,积极学习和适应新技术的发展,以提高自身的竞争力。

5.2.4 智能控制技术专业就业前景和岗位

智能控制技术是一门涉及自动控制和智能系统的领域,它在各个行业中都有广泛的应用。

(1) 就业前景

智能控制技术专业具有良好的就业前景,主要原因如下:

工业自动化需求:随着工业自动化的普及和应用,对智能控制技术专业人才的需求不断增加。各个行业,包括制造业、能源、交通、医疗等都需要智能控制技术来提高生产效率和质量。

智能系统应用:随着智能系统的发展,对智能家居、智能交通、智能城市等的需求增加,对智能控制技术的需求也随之增加。

人工智能发展:智能控制技术与人工智能有着密切的关联,随着人工智能的快速发展,对智能控制技术专业人才的需求也在不断增加。

(2) 岗位

控制系统工程师:从事控制系统设计、开发和调试工作,负责实现自动化控制和优化。

自动化工程师:负责自动化设备选型、安装、调试和维护工作,确保自动化系统正常运行。

智能系统工程师:负责智能系统设计、开发和应用,如智能家居系统、智能交通系统等。

数据分析与决策支持工程师:利用智能控制技术和数据分析方法,对数据进行处理和分析,为决策提供支持。

机器学习工程师:应用机器学习算法和技术,开发智能控制系统和模型,提高系统的自主学习和优化能力。

软件工程师:负责开发和维护智能控制系统的软件部分,包括编程、调试和测试等工作。

(3) 趋势

人工智能与机器学习:智能控制技术与人工智能和机器学习结合将会越来越紧密,智能控制系统将具备更强的自主学习和优化能力。

物联网应用:随着物联网技术的发展,智能控制技术在物联网设备和系统中的应用将越来越广泛,如智能家居、智能工厂等。

边缘计算与云计算:边缘计算和云计算兴起将为智能控制系统发展提供更大的计算和存储能力,实现更高效、智能的控制与管理。

数据安全与隐私保护:随着智能控制系统中数据的增多和传输的复杂性,数据安全和隐私保护将成为关注的重点。

可持续发展与节能减排:智能控制技术在可持续发展和节能减排方面将发挥重要作用,例如在工业生产过程中实现精细化控制和能源管理。

智能控制技术专业具有良好的就业前景,涵盖多个行业和岗位。未来的趋势将更加注重人工智能与机器学习应用、物联网技术发展、边缘计算与云计算结合、数据安全与隐私保护以及可持续发展与节能减排等方面的发展与创新。毕业生应不断提升专业技能,关注行业发展趋势,积极学习和适应新技术发展,以提高自身的竞争力。

5.2.5 建筑电气工程技术专业就业岗位

建筑电气工程技术专业涉及建筑领域中的电气设计、安装、维护和管理等方面的工作。

建筑电气设计师：负责建筑电气系统设计和规划工作，包括电力供应、照明、通信、安全监控等方面的设计。

电气工程师：参与建筑电气系统安装、调试和维护工作，确保电气设备正常运行和安全性。

施工管理工程师：负责电气施工过程中的协调和管理工作，监督施工进度和质量，确保项目顺利进行。

项目经理：在建筑项目中负责电气工程的管理和协调工作，包括预算控制、资源管理、项目计划等。

咨询工程师：为建筑项目提供电气工程相关的咨询和技术支持，为客户提供专业的建议和解决方案。

售后服务工程师：负责电气设备维护、故障排除和售后服务，保证设备正常运行和提高客户满意度。

质量控制工程师：负责电气工程质量控制和验收工作，确保电气设备符合相关标准和要求。

研发工程师：从事电气技术领域的研发工作，致力于新技术、新产品开发和创新。

此外，随着建筑行业的发展和技术进步，建筑电气工程技术专业也在不断演变和拓展，涉及智能建筑、绿色建筑、可再生能源等领域。因此，未来可能会涌现更多与建筑电气工程技术相关的新兴岗位和领域，例如智能建筑系统工程师、绿色建筑评估师、能源管理师等。

建筑电气工程技术专业的就业岗位广泛，包括设计、施工、管理、研发等多个领域。随着建筑行业的发展和技术的不断进步，该领域的就业前景较好。毕业生可以根据自身兴趣和专业特长选择适合的岗位，并不断学习和提升自己的技能，以适应行业发展和变化。

5.3 电子信息与电气工程类专业群的培养方向和主干课程及课程论文示例

5.3.1 电子信息工程专业培养方向和主干课程及课程论文示例

（1）培养方向

通信技术与网络：培养学生在通信网络原理、通信协议、网络架构等方面的知识与技能。

微电子技术：专注于微电子器件、集成电路设计等领域的技术与应用，培养学生在这些领域的实践能力。

信号处理与控制：培养学生在信号处理、数字信号处理、控制理论等方面的理论知识与实践技能。

物联网技术：针对物联网技术与应用，培养学生在物联网系统设计与实现方面的能力。

（2）主干课程

通信原理

微电子技术基础

信号与系统

数字信号处理

控制理论与应用

物联网技术原理与应用

嵌入式系统设计

通信网络与协议

（3）课程论文题目

数字信号处理在音频降噪中的应用研究

基于物联网技术的智能家居系统实现

嵌入式系统在工业自动化中的应用研究

基于图像处理技术的车牌识别系统设计与实现

基于深度学习的无线通信信号识别方法研究

（4）课程论文示例

中文题目：基于图像处理技术的车牌识别系统设计与实现（示例节选）

作者：＊＊＊

摘要：文章介绍了一种基于图像处理技术的车牌识别系统设计与实现。该系统可以实现对车辆进出的自动识别，并将识别结果与车辆信息进行匹配，从而方便对车辆进行管理。文章详细介绍了系统的硬件、软件设计与实现过程，包括图像采集、图像预处理、车牌定位、车牌识别等关键技术的实现方法。实验结果表明，该系统能够准确地对车牌进行识别，实现车辆进出自动管理。

关键词：图像处理；车牌识别；自动管理；硬件；软件设计

一、绪论

车牌识别系统是基于图像处理技术的一种应用系统，可用于识别车辆进出并自动管理，对于提高交通运输安全和效率具有重要作用。本文主要介绍了一种基于图像处理技术的车牌识别系统设计与实现。

二、系统设计与实现

（一）系统硬件设计

本系统硬件部分采用了嵌入式处理器、摄像头和 LED 灯等组件。其中，嵌入式处理器采用了 ARM 架构的开发板，摄像头选用了分辨率为 $1280*720$ 的高清摄像头，LED 灯用于夜间照明。

（二）系统软件设计

本系统软件部分主要包括图像采集、图像预处理、车牌定位、车牌识别等关键技术实现。

1. 图像采集

本系统采用摄像头进行图像采集。由于摄像头的安装位置和角度不同，因此需要根据实际情况调整摄像头的位置和角度，以便于获取清晰的车牌图像。

2. 图像预处理

在获取到图像后，需要对图像进行预处理，以便于后续的车牌定位和识别。预处理的主要内容包括图像增强、图像去噪、图像二值化等。

3. 车牌定位

车牌定位是车牌识别系统的关键环节，其主要任务是确定车牌在图像中的位置。本系统采用基于边缘检测的车牌定位算法，具体步骤如下：

（1）对图像进行边缘检测，得到车牌的边缘信息。

（2）对边缘信息进行处理，筛选出可能是车牌的区域。

（3）对可能是车牌的区域进行进一步处理，判断其中是否包含车牌。

4. 车牌识别

经过车牌定位后，需要对车牌进行识别。本系统采用了基于特征提取和分类器的车牌识别算法，具体步骤如下：

（1）对车牌进行字符分割，得到每个字符的图像。

（2）对每个字符的图像进行特征提取。

（3）采用分类器对提取的特征进行识别，得到车牌号码。

（三）实验结果

为了验证本系统的识别效果，进行了多组实验。实验结果表明，本系统能够准确地对车牌进行识别，识别率可以达到95%以上。

三、结论

本文介绍了一种基于图像处理技术的车牌识别系统设计与实现。该系统可以实现对车辆进出进行自动识别，并将识别结果与车辆信息进行匹配，从而方便管理车辆。实验结果表明，该系统能够准确地对车牌进行识别，实现车辆进出自动管理。

5.3.2 电子信息工程技术专业培养方向和主干课程及课程论文示例

（1）培养方向

通信系统与设备：培养学生在通信系统原理、通信设备设计与维护等方面的知识与技能。

电子技术与应用：关注于电子器件、电子电路、模拟与数字电路等领域的技术与应用，培养学生在这些领域的实践能力。

自动化技术与控制：培养学生在自动化技术、控制理论、嵌入式控制系统等方面的理论知识与实践技能。

物联网与智能设备：针对物联网技术与智能设备应用，培养学生在设备设计与实现方面的能力。

（2）主干课程

通信原理与技术

电子技术基础

电子电路分析与设计

数字逻辑与数字系统设计

控制理论与实践

物联网原理与技术

嵌入式系统开发与应用

无线通信与移动通信技术

（3）课程论文题目

基于数字信号处理的语音识别系统设计与实现

基于模糊控制的温度控制系统优化设计

嵌入式系统在无人驾驶汽车中的应用研究

基于光纤通信的宽带接入网络优化策略研究

基于蓝牙技术的智能健康监测系统设计与实现

（4）课程论文示例

中文题目：基于蓝牙技术的智能健康监测系统设计与实现（示例节选）

作者：＊＊＊

摘要：文章设计并实现了一款基于蓝牙技术的智能健康监测系统，该系统由硬件设备、蓝牙通信模块、移动终端应用程序等组成。硬件设备包括血压计、血糖仪、心率仪等健康监测仪器，蓝牙通信模块负责将设备采集到的数据通过蓝牙技术传输到移动终端上，移动终端应用程序则负责对采集到的数据进行处理和显示，并提供相应的健康管理和预警功能。在系统实现的过程中，采用了一系列蓝牙技术和移动应用开发技术，包括蓝牙4.0低功耗技术、Android开发技术、SQLite数据库技术等。最终通过实际测试，验证了系统的可行性和有效性，证明了该系统在智能健康监测领域的潜在应用价值。

关键词：蓝牙技术；健康监测；移动终端应用；Android；SQLite

一、引言

二、系统设计与实现

三、结论

5.3.3 电气工程及其自动化专业培养方向和主干课程及课程论文示例

（1）培养方向

本专业培养具有电气工程及其自动化的基本理论和实践能力，能够从事电气设备、自动化控制系统设计、开发、制造、安装、调试和维护管理等工作的高级工程技术人才。

（2）主干课程

电路分析：主要介绍电路分析的基本方法和技巧，包括戴维南定理、欧姆定律、基尔霍夫定律等知识。

电力电子技术：主要介绍电力电子器件的工作原理和应用，以及各种电力电子装置的控制和调节方法。

控制理论：主要介绍控制理论的基本概念和方法，包括传递函数、稳态误差、根轨迹等知识。

信号处理：主要介绍数字信号处理的基本原理和技术，包括滤波器设计、频谱分析等知识。

电力系统分析：主要介绍电力系统运行、管理和保护等知识。

（3）课程论文题目示例

智能电网中的数据通信技术研究

电力系统运行数据挖掘与分析

电力系统保护中的故障诊断与处理技术研究

电力系统中的短路分析与保护技术研究

基于物联网的电力设备状态监测与预测技术研究

（4）课程论文示例

中文题目：基于多智能体的电力系统调度与控制研究（示例节选）

作者：＊＊＊

摘要：电力系统调度与控制是电力系统正常运行的关键。传统的调度与控制方法存在信息交互效率低、规划与执行不协调等问题。文章提出了一种基于多智能体系统的电力系统调度与控制方法，将电力系统的各个子系统看作是多个智能体，并对其进行协同学习和决策制定，实现电力系统优化调度和控制。通过实验验证，该方法能够有效提高电力系统的资源利用率和协调运行能力。

关键词：多智能体；电力系统；调度；控制；协同学习

一、引言

二、多智能体电力系统调度与控制方法

三、结论

5.3.4 应用电子技术专业培养方向和主干课程及课程论文示例

（1）培养方向

本专业培养具有应用电子技术的基本理论和实践能力，能够从事电子设备、系统设计、开发、制造、安装、调试和维护管理等工作的高级工程技术人才。

（2）主干课程

电子电路：主要介绍电子元器件和电路的基本原理和特性，包括二极管、晶体管、集成电路等知识。

数字电路：主要介绍数字电路的基本概念和设计方法，包括组合逻辑、时序逻辑、存储器等知识。

信号与系统：主要介绍信号的基本特性和系统的基本概念，包括模拟信号处理、数字信号处理等知识。

通信原理：主要介绍通信系统的基本原理和技术，包括调制解调、信道编码、多路复用等知识。

微电子技术：主要介绍半导体器件和微电子工艺的基本原理和应用，包括CMOS、MEMS、光电子器件等知识。

（3）论文题目示例

车联网中的车辆通信系统设计与优化研究

基于多媒体技术的数字图像处理与分析

超声波检测技术在工业无损检测中的应用研究

智能电子技术在智能家居中的应用研究

基于可穿戴设备的健康监测系统设计与实现

（4）课程论文示例

中文题目：基于可穿戴设备的健康监测系统设计与实现（示例节选）

作者：＊＊＊

摘要：随着人们对健康生活的重视，可穿戴设备成为现代人关注的热点。文章设计并实现了一种基于可穿戴设备的健康监测系统，旨在通过监测用户的生理参数和行为模式等信息，为用户提供个性化的健康服务。该系统包括硬件和软件两部分，硬件部分采用多种传感器实现数据采集，软件部分通过算法对数据进行分析和处理，并将结果展示给用户。实验结果表明，该系统能够准确、实时地监测用户的健康状况，并为用户提供有效的健康管理服务。

关键词：可穿戴设备；健康监测；数据采集；数据处理；健康管理

一、引言

二、健康监测系统设计与实现

三、实验结果

四、结论

5.3.5 智能控制技术专业培养方向和主干课程及课程论文示例

（1）培养方向

本专业培养具有智能控制技术的基本理论和实践能力，能够从事智能控制系统设计、开发、制造、安装、调试和维护管理等工作的高级工程技术人才。

（2）主干课程

控制系统理论：主要介绍控制系统的基本原理和方法，包括传递函数、稳态误差、根轨迹等知识。

模糊控制理论：主要介绍模糊控制的基本概念和设计方法，包括模糊逻辑、模糊控制器等知识。

神经网络控制：主要介绍神经网络的基本结构和算法，包括BP神经网络、Hopfield神经网络等知识。

自适应控制：主要介绍自适应控制的基本原理和应用，包括自适应控制算法、模型参考自适应控制等知识。

非线性控制：主要介绍非线性控制的基本概念和方法，包括反馈线性化、滑模控制等知识。

（3）课程论文题目示例

智能家居中的温度控制系统设计与实现

基于神经网络的智能物流调度系统设计与实现

基于强化学习的机器人足球比赛策略研究

基于智能控制的建筑智能化系统设计与实现

基于智能控制的工业机器人系统设计与实现

（4）课程论文示例

中文题目：智能家居中的温度控制系统设计与实现（示例节选）

作者：＊＊＊

摘要：近年来，智能家居逐渐受到人们欢迎，为人们提供了更加便捷和舒适的生活体验。智能家居的一个关键特性是能够远程控制各种生活环境设施，例如灯具、锁具和空调等。文章介绍了在智能家居中设计和实现温度控制系统。该系统旨在为用户提供舒适的生活环境，同时尽量减少能源消耗。该系统使用传感器、执行器和微控制器的组合来测量环境的温度和湿度，并相应地调整加热和制冷系统。该系统可通过智能手机应用程序或Web界面远程控制。

关键词：智能家居；温度控制；传感器；微控制器；能效

5.3.6　建筑电气工程技术专业培养方向和主干课程及课程论文示例

(1) 培养方向

培养掌握建筑电气工程技术的基本理论和技能,能够从事建筑电气设计、安装、调试、维护等工作的人才。该专业的培养方向包括建筑电气设计、建筑自动化、能源管理等。

(2) 主干课程

建筑电气技术概论、电路分析、电力电子技术、智能建筑系统、电气控制技术、建筑电气工程实践等。

(3) 课程论文题目示例

智能建筑系统在建筑电气设计中的应用

建筑电气系统中的配电系统设计研究

建筑电气系统中的照明设计研究

建筑电气系统中的自动化控制技术研究

建筑电气系统中的低压配电系统设计与运行研究

(4) 课程论文示例

中文题目:建筑电气系统中的智能配电网技术研究(示例节选)

作者:＊＊＊

摘要:文章研究了建筑电气系统中的智能配电网技术,分析了该技术在建筑电气系统中的应用和发展现状,并探讨了其在建筑电气系统中的优势和存在的问题。文章首先介绍了智能配电网技术的基本概念和特点,然后重点探讨了其在建筑电气系统中的应用和优势,接着分析了目前该技术在建筑电气系统中存在的问题,并提出了相应的解决方案。最后,通过实例分析和总结,展望了智能配电网技术在建筑电气系统中的未来发展方向。

关键词:智能配电网技术;建筑电气系统;应用;优势;问题;解决方案

一、引言

二、智能配电网技术的基本概念和特点

三、智能配电网技术在建筑电气系统中的应用和优势

四、智能配电网技术在建筑电气系统中存在的问题

五、未来发展方向展望

六、案例分析

七、结论

电子信息工程和电子信息工程技术、电气工程及其自动化、应用电子技术、智能控制技术等专业都是应用广泛、前景广阔的专业,在工程、电力、通信、智能制造等多个领域有着重要作用。这些专业的培养方向和主干课程都以基础理论和实践能力相结合为主,涵盖了电子、计算机、自动化、通信等多个领域的知识和技能。在课程论文的选择方面,可以结合个人

兴趣和未来职业规划来选择，既要紧跟时代潮流，又要考虑个人专业技能和未来发展方向。

5.4 电子信息与电气工程类专业群的核心知识点和专业技能内容

5.4.1 电子信息工程、电子信息工程技术专业核心知识和专业技能

(1) 核心知识点

a. 电路分析与设计

基本电路元件(电阻、电容、电感)

电路定律与定理(欧姆定律、基尔霍夫定律等)

模拟电路设计(放大器、滤波器等)

数字电路设计(逻辑门、触发器、寄存器等)

b. 信号与系统

连续信号与离散信号

信号的时域与频域表示

系统的时域与频域分析

傅里叶变换、拉普拉斯变换、Z变换等

c. 通信原理与技术

调制与解调技术(调幅、调频、调相等)

信道编码与解码

多址技术(频分复用、时分复用、码分复用等)

无线通信系统(蜂窝移动通信、卫星通信等)

d. 微电子技术

半导体材料与器件(二极管、晶体管等)

集成电路设计与制造

FPGA、ASIC设计与应用

e. 嵌入式系统与物联网

嵌入式系统结构与设计

微控制器与单片机(ARM、MSP430等)

物联网通信协议与技术(LoRa、NB-IoT、Zigbee等)

物联网应用与安全

(2) 专业技能

熟练使用电路分析与设计工具(如 Multisim、PSPICE 等)

掌握信号与系统分析方法，能进行信号处理与滤波

熟悉通信原理与技术,能设计通信系统

掌握微电子技术,能进行集成电路设计与制造

熟练使用嵌入式开发工具(如 Keil、IAR 等),进行嵌入式系统设计与开发

掌握物联网技术与应用,能进行物联网系统设计与实现

5.4.2 电气工程及其自动化专业核心知识点和专业技能

(1) 核心知识点

电路理论:包括基本电路元件、电路定理、交直流电路等电路理论知识。

电磁场理论:包括静电场、静磁场、电磁波等基本理论和应用技术。

信号与系统:包括信号的特征、分析、传输和处理方法,以及系统的特性、分析和设计方法。

电力系统稳定性、保护、控制、调度等电气工程专业知识:包括电力系统稳定性分析和控制、电力系统保护和控制技术、电力系统调度等专业知识。

电力电子器件、电力电子转换技术、智能电网等电气工程信息技术知识:包括电力电子器件、电力电子转换技术、电力电子应用、电力电子控制技术等信息技术知识,以及智能电网技术、分布式发电技术等新能源技术。

(2) 专业技能

电气工程设计、安装、调试和维护能力:能够根据工程需求进行电气系统设计,掌握电气设备安装、调试和维护技能。

电气工程的自动化控制技术应用能力:能够掌握电气自动化控制技术的原理和应用技能,包括 PLC、DCS、SCADA 等技术。

电力系统故障检测和故障诊断技能:掌握电力系统故障检测和故障诊断技能,能够及时处理各种电力系统故障。

电力设备的能效评估和节能技能:掌握电力设备的能效评估和节能技能,能够提高设备的能效,减少能源消耗和环境污染。

新能源发电系统设计和运行技能:能够根据工程需求设计新能源发电系统,掌握新能源发电系统运行和维护技能。

5.4.3 应用电子技术专业核心知识点和专业技能

(1) 核心知识点

电路理论:数字电路、模拟电路、混合信号电路等基础理论知识。

传感器、嵌入式系统、通信系统等应用电子技术专业知识:传感器原理和应用、嵌入式系统设计和应用、通信系统设计和应用等专业知识。

物联网、人工智能、深度学习等信息技术知识:物联网原理和应用、人工智能基础和应用、深度学习基础和应用等信息技术知识。

(2) 专业技能

应用电子产品设计和开发能力:能够根据需求设计和开发各类应用电子产品,掌握各种

设计工具和方法。

电子元器件选型和组装技能：能够根据设计需求进行电子元器件选型和组装，掌握各种元器件的特性和使用方法。

电子设备调试和维护技能：能够进行电子设备调试和维护，掌握各种测试仪器和方法。

人体信号监测和信号处理技能：掌握人体信号监测和信号处理技能，能够进行生理信号采集、处理和分析。

智能家居、智能穿戴、智能交通等应用系统设计能力：能够根据需求设计和开发各类智能家居、智能穿戴、智能交通等应用系统，掌握各种开发平台和技术。

5.4.4 智能控制技术专业核心知识点和专业技能

（1）核心知识点

控制理论：控制系统的基本结构、控制对象数学建模、控制器设计和调试等理论知识。

优化算法：遗传算法、蚁群算法、粒子群算法等常用优化算法的原理和应用。

模式识别：模式识别的基本方法、模式分类、模式匹配、特征提取等模式识别的基础理论和方法。

自动化控制、机器人控制、智能制造等专业知识：自动化控制技术的基本理论、机器人控制技术、智能制造技术等。

（2）专业技能

控制系统设计和调试能力：能够根据需求设计和调试各类控制系统，掌握控制系统的基本原理和调试方法。

优化算法应用能力：能够应用常用的优化算法，包括遗传算法、蚁群算法、粒子群算法等，对复杂系统进行优化设计和调整。

模式识别应用能力：掌握模式识别的基本方法和应用技能，能够对复杂数据进行分类、匹配和特征提取等处理。

自动化控制、机器人控制、智能制造等专业技能：掌握自动化控制、机器人控制、智能制造等专业知识和技能，能够实现生产线自动化控制和智能化制造。

5.4.5 建筑电气工程技术专业核心知识点和专业技能

（1）核心知识点

基本电学：建筑电气工程技术的基本电学知识，包括电路基本理论、交直流电路分析、电能计量、电源负载特性等。

电气设备原理及应用：建筑电气设备的原理和应用，包括低压配电设备、照明设备、电力电容器、电动机等。

电力系统分析：建筑电气系统分析，包括电力系统的结构、运行特性和分析方法等。

建筑电气工程施工与管理：建筑电气工程施工和管理，包括施工方案编制、现场施工管理、质量监督和施工安全等方面。

建筑电气系统检测与维护:对已建成的建筑电气系统进行检测、评估、维修和改造。

(2) 专业技能

建筑电气系统设计与计算:具备建筑电气系统设计和计算的能力,包括电气负荷计算、电路图设计、电气设备选型等。

建筑电气设备安装与调试:具备建筑电气设备安装和调试的能力,保证设备正常运行。

建筑电气工程现场施工管理:具备建筑电气工程现场施工组织和管理的能力,包括施工方案编制、现场施工管理和施工安全等方面。

建筑电气工程质量控制:具备建筑电气工程质量控制和监督的能力,包括工程质量检测和质量管理等。

建筑电气设备维护与保养:具备建筑电气设备维护和保养小知识和技能,保证设备的正常运行。

以上是各个专业的核心知识点和专业技能的主要内容和要点。每个专业都有其独特的领域和应用范围,需要在相关领域进行深入学习和实践才能达到更高的水平。

5.5 电子信息与电气工程类专业群职业资格证及核心培训课程

5.5.1 电子信息工程专业

(1) 职业资格证

注册电子工程师:该资格证书表明持有人在电子工程方面具备专业知识和技能,能够进行电子设备设计、研发、生产和维护工作。

通信工程师:该资格证书证明持有人具备通信工程方面的专业能力,能够进行通信系统规划、设计、安装和维护。

网络工程师:该资格证书表明持有人在网络工程方面具备专业能力,能够进行网络架构设计、网络设备配置和网络安全管理等工作。

(2) 核心培训课程

电路分析:学习电路分析的知识和方法,分析各种电子电路的工作原理和性能,设计各种电子电路。

电子技术基础:学习电子器件、电路元件和电子系统的基本知识,理解和应用电子技术在实际工程中的原理和方法。

数字信号处理:学习数字信号的采集、处理和传输等技术,掌握数字信号处理的基本理论和算法。

通信原理:学习通信系统的基本原理和技术,包括调制解调、信道编码、多路复用等内容。

微型计算机技术:学习微型计算机系统的结构和编程技术,进行单片机应用系统设计和开发。

计算机网络:学习计算机网络的组成和通信协议,掌握局域网、广域网和互联网等网络技术。

通过学习核心培训课程并取得职业资格证书,电子信息工程专业的学生将具备电子工程、通信工程和网络工程方面的综合知识和实践能力,为他们在相关行业的就业和职业发展提供良好基础。

5.5.2 电子信息工程技术专业

(1) 职业资格证

电子信息工程技术师:该资格证书表明持有人在电子信息工程技术方面具备专业知识和技能,能够进行电子产品设计、研发、生产和维护工作。

电子设备维修员:该资格证书证明持有人具备电子设备维修和故障排除的能力,能够进行电子设备维修和维护工作。

电子产品设计师:该资格证书表明持有人在电子产品设计方面具备专业能力,能够进行电子产品的外观设计、电路设计和功能设计等工作。

(2) 核心培训课程

模拟电子技术:学习模拟电子技术的知识和方法,分析模拟电路的工作原理和性能,设计模拟电路。

数字电子技术:学习数字电路的设计和分析,掌握数字逻辑门电路、数字信号处理和数字系统设计等内容。

嵌入式系统设计:学习嵌入式系统的硬件和软件设计,掌握嵌入式系统开发的流程和相关工具使用。

电子测量技术:学习电子测量的原理和方法,掌握各种电子测量仪器使用和测量数据处理的方法。

信号与系统:学习信号与系统的基本概念和分析方法,分析各种信号的特性和性能,处理各种信号。

5.5.3 电气工程及其自动化专业

(1) 职业资格证

注册电气工程师:该资格证书证明持有人在电气工程领域具备专业知识和技能,能够进行电气设备设计、安装、调试和维护工作。

电气自动化设备安装与调试工程师:该资格证书表明持有人具备电气自动化设备安装和调试的能力,能够进行相关设备安装、调试和故障排除工作。

自动化控制工程师:该资格证书证明持有人在自动化控制领域具备专业能力,能够进行自动化控制系统设计、调试和优化工作。

(2) 核心培训课程

电路分析：学习电路分析的理论和方法，分析电路的工作原理和性能，进行电路设计和故障排除。

电机与拖动：学习电机的工作原理、选型和控制，掌握电机的特性和应用，并能够进行电机拖动系统设计和调试。

自动控制原理：学习自动控制系统的基本原理和方法，包括控制器设计、信号处理和反馈控制等内容。

电力系统及设备：学习电力系统分析和设备选择与运行，掌握电力系统组成、稳定性和保护等方面的知识。

工程项目管理：学习工程项目规划、组织与协调，掌握项目管理的理论和方法，能够有效管理电气工程项目。

5.5.4　应用电子技术专业

(1) 职业资格证

电子工程技术师：该资格证书证明持有人在电子工程技术领域具备专业知识和技能，能够进行电子设备设计、调试和维护工作。

仪器仪表工程师：该资格证书表明持有人具备仪器仪表设计、测试和校准能力，能够进行仪器仪表选型、安装和维护工作。

电子设备维修员：该资格证书证明持有人具备电子设备维修和故障排除的能力，能够进行相关设备维修和维护工作。

(2) 核心培训课程

电子元器件与电路：学习电子元器件的分类、特性和应用，以及电子电路设计和分析方法。

模拟电子技术：学习模拟电子电路设计和调试，掌握模拟电路的基本原理和设计方法。

数字电子技术：学习数字电子电路设计和调试，包括逻辑门电路、计数器、触发器等数字电路的原理和应用。

微处理器原理与应用：学习微处理器的工作原理和编程方法，以及微处理器在电子设备中的应用。

传感器技术：学习传感器的工作原理和应用，掌握各种传感器的特性和选择方法。

5.5.5　智能控制技术专业

(1) 职业资格证

智能控制工程师：该资格证书表明持有人在智能控制领域具备专业知识和技能，能够设计、调试和应用智能控制系统。

自动化设备设计师：该资格证书证明持有人具备自动化设备设计和开发的能力，能够进行自动化设备设计和应用。

机器人技术工程师：该资格证书表明持有人具备机器人技术和应用方面的专业知识和能力，能够进行机器人系统设计和开发。

（2）核心培训课程

自动控制原理：学习自动控制系统的基本原理和控制方法，包括 PID 控制、模糊控制、神经网络控制等。

机器人技术与应用：学习机器人的工作原理和应用，掌握机器人的结构和控制方法，以及机器人在工业和服务领域的应用。

传感器与检测技术：学习各种传感器的原理和应用，以及信号检测和处理的技术方法。

嵌入式系统设计：学习嵌入式系统设计和开发，掌握嵌入式系统的硬件和软件设计技术。

人工智能：学习人工智能的基本原理和算法，以及人工智能在智能控制领域的应用。

5.5.6 建筑电气工程技术专业

（1）职业资格证

建筑电气工程师：该资格证书表明持有人在建筑电气工程领域具备专业知识和技能，能够进行建筑电气设计和施工管理。

建筑电气设备安装与维修员：该资格证书证明持有人具备建筑电气设备安装和维修的能力，能够进行电气设备安装和故障排除。

照明设计师：该资格证书表明持有人具备照明设计方面的专业知识和能力，能够进行建筑照明设计和方案规划。

（2）核心培训课程

建筑电气设计：学习建筑电气系统的设计原理和方法，包括配电系统、照明系统、安全电源等。

建筑智能化技术：学习建筑智能化系统设计和应用，掌握智能控制系统、安全监控系统等的设计方法。

电气安装与调试：学习电气设备安装和调试技术，包括电气线路布置、设备连接和参数调整等。

照明设计与技术：学习建筑照明设计的原理和技术，包括照明计算、灯具选择和照明控制等内容。

电力系统分析：学习建筑电力系统分析和评估，包括电路分析、功率计算和电力负荷管理等。

5.6 电子信息与电气工程类专业群毕业生在创业时所需具备的知识结构和技能素质

电子信息与电气工程类专业群的毕业生在创业时需要具备综合的知识结构和技能素质。

（1）专业知识结构

熟练掌握电子电路原理、信号与系统、数字电路、电磁场与波动等电子信息相关的基础知识。

掌握电力系统、电机与变流器、电力电子技术等电气工程与自动化方面的核心知识。

了解数字信号处理、通信原理与技术、微电子技术等电子信息工程技术的专业知识。

具备应用电子技术、智能控制技术、建筑电气工程技术等专业领域的知识。

（2）技能素质

具备电路设计与调试、电子元器件选型和应用、嵌入式系统设计与开发等技术实施能力。

能够进行电力系统设计与分析、电机调试与控制、电气设备安装与维护等电气工程方面的技术实践。

具备应用电子技术的产品设计与开发、数字信号处理与通信系统设计等技能。

能够进行智能控制系统设计与开发、嵌入式软件开发等相关技术操作。

具备建筑电气系统设计与调试、电气工程项目管理与监控能力。

（3）创新能力

具备创新思维和问题解决能力，能够提出创新的产品、技术或解决方案。

能够关注行业的最新发展趋势和技术前沿，不断学习和更新自己的知识和技能。

能够将新技术与现有的行业需求相结合，进行创新性的应用和开发。

（4）市场分析与商业意识

具备市场分析能力，了解行业的竞争态势、市场需求和潜在机会。

具备商业意识，能够进行商业模式设计、市场定位和产品策略等方面的思考和规划。

（5）项目管理与团队协作

具备良好的项目管理能力，能够合理分配资源、制定计划、控制进度和质量。

具备良好的团队协作和沟通能力，能够与团队成员有效合作，协调各方资源，共同推动项目实施。

（6）财务管理与法律法规

具备基本的财务管理知识，能够进行预算控制、成本分析和财务报表管理与分析。

了解相关法律法规和知识产权保护的基本知识，确保创业项目合法合规。

（7）学习能力与适应能力

具备持续学习和自我提升的能力，跟踪行业的技术发展和市场变化。

具备灵活适应市场环境和挑战的能力，及时调整和优化自己的创业方向和策略。

在电子信息与电气工程类专业群的创业过程中，充分掌握专业知识结构和培养技能素质，具备创新能力、市场分析能力、项目管理与团队协作能力，同时关注财务管理和法律法规等方面，能够不断学习和适应变化，将有助于创业者在竞争激烈的市场中取得成功。

5.7　电子信息与电气工程类专业群实践环节

电子信息工程和电子信息工程技术、电气工程及其自动化、应用电子技术、智能控制技术、建筑电气工程技术等专业实践环节丰富多样。

5.7.1　电子信息与电气工程类硬件实验课程

电子信息与电气工程类硬件实验课程是电子信息工程和电子信息工程技术、电气工程及其自动化、应用电子技术、智能控制技术、建筑电气工程技术等专业中的重要实践环节之一。通过学习硬件实验课程，学生将有机会亲自操作和实践各种电子信息与电气工程相关的硬件设备和仪器，巩固和应用所学的理论知识。

学习仪器与设备操作：学习并熟悉使用各种电子信息与电气工程领域的仪器和设备，如示波器、信号发生器、电源供应器等。学会正确接线、调试和操作这些设备，并了解它们的功能和应用。

电路实验：进行各种电路实验，包括基本电路搭建、测试和分析。学习电路元件的特性，理解电路的工作原理，并通过实验验证电路的性能和参数。

电子元器件实验：进行电子元器件实验，如二极管、晶体管、集成电路等的特性测试和应用实验。学习如何正确使用和测试电子元器件，并了解它们的功能和特性。

电机与控制实验：学习电机的原理和控制方法，并进行相关的实验。学习电机的工作原理、转速控制、电机保护等知识，并通过实验掌握电机控制技术。

通信与信号处理实验：进行通信与信号处理方面的实验，包括模拟信号与数字信号处理、通信系统调试和测试等。学习信号处理的基本原理和方法，并通过实验了解通信系统的工作过程和性能。

设计与项目实践：参与设计和项目实践，通过实际的工程项目锻炼自己的设计能力和实践技能。根据实际需求和要求，设计和实现电子电路、控制系统、通信系统等相关项目。

通过学习电子信息与电气工程类硬件实验课程，学生能够将所学的理论知识应用于实际操作中，加深对电子信息与电气工程领域的理解和掌握。参与实践环节能够培养学生的动手能力、创新能力和问题解决能力，提高他们在实际工程项目中的实践能力和综合素质。同时，硬件实验课程也为学生进一步深入学习和研究电子信息与电气工程领域打下了坚实的基础。

5.7.2　电子信息与电气工程类软件实验课程

电子信息与电气工程类软件实验课是电子信息工程和电子信息工程技术、电气工程及其自动化、应用电子技术、智能控制技术、建筑电气工程技术等专业中的重要实践环节之一。通过学习软件实验课程,学生将理解和应用与电子信息与电气工程相关的软件工具和技术,掌握软件开发和应用的基本技能。

软件工具使用:学习并掌握和电子信息与电气工程相关的专业软件工具的使用方法。这些软件工具可能包括电路设计与仿真软件、信号处理与控制软件、电子设计自动化软件等。通过实验,学习如何使用这些软件工具进行电路设计、系统仿真、信号处理、控制设计等方面的工作。

程序设计与开发:学习和应用编程语言和软件开发工具,进行程序设计与开发。这可能涉及和电子信息与电气工程相关的编程语言,如 C/C++、Python 等。通过实验,掌握基本的程序设计思想和方法,编写和调试简单的程序,实现电子信息与电气工程相关的功能。

仿真与模拟实验:使用专业仿真软件进行电路、系统或信号仿真与模拟实验。通过仿真软件搭建电路模型、调整参数、进行性能分析和优化。通过仿真实验,验证电路、系统或信号的行为和性能,了解其工作原理和特性。

数据分析与处理:学习和应用数据分析与处理的软件工具,如 MATLAB、LabVIEW 等。使用这些工具进行实验数据采集、处理和分析,提取有用的信息并进行结果展示。理解实验数据的含义和背后的物理原理,培养数据分析和解释的能力。

系统设计与模拟:使用系统设计与模拟软件进行电子系统或控制系统设计与模拟。学习如何搭建系统模型、设置参数、进行性能分析和优化。通过系统设计与模拟实验,验证系统设计的合理性和性能,并对系统进行优化和改进。

通过学习电子信息与电气工程类软件实验课程,学生能够将所学的理论知识应用于软件开发和应用领域,提高他们的实际操作能力和解决问题的能力。参与实践环节能够培养学生的创新思维、团队合作和项目管理能力,为他们未来的工作和研究打下坚实的基础。同时,软件实验课也有助于学生在电子信息与电气工程领域掌握先进的软件工具和技术,提高其竞争力和就业前景。

5.7.3　电子信息与电气工程类仿真和模拟实验课程

电子信息与电气工程类仿真和模拟实验课程是电子信息工程和电子信息工程技术、电气工程及其自动化、应用电子技术、智能控制技术、建筑电气工程技术等专业中的重要实践环节之一。通过学习仿真和模拟实验课程,学生将理解和应用与电子信息与电气工程相关的仿真软件和工具,模拟真实的电子信息与电气系统的行为和性能。

仿真软件的使用:学习并掌握和电子信息与电气工程相关的专业仿真软件的使用方法。这些仿真软件可能包括电路仿真软件、系统仿真软件、信号处理仿真软件等。通过实验,学习如何使用这些仿真软件进行电路分析、系统建模、信号处理等方面的仿真工作。

电路仿真实验:使用电路仿真软件进行电路设计和分析实验。通过仿真软件搭建电路模型、选择元件、设置参数,并进行电路性能分析和优化。通过仿真实验,验证电路设计的正确性和性能,并对电路进行改进和优化。

系统仿真实验:使用系统仿真软件进行电子信息与电气系统建模和仿真实验。学习如何建立系统模型、设定参数、进行系统性能评估和优化。通过系统仿真实验,模拟和分析复杂的电子信息与电气系统的行为,了解系统的工作原理和性能特点。

信号处理仿真实验:使用信号处理仿真软件进行信号处理算法和系统的仿真实验。通过仿真软件进行信号采集、滤波、解调、压缩等处理,分析和评估信号处理算法和系统的性能。通过仿真实验,深入了解信号处理技术的原理和应用。

仿真结果分析与优化:学习如何对仿真实验的结果进行分析和评估,并进行系统性能优化。使用仿真软件提供的工具和方法,对仿真数据进行处理和解释,得出结论并提出改进方案。

通过学习电子信息与电气工程类仿真和模拟实验课程,学生能够将所学的理论知识应用于实际的电子信息与电气系统的仿真和模拟,提高他们的实际操作能力和问题解决能力。参与仿真和模拟实验能够培养学生的创新思维、团队合作和实验设计能力,为他们未来的工作和研究提供坚实的基础。同时,仿真和模拟实验也有助于学生在电子信息与电气工程领域掌握先进的仿真技术和工具,提高其竞争力和就业前景。

5.7.4　电子信息与电气工程类实训课程

电子信息与电气工程类实训课程是电子信息工程和电子信息工程技术、电气工程及其自动化、应用电子技术、智能控制技术、建筑电气工程技术等专业中的重要实践环节之一。通过学习实训课程,学生将有机会进行真实的电子信息与电气工程项目实践,培养实际操作能力、团队合作意识和解决实际问题的能力。

实际电路设计与制作:从头开始设计和制作电子电路。学习如何根据实际需求设计电路原理图,选择合适的元件,进行电路布局和布线。然后,制作电路板,进行电路组装和焊接,最终完成一个完整的电子电路。

硬件系统调试与测试:学习如何进行电子信息与电气工程系统调试和测试。使用示波器、信号发生器、多用途测试仪等测试设备,对电路和系统进行测量、验证和故障排除。通过实际的调试过程,熟悉硬件系统的工作原理,解决实际问题并提高系统性能。

控制系统实验:进行控制系统实验,学习和应用传感器、执行器、控制器等设备。设计和搭建控制系统的硬件结构,编写控制程序,进行控制参数调节和系统性能评估。通过实验,深入了解控制系统的原理和应用,掌握实际控制系统的设计和调试技术。

电力系统实验:进行电力系统实验,学习和应用电力设备、电力传输和配电设备。进行电力系统的布线和连接,进行电能测量和分析,了解电力系统的运行原理和安全措施。通过实验,熟悉电力系统的组成和运行,增强对电力系统设计和运行的理解,提高电力系统设计和运行能力。

项目实践与创新设计:参与实际的电子信息与电气工程项目实践,通过团队合作完成一个实际的工程项目。从项目规划、需求分析到设计和实施,全程参与项目的各个阶段。

通过项目实践,综合应用所学的理论知识和实践技能,锻炼解决实际问题的能力和创新思维。

电子信息与电气工程类实训课程为学生提供了一个真实的实践平台,让他们能够将理论知识与实际应用相结合。通过实际操作和项目实践,学生能够培养实际问题解决的能力、团队合作和沟通能力,提高工程实践能力和创新意识。参与实训课程还能够使学生更好地了解行业要求和技术趋势,为未来的工作和职业发展做好准备。

5.7.5 电子信息与电气工程类生产实习

电子信息与电气工程类生产实习是电子信息工程和电子信息工程技术、电气工程及其自动化、应用电子技术、智能控制技术、建筑电气工程技术等专业中的一项重要实践环节。通过生产实习,学生将有机会参与真实的工业生产,了解电子信息与电气工程领域的实际应用和工作流程,提升实践能力和职业素养。

工业生产流程实践:进入电子信息与电气工程领域的工业企业或实验室,了解和参与实际的工业生产流程。体验生产线操作、设备调试和生产过程的各个环节。通过参与生产实践,熟悉电子信息与电气工程的实际应用环境,了解工业生产的技术要求和工作流程。

设备操作与维护:学习和实践电子信息与电气工程领域常用设备操作和维护。接触各种仪器设备,如电路测试设备、电力设备、控制系统设备等,并学习如何正确使用和维护这些设备。通过实际操作,掌握设备的使用技巧和安全操作方法。

项目实践与工程任务:参与实际的工程项目或任务,从项目规划、设计到实施和验收,全程参与并负责特定的工作任务。与团队合作,完成工程项目的各个阶段,并解决实际问题。通过项目实践,锻炼团队协作和沟通能力,提高解决问题和项目管理的能力。

质量控制与安全管理:学习和实践质量控制和安全管理的知识和技能。了解质量控制的基本原则和方法,学习如何进行产品检验和质量评估。同时,了解工业生产中的安全管理要求和措施,学习如何预防和处理安全事故。通过实践,提高质量意识和安全意识,培养责任感和风险防范能力。

电子信息与电气工程类生产实习为学生提供了与实际工作环境接轨的机会,让他们能够将所学的理论知识应用到实际项目中。通过参与生产实习,学生能够深入了解电子信息与电气工程领域的实际工作要求和技术应用,培养实践能力、团队协作和问题解决能力,为未来的职业发展做好准备。

5.7.6 电子信息与电气工程类毕业设计

电子信息与电气工程类毕业设计是电子信息工程和电子信息工程技术、电气工程及其自动化、应用电子技术、智能控制技术、建筑电气工程技术等专业中的重要环节。毕业设计旨在让学生运用所学的理论知识和实践技能,完成一个独立的工程项目或研究课题,展示他们在专业领域的综合能力和创新思维。

电子信息与电气工程类毕业设计是一个综合的设计项目,涉及的环节很多,一般按照一定的步骤实施。

选题和课题研究:学生根据自己的兴趣和专业方向,选择一个合适的毕业设计课题。他们将进行文献调研,了解相关领域的前沿技术和研究动态,为课题的深入研究提供理论基础。

设计方案和方案论证:学生将根据选定的课题,制定详细的设计方案。他们将进行系统性的分析、论证和评估,确保设计方案的科学性、可行性和创新性。在方案论证过程中,学生需要考虑技术、经济、环境和社会因素的综合影响。

实施与测试:学生将根据设计方案,进行设计实施和实验测试。他们将使用相关工具和设备,进行系统设计、搭建和调试,并进行实验测试以验证设计方案的可行性和效果。

结果分析与总结:学生将对实施和测试的结果进行数据分析和结果评估。他们将总结设计过程中的经验和教训,分析设计方案的优点和不足之处,并提出改进和优化的建议。

报告和答辩:学生将根据毕业设计的完成情况,撰写毕业设计报告,并进行答辩。他们需要清晰地阐述课题的背景、设计思路、实施过程和结果分析,并回答评委的提问和质疑。

电子信息与电气工程类毕业设计要求学生独立思考和解决实际问题,培养他们的创新意识和实践能力。通过毕业设计,学生能够深入研究自己感兴趣的领域,运用所学知识解决实际问题,提高综合素质和专业能力,为未来的职业发展打下坚实基础。

5.8 电子信息与电气工程类专业群毕业设计题目示例

5.8.1 电子信息工程和电子信息工程技术专业的毕业设计开题方向及内容提要示例

(1) 无线通信系统中的信号干扰抑制技术研究

开题方向:无线通信、信号处理、干扰抑制。

内容提要:研究和实现一种无线通信系统中的信号干扰抑制技术。通过对干扰信号的分析和处理,实现对原始信号的恢复和提取。具体实现包括干扰信号检测和识别、干扰信号抑制和去除、原始信号重构和提取等。该课题的应用领域包括无线通信、雷达、无线电等。

(2) 低功耗物联网通信技术研究

开题方向:物联网、低功耗通信、无线传感器网络。

内容提要:研究和实现一种低功耗的物联网通信技术。通过设计和优化无线传感器网络中的通信协议和机制,实现设备功耗控制和优化。具体实现包括无线传感器网络的架构设计、通信协议设计和优化、功耗控制机制实现等。该课题的应用领域包括智能家居、环境监测、健康监测等。

(3) 基于机器视觉的自动检测系统开发

开题方向:机器视觉、图像处理、嵌入式系统。

内容提要:研究和实现一种基于机器视觉的自动检测系统。通过机器视觉技术实现对物体的自动检测和识别,例如工业生产线上的产品检测、交通监控中的车辆识别等。具体实现包括图像采集和处理、特征提取和分类、实时检测和识别等。该课题的应用领域包括工业、交通、安防等。

(4) 电子测量技术在环境监测中的应用

开题方向:电子测量技术、环境监测、传感器技术。

内容提要:研究和实现一种电子测量技术在环境监测中的应用。通过传感器技术和电子测量技术实现对环境参数的测量和分析,例如温度、湿度、气体浓度等。具体实现包括传感器选择和设计、数据采集和处理、数据存储和可视化等。该课题的应用领域包括环境保护、工业安全等。

(5) 无线充电技术的研究与应用

开题方向:无线充电、电力电子、信号处理。

内容提要:研究和实现一种无线充电技术的研究和应用。通过电力电子技术实现无线充电设备设计和制造,对接收设备进行无线能量传输,实现对设备的无线充电。具体实现包括无线充电原理和技术、电力电子器件和电路设计、信号处理和控制等。该课题的应用领域包括智能手机、电动汽车、物联网等。

5.8.2 电气工程及其自动化专业的毕业设计题目和开题方向

(1) 基于智能控制的自适应电力系统稳定性分析与优化

以某电力系统为研究对象,分析其稳定性,设计一套智能控制策略,提高系统的稳定性和抗干扰能力。

(2) 基于大数据的电力设备故障诊断与预测

以某电力设备为研究对象,构建一套大数据分析模型,提高设备故障诊断的准确率和预测的可靠性。

(3) 电力质量分析与控制系统设计

以某电力系统为研究对象,分析电力质量问题,设计一套高效的电力质量控制系统,提高电力供应的稳定性和质量。

(4) 智能配电网设计与优化

以某配电网为研究对象,设计一套智能化的配电系统,提高配电网的运行效率和能量利用率。

(5) 电力系统的数据采集与处理

以某电力系统为研究对象,设计一套数据采集和处理方案,分析系统的运行状况,优化系统的运行策略。

5.8.3 应用电子技术专业的毕业设计题目和开题方向

（1）基于超声波测距模块的智能车辆避障系统设计

以超声波测距模块为核心技术，设计一套智能车辆避障系统，提高车辆行驶的安全性和可靠性。

（2）基于人脸识别技术的智能门禁系统设计

以人脸识别技术为核心技术，设计一套智能门禁系统，提高门禁系统的安全性和管理效率。

（3）基于单片机的智能家居系统设计

以单片机为核心技术，设计一套智能家居系统，实现家居设备自动控制和管理。

（4）基于模式识别技术的语音识别系统设计

以模式识别技术为核心技术，设计一套语音识别系统，实现语音自动识别和翻译。

（5）基于虚拟现实技术的交互式学习系统设计

以虚拟现实技术为核心技术，设计一套交互式学习系统，提高学习效率和教育质量。

5.8.4 智能控制技术专业的毕业设计题目和开题方向

（1）基于机器视觉的自动化检测系统设计

以机器视觉技术为核心技术，设计一套自动化检测系统，提高检测的准确性和效率。

（2）基于自适应控制的电机控制系统设计

以自适应控制技术为核心技术，设计一套电机控制系统，实现电机运行自动控制和调节。

（3）基于嵌入式系统的智能家居控制系统设计

以嵌入式系统技术为核心技术，设计一套智能家居控制系统，实现家居设备自动控制和管理。

（4）基于模糊控制的空调温度控制系统设计

以模糊控制技术为核心技术，设计一套空调温度控制系统，提高温度控制的稳定性和舒适性。

（5）基于滑模控制的电动汽车驱动系统设计

以滑模控制技术为核心技术，设计一套电动汽车驱动系统，提高驱动系统的稳定性和效率。

5.8.5 建筑电气工程技术专业的毕业设计开题方向和内容提要

（1）建筑智能化控制系统设计研究

开题方向：针对建筑智能化控制系统的现状和发展趋势，研究系统设计和优化方法。

内容提要：针对建筑智能化控制系统的需求和功能，设计和优化系统的硬件和软件部分,提高系统的智能化和效率。

(2)建筑电气系统安全检测与故障诊断技术研究

开题方向:针对建筑电气系统存在的安全问题,研究安全检测和故障诊断技术。

内容提要:通过对建筑电气系统的分析和检测,识别安全隐患和故障,并提出解决方案和应对措施,提高系统的安全性和可靠性。

(3)建筑用电计量监控系统设计与优化

开题方向:针对建筑用电计量监控系统的需求和功能,研究系统设计和优化方法。

内容提要:设计和实现建筑用电计量监控系统,监测和分析用电情况,提供用电数据和分析报告,帮助用户优化用电方案和节约用电成本。

(4)建筑智能照明系统设计与应用研究

开题方向:针对建筑智能照明系统的需求和功能,研究系统设计和应用方法。

内容提要:设计和实现建筑智能照明系统,通过传感器和控制系统实现自动调节照明亮度和色温的功能,提高照明效果和节约能源。

(5)基于智能控制技术的建筑电气系统研究

开题方向:探究智能控制技术在建筑电气系统中的应用,提高建筑电气系统的控制效率、稳定性和可靠性。

内容提要:通过对智能控制技术的分析,结合建筑电气系统的特点,提出了一种基于智能控制技术的建筑电气系统控制方案,并对该方案进行了实验研究和验证,结果表明该方案在提高系统控制效率、稳定性和可靠性方面具有显著优势。

5.9 电子信息与电气工程类专业群涉及的行业典型企业的介绍与分析

(1)电子信息工程、电子信息工程技术专业涉及的行业典型企业的详细介绍与分析

深圳明阳电路科技股份有限公司(Shenzhen MTC Co.,Ltd.)是一家专业从事电子信息工程和电子信息工程技术领域的企业。

深圳明阳电路科技股份有限公司成立于1995年,总部位于中国深圳市。公司专注于高品质的电子信息工程和电子信息工程技术的研发、制造和销售。主要产品包括印刷电路板(PCB)和相关的电子元器件。

其核心竞争力有如下方面。

技术创新和研发能力:深圳明阳电路科技在电子信息工程领域具有强大的技术创新和研发能力。公司拥有一支高素质的研发团队,致力于不断提升产品的性能和质量,满足客户的需求。

高品质的产品制造能力:作为一家专业的印刷电路板制造商,深圳明阳电路科技注重产品质量和制造工艺。公司拥有先进的生产设备和严格的质量管理体系,确保产品达到高标准的品质要求。

客户服务和市场拓展:深圳明阳电路科技秉持客户至上的原则,为客户提供优质的产品和专业的服务。公司通过积极的市场拓展和销售渠道建设,不断拓展国内外市场。

深圳明阳电路科技在电子信息工程和电子信息工程技术领域享有良好的市场地位和影响力。公司的产品广泛应用于通信、计算机、消费电子、医疗设备等领域,并得到了国内外客户的认可和信赖。深圳明阳电路科技在行业内具有较高的知名度和市场份额。

深圳明阳电路科技将继续致力于技术创新和产品品质提升。公司将不断加大研发投入,推动电子信息工程和电子信息工程技术发展。深圳明阳电路科技将积极拓展国内外市场,寻求更多合作机会和业务增长点。

深圳明阳电路科技股份有限公司作为一家专业的电子信息工程和电子信息工程技术企业,在技术研发、产品制造和市场拓展方面具备优势。公司注重技术创新和产品品质,致力于为客户提供高品质的印刷电路板和相关电子元器件。深圳明阳电路科技在行业内具有良好的市场地位和影响力,将继续致力于推动电子信息工程领域发展,并实现持续的业务增长。

(2) 电气工程及其自动化专业涉及的行业典型企业的详细介绍与分析

国家电网公司(State Grid Corporation of China)是中国电力行业的国有大型企业,也是世界上最大的电力公司之一。

国家电网公司成立于2002年,总部位于中国北京市。作为中国电力行业的主要参与者,国家电网公司负责电力输送和供应,以及电力工程规划、建设和运营。公司在中国境内拥有广泛的电网网络,覆盖了大部分城市和农村地区。

其核心业务有如下方面。

电力输送与供应:国家电网公司负责高压输电网和配电网建设和运营,确保电力稳定供应。公司通过电网输送和分配,将电力从发电厂输送到各个用电终端,满足人民生活和工业发展的需求。

电力工程建设:国家电网公司承担电力工程规划、设计和建设任务。公司参与高压输电线路、变电站、电缆通道等电力工程建设,推动电力设施现代化和智能化。

新能源发展:国家电网公司积极推动新能源开发和利用,包括风能、太阳能、水能等可再生能源。公司致力于构建清洁、低碳的能源体系,推动可持续发展。

国家电网公司在中国电力行业具有垄断地位,并在全球范围内具有较高的影响力。公司的电网网络覆盖了中国大部分地区,为国内外客户提供稳定的电力供应。国家电网公司在行业内具有较高的声誉和市场份额,被公认为中国电力行业的领军企业。

国家电网公司将继续致力于电力行业发展和现代化建设。公司将加强对电力网络的智能化改造,推动能源转型和电力科技创新。国家电网公司也将积极参与国内外电力市场开放和合作,推动全球能源互联互通。

国家电网公司作为中国电力行业的重要参与者,承担着电力输送与供应、电力工程建设和新能源发展的重要任务。公司在电力行业拥有强大的实力和影响力,致力于提供稳定可靠的电力供应,推动电力行业现代化和可持续发展。国家电网公司将继续在电力行业发挥领导作用,为经济社会发展提供可靠的电力支持。

(3) 应用电子技术专业涉及的行业典型企业的详细介绍与分析

中兴通讯股份有限公司(ZTE Corporation)是一家全球领先的通信技术解决方案提供商和设备制造商。

中兴通讯成立于1985年,总部位于中国广东深圳。公司专注于通信技术的研发、制造和销售,涵盖移动通信、固网通信、数据通信和终端设备等领域。中兴通讯在全球范围内拥有广泛的业务和客户群体。

其核心业务有如下方面。

移动通信:中兴通讯在5G和4G领域具有强大的技术实力,提供基站设备、终端设备和相关软件解决方案。公司为运营商提供先进的移动通信网络设备和服务,推动移动通信技术发展和应用。

固网通信:中兴通讯为运营商和企业客户提供固网通信网络设备和解决方案,包括光纤传输、宽带接入、数据中心等领域。公司致力于推动固网通信网络升级和优化,提供更高效、可靠的通信服务。

数据通信:中兴通讯在数据通信领域拥有丰富的产品线,包括交换机、路由器、数据中心设备等。公司为运营商、企业和个人用户提供高性能、高可靠性的数据通信解决方案,满足不断增长的数据传输需求。

终端设备:中兴通讯生产和销售各类终端设备,包括智能手机、平板电脑、移动路由器等。公司不断创新产品设计和技术,提供优质的用户体验和便捷的移动互联网服务。

中兴通讯作为全球领先的通信技术解决方案提供商,在全球范围内具有重要的市场地位和影响力。公司在移动通信领域占据重要份额,成为全球5G技术的主要推动者之一。中兴通讯的产品和解决方案被广泛应用于全球各地的通信网络,为用户提供高品质的通信服务。

中兴通讯将继续致力于推动通信技术创新和发展。公司将加强5G和其他新一代通信技术研发和应用,推动数字化转型和智能化发展。中兴通讯也将继续加强与运营商、企业和合作伙伴合作,提供更全面、可靠的通信解决方案。

中兴通讯作为全球通信技术的领先企业,通过其在移动通信、固网通信、数据通信和终端设备等领域的创新和应用,为用户提供高质量的通信解决方案。公司在全球范围内具有重要的市场地位和影响力,为推动通信技术发展和数字化转型做出了重要贡献。中兴通讯将继续引领通信行业创新发展,为用户提供更先进、可靠的通信服务。

(4)智能控制技术专业涉及的行业典型企业的详细介绍与分析

深圳大疆创新科技有限公司(DJI)是全球领先的无人机和航空影像技术解决方案提供商。

大疆创新成立于2006年,总部位于中国广东深圳。作为无人机行业的领军企业,大疆创新专注于无人机技术研发、制造和销售,涵盖消费级和专业级无人机产品。公司秉持创新、质量和卓越的价值观,致力于推动无人机技术发展和应用。

其核心业务有如下方面。

无人机制造:大疆创新生产和销售一系列消费级和专业级无人机产品,包括Phantom、Mavic、Inspire等系列。公司注重产品设计和制造工艺,提供高质量、易用和可靠的无人机设备,满足不同用户需求。

航拍影像解决方案：大疆创新提供全面的航拍影像解决方案，包括无人机相机、稳定器、航拍软件等。公司的产品和技术广泛应用于航拍、电影制作、农业、测绘、安保等领域，为用户提供高质量的影像采集和处理工具。

无人机平台开发：大疆创新积极推动无人机开发平台建设，为开发者提供开放的软件开发工具和硬件接口。通过开放平台，公司鼓励开发者创造更多应用和解决方案，推动无人机技术创新和发展。

大疆创新作为全球无人机行业的领军企业，在全球范围内具有重要的市场地位和影响力。公司的产品被广泛应用于全球各地的航拍、电影制作、农业、测绘等领域，受到用户的高度认可。大疆创新通过技术创新和产品卓越设计，赢得了广大用户和行业专家的赞誉。

大疆创新将继续致力于无人机技术创新和应用。公司将加强在核心技术领域的研发投入，推动无人机性能提升和功能扩展。大疆创新也将继续与各行业合作伙伴紧密合作，拓展无人机的应用领域，并为用户提供更全面、高效的解决方案。

大疆创新作为全球无人机行业的领军企业，通过其在无人机制造、航拍影像解决方案和无人机开发平台方面的创新和应用，为用户提供高质量的无人机设备和解决方案。公司在全球范围内具有重要的市场地位和影响力，被广大用户认可和信赖。大疆创新将继续引领无人机技术创新发展，推动无人机应用扩展，并为用户提供更多创新的解决方案。

5.10 本章思考题

（1）电子信息与电气工程类专业群的行业现状和发展趋势

分析当前电子信息与电气工程行业的现状和未来的发展趋势，探讨相关专业群的就业前景以及对应行业岗位的需求情况。

（2）知识结构和技能素质要求对电子信息与电气工程类专业群的就业的影响

除了掌握专业知识外，电子信息与电气工程类专业群对学生的哪些技能素质有较高的要求？讨论这些技能素质如何提高学生的就业竞争力和适应行业的发展需求。

（3）实践环节在电子信息与电气工程类专业群中的重要性

探讨电子信息与电气工程类专业群中实践环节（如实验、仿真、实训等）对于学生的能力培养、职业素养和创新能力的重要性，并说明其对于就业和专业发展的价值。

（4）课程论文和毕业设计的方向

在电子信息与电气工程类专业群中选择一个具体领域，如通信工程、电力系统等，提出一个适合该领域的课程论文或毕业设计方向，并解释该方向对学生的就业和专业发展的意义。

第 6 章　管理类专业群知识结构与就业前景

在当今日益全球化的经济环境中,有效的管理知识和技能成了决定组织成功与否的关键因素。随着科技的快速发展,管理方式和战略也在不断地改变和演进。因此,本章致力于深入探讨管理类专业的知识结构,以及这些专业的就业前景。

本章从多个角度分析了六个重要的管理领域:工程管理、工商企业管理、现代物流管理、连锁经营与管理、电子商务和公共文化服务与管理。我们将详细阐述这些领域的行业现状和发展趋势,同时也会讨论各个专业的就业前景和可能的岗位类型。此外,我们也会深入探讨每个专业的培养方向和主干课程,并通过一些课程论文示例来具体展示学习过程中可能遇到的问题和研究主题。同时,本章也将介绍各专业的核心知识点和专业技能,以帮助读者更好地理解和掌握这些专业领域。在企业创新和发展过程中,具备相关职业资格证书和技能训练是极其重要的。因此,本章还将列出管理类专业群所需的职业资格证及核心培训课程,并探讨在创业时所需具备的知识结构和技能素质。实践环节是专业学习的重要组成部分,我们也将详细阐述每个专业的实验、实训、实习、毕业设计等实践环节。最后,我们将提供各专业毕业设计题目示例,并介绍各个专业涉及的典型企业。

本章旨在为读者提供一个全面而深入的视角,以理解和掌握管理类专业的核心知识和技能,以及这些专业的就业前景。我们希望这些信息能够帮助读者做出明智的职业选择,同时也为他们的未来奠定知识基础。

6.1　管理类专业群涉及的行业现状与发展趋势

6.1.1　工程管理专业涉及的相关行业现状与趋势

工程管理相关行业涵盖了项目管理、施工管理、质量管理、供应链管理等领域。

(1) 现状

建筑施工行业：工程管理在建筑施工行业中起着关键作用。工程管理人员负责项目计划、进度控制、资源管理、成本控制和质量保证等方面的工作，以确保项目按时、按质完成。

建筑设计咨询机构：建筑设计咨询机构提供专业的项目管理和咨询服务。工程管理人员在设计咨询机构中负责项目管理、风险管理和合规性管理等工作，协助客户实现项目目标。

建筑运营与维护：工程管理在建筑运营与维护阶段同样重要。工程管理人员负责设备运行监控、维护计划制定和维修工作协调等，以确保建筑设施安全运行。

(2) 趋势

数字化和智能化：随着信息技术的发展，工程管理正朝着数字化和智能化方向发展。项目管理软件、虚拟设计和建模技术、大数据分析等工具和技术的应用，提升了工程管理的效率和质量。

整合性管理：工程管理越来越注重各个环节整合和协调，以实现项目的整体目标。综合性项目管理、供应链管理和风险管理等方面的综合能力成为工程管理人员的重要素质。

可持续发展：可持续发展意识增强使得工程管理趋向于更加注重环境保护、资源利用和社会责任。工程管理人员需要关注项目的环境影响、能源效率、社会影响等因素，并采取相应的管理措施。

国际化和全球化：随着全球经济一体化的推进，工程管理越来越面临国际化和全球化的挑战。工程管理人员需要具备跨文化沟通能力、国际标准了解和应用，以适应跨国项目和国际合作的需求。

创新和持续学习：工程管理是一个不断变化和创新的领域。工程管理人员需要持续学习和更新知识，紧跟行业发展和技术进步，以提升自身的竞争力和适应能力。

工程管理相关行业的现状是工程管理在建筑施工、设计咨询和运营维护等领域有广泛的应用。未来的趋势是数字化和智能化、整合性管理、可持续发展、国际化和全球化以及创新和持续学习。学习工程管理的学生应注重实践能力培养，不断提升综合素质和管理能力，以适应行业发展的需求。

6.1.2 工商企业管理专业涉及的相关行业现状与趋势

工商企业管理涉及企业运营、组织、管理和决策等方面的工作。

(1) 现状

企业咨询服务：企业管理咨询服务机构为企业提供专业的管理咨询和解决方案。他们帮助企业改善组织结构、流程、战略规划、人力资源管理等，提升企业的竞争力和绩效。

项目管理：项目管理是现代企业管理中的重要环节。项目管理人员负责项目计划、执行、监控和交付，确保项目按时、按质完成，并协调资源和团队。

供应链管理：供应链管理涉及从供应商到客户的物流和信息流管理。供应链管理人员负责供应商选择、物资采购、物流运输、库存管理等工作，以提高企业的运营效率和供应链协同。

（2）趋势

数字化和智能化：数字化和智能化技术应用对工商企业管理产生了重要影响。企业管理信息系统、大数据分析、人工智能等技术应用，提升了管理效率和决策能力。

创新和创业精神：创新是企业持续发展的关键。工商企业管理趋向于培养和激发员工的创新和创业精神，鼓励他们提出新的想法和解决方案，推动企业创新发展。

可持续发展：可持续发展已经成为企业管理的重要议题。企业越来越注重环境保护、社会责任和经济可持续性，采取可持续的经营模式和管理实践。

数据驱动决策：随着大数据时代的到来，数据驱动决策成为企业管理的重要趋势。企业管理人员需要善于收集、分析和利用数据，以支持决策和优化业务流程。

国际化和全球化：企业管理越来越面临国际化和全球化的挑战。企业管理人员需要具备跨文化沟通能力，熟悉国际市场了解，以适应跨国企业和国际竞争的需求。

工商企业管理相关行业的现状是工业企业管理在企业咨询服务、项目管理和供应链管理等领域有广泛的应用。未来的趋势是数字化和智能化、创新和创业精神、可持续发展、数据驱动决策以及国际化和全球化。学习工商企业管理的学生应注重实践能力培养，不断提升综合素质和管理能力，以适应行业发展的需求。

6.1.3　现代物流管理专业涉及的相关行业现状与趋势

现代物流管理涉及物流运输、仓储管理、供应链协调等方面的工作。

（1）现状

第三方物流服务提供商：第三方物流服务提供商为企业提供物流服务，包括货物运输、仓储管理、配送等。他们利用专业的物流网络和资源优化企业的物流流程，提高效率和降低成本。

电子商务物流：随着电子商务的兴起，电商物流成为现代物流管理的重要组成部分。电商物流公司负责商品仓储、分拣、配送以及售后服务等，以满足电商平台和消费者的需求。

供应链管理：供应链管理涉及从供应商到客户的物流和信息流协调和管理。供应链管理公司负责供应商选择、物流运输、库存管理等，以确保物流顺畅和供应链协同。

（2）趋势

数字化和智能化：数字化和智能化技术应用对现代物流管理产生了重要影响。物流信息系统、物联网、大数据分析和人工智能等技术应用，提高了物流的可视化、实时性和智能化水平。

绿色物流和可持续发展：绿色物流成为行业发展的重要趋势。企业和物流服务提供商越来越注重环境保护和可持续发展，采取可持续的运输和仓储方案，减少对环境的影响。

供应链协同和共享经济：供应链协同和共享经济模式在现代物流管理中越来越普遍。企业之间通过共享物流资源、协同运输和信息共享，实现成本降低和效率提升。

末端配送和逆向物流：末端配送和逆向物流是电商物流和城市物流发展的重要方向。末端配送包括最后一公里的配送服务，逆向物流涉及商品退货和再利用，这些方面的需求日益增加。

多式联运和国际物流：多式联运是不同运输模式的组合，以提高物流效率和降低成本。

国际物流则涉及跨国运输和海外市场开拓,随着全球贸易的增长,对国际物流的需求也在增加。

现代物流管理相关行业的现状是现代物流管理在第三方物流服务、电商物流和供应链管理等领域有广泛的应用。未来的趋势是数字化和智能化、绿色物流和可持续发展、供应链协同和共享经济、末端配送和逆向物流以及多式联运和国际物流。学习物流管理的学生应注重对新技术的学习和应用,具备协调能力和创新思维,以适应行业发展的需求。

6.1.4　连锁经营与管理专业涉及的相关行业现状与趋势

连锁经营与管理涉及多个行业,如零售、餐饮、酒店、快递等。

(1) 现状

零售连锁:零售连锁行业是连锁经营与管理的典型代表。大型零售连锁企业通过统一的品牌形象、供应链管理和规模优势,实现了产品统一采购、价格优势和分销网络扩展。

餐饮连锁:餐饮连锁行业发展迅速,涵盖了快餐、咖啡店、连锁餐厅等。餐饮连锁企业通过标准化的菜单、服务流程和供应链管理,提供一致的产品和服务体验。

酒店连锁:酒店连锁行业通过统一的品牌标准、服务标准和预订系统,提供一致的住宿体验。酒店连锁企业通过规模效应和品牌影响力,提高市场份额和品牌认知度。

快递连锁:随着电子商务的兴起,快递连锁行业得到了迅猛发展。快递连锁企业通过建立统一的配送网络、信息系统和服务标准,提供高效、可靠的快递服务。

(2) 趋势

数据驱动运营管理:连锁企业越来越重视数据收集和分析,以实现精细化的运营管理。通过数据分析,企业可以更好地了解消费者需求,优化供应链管理,提高效率和客户满意度。

线上线下融合:随着互联网的发展,连锁企业开始探索线上线下融合的经营模式。通过线上渠道和线下门店有机结合,企业可以拓展销售渠道,提供多样化的购物体验。

个性化定制服务:消费者需求日益多样化和个性化,连锁企业需要提供个性化的定制服务。通过采用技术手段,如大数据分析和人工智能,企业可以根据消费者的喜好和需求,提供定制化的产品和服务。

绿色可持续发展:绿色可持续发展成为连锁企业关注的重要议题。企业需要采取环境友好的经营模式,减少资源消耗和环境污染,提倡可持续发展的理念,满足消费者对环保的需求。

国际化扩张:一些连锁企业开始进行国际化扩张,通过跨国经营和品牌拓展,进入新兴市场和增加国际竞争力。

连锁经营与管理相关行业的现状是连锁经营与管理在零售、餐饮、酒店、快递等领域有广泛的应用。未来的趋势是数据驱动运营管理、线上线下融合、个性化定制服务、绿色可持续发展和国际化扩张。学习连锁经营与管理的学生应注重新技术学习和应用,具备创新和市场拓展的能力,以适应行业发展的需求。

6.1.5　电子商务专业涉及的相关行业现状与趋势

电子商务是指利用互联网和信息技术进行商务活动的一种模式。随着互联网的普及和电子商务技术的发展,电子商务行业呈现出快速增长和不断演进的趋势。

（1）现状

在线零售:电子商务行业最典型的领域之一是在线零售。消费者通过电子商务平台进行网购,享受更加便捷的购物体验,而电商平台提供了丰富的商品选择和灵活的交易方式。

跨境电商:随着全球市场的融合和物流网络的发展,跨境电商行业迅速崛起。消费者可以通过跨境电商平台购买海外商品,而电商平台提供了海外商品推广、物流和支付等服务。

移动电商:随着智能手机的普及和移动互联网的快速发展,移动电商成为电子商务的重要方向。消费者可以通过移动设备随时随地购物,而移动电商平台提供了便捷的购物体验和个性化推荐。

电子支付:电子支付是电子商务的重要组成部分,涵盖了在线支付、移动支付、电子钱包等。电子支付技术发展促进了电子商务繁荣,为消费者提供了更加安全、便捷的支付方式。

（2）趋势

社交电商:社交电商是近年来兴起的新型电商模式。通过社交媒体和社交平台,商家可以直接与消费者进行互动和销售,提供个性化推荐和社交化购物体验。

无人零售:随着物联网和人工智能技术的发展,无人零售开始崭露头角。消费者可以通过自助终端或智能柜台进行购物,实现无人值守的零售体验。

虚拟现实和增强现实:虚拟现实和增强现实技术进步为电子商务带来了新的可能性。消费者可以通过虚拟现实体验商品,而增强现实技术可以提供更加丰富的购物信息和互动体验。

网红经济:网络红人和内容创作者崛起推动了网红经济发展。电商平台与网红合作,通过直播、短视频等形式进行产品推广,吸引了大量粉丝和消费者。

数据驱动个性化推荐:大数据技术应用使得电商平台能够根据消费者的偏好和行为数据进行个性化推荐,提供更加精准的商品和服务推荐。

电子商务行业正呈现出快速增长和不断创新的态势。未来的趋势是社交电商、无人零售、虚拟现实和增强现实、网红经济以及数据驱动个性化推荐。学习电子商务相关专业的学生应注重新技术学习和应用,具备市场分析和创新能力,以适应行业发展的需求。

6.1.6　公共文化服务与管理专业涉及的相关行业现状与趋势

公共文化服务与管理涉及文化遗产保护、文化艺术推广、文化活动组织等领域,其目标是促进社会文化发展和提供公共文化服务。

（1）现状

文化遗产保护:公共文化服务与管理行业重视文化遗产保护与传承。各国政府和组织加大对文化遗产保护的投入,包括古迹修复、文物保护、非物质文化遗产保护等,以保护历史和传统文化的完整性。

文化艺术推广：为了提升社会的文化素养，公共文化服务与管理行业推广各类文化艺术形式，如音乐、绘画、舞蹈、戏剧等。通过组织文化活动、艺术展览、演出等，使更多人参与和享受文化艺术。

图书馆和博物馆管理：图书馆和博物馆是公共文化服务的重要组成部分。行业专注于提供图书馆和博物馆管理和服务，包括图书馆藏书管理、读者服务、展览策划、文物保管等，以满足公众对知识和文化的需求。

文化活动组织：公共文化服务与管理行业积极组织各类文化活动，如文化节庆、艺术展览、演出、讲座等。这些活动丰富了社会文化生活，提供了多样性的文化体验和交流平台。

（2）趋势

数字化和在线服务：随着数字技术的发展，公共文化服务与管理行业越来越重视数字化和在线服务。通过建设数字图书馆、在线博物馆、文化艺术平台等，提供在线阅读、虚拟展览和文化活动，满足人们的随时随地获取文化信息和参与文化活动的需求。

文化创意产业发展：公共文化服务与管理行业鼓励文化创意产业发展，推动文化与经济融合。通过培育文化创意企业、支持文化创意产品开发和推广，促进文化产业增长和创新。

多元化和包容性：行业趋向于提供多元化和包容性的公共文化服务。注重传统与现代平衡、本地与国际平衡、主流与边缘文化平衡，满足不同群体的文化需求，促进文化多样性和社会共融。

文化可持续发展：公共文化服务与管理行业关注文化可持续发展。重视文化资源保护和可持续利用，注重环境保护和社会责任，推动文化与社会经济协调发展。

公共文化服务与管理行业的现状是注重文化遗产保护、文化艺术推广、图书馆和博物馆管理以及文化活动组织。未来的趋势是数字化和在线服务、文化创意产业发展、多元化和包容性文化服务以及文化可持续发展。学习公共文化服务和管理的学生需要关注技术创新、社会需求变化和文化创新，以适应不断变化的社会和市场需求。

6.2 管理类专业群就业前景与岗位及趋势

6.2.1 工程管理专业就业前景和岗位及趋势

工程管理涵盖了项目管理、施工管理、质量管理、成本管理、风险管理等方面的知识和技能，为学生提供了在工程项目管理领域就业的机会。

（1）就业前景

工程管理专业毕业生在建筑、基础设施、能源、制造业等各个领域都有就业机会。随着全球经济的发展和基础设施建设的增加，对工程管理专业人才的需求也在不断增加。毕业生通常可以在建筑公司、工程咨询公司、能源公司、制造企业、政府部门等机构找到就业机会。

(2)岗位

项目经理:负责整个项目规划、执行和监控,确保项目按时、按质完成。

施工经理:负责项目施工阶段的协调和管理工作,监督施工进度和质量。

质量控制经理:负责项目质量管理,制定质量标准、进行质量检查和验收。

成本控制经理:负责项目成本管理,包括预算编制、成本控制和成本分析。

风险管理经理:负责项目风险评估和管理,制定风险应对策略和措施。

供应链管理专员:负责项目材料和设备采购和供应链管理工作。

建筑项目协调员:负责协调各个施工专业的工作,确保项目顺利进行。

(3)趋势

项目数字化和信息化:随着信息技术的发展,工程管理领域正在迅速向数字化和信息化转型。毕业生需要掌握项目管理软件、虚拟现实、物联网等技术,适应数字化项目管理的趋势。

可持续发展和绿色建筑:可持续发展和绿色建筑已成为全球关注的重点。工程管理专业需要关注环境保护和资源利用效率,在项目管理中推动可持续发展和绿色建筑实施。

国际化和全球项目管理:随着全球化进程的推进,跨国项目和全球项目管理能力成为工程管理专业的重要需求。毕业生需要具备跨文化交流和国际合作的能力,以适应国际化的项目管理环境。

工程管理专业具有良好的就业前景。毕业生可以在各个行业和组织中找到就业机会,从事项目管理和领导工作。随着技术和市场的不断变化,持续学习和专业提升对于工程管理专业人才来说至关重要,以适应行业发展和变化。

6.2.2 工商企业管理专业就业前景和岗位及趋势

工商企业管理涵盖了企业管理、市场营销、人力资源管理、财务管理等方面的知识和技能,为学生提供了在企业管理领域就业的机会。

(1)就业前景

工商企业管理专业毕业生在各个行业和组织中都有就业机会。无论是大型企业、中小型企业还是创业公司,都需要管理专业人才来协助企业运营和管理。毕业生可以在企业的各个部门中找到就业机会,如市场营销部门、人力资源部门、财务部门、项目管理部门等。

(2)岗位

市场营销专员/经理:负责市场调研、产品推广、销售管理等市场营销工作。

人力资源专员/经理:负责员工招聘、培训发展、绩效管理等人力资源管理工作。

财务分析师/经理:负责财务数据分析、预算编制、财务报告等财务管理工作。

项目经理/协调员:负责项目计划、资源协调、进度控制等项目管理工作。

运营管理专员/经理:负责企业运营流程优化、成本控制、供应链管理等工作。

品牌管理专员/经理:负责品牌定位、形象建设、市场推广等品牌管理工作。

创业/企业顾问:提供创业咨询、管理咨询等服务,帮助企业解决问题和提升效率。

(3)趋势

数字化和信息化管理:随着信息技术的发展,企业管理正向数字化和信息化转型。工商企业管理专业需要掌握企业管理软件、数据分析工具、电子商务等技术，适应数字化和信息化管理的趋势。

创新与创业：创新和创业已成为经济发展的重要动力。工商企业管理专业需要培养学生的创新思维和创业能力，以适应创新创业的趋势，或自主创业，或加入创新型企业。

国际化和跨文化管理：随着全球化进程的推进，跨国企业和国际市场的竞争越来越激烈。工商企业管理专业需要培养学生的跨文化沟通和国际业务能力，适应国际化管理的趋势。

工商企业管理专业具有广泛的就业前景。毕业生可以在各个行业和组织中找到就业机会，从事企业管理和领导工作。随着经济的发展和企业竞争的加剧，对管理专业人才的需求会持续增长。持续学习和专业提升对于工商企业管理专业人才来说至关重要，以适应企业管理领域发展和变化。

6.2.3 现代物流管理专业就业前景和岗位及趋势

现代物流管理涉及物流运作、供应链管理、仓储管理、运输管理等方面的知识和技能，为学生提供了在物流行业就业的机会。

（1）就业前景

现代物流管理专业毕业生在各个行业和组织中都有就业机会。物流管理是现代经济活动中不可或缺的环节，无论是制造业、零售业、电子商务还是物流服务提供商，都需要物流管理专业人才来协助物流运作和供应链管理。毕业生可以在物流公司、制造企业、零售企业、电子商务平台、物流服务提供商等机构找到就业机会。

（2）岗位

物流协调员/主管：负责协调供应链各环节的物流运作，管理运输、仓储、配送等工作。

供应链分析师/经理：负责分析供应链数据，优化供应链流程，提高物流效率和成本控制。

仓储与库存管理专员/经理：负责仓库的物料管理、库存控制、仓储设备和操作流程管理。

运输调度员/经理：负责物流运输计划和调度，协调运输资源，确保货物准时送达。

采购与供应管理专员/经理：负责供应商管理、采购计划、供应商谈判等供应链管理工作。

物流信息系统专员/经理：负责物流信息系统运营和管理，提高物流信息化水平和效率。

（3）趋势

数字化和智能化物流：随着信息技术的发展，物流行业正向数字化和智能化转型。物流管理专业需要掌握物流信息系统、大数据分析、物联网技术等技术，以适应数字化和智能化物流管理的趋势。

绿色物流和可持续发展：环境保护和可持续发展已经成为全球关注的重点。物流管理专业需要关注绿色物流和环保要求，推动物流行业向可持续方向发展，如节能减排、包装回收、运输优化等。

供应链协同和合作：供应链管理越来越注重协同合作，企业之间需要共同协作，优化供应链流程和资源配置。物流管理专业需要具备供应链协调和合作的能力,推动供应链各环节协同发展。

国际化物流:随着全球贸易的增加,国际物流成为物流行业的重要组成部分。物流管理专业需要掌握国际贸易规则、国际物流运作和国际物流管理,以适应国际化物流的趋势。

现代物流管理专业具有广阔的就业前景。随着全球化和电子商务的发展,对物流服务的需求持续增加。持续学习和专业提升对于物流管理专业人才来说至关重要,以适应物流行业发展和变化。此外,注重发展协作能力、信息技术应用能力和可持续发展意识也是提高竞争力的关键。

6.2.4 连锁经营与管理专业就业前景和岗位及趋势

连锁经营与管理涉及零售、餐饮、酒店、服务业等领域中连锁经营的相关知识和技能。

（1）就业前景

连锁经营与管理专业毕业生在各个连锁企业和相关行业都有就业机会。连锁经营是现代商业模式中的重要组成部分,各个行业中的连锁企业需要专业人才来协助管理连锁店铺和运营,提高连锁品牌的市场竞争力。毕业生可以在零售连锁企业、餐饮连锁企业、酒店连锁企业、服务业连锁企业等机构找到就业机会。

（2）岗位

连锁店经理/区域经理:负责连锁店铺日常管理,包括销售管理、人员管理、库存管理等。

运营管理专员/经理:负责连锁店铺运营的各个方面,协调各个部门之间的工作,提高连锁店铺的运营效率。

采购管理专员/经理:负责连锁店铺的商品采购工作,与供应商合作、进行商品谈判和采购计划制定。

品牌推广专员/经理:负责连锁品牌的市场推广工作,制定品牌推广策略、进行广告宣传和市场活动组织。

供应链管理专员/经理:负责连锁店铺的供应链管理,协调供应商、仓储和物流,确保货物供应和库存管理顺畅运作。

数据分析师/经理:负责对连锁店铺的销售数据、顾客数据进行分析,提供决策支持和运营优化建议。

（3）趋势

电子商务和线上连锁:随着电子商务的发展,越来越多的连锁企业将业务拓展到线上渠道。连锁经营与管理专业需要掌握电子商务平台操作、线上营销和数字化运营等技能,以适应线上连锁的发展趋势。

数据驱动决策和个性化服务:连锁企业越来越注重数据收集和分析,以便做出更准确的决策和提供个性化的服务。连锁经营与管理专业需要具备数据分析和消费者洞察的能力,以适应数据驱动的运营模式。

绿色连锁和可持续发展:环境保护和可持续发展已经成为全球关注的重点。连锁经营与管理专业需要关注绿色连锁和可持续发展要求,推动连锁企业向环保和可持续方向发展,如绿色供应链、节能减排等。

人工智能和自动化技术应用：随着人工智能和自动化技术的发展，连锁企业逐渐引入智能化的解决方案来提高效率和改善客户体验。连锁经营与管理专业需要了解人工智能、自动化技术和智能设备应用，以推动连锁业务创新和提升。

连锁经营与管理专业具有广阔的就业前景。随着连锁业的发展和变化，持续学习和专业提升对于连锁经营与管理专业人才来说至关重要。同时，注重发展数字化、数据分析、环境保护和创新能力也是提高竞争力的关键。

6.2.5 电子商务专业就业前景和岗位及趋势

电子商务是利用互联网和电子技术进行商业活动的形式，已经成为现代商业的重要组成部分。

（1）就业前景

电子商务行业的就业前景广阔。随着互联网的普及和电子商务市场的快速增长，越来越多的企业需要电子商务专业人才来推动其线上业务和电子商务平台运营。电子商务专业毕业生可以在电子商务企业、零售企业、互联网企业、传统企业的电子商务部门等找到就业机会。

（2）岗位

电商运营专员/经理：负责电子商务平台的日常运营管理，包括商品上架、促销活动策划、订单处理、售后服务等。

电商推广专员/经理：负责电子商务平台的市场推广工作，制定推广策略、进行线上广告投放、SEO优化等，增加网站流量和提升用户转化率。

电商客服专员/经理：负责电子商务平台的客户服务工作，包括在线客服咨询、投诉处理、客户关系维护等，提供优质的客户体验。

数据分析师/经理：负责电子商务平台的数据分析工作，包括用户行为分析、销售数据分析、市场趋势分析等，为决策提供数据支持。

供应链管理专员/经理：负责电子商务平台的供应链管理工作，与供应商进行合作、库存管理、物流协调等，确保产品供应和配送顺畅。

电子商务平台开发工程师：负责电子商务平台开发和维护工作，包括网站设计、前端开发、后台系统管理等技术工作。

（3）趋势

移动电商：随着智能手机的普及，移动电商成为电子商务发展的重要趋势。电子商务专业人才需要掌握移动端应用开发、响应式网页设计等技术，以适应移动电商的发展需求。

社交电商：社交媒体快速发展和社交化购物趋势推动了社交电商兴起。电子商务专业人才需要了解社交媒体营销、社群运营等技巧，为企业开展社交电商提供支持。

数据驱动个性化推荐：随着大数据技术的发展，个性化推荐成为电子商务平台的重要功能。电子商务专业人才需要具备数据分析和机器学习的能力，以实现个性化推荐和精准营销。

跨境电商：全球化和跨境贸易促进了跨境电商发展。电子商务专业人才需要了解国际贸易规则、海关政策等知识，为企业开展跨境电商提供支持。

新零售模式:新零售模式兴起将线上和线下的零售渠道有机结合起来。电子商务专业人才需要关注新零售的发展趋势,掌握线上线下融合的运营策略和技术。

电子商务专业就业前景良好。随着电子商务市场的不断扩大和技术的创新,电子商务专业人才需具备全面的电子商务知识和技能,不断学习和适应行业发展的需求。同时,注重数据分析、移动端应用开发、跨境贸易等方面的能力培养,将有助于提高竞争力并抓住行业发展的机遇。

6.2.6 公共文化服务与管理专业就业前景和岗位及趋势

公共文化服务与管理涉及到公共机构、文化事业单位、艺术团体、文化企业等领域的管理和运营。

(1) 就业前景

公共文化服务与管理领域的就业前景较好。随着社会对文化事业的重视和文化产业的快速发展,越来越多的公共机构和文化企业需要专业的管理人才来推动文化项目规划、组织、推广和运营。公共文化服务与管理专业毕业生可以在博物馆、图书馆、艺术中心、文化机构、传媒公司等各类文化相关单位找到就业机会。

(2) 岗位

文化项目经理:负责策划、组织和管理文化项目,包括艺术展览、文化节庆、演出活动等,协调资源、推动项目进展并确保项目顺利进行。

文化市场营销专员/经理:负责文化产品或服务的市场推广工作,包括市场调研、品牌推广、推广策略制定、线上线下推广活动组织与执行等。

文化活动策划与执行专员/经理:负责文化活动策划、执行和组织工作,包括活动内容设计、场地选择、嘉宾邀请、活动执行等。

文化资源管理专员/经理:负责文化资源整合和管理工作,包括艺术品、文物、档案等文化资产保护、收集、展示和研究。

文化市场分析师/经理:负责对文化市场的调研和分析工作,了解市场需求和趋势,为企业的决策提供数据支持和市场策略建议。

文化机构管理专员/经理:负责文化机构的日常管理工作,包括人员管理、预算控制、运营管理、政策执行等。

(3) 趋势

文化创意产业发展:随着文化创意产业的兴起,对文化项目和文化产品的需求不断增加。公共文化服务与管理专业人才需要关注文化创意产业的发展趋势,掌握相关的策划、推广和运营知识。

文化数字化转型:数字技术应用已经对文化领域产生了深远的影响,例如数字文化展览、在线文化活动等。公共文化服务与管理专业人才需要具备数字技术应用和数字化营销的能力,以适应文化数字化转型的需求。

文化旅游融合发展:文化与旅游融合已经成为一种趋势,例如文化景区、文化旅游产品等。公共文化服务与管理专业人才需要关注文化旅游融合的发展,了解旅游市场和文化消费者需求,推动文化旅游项目的规划和运营。

文化多元化和国际化:文化多元性和国际交流增加为公共文化服务与管理专业人才提供了更广阔的就业机会。公共文化服务与管理专业人才需要具备跨文化沟通和国际交流的能力,以推动文化项目的国际化合作和文化交流活动。

公共文化服务与管理领域的就业前景较好。随着社会对文化事业的重视和文化产业的发展,公共文化服务与管理专业人才需具备全面的文化管理知识和技能,注重市场营销、创新策划、数字技术应用等方面的能力培养,将有助于提高竞争力并抓住行业发展的机遇。

6.3 管理类专业群的培养方向和主干课程及课程论文示例

6.3.1 工程管理专业培养方向和主干课程及课程论文示例

(1) 培养方向

主要包括工程设计、工程建设、工程运营和工程管理等方面的知识与技能培养。

(2) 主干课程

工程力学:研究工程物体的运动、受力及其静力学平衡的基本理论与方法。主要知识点包括牛顿运动定律、能量守恒原理、动量守恒原理、弹性力学等。

工程材料学:研究工程所用的各种材料的物理性质、化学性质及其在工程中的应用。主要知识点包括金属材料、非金属材料、复合材料、材料表征等。

工程热力学:研究能量转换及其基本理论与方法。主要知识点包括热力学第一定律、热力学第二定律、热力学循环过程、热力学性质等。

工程设计基础:研究工程设计的基本方法与技巧。主要知识点包括设计过程、设计原则、设计思路、设计模型等。

工程项目管理:研究工程项目规划、实施、监督和控制等管理方法。主要知识点包括项目规划、项目组织、项目控制、项目风险管理等。

(3) 课程论文题目示例

基于 BIM 技术的工程设计流程优化研究

钢结构工程施工过程中的质量控制研究

工程竣工验收中的质量控制与风险管理研究

建筑工程施工中的风险评估与管理研究

基于 BIM 的建筑工程施工协同管理研究

建筑工程施工人力资源管理研究

(4) 课程论文示例

中文题目:基于 BIM 技术的工程设计流程优化研究(示例节选)

作者:＊＊＊

摘要：文章以 BIM 技术为基础，研究了在建筑工程设计阶段如何优化设计流程，提高设计效率和准确度。通过分析工程设计流程中存在的问题和痛点，文章提出了 BIM 技术在设计流程中的应用方法，并以一个实际案例进行了验证。结果表明，采用 BIM 技术可以大幅缩短设计周期、提高设计质量，具有很高的实用价值和推广意义。

关键词：BIM 技术；工程设计流程；优化；效率；准确度

一、引言

建筑工程是一个复杂的过程，设计环节是其中非常重要的一环。然而，在传统的建筑设计中，由于设计师和施工方之间信息不对称，设计方案的质量和效率都受到了限制。为了解决这个问题，BIM(Building Information Modeling)技术应运而生。BIM 技术是一种数字化建模技术，能够以三维的形式表现建筑工程的各个方面，包括结构、装饰、机电等。

本文以 BIM 技术为基础，研究了在建筑工程设计阶段如何优化设计流程，提高设计效率和准确度。首先分析了工程设计流程中存在的问题和痛点，然后提出了 BIM 技术在设计流程中的应用方法，并以一个实际案例进行了验证。最后，对研究结果进行了总结和展望。

二、BIM 技术在工程设计流程中的应用

BIM 技术可以用于建筑工程的各个环节，从而实现全生命周期管理。在设计阶段，BIM 技术主要应用于以下方面：

1. 建模与可视化

BIM 技术可以将设计方案以三维形式呈现出来，使设计师可以更加直观地看到设计效果，发现问题并及时解决。

2. 协同设计

BIM 技术可以实现多个设计师同时对一个设计方案进行编辑，以及与其他设计师进行协同设计，从而提高设计效率。

3. 碰撞检测

BIM 技术可以对设计方案进行碰撞检测，避免在施工过程中出现冲突问题，从而提高施工效率和质量。

4. 数据管理

BIM 技术可以对设计方案中的各种数据进行管理和共享，包括材料、成本、进度等，从而实现全方位的管理。

通过 BIM 技术应用，可以实现工程设计流程优化，提高设计效率和准确度，从而为工程建设提供更好的服务。

三、案例分析

本文选取了一个实际的建筑工程设计项目进行研究，以验证 BIM 技术在设计流程中的应用效果。该项目是一座大型商业综合体建筑，包括购物中心、写字楼、酒店等多个功能区域，设计周期为 6 个月。

在设计过程中，我们采用 BIM 技术进行建模、协同设计、碰撞检测和数据管理等工作。通过应用 BIM 技术，我们成功地实现了以下目标：

1. 缩短设计周期

采用 BIM 技术可以使设计师更加直观地看到设计效果，发现问题并及时解决。在本项目中，BIM 技术应用缩短了设计周期，从而使项目能够按时完成。

2. 提高设计质量

BIM 技术可以对设计方案进行碰撞检测,避免在施工过程中出现冲突问题,从而提高施工效率和质量。在本项目中,BIM 技术应用减少了施工过程中的问题,提高了施工质量。

3. 提高效率

BIM 技术可以实现多个设计师同时对一个设计方案进行编辑,以及与其他设计师进行协同设计,从而提高设计效率。在本项目中,BIM 技术应用使设计师之间的协作更加高效。

四、结论与展望

通过对 BIM 技术在工程设计流程中的应用进行研究,可以得出以下结论:

BIM 技术可以优化工程设计流程,提高设计效率和准确度。

BIM 技术可以缩短设计周期,提高设计质量,提高施工效率和质量。

BIM 技术可以实现多人协同设计,提高设计效率。

未来,我们可以进一步深入研究 BIM 技术在工程设计流程中的应用,发掘更多的优化方法和技术,为工程建设提供更好的服务。同时,还可以探索 BIM 技术在其他领域的应用,如城市规划、智能交通等领域,为社会经济发展做出更大的贡献。

6.3.2 工商企业管理专业培养方向和主干课程及课程论文示例

(1) 培养方向

主要包括企业管理、营销管理、人力资源管理、财务管理等方面的知识与技能培养。

(2) 主干课程

经济学原理:研究经济运行的基本规律和基本理论。主要知识点包括经济学基本概念、市场经济、供求关系、价格理论等。

管理学原理:研究管理的基本理论、方法和技能。主要知识点包括管理学基本概念、管理职能、管理决策、管理控制等。

财务管理:研究企业财务运作的理论和方法。主要知识点包括财务报表分析、投资决策、资金管理、财务风险管理等。

市场营销:研究产品营销、价格策略、渠道管理、品牌营销等方面的知识。主要知识点包括市场分析、市场细分、产品定位、市场营销策略等。

人力资源管理:研究企业人力资源管理、培养和发展。主要知识点包括人力资源规划、招聘与录用、绩效管理、薪酬管理等。

(3) 课程论文题目示例

网络营销在企业市场推广中的应用研究

基于客户价值的企业营销策略研究

基于成本价值分析的企业产品设计研究

企业管理过程中的信息技术应用研究

企业文化传承与创新研究

(4) 课程论文示例

中文题目:企业管理过程中的信息技术应用研究(示例节选)

作者:＊＊＊

摘要:文章针对当今企业管理过程中信息化应用的不断深入和发展,以及信息技术对企业管理的重要性,对企业管理过程中信息技术应用的研究进行探讨。首先分析了企业管理过程中的信息化应用现状及存在的问题,然后介绍了信息技术在企业管理中的重要作用。接着探讨了信息技术在企业管理过程中的具体应用,包括 ERP 系统、CRM 系统、OA 系统、BI 系统等,并结合实际案例进行了详细分析。最后,提出了进一步推进信息技术在企业管理过程中应用的建议。

关键词:企业管理;信息技术;ERP 系统;CRM 系统;OA 系统;BI 系统

一、引言

二、企业管理过程中信息技术应用现状和问题

三、信息技术在企业管理中的重要作用

四、信息技术在企业管理过程中的具体应用

五、进一步推进信息技术在企业管理过程中应用的建议

6.3.3 现代物流管理专业培养方向和主干课程及课程论文示例

(1) 培养方向

主要包括物流规划、物流组织、物流控制、物流信息化等方面的知识与技能培养。

(2) 主干课程

物流管理学:研究物流管理的理论、方法和技术。主要知识点包括物流概念、物流系统、物流成本、物流效率等。

运筹学:研究在限制条件下如何进行最优决策的数学理论和方法。主要知识点包括线性规划、整数规划、动态规划等。

供应链管理:研究供应链组织、协调和优化等问题。主要知识点包括供应链战略、供应链协调、供应链风险管理等。

物流信息技术:研究物流信息系统、电子商务、移动商务等技术在物流管理中的应用。主要知识点包括物流信息系统架构、供应链信息协调、大数据分析等。

物流组织设计:研究物流组织结构、职责划分、工作流程等问题。主要知识点包括物流组织模式、职责划分、作业流程设计等。

(3) 课程论文题目示例

物流信息系统的安全风险管理研究

基于物联网技术的仓储物流管理研究

物流网络优化中的运营商合作模式研究

基于物流中心理论的区域物流枢纽规划研究

基于模拟仿真的物流配送效率优化研究
(4) 课程论文示例

中文题目:物流网络优化中的运营商合作模式研究(示例节选)
作者:＊＊＊
摘要:随着物流业的发展,运营商的合作模式越来越重要。文章研究物流网络优化中的运营商合作模式,探讨了不同的合作模式对物流网络优化的影响。通过对现有运营商合作模式的分析,提出了一种新的合作模式,该模式可以在减少物流成本和提高服务质量方面发挥积极作用。文章的研究结果可为物流企业的合作决策提供参考。
关键词:物流网络优化;运营商合作;成本;服务质量
一、引言
二、物流网络优化中的运营商合作模式
三、案例分析和模拟实验
四、新合作模式的实施建议
五、参考文献

6.3.4 连锁经营与管理专业培养方向和主干课程及课程论文示例

(1) 培养方向

主要包括连锁企业管理、连锁销售、连锁运营管理、连锁品牌营销等方面的知识与技能培养。

(2) 主干课程

连锁企业管理学:研究连锁企业的经营管理理论、方法和技术。主要知识点包括连锁企业概念、组织管理、运营管理等。

连锁销售学:研究连锁销售的策略、方法和技巧。主要知识点包括连锁销售模式、店面布局、产品组合等。

连锁运营管理学:研究连锁运营管理的理论和方法。主要知识点包括供应链管理、库存管理、物流管理等。

连锁品牌营销学:研究连锁品牌的营销策略和方法。主要知识点包括品牌定位、市场调研、广告传播等。

连锁企业法律与风险管理学:研究连锁企业的法律问题和风险管理。主要知识点包括商标权、知识产权、合同管理等。

(3) 课程论文题目示例

连锁企业发展模式的比较研究

连锁企业的品牌建设与管理研究

连锁企业消费者行为分析与预测研究

连锁企业的员工激励机制研究
连锁企业的知识管理策略研究
（4）课程论文示例

中文题目：连锁企业在新媒体时代的品牌传播策略研究（示例节选）
作者：＊＊＊
摘要：随着新媒体的迅猛发展，连锁企业的品牌传播面临着新的挑战和机遇。文章在现有研究的基础上，以连锁企业的品牌传播为切入点，探讨了在新媒体时代下连锁企业如何运用新媒体手段实现品牌传播。通过对多家连锁企业的品牌传播策略分析和案例研究，文章总结出了连锁企业在新媒体时代下的品牌传播策略，以期为连锁企业在新媒体时代下的品牌传播提供有价值的参考。
关键词：连锁企业；新媒体；品牌传播；策略
正文：
一、引言
二、连锁企业品牌传播的现状和问题
三、连锁企业在新媒体时代下的品牌传播策略
四、结论

6.3.5 电子商务专业培养方向和主干课程及课程论文示例

（1）培养方向
主要包括电子商务技术、电子商务管理和电子商务应用等方面的知识和技能。
（2）主干课程
电子商务导论：介绍电子商务的基本概念、发展历程、应用现状等。
电子商务技术：介绍电子商务网站建设、电子支付、电子数据交换等技术。
电子商务管理：介绍电子商务企业的组织管理、战略规划、营销策略等。
电子商务安全：介绍电子商务安全管理、电子商务风险评估等内容。
电子商务应用：介绍电子商务在各个行业中的应用，包括电子商务营销、电子商务供应链管理、电子商务金融等。
（3）课程论文题目示例
基于社交网络的电子商务营销策略研究
电子商务用户行为分析与预测研究
基于深度学习的电子商务推荐系统研究
基于大数据技术的电子商务营销研究
基于移动端的电子商务应用界面设计研究
（4）课程论文示例

中文题目：基于社交网络的电子商务营销策略研究（示例节选）
作者：＊＊＊
摘要：社交网络已成为电子商务营销中不可或缺的一环。文章针对当前电子商务营销面临的挑战，以社交网络为基础，对电子商务营销策略进行研究。主要包括社交网络电子商务营销的特点、影响因素以及针对不同影响因素的策略。该研究旨在提供有针对性的电子商务营销策略，促进电子商务快速发展。
关键词：社交网络；电子商务；营销策略
正文：
一、绪论
二、社交网络电子商务营销的特点
三、社交网络电子商务营销的影响因素
四、基于社交网络的电子商务营销策略

6.3.6　公共文化服务与管理专业培养方向和主干课程及课程论文示例

（1）培养方向
主要包括文化创意产业、文化管理、文化市场等方面的知识和技能。
（2）主干课程包括
文化创意产业导论：介绍文化创意产业的基本概念、发展历程、应用现状等。
文化市场营销：介绍文化市场营销策略、文化产品开发等内容。
文化遗产保护与管理：介绍文化遗产保护与管理的基本理论、政策、技术等。
文化产业政策与规划：介绍国家文化产业政策、文化创意园区规划等。
文化企业管理：介绍文化企业的组织管理、人力资源管理、财务管理等。
（3）课程论文题目示例
文化产业与城市发展的关系研究
文化遗产数字化保护与管理研究
基于社交网络的文化创意产业众筹模式研究
基于数字化技术的文化艺术品鉴定研究
城市文化创意产业园区的形态与特点研究
（4）课程论文示例

中文题目：基于大数据的文化消费者行为分析研究（示例节选）
作者：＊＊＊
摘要：文章基于大数据技术，研究了文化消费者行为的相关因素，并分析了这些因素对文化消费者行为的影响。首先，介绍了大数据技术在文化消费领域的应用情况。然后，通过分析文化消费者行为的关键因素，如个人特征、社会环境和文化产品等，建立了文化消费者行为模型。最后,通过实证分析,探讨了不同因素对文化消费者行为的影响及其作用机制,为提高文化产品的市场竞争力提供了参考依据。

关键词:大数据;文化消费者;行为分析;影响因素;作用机制

正文:

一、绪论

二、文献综述

三、文化消费者行为模型构建

四、实证分析

五、结论和建议

6.4 管理类专业群核心知识点和专业技能内容与要点

6.4.1 工程管理专业核心知识点和专业技能

(1) 核心知识点

工程建设基础知识:建筑结构、工程材料、土力学等方面的知识。

工程施工管理:工程进度计划、工程质量管理、施工现场安全管理等方面的知识。

工程成本管理:工程造价管理、工程投资决策、成本控制等方面的知识。

工程合同管理:工程合同签订、履行、维护等方面的知识。

工程项目管理:项目规划、项目实施、项目控制等方面的知识。

(2) 专业技能

施工管理技能:具备现场管理、施工进度计划编制、质量控制等技能。

项目管理技能:具备项目规划、项目进度控制、项目质量控制等技能。

招投标技能:具备招标文件编制、投标报价、投标策略设计等技能。

成本管理技能:具备成本核算、成本预测、成本控制等技能。

合同管理技能:具备合同签订、合同履行、合同维护等技能。

6.4.2 工商企业管理专业核心知识点和专业技能

(1) 核心知识点

管理学基础:包括组织理论、领导学、沟通学等方面的知识。

营销管理:包括市场分析、市场策略、品牌管理等方面的知识。

财务管理:包括会计、财务分析、资金管理等方面的知识。

人力资源管理:包括招聘、培训、绩效考核等方面的知识。

供应链管理:包括采购、物流、库存管理等方面的知识。

(2)专业技能

组织管理技能:具备部门管理、组织设计、员工激励等技能。

营销管理技能:具备市场调研、市场推广、客户关系管理等技能。

财务管理技能:具备财务报表分析、资金管理、风险评估等技能。

人力资源管理技能:具备招聘面试、员工培训、绩效考核等技能。

供应链管理技能:具备采购管理、库存管理、物流管理等技能。

6.4.3 现代物流管理专业核心知识点和专业技能

(1)核心知识点

物流基础知识:包括物流系统、物流模式、物流组织等方面的知识。

供应链管理:包括采购、物流、库存管理等方面的知识。

运输管理:包括物流运输模式、物流路线规划、运输管理等方面的知识。

仓储管理:包括仓储设备、仓储布局、仓储管理等方面的知识。

物流信息系统:包括物流信息管理、物流信息系统应用、物流信息安全等方面的知识。

(2)专业技能

供应链管理技能:具备供应商管理、采购管理、库存管理等技能。

运输管理技能:掌握运输管理、运输成本控制、物流路线规划等技能。

仓储管理技能:掌握仓储设备操作、库存管理、仓储布局设计等技能。

物流信息管理技能:掌握物流信息系统应用、物流信息安全、物流信息分析等技能。

物流服务能力:掌握物流服务质量评估、客户关系管理、售后服务等技能。

6.4.4 连锁经营与管理专业核心知识点和专业技能

(1)核心知识点

连锁经营基础知识:包括连锁模式、连锁战略、连锁组织等方面的知识。

连锁品牌管理:包括品牌定位、品牌建设、品牌维护等方面的知识。

连锁营销策略:包括市场调研、促销策略、销售渠道等方面的知识。

连锁运营管理:包括物流管理、供应链管理、人力资源管理等方面的知识。

连锁风险管理:包括经营风险评估、危机应对、风险防控等方面的知识。

(2)专业技能

连锁品牌管理技能:具备品牌定位、品牌推广、品牌维护等技能。

连锁营销技能:具备市场调研、促销策略设计、销售渠道管理等技能。

连锁运营管理技能:具备物流管理、供应链管理、人力资源管理等技能。

连锁风险管理技能:具备经营风险评估、危机应对、风险防控等技能。

连锁经营创新能力:具备连锁创新思维、创新管理方法、创新战略规划等能力。

6.4.5　电子商务专业核心知识点和专业技能

（1）核心知识点

电子商务基础知识：包括电商发展史、电商模式、电商组织等方面的知识。

电子商务技术：包括电商平台开发、数据分析、网络安全等方面的知识。

电商市场营销：包括网站推广、搜索引擎优化、社交媒体营销等方面的知识。

电商物流管理：包括物流配送、售后服务、退换货处理等方面的知识。

电商法律法规：包括电商合同、电子支付、知识产权保护等方面的知识。

（2）专业技能

电商平台技术：具备网站建设、电商平台开发、数据分析等技能。

电商市场营销技能：具备网站推广、搜索引擎优化、社交媒体营销等技能。

电商物流管理技能：具备物流配送、售后服务、退换货处理等技能。

电子支付技能：掌握电子支付原理，具备支付接口设计、支付安全等技能。

电商法律法规技能：具备电商合同编制、知识产权保护、电子支付安全等技能。

6.4.6　公共文化服务与管理专业核心知识点和专业技能

（1）核心知识点

公共文化基础知识：包括文化概念、文化体系、文化产业等方面的知识。

文化市场运作：包括文化市场规律、文化市场政策、文化市场调控等方面的知识。

公共文化服务：包括文化展览、文化交流、文化传播等方面的知识。

文化机构管理：包括文化组织管理、文化机构经营、文化机构评估等方面的知识。

文化创意设计：包括文化创意产业、文化创意设计、文化创意企业管理等方面的知识。

（2）专业技能

公共文化服务技能：具备文化展览策划、文化交流组织、文化传播等技能。

文化市场运作技能：具备文化市场规律把握、文化市场政策研究、文化市场调控等技能。

文化机构管理技能：具备文化组织管理、文化机构经营、文化机构评估等技能。

文化创意设计技能：具备文化创意产业规律把握、文化创意设计、文化创意企业管理等技能。

文化法律法规技能：掌握文化法律法规知识，具备文化知识产权保护、文化市场监管等技能。

6.5 管理类专业群职业资格证及核心培训课程

6.5.1 工程管理专业

（1）职业资格证

工程项目管理师：该资格证书表明持有人具备工程项目管理方面的专业知识和能力，能够有效地组织、计划和执行工程项目。

工程造价师：该资格证书证明持有人具备工程造价管理方面的专业知识和技能，能够进行工程项目的造价估算和成本控制。

工程监理师：该资格证书表明持有人具备工程监理方面的专业知识和能力，能够对工程项目进行监督和质量控制。

（2）核心培训课程

工程项目管理：学习工程项目规划、组织与协调、进度管理和风险管理等内容，以及项目管理的理论和方法。

工程经济学：该课程注重工程项目的经济管理和决策，让学生掌握成本估算、投资分析和经济评估等内容。

工程造价管理：学习工程造价管理的理论和方法，包括工程造价估算、成本控制和价值工程等。

工程合同管理：该课程涵盖工程项目合同的管理和执行，培养学生使其掌握合同法规、合同管理和纠纷解决等内容。

质量安全环境管理：学习工程项目质量管理、安全管理和环境管理等方面的知识和技能，以确保工程项目的质量和安全。

6.5.2 工商企业管理专业

（1）职业资格证

企业管理师：该资格证书证明持有人具备企业管理方面的专业知识和能力，能够有效地组织和管理企业的各项工作。

市场营销师：该资格证书表明持有人具备市场营销方面的专业知识和技能，能够进行市场分析、市场推广和销售管理等工作。

人力资源管理师：该资格证书证明持有人具备人力资源管理方面的专业知识和能力，能够进行招聘、培训、绩效管理和员工关系管理等工作。

（2）核心培训课程

企业战略管理：学习企业战略制定、执行和评估，了解企业竞争环境和战略规划的重要性。

市场营销:该课程注重市场分析、市场定位和市场推广策略知识培训,让学生了解市场营销的基本理论和实践技巧。

人力资源管理:学习人力资源管理的原理和方法,包括招聘、培训、绩效管理和员工关系管理等内容。

财务管理:该课程涵盖企业财务管理的基本理论和技术,让学生掌握财务报表分析、投资决策和资金管理等内容。

运营管理:学习企业运营管理的原理和方法,包括生产管理、供应链管理和质量管理等方面的知识和技能。

6.5.3 现代物流管理专业

(1) 职业资格证

物流管理师:该资格证书证明持有人具备物流管理方面的专业知识和能力,能够进行物流流程规划、供应链管理和物流成本控制等工作。

供应链管理师:该资格证书表明持有人具备供应链管理方面的专业知识和技能,能够进行供应链设计、供应商管理和协调物流活动等工作。

仓储管理师:该资格证书证明持有人具备仓储管理方面的专业知识和能力,能够进行仓储设备管理、货物存储和配送等工作。

(2) 核心培训课程

物流与供应链管理:学习物流管理的基本理论和方法,包括物流规划、物流网络设计、供应链优化等内容。

运输与配送管理:该课程注重运输和配送管理,培养学生使其掌握不同运输模式的特点、运输组织和运输成本控制等方面的知识。

仓储管理:学习仓储管理的原理和方法,包括仓库布局设计、货物入库与出库管理、库存控制等内容。

采购与供应管理:该课程涵盖采购与供应管理的基本知识和技能,让学生掌握供应商评估、采购谈判和供应商关系管理等内容。

物流信息技术:学习物流信息系统的应用和管理,包括物流信息采集、处理和分析等方面的知识和技能。

6.5.4 连锁经营与管理专业

(1) 职业资格证

连锁经营管理师:该资格证书表明持有人具备连锁经营管理方面的专业知识和能力,能够进行连锁店铺的运营管理、业务拓展和团队管理等工作。

零售管理师:该资格证书证明持有人具备零售业管理方面的专业知识和技能,能够进行零售店铺管理、销售策略制定和顾客服务等工作。

品牌管理师:该资格证书表明持有人具备品牌管理方面的专业知识和能力,能够进行品牌定位、品牌推广和品牌价值管理等工作。

(2) 核心培训课程

连锁经营管理：学习连锁经营的基本理论和实践经验，包括连锁店铺的选址、装修与陈设、经营模式和供应链管理等内容。

零售市场营销：该课程注重零售业市场营销知识培训，培养学生使其掌握市场调研、品牌定位、促销策略和销售渠道管理等方面的知识。

商品策划与管理：学习商品策划和管理的方法，包括商品选购、库存管理、陈列设计和价格管理等内容。

品牌战略与管理：该课程涵盖品牌战略和管理的基本知识和技能，让学生掌握品牌定位、品牌推广和品牌维护等方面的内容。

客户关系管理：学习客户关系管理的理论和实践，包括顾客需求分析、客户关怀和忠诚度管理等方面的知识。

6.5.5 电子商务专业

(1) 职业资格证

电子商务师：该资格证书表明持有人具备电子商务方面的专业知识和能力，能够进行电子商务平台搭建、产品上架、订单管理和客户服务等工作。

网络营销师：该资格证书证明持有人具备网络营销方面的专业知识和技能，能够进行线上推广、社交媒体营销和搜索引擎优化等工作。

电子商务运营师：该资格证书表明持有人具备电子商务运营管理方面的专业知识和能力，能够进行电子商务平台运营、数据分析和运营策略制定等工作。

(2) 核心培训课程

电子商务概论：学习电子商务的基本概念、发展历程和商业模式等内容，通过学习了解电子商务的整体框架和运作机制。

网络营销策划与管理：该课程注重网络营销知识培训，让学生了解市场调研、营销策略制定、线上广告和社交媒体营销等方面的知识。

网站建设与运营：学习网站建设和运营的技术和方法，包括网站设计、内容管理系统、用户体验和网站推广等内容。

电子支付与结算：该课程涵盖电子支付和结算的理论和实践，让学生掌握不同类型的电子支付方式、支付安全和结算流程等内容。

大数据与电子商务：学习大数据在电子商务中的应用，包括数据分析、个性化推荐和精准营销等方面的知识。

6.5.6 公共文化服务与管理专业

(1) 职业资格证

文化传播师：该资格证书表明持有人具备文化传播方面的专业知识和能力，能够进行文化产品的宣传推广、媒体传播和文化活动组织等工作。

文化活动策划师：该资格证书证明持有人具备文化活动策划方面的专业知识和技能，能够进行文化活动规划、组织和执行工作。

公共关系管理师:该资格证书表明持有人具备公共关系管理方面的专业知识和能力,能够进行组织形象塑造、媒体关系管理和危机公关等工作。

（2）核心培训课程

公共文化服务概论:学习公共文化服务的基本概念、发展趋势和服务模式等内容,通过学习了解公共文化服务的理论和实践。

文化市场与策划:该课程注重文化市场知识培训,让学生了解市场调研、文化产品定位、市场营销和品牌策划等方面的知识。

文化产业管理:学习文化产业的运作和管理,包括文化企业管理、项目策划和资源整合等内容。

公共关系与传播:该课程涵盖公共关系管理和传播的理论和实践,让学生掌握公共关系建立与维护、媒体关系管理和社交媒体传播等内容。

文化政策与法律法规:学习相关的文化政策和法律法规,了解文化产业的监管机制和法律法规要求。

6.6 管理类专业群在创业时所需具备的知识结构和技能素质

（1）工程管理专业创业知识结构和技能素质
具备扎实的工程管理理论知识和实践经验；
能够快速分析和解决工程项目中出现的问题；
具备创新思维和创业精神；
具备团队管理和组织协调能力；
具备市场营销和商务谈判能力。
（2）工商企业管理专业创业知识结构和技能素质
具备企业管理和市场营销的理论知识和实践经验；
具备创新思维和创业精神；
具备财务管理和投资策略制定能力；
具备团队管理和组织协调能力；
具备人际沟通和商务谈判能力。
（3）现代物流管理专业创业知识结构和技能素质
具备物流管理和供应链管理的理论知识和实践经验；
具备创新思维和创业精神；
具备仓储和配送管理能力；
具备团队管理和组织协调能力；
具备市场营销和商务谈判能力。

（4）连锁经营与管理专业创业知识结构和技能素质

具备品牌管理和零售管理的理论知识和实践经验；

具备创新思维和创业精神；

具备供应链管理和服务管理能力；

具备团队管理和组织协调能力；

具备市场营销和商务谈判能力。

（5）电子商务专业创业知识结构和技能素质

具备电商平台和电商营销的理论知识和实践经验；

具备创新思维和创业精神；

具备电商信息技术和数据分析能力；

具备团队管理和组织协调能力；

具备市场营销和商务谈判能力。

（6）公共文化服务与管理专业创业知识结构和技能素质

具备文化服务和管理的理论知识和实践经验；

具备创新思维和创业精神；

具备文化遗产保护和传承能力；

具备团队管理和组织协调能力；

具备市场营销和商务谈判能力。

6.7 管理类专业群实验、实训、实习、毕业设计等实践环节

工程管理、工商企业管理、现代物流管理、连锁经营与管理、电子商务、公共文化服务等管理类专业实践环节较多，有助于提升学生综合能力。

6.7.1 管理类硬件实验课程

管理类专业的硬件实验课程旨在培养学生在管理领域的实际操作能力和技能。这些实验课程通常涵盖了管理实践中所需的各种硬件工具和设备使用和操作。

数据分析实验：学习使用统计软件和数据分析工具，如 Excel、SPSS 等，进行数据收集、整理、分析和可视化。运用统计方法和模型，解读和推断数据，并从中得出相关的管理决策和策略。

项目管理实验：通过模拟项目管理的实践情境，学习项目计划、组织、执行和控制的过程。使用项目管理软件，如 Microsoft Project，进行项目排程、资源分配和进度跟踪，并学习如何应对项目中的风险和变更。

运作管理实验：学习生产和运作管理中的相关硬件工具和设备的使用。实践生产过程中的排程、物料管理、质量控制等操作，并探索如何提高生产效率和质量，降低成本和风险。

财务管理实验:通过财务软件和工具,如财务报表分析软件、投资估算工具等,学习财务管理中的核算、分析和决策。实践财务指标计算和解释,进行财务风险评估和投资决策。

模拟经营实验:参与商业模拟游戏或虚拟经营平台,模拟企业经营的各个方面,包括市场营销、供应链管理、人力资源等。在虚拟环境中制定经营策略、做出决策,并评估其影响和结果。

这些管理类硬件实验课程旨在让学生在真实或模拟的管理环境中实践,培养他们的实际操作能力、解决问题的能力和团队合作精神。通过学习这些实验课程,学生将更好地理解和应用管理理论,为将来在管理岗位上的工作做好准备。

6.7.2 管理类软件实验课

管理类软件实验课程旨在培养学生应用管理领域所需的软件的技能。这些实验课程通常涵盖了各种管理软件和工具操作。

办公软件实验:学习使用办公软件套件,如 Microsoft Office,掌握文字处理、电子表格、演示文稿等常用办公工具的基本操作和高级功能。应用这些软件工具来处理和组织信息,撰写报告和演示文稿。

数据库管理实验:学习使用数据库管理系统,如 MySQL 或 Microsoft Access,创建和管理数据库,设计和执行查询语言(SQL)操作,进行数据存储、检索和分析。应用数据库技术解决实际的管理问题。

项目管理软件实验:学习使用项目管理软件,如 Microsoft Project 或其他专业的项目管理工具,进行项目计划、资源分配、进度跟踪和风险管理。实践项目管理的各个阶段,并通过软件工具进行项目管理可视化和监控。

统计分析软件实验:学习使用统计分析软件,如 SPSS 或 R,进行数据收集、整理和分析。学会应用统计方法和模型,探索数据中的模式和趋势,并从中提取有关管理决策的见解。

决策支持软件实验:学习使用决策支持软件,如决策树、数据挖掘工具或优化软件,进行决策建模和分析。应用这些软件工具来解决管理中的复杂问题,评估不同决策方案的风险和效益。

这些管理类软件实验课程旨在让学生熟悉和掌握在管理工作中常用的软件工具和技能。通过实际操作和案例分析,学生将能够运用这些软件工具来支持管理决策、数据分析和项目管理等方面的工作。这些实验课程将为学生未来在管理岗位上的职业发展提供重要的技术支持。

6.7.3 管理类仿真和模拟实验课

管理类仿真和模拟实验课程旨在通过虚拟环境和模拟工具来模拟真实的管理场景和情境,让学生在实践中学习管理知识和技能。

经营管理仿真实验:参与经营管理仿真游戏,模拟经营决策的过程。扮演企业经营者的角色,面对各种经营问题和挑战,例如产品定价、市场营销、供应链管理等。通过这些仿真实验,实践运用管理理论和技能来解决实际的经营管理问题。

供应链管理仿真实验：参与供应链管理的虚拟仿真环境，模拟供应链中的各个环节和决策。学习如何管理物流、库存、采购和分销等供应链要素，并优化整个供应链的效率和成本。通过这些仿真实验，了解供应链管理的复杂性，并学会协调和优化供应链中的各个环节。

项目管理仿真实验：参与项目管理的虚拟仿真项目，模拟项目计划、执行和监控过程。面对项目进度、资源分配、风险管理等方面的挑战，学习如何有效地管理和协调项目团队。通过这些仿真实验，锻炼项目管理技能，并提高在实际项目中的应变能力。

市场营销仿真实验：参与市场营销的虚拟仿真环境，模拟市场竞争和推广活动的过程。学习如何制定市场营销策略、分析市场需求、定位产品和制定推广计划。通过这些仿真实验，实践市场营销的各个环节，并提升市场营销决策的准确性和效果。

这些管理类仿真和模拟实验课程提供了一个安全、虚拟的环境，让学生在实践中学习管理知识和技能。通过与团队合作、决策制定和结果评估，学生可以培养解决问题、沟通协调和决策能力。这些实验课程将帮助学生更好地理解管理理论和方法，并为将来在管理岗位上的职业发展做好准备。

6.7.4 管理类实训课

管理类实训课程旨在通过实践活动，让学生将管理理论和知识应用于实际工作场景，培养他们的实际操作能力和管理技能。

实践性项目管理：参与实际的项目管理实践，负责规划、执行和控制一个真实的项目。学习项目管理的各个阶段，如需求分析、资源调配、风险管理等，并通过实际操作来应用项目管理工具和技术。

实验室管理实训：参与实验室管理的实际操作和管理工作，负责设备维护、安全管理、实验材料采购等。学习实验室管理的标准和流程，培养实验室管理的实践技能。

企业实习：在企业或组织中进行实习，参与实际的工作项目和任务。应用所学的管理理论和知识，与团队合作、解决问题，并了解企业运营和管理的方方面面。

模拟企业管理：扮演企业管理者的角色，在模拟的企业环境中进行管理活动。负责企业运营、财务、市场营销等方面，并通过模拟决策来学习管理技能和策略。

案例分析和解决方案：分析真实的管理案例，并提出解决方案。通过团队合作和讨论，理解和应用管理理论和方法，为实际问题提供切实可行的解决方案。

这些管理类实训课程通过实际操作和模拟情境，培养学生的管理技能、团队合作能力和问题解决能力。学生将通过实践活动中的挑战和反思，不断提高自己的管理水平和职业素养。这些实训课程将为学生未来在管理领域的职业发展奠定坚实的基础。

6.7.5 管理类生产实习

管理类生产实习是管理专业学生在实际生产环境中进行的实习活动，旨在让学生深入了解和体验生产管理的各个方面，培养他们的生产管理技能和实践能力。

实际生产线操作：参与实际生产线操作和管理工作，学习生产流程、生产调度和质量控制等方面的知识。了解生产线的运作机制，掌握生产过程中的关键环节，并通过实践操作来应用管理技能。

生产计划与调度:参与生产计划和调度的实践活动,包括订单管理、物料采购、生产调度等。学习生产计划编制和执行,了解生产资源的优化配置,以及如何处理生产中的问题和挑战。

质量管理与改进:参与质量管理和改进的实践活动,包括质量检验、问题分析和持续改进等。学习质量管理的方法和工具,掌握如何识别和解决质量问题,以及如何推动生产过程持续改进。

成本控制与效率提升:参与成本控制和效率提升的实践活动,学习如何分析和优化生产成本,提高生产效率和资源利用率。学习成本控制的原理和方法,掌握如何制定成本目标和实施成本控制措施。

生产现场管理:参与生产现场的管理工作,包括生产现场布局、人员管理和安全管理等。学习生产现场管理的原则和方法,了解现场管理的挑战和应对策略,培养生产现场管理的实践能力。

通过参与管理类生产实习,学生将有机会接触真实的生产环境,了解生产管理的实际操作和挑战。他们将通过实践活动中的学习和反思,不断提高自己的生产管理技能和综合素养。这些实习经验将为学生在未来的管理职业中提供宝贵的实践基础和就业竞争力。

6.7.6 管理类毕业设计

管理类毕业设计是管理类专业群学生在大学最后阶段进行的独立研究项目,旨在培养学生的研究能力、创新思维和综合运用管理知识的能力。管理类毕业设计主题涉及多个方面,要求各异,均为了通过毕业设计这个综合学习项目,提升学生综合能力。

组织管理与优化:研究某个组织的管理问题,例如人力资源管理、组织结构优化、绩效评估与激励等。学生需要通过文献研究和实证分析,提出改进方案或优化策略,以提高组织的绩效和竞争力。

运营管理与供应链优化:研究企业的运营管理问题,例如生产调度、库存管理、供应链协同等。学生需要分析运营过程中的瓶颈和问题,并提出相应的改进方案,以提高运营效率和降低成本。

市场营销与品牌管理:研究市场营销和品牌管理问题,例如市场定位、品牌推广、消费者行为等。学生需要通过市场调研和数据分析,提出市场营销策略或品牌管理方案,以增强企业的市场竞争力。

创业与创新管理:研究创业和创新管理问题,例如创业过程、创新管理模式、创新团队建设等。学生需要通过案例研究和实地调研,提出创业项目或创新管理方案,以促进企业创新和发展。

可持续发展与社会责任:研究企业可持续发展和社会责任问题,例如环境保护、社会公益活动、企业社会形象等。学生需要通过理论研究和实证分析,提出可持续发展战略或社会责任管理方案,以推动企业可持续发展。

在毕业设计过程中,学生需要进行文献综述、数据收集和分析、理论建模或方案设计等工作。他们还需要撰写毕业论文并进行口头答辩,展示自己的研究成果和思考。

通过完成管理类毕业设计,学生将深入研究管理领域的专题问题,运用所学的管理理论和方法进行实践探索,培养研究能力和解决问题的能力。这将为他们进一步深造、从事管理相关职业或创业提供良好的基础。

6.8 管理类专业群毕业设计题目示例

6.8.1 工程管理专业毕业设计题目示例

(1) 基于 BIM 技术的施工过程优化研究

研究方向:BIM 技术在施工过程中的应用。

内容提要:探讨 BIM 技术在施工过程中的应用,研究如何通过 BIM 技术实现施工过程的优化和协调。通过实际案例分析,得出 BIM 技术在施工过程中的实际应用效果和优势。

(2) 建筑项目的物资供应链管理研究

研究方向:建筑项目物资供应链管理。

内容提要:研究建筑项目的物资供应链管理,探讨如何优化建筑项目物资供应链管理,提高物资供应链的效率和效益。通过实际案例,分析建筑项目物资供应链管理的瓶颈和挑战,并提出相应的解决方案。

(3) 基于数据挖掘技术的工程质量管理研究

研究方向:数据挖掘技术在工程质量管理中的应用。

内容提要:研究数据挖掘技术在工程质量管理中的应用,探讨如何通过数据挖掘技术实现工程质量管理的智能化和自动化。通过实际案例,分析数据挖掘技术在工程质量管理中的应用效果和优势。

(4) 基于建筑信息模型的施工图管理研究

研究利用 BIM 技术提高施工图管理效率和准确性的方法和技术。

(5) 基于项目管理的高速公路建设进度控制研究

研究利用项目管理方法和技术,提高高速公路建设进度控制的效率和准确性。

6.8.2 工商企业管理专业毕业设计题目示例

(1) 基于创新创业的工商企业管理研究

研究方向:工商企业管理中的创新创业。

内容提要:研究工商企业管理中创新创业的重要性和影响,探讨如何在工商企业管理中促进创新创业发展。通过实际案例,分析创新创业在工商企业管理中的应用效果和优势。

(2) 企业战略管理中的市场定位研究

研究方向:企业战略管理中的市场定位。

内容提要:研究企业战略管理中的市场定位,探讨如何通过市场定位实现企业战略目标。通过实际案例,分析市场定位在企业战略管理中的应用效果和优势。

(3) 企业人力资源管理实践和创新

研究方向:企业人力资源管理。

内容提要:研究企业人力资源管理实践和创新,探讨如何通过人力资源管理实现企业的长期发展和持续创新。通过实际案例,分析企业人力资源管理的瓶颈和挑战,并提出了相应的解决方案。

(4) 企业财务管理的现状和未来发展趋势

研究方向:企业财务管理。

内容提要:研究企业财务管理的现状和未来发展趋势,探讨如何通过财务管理实现企业盈利和稳定发展。通过实际案例,分析企业财务管理的瓶颈和挑战,并提出了相应的解决方案。

(5) 企业信息化管理实践和创新

研究方向:企业信息化管理。

内容提要:研究企业信息化管理实践和创新,探讨如何通过信息化管理实现企业智能化和自动化。通过实际案例,分析企业信息化管理的瓶颈和挑战,并提出了相应的解决方案。

6.8.3　现代物流管理专业毕业设计题目示例

(1) 基于大数据的物流配送优化研究

研究方向:物流配送优化。

内容提要:研究基于大数据的物流配送优化,探讨如何通过大数据技术实现物流配送智能化和自动化。通过实际案例,分析基于大数据的物流配送优化的应用效果和优势。

(2) 物流仓储管理中的创新与发展

研究方向:物流仓储管理。

内容提要:研究物流仓储管理中的创新与发展,探讨如何通过仓储管理实现物流效率提高和成本降低。通过实际案例,分析物流仓储管理中的创新和发展趋势,并提出了相应的解决方案。

(3) 物流配送中的绿色环保策略研究

研究方向:物流绿色环保策略。

内容提要:研究物流配送中的绿色环保策略,探讨如何通过绿色环保策略实现物流配送可持续发展和环境保护。通过实际案例,分析物流配送中绿色环保策略的应用效果和优势,并提出了相应的建议和措施。

(4) 物流网络规划与优化研究

研究方向:物流网络规划与优化。

内容提要:研究物流网络规划与优化,探讨如何通过物流网络的规划和优化实现物流效率提高和成本降低。通过实际案例,分析物流网络规划与优化的应用效果和优势,并提出相应的解决方案。

(5) 物流信息化管理实践与创新

研究方向:物流信息化管理。

内容提要:研究物流信息化管理实践与创新,探讨如何通过信息化管理实现物流配送智能化和自动化。通过实际案例,分析物流信息化管理的瓶颈和挑战,并提出了相应的解决方案。

6.8.4　连锁经营与管理专业毕业设计题目示例

(1) 连锁经营中的品牌管理研究

研究方向:连锁经营品牌管理。

内容提要:研究连锁经营中的品牌管理,探讨如何通过品牌管理实现连锁经营长期发展和品牌价值提升。通过实际案例,分析连锁经营中品牌管理的应用效果和优势,并提出相应的建议和措施。

(2) 连锁企业的市场拓展研究

研究方向:连锁企业市场拓展。

内容提要:研究连锁企业的市场拓展,探讨如何通过市场拓展实现连锁企业扩张和发展。通过实际案例,分析连锁企业市场拓展的应用效果和优势,并提出相应的建议和措施。

(3) 连锁经营中的风险管理研究

研究方向:连锁经营风险管理。

内容提要:研究连锁经营中的风险管理,探讨如何通过风险管理实现连锁经营稳定发展和风险控制。通过实际案例,分析连锁经营中风险管理的应用效果和优势,并提出相应的建议和措施。

(4) 连锁企业在数字化时代的经营策略研究

研究方向:连锁企业数字化经营策略。

内容提要:研究连锁企业在数字化时代的经营策略,探讨如何通过数字化经营实现连锁企业发展和扩大竞争优势。通过实际案例,分析连锁企业数字化经营的应用效果和优势,并提出相应的建议和措施。

(5) 连锁经营中的员工管理研究

研究方向:连锁经营员工管理。

内容提要:研究连锁经营中的员工管理,探讨如何通过员工管理实现连锁经营稳定发展和员工满意度提高。通过实际案例,分析连锁经营中员工管理的应用效果和优势,并提出相应的建议和措施。

6.8.5　电子商务专业毕业设计题目示例

(1) 电子商务平台的用户体验研究

研究方向:电子商务用户体验。

内容提要:研究电子商务平台的用户体验,探讨如何通过用户体验优化实现电子商务平台的用户满意度和交易量提升。通过实际案例,分析电子商务平台用户体验的应用效果和优势,并提出相应的建议和措施。

(2) 电子商务营销策略研究与实践

研究方向:电子商务营销策略。

内容提要:研究电子商务营销策略的研究与实践,探讨如何通过营销策略实现电子商务平台的用户增长和销售增长。通过实际案例,分析电子商务营销策略的应用效果和优势,并提出相应的建议和措施。

(3) 移动电商的发展研究

研究方向:移动电商发展。

内容提要:研究移动电商的发展,探讨移动电商的特点和优势,并分析移动电商的市场发展前景。通过实际案例,分析移动电商的应用效果和优势,并提出相应的建议和措施。

(4) 电商物流配送优化研究

研究方向:电商物流配送优化。

内容提要:研究电商物流配送优化,探讨如何通过物流配送优化实现电商物流的效率提升和用户满意度提高。通过实际案例,分析电商物流配送优化的应用效果和优势,并提出相应的建议和措施。

(5) 电商平台数据分析研究与应用

研究方向:电商平台数据分析。

内容提要:研究电商平台数据分析与应用,探讨如何通过数据分析实现电商平台的用户增长和销售增长。通过实际案例,分析电商平台数据分析的应用效果和优势,并提出相应的建议和措施。

6.8.6　公共文化服务与管理专业毕业设计题目示例

(1) 公共文化服务市场化运营研究

研究方向:公共文化服务市场化运营。

内容提要:研究公共文化服务市场化运营,探讨公共文化服务市场化发展趋势和相关策略。通过实际案例,分析公共文化服务市场化运营的应用效果和优势,并提出相应的建议和措施。

(2) 公共图书馆服务质量评价体系研究

研究方向:公共图书馆服务质量评价体系。

内容提要:研究公共图书馆服务质量评价体系,探讨公共图书馆服务质量的评价指标和方法。通过实际案例,分析公共图书馆服务质量评价体系的应用效果和优势,并提出相应的建议和措施。

(3) 公共文化品牌建设研究

研究方向:公共文化品牌建设。

内容提要:研究公共文化品牌建设,探讨公共文化品牌建设的策略和方法。通过实际案例,分析公共文化品牌建设的应用效果和优势,并提出相应的建议和措施。

(4) 公共文化机构人才队伍建设研究

研究方向:公共文化机构人才队伍建设。

内容提要:研究公共文化机构人才队伍建设,探讨公共文化机构人才队伍建设的策略和方法。通过实际案例,分析公共文化机构人才队伍建设的应用效果和优势,并提出相应的建议和措施。

（5）文化遗产保护与传承研究

研究方向：文化遗产保护与传承。

内容提要：研究文化遗产保护与传承，探讨文化遗产保护与传承的策略和方法。通过实际案例，分析文化遗产保护与传承的应用效果和优势，并提出相应的建议和措施。

6.9 管理类专业群涉及的行业典型企业的介绍与分析

（1）工程管理专业涉及的行业典型企业的详细介绍与分析

中建三局集团有限公司（China Construction Third Engineering Bureau Group Co.，Ltd.）是中国领先的工程管理和建筑施工企业之一。

中建三局集团成立于1952年，总部位于中国北京，是中国建筑工程行业的重要企业之一。公司在国内外承建了众多重大工程项目，包括建筑、市政、桥梁、隧道、地铁、水利等领域。中建三局集团以质量第一、安全第一、信誉第一为核心价值观，致力于为客户提供优质的工程管理和建筑施工服务。

其核心业务有如下方面：

建筑工程：中建三局集团在建筑领域具有丰富的经验和卓越的技术能力。公司承担了众多大型建筑项目设计、施工和管理，包括商业综合体、住宅楼、办公楼、酒店等。中建三局集团以高标准、高质量的工程质量获得了客户的信赖和赞誉。

市政工程：中建三局集团广泛地参与城市基础设施建设。公司承担了城市道路、桥梁、公园、绿化等市政工程项目，致力于提供安全、便利和美观的城市环境。

水利工程：中建三局集团在水利工程建设方面积累了丰富的经验。公司承担了水库、水电站、排水系统等水利工程项目，为国家水利事业的发展做出了重要贡献。

中建三局集团在国内外建筑工程行业具有重要的市场地位和影响力。公司的项目遍布全国各地以及国际市场，赢得了广泛的业主和客户的认可。中建三局集团以卓越的工程质量、高效的工期管理和优质的客户服务，在业界树立了良好的口碑和品牌形象。

中建三局集团将继续致力于工程管理和在建筑施工领域创新和发展。公司将注重科技创新和数字化转型，提升工程质量和施工效率。中建三局集团还将加强与业界合作伙伴合作，共同推动工程管理行业发展，并为社会和客户创造更大的价值。

中建三局集团是中国重要的工程管理和建筑施工企业，具有丰富的经验和卓越的技术能力。公司在建筑、市政和水利工程领域广泛参与，并以高质量、高效率的工程管理和施工获得了良好的声誉。中建三局集团将继续致力于创新和发展，为客户提供更优质的工程管理和建筑施工服务，推动行业进步和发展。

（2）工商企业管理专业涉及的行业典型企业的详细介绍与分析

格力集团是中国领先的工商企业管理典型企业之一。

格力集团成立于1991年，总部位于中国广东省珠海市，是一家以家电制造和销售为主要业务的大型企业集团。格力以制造高品质的家电产品闻名于世，并在全球范围内享有较高的知名度和声誉。公司秉承"创新驱动，品质为先"的理念，致力于为用户提供优质、可靠的家电产品和服务。

其核心竞争力如下方面：

家电制造：格力集团是中国领先的家电制造企业之一。公司主要生产空调、冰箱、洗衣机、电视等家电产品，以其卓越的品质、先进的技术和创新的设计而备受消费者的青睐。格力不断进行技术研发和创新，致力于满足用户不断变化的需求。

销售与营销：格力集团拥有全球广泛的销售网络，产品销售覆盖国内外市场。公司通过建立合作伙伴关系、拓展线上销售渠道和开展营销活动，不断提升品牌知名度和市场份额。

服务与售后：格力注重为用户提供全面的售前、售中和售后服务。公司建立了完善的客户服务体系，提供快速响应、高效解决问题的售后支持，为用户提供优质的购买和使用体验。

格力集团在中国和全球家电市场具有显著的市场地位和影响力。公司产品质量卓越，技术领先，以及强大的品牌影响力使其成为中国家电行业的领导者之一。格力的产品在国内外市场上享有很高的声誉，并获得了众多行业奖项和认可。

格力集团将继续致力于创新和持续发展。公司将加强技术研发和创新能力，推出更多高品质、高性能的家电产品。格力还将加大对智能家居领域的投入，并积极探索新兴市场的机会。公司将继续提升服务水平，满足用户的需求，并积极推动绿色环保理念在产品研发和生产过程中的应用。

格力集团是中国领先的工商企业管理典型企业，主要从事家电制造和销售业务。公司以高品质、创新和可靠性而著称，产品畅销国内外市场，并享有良好的品牌声誉。格力将继续致力于创新和发展，不断提升产品质量和技术水平，为用户提供更优质的家电产品和服务。

（3）现代物流管理专业涉及的行业典型企业的详细介绍与分析

顺丰速运股份有限公司是中国领先的现代物流管理典型企业之一。

顺丰速运成立于1993年，总部位于中国广东省深圳市，是一家综合性物流服务提供商。公司以其高效、可靠的运输网络和卓越的客户服务而享有盛誉，成为中国物流行业的领导者之一。顺丰速运秉承"一切为了客户"的核心价值观，致力于为客户提供优质的物流解决方案。

其核心竞争力有如下方面：

快递服务：顺丰速运拥有全球覆盖的快递网络，提供国内外快递运输服务。公司通过高效的运输网络和创新的配送模式，为客户提供快速、可靠的快递服务。顺丰速运还提供特定行业定制化快递解决方案，满足不同客户的需求。

物流配送：顺丰速运通过建立仓储和配送网络，为客户提供全面的物流配送服务。公司拥有先进的物流管理系统和仓储设施，能够灵活应对不同规模和需求的物流需求。顺丰速运的物流配送服务涵盖了货物仓储、运输、分拣和配送等环节。

供应链管理：顺丰速运提供全面的供应链管理服务，包括物流规划、库存管理、订单处理、信息跟踪等。公司通过整合物流资源和优化供应链流程，帮助客户提升供应链的效率和可靠性，降低物流成本，并实现全球范围内的供应链协同。

顺丰速运在中国和全球物流行业具有重要的市场地位和影响力。公司以其高效、可靠的物流服务和卓越的客户体验而闻名。顺丰速运不断推动物流行业创新和发展，提升行业的服务水平和效率。公司的品牌影响力和市场份额不断扩大，在国内外市场上受到广泛认可。

顺丰速运将继续致力于创新和发展,推动物流行业进步。公司将加大对技术和信息系统的投入,推动物流数字化和智能化发展,提升运输和配送的效率和准确性。顺丰速运还将继续扩大全球网络的覆盖范围,为客户提供更广泛的物流服务。公司将积极应对行业变革和市场挑战,不断提升核心竞争力。

顺丰速运是中国领先的现代物流管理典型企业,提供快递服务、物流配送和供应链管理等综合物流解决方案。公司以其高效、可靠的物流网络和卓越的客户服务而受到广泛认可。顺丰速运将继续致力于创新和发展,推动物流行业进步,为客户提供更优质的物流服务。

(4) 连锁经营与管理专业涉及的行业典型企业的详细介绍与分析

肯德基中国(KFC China)是一家著名的连锁经营与管理典型企业。

肯德基中国是全球连锁快餐巨头肯德基(Kentucky Fried Chicken)在中国的分支机构,成立于 1987 年。作为中国最早引进的国际连锁快餐企业之一,肯德基中国在中国市场具有广泛的知名度和影响力。公司总部位于上海,经营范围涵盖中国大陆及港澳地区。

其核心竞争力有如下方面:

快餐连锁经营:肯德基中国以提供独特的炸鸡和其他快餐产品而闻名。公司在中国经营着广泛的连锁餐厅网络,为消费者提供快捷、方便的用餐体验。肯德基中国的菜单包括传统炸鸡、汉堡、薯条、沙拉、套餐等多种选择,以满足不同消费者的口味和需求。

餐厅管理:肯德基中国注重餐厅管理和运营,确保每家餐厅的服务质量和卫生标准。公司通过培训和监督,提高员工的专业水平和服务质量,并严格控制食品质量和安全标准。肯德基中国还不断引入创新的餐厅设计和营销策略,以提升消费者的用餐体验和品牌认知。

品牌营销:肯德基中国在中国市场开展广泛的品牌营销活动。公司与知名人士和媒体合作,推出各种营销活动和广告宣传,以提升品牌形象和市场份额。肯德基中国还积极利用数字化和社交媒体渠道与消费者互动,提供个性化的营销和优惠活动。

肯德基中国在中国快餐市场具有重要的市场地位和广泛的影响力。公司以其独特的产品和优质的服务而受到消费者青睐,成为中国消费者喜爱的快餐品牌之一。肯德基中国在中国大陆和港澳地区拥有数千家餐厅,覆盖了城市和乡村地区,为广大消费者提供就餐选择。

肯德基中国将继续扩大在中国市场的影响力和市场份额。公司将继续推进餐厅扩张计划,增加新的餐厅开设和市场覆盖。肯德基中国还将不断提升产品的质量和创新产品,满足消费者不断变化的口味和需求。同时,公司将继续推动数字化和智能化发展,以提升消费者的用餐体验和方便性。

肯德基中国作为连锁经营与管理典型企业,在中国快餐市场拥有广泛的影响力和市场地位。公司以其独特的产品、优质的服务和广泛的餐厅网络受到消费者喜爱。肯德基中国将继续致力于提供高质量的快餐产品和服务,推动品牌发展和市场扩张。

(5) 电子商务专业涉及的行业典型企业的详细介绍与分析

京东商城是一家领先的电子商务典型企业。

京东商城,全名京东集团股份有限公司,成立于 1998 年,总部位于中国北京。作为中国最大的自营电商平台之一,京东商城提供广泛的商品品类和服务,包括电子产品、家居用品、服装鞋包、食品饮料、图书音像等。京东商城的经营模式主要以 B2C(企业对个人)为主,同时也提供 C2C(个人对个人)和 B2B(企业对企业)的交易服务。

其核心竞争力有如下方面：

自营电商平台：京东商城在其电商平台上自营销售各类商品。公司建立了庞大的仓储和物流系统，保证商品及时配送和售后服务。京东商城注重品质和正品保证，推行严格的商品质检和退换货政策，以提供可靠的购物体验。

第三方商户平台：京东商城提供第三方商户入驻其平台销售商品的服务。通过吸引各类品牌和商家入驻，京东商城拓宽了产品种类和选择范围，为消费者提供更多选择。同时，京东商城为第三方商户提供营销、物流和客户服务等支持，以促进合作共赢。

供应链管理：京东商城注重供应链管理，通过建立完善的采购和库存管理系统，提高商品采购效率和库存周转率。公司还通过与供应商建立长期合作关系，优化供应链流程，以降低成本、提高产品质量和快速响应市场需求。

京东商城在中国电商市场拥有重要的市场地位和广泛的影响力。公司以其丰富的商品品类、可靠的服务和高效的物流而受到消费者认可和信任。京东商城在中国市场拥有庞大的用户基础和良好的品牌形象。公司不断创新和扩大业务范围，通过提供高品质的产品和优质的客户服务，不断增加用户粘性和市场份额。

京东商城将继续致力于电商领域创新和发展。公司将继续拓展商品品类，提升供应链效率，加强与第三方商户合作，并加大在物流、技术和人工智能等领域的投入。同时，京东商城将加强用户体验和服务，推动数字化和智能化发展，以满足消费者不断变化的需求和提升购物体验。

京东商城作为电子商务典型企业，在中国市场具有广泛的影响力和市场地位。公司以其丰富的商品品类、可靠的服务和高效的物流获得了消费者的认可。京东商城将继续发展并创新，以满足消费者的需求，并在电商领域保持领先地位。

(6) 公共文化服务与管理专业涉及的行业典型企业的详细介绍与分析

北京故宫博物院，位于中国北京市中心，是一家以文物保护、研究和展览为主要职责的文化机构。作为中国最重要的博物馆之一，北京故宫博物院是世界上最大的古代宫殿建筑群之一，也是中国古代文化的重要代表。博物院展示了丰富的文物藏品，包括绘画、书法、陶瓷、玉器、珠宝、家具等各个领域的艺术品。

其核心竞争力有如下方面：

文物保护与修复：北京故宫博物院致力于保护和修复珍贵的文物。通过专业的文物保护团队和设备，博物院对文物进行科学的保护和修复，以确保其长期保存和展示。

文物研究与学术交流：北京故宫博物院拥有一支专业的研究团队，致力于对文物的研究和学术交流。博物院通过举办学术研讨会、出版学术著作等方式，推动文物研究和学术交流发展。

展览与教育活动：北京故宫博物院每年举办多个精品展览，展示文物的独特之处和历史价值。博物院还开展丰富多样的教育活动，包括讲座、讲解和教育项目，向公众传授文化知识和历史文化理解。

北京故宫博物院作为中国乃至世界文化遗产的代表之一，具有重要的社会影响力和文化价值。它不仅向公众展示了中国辉煌的古代文化，也成为了文化交流和对话的重要平台。北京故宫博物院吸引了大量的国内外游客和学者，为文化旅游产业发展做出了重要贡献。

第 6 章　管理类专业群知识结构与就业前景

北京故宫博物院将继续致力于文物保护、研究和展览的工作。随着科技的不断发展，博物院将加强数字化技术应用，提升展览和教育的互动性和体验性。同时，博物院还将加强与其他博物馆和文化机构合作，促进文化交流和合作项目发展。

本章主要围绕着六个专业，即工程管理、工商企业管理、现代物流管理、连锁经营与管理、电子商务、公共文化服务与管理，进行了详细的介绍和分析。针对每个专业，介绍了其涉及的行业现状和发展趋势、就业前景和就业岗位、培养方向和主干课程、核心知识点和专业技能、职业资格与深造、在创业时所需具备的知识结构和技能素质，以及课程论文题目和典型企业等内容。

综合来看，不同专业之间存在一定的联系和交叉，比如工程管理专业和现代物流管理专业涉及的信息技术和数据分析等方面，工商企业管理专业和连锁经营与管理专业涉及的企业战略和品牌管理等方面，公共文化服务与管理专业和连锁经营与管理专业涉及的文化产业和文化消费等方面。同时，各专业都需要具备一定的创新精神和实践能力，才能在未来的发展中保持竞争优势。

6.10　本章思考题

（1）管理类专业群的行业现状和发展趋势

分析当前管理类专业群所涉及的行业的现状和未来的发展趋势，讨论相关专业的就业前景以及对应岗位的需求情况。

（2）知识结构和技能素质要求对于管理类专业群的就业的影响

除了掌握管理学科的基础知识外，管理类专业群对学生的哪些知识结构和技能素质有较高的要求？探讨这些要求如何提高学生的就业竞争力以及适应行业发展的需求。

（3）实践环节在管理类专业群中的重要性

探讨管理类专业群中实践环节（如实验、实训、实习等）对学生的能力培养和职业素养的重要性，以及对于培养学生实际应用能力和解决问题能力的作用。

（4）课程论文和毕业设计方向

在管理类专业群中选择一个具体领域，如市场营销、人力资源管理等，提出一个适合该领域的课程论文或毕业设计方向，并说明该方向对学生的就业和专业发展的意义。

第 7 章　财务管理类专业群知识结构与就业前景

财务管理作为经济活动中的重要组成部分，对于组织的运营和发展起到了关键作用。在今天信息技术和大数据的影响下，财务管理和相关专业的知识结构和就业前景也在不断地演化和变革。在这个背景下，本章将详细探讨财务管理类专业群的知识结构与就业前景。

首先，我们将分析财务管理、会计信息管理、大数据与会计以及工程造价等专业的行业现状和发展趋势。然后，我们将详细讨论这些专业的就业前景和可能的岗位类型，以及各个岗位的发展趋势。在探讨了财务管理类专业群的行业现状和就业前景后，我们将深入讨论各个专业的培养方向和主干课程，以及相关课程论文的示例。我们将通过这些示例来展示在这些专业学习过程中可能遇到的挑战和研究主题。我们还将深入探讨各个专业的核心知识点和专业技能，以帮助读者更好地理解和掌握这些专业领域。此外，我们还将列出财务管理类专业群所需的职业资格证和核心培训课程，以及在创业时所需具备的知识结构和技能素质。本章还将讨论财务管理类专业群的实验、实训、实习、毕业设计等实践环节，并提供各专业毕业设计的题目示例。最后，我们将介绍涉及财务管理类专业的典型企业，并提供相关网址。

本章旨在为读者提供一个全面而深入的视角，以理解和掌握财务管理类专业的核心知识和技能，以及这些专业的就业前景。我们希望这些信息能够帮助读者做出明智的职业选择，同时也为他们的未来发展提供有力的支持。

7.1　财务管理类专业群涉及的行业现状与发展趋势

7.1.1　财务管理专业涉及的相关行业现状和趋势

财务管理相关行业涵盖了财务分析、投资管理、风险管理、财务规划、会计咨询等领域。

(1) 现状

金融机构：金融机构是财务管理领域的主要机构，包括商业银行、证券公司、保险公司等。它们提供财务产品和服务，如贷款、投资、理财、保险等，以满足个人和企业的资金需求。

企业财务部门：各大企业设立了财务部门，负责公司的财务管理和财务决策。财务部门负责编制财务报表、财务分析、预算规划、资金管理等工作，为企业的经营决策提供支持和指导。

会计事务所：会计事务所为企业提供财务咨询、审计、税务筹划等专业服务。它们负责检查和核实企业财务状况，确保财务报表的准确性和合规性，同时提供税务咨询和筹划建议。

投资机构：投资机构负责管理和投资资金，包括私募股权基金、风险投资、资产管理公司等。它们通过分析市场趋势和企业价值，进行投资决策和资产配置，以实现资本增值和投资回报。

(2) 趋势

数据驱动决策：随着大数据和人工智能技术的发展，财务管理正朝着数据驱动的方向发展。通过收集、分析和利用大数据，财务管理可以更准确地评估企业绩效、风险和机会，提供基于数据的决策支持。

绿色金融和可持续投资：环境可持续性成为全球关注的焦点，财务管理也越来越关注绿色金融和可持续投资。机构和企业在投资决策中考虑环境、社会和治理因素，支持可持续发展和环境保护。

风险管理的重要性：随着市场的不确定性增加，风险管理在财务管理中的重要性日益凸显。机构和企业需要加强风险管理，制定有效的风险策略和控制措施，以应对市场风险、操作风险和法律风险。

技术创新应用：技术创新对财务管理产生了深远的影响。新兴技术如区块链、人工智能、云计算等正在改变财务数据的处理和存储方式，提高财务管理的效率和准确性。

国际化和全球化：财务管理领域越来越受到全球化和国际化影响。跨国公司需要应对不同国家的会计准则和税收政策，财务管理人员需要具备跨文化和跨国家的背景知识和技能。

财务管理相关行业的现状是金融机构、企业财务部门、会计事务所和投资机构等提供财务产品和服务。未来的趋势包括数据驱动决策、绿色金融和可持续投资、风险管理的重要性、技术创新应用以及国际化和全球化的影响。财务管理行业需要与时俱进，适应新技术和市场变化，提供高质量的财务管理和咨询服务。

7.1.2 会计信息管理专业涉及的相关行业现状和趋势

会计信息管理相关行业主要涉及会计信息系统开发与管理、数据分析和报告、财务咨询等领域。

(1) 现状

会计软件和信息系统供应商：会计软件和信息系统供应商开发和销售会计信息管理系统，用于企业的财务数据处理、报告和分析。这些系统帮助企业提高财务数据的准确性和可靠性,并提供数据分析和决策支持功能。

数据分析和报告服务:数据分析和报告服务提供商通过使用高级分析工具和技术,帮助企业解读和分析大量的财务数据。他们提供数据挖掘、业务智能、预测分析等服务,帮助企业制定更准确的财务决策和战略规划。

财务咨询公司:财务咨询公司为企业提供财务管理和战略咨询服务,包括财务规划、预算管理、内部控制、财务风险评估等。他们帮助企业优化财务流程、提高财务绩效,并提供专业意见和建议。

(2)趋势

数据驱动决策:会计信息管理行业正朝着数据驱动的方向发展。随着大数据和人工智能技术的进步,企业能够更好地收集、整合和分析财务数据,从而提高决策的准确性和效率。

云计算和大数据应用:云计算和大数据技术应用对会计信息管理产生了深远的影响。云计算提供了更高效、安全和可靠的数据存储和处理方式,大数据技术可以帮助企业挖掘隐藏在海量财务数据中的有价值信息。

自动化和智能化:自动化和智能化技术在会计信息管理中发挥着越来越重要的作用。自动化流程可以提高财务数据的处理效率和准确性,智能化技术如自然语言处理和机器学习则能够实现自动化的财务分析和报告生成。

风险管理和合规性:随着金融监管的加强和法规的更新,风险管理和合规性对会计信息管理越来越重要。企业需要确保财务数据的合规性和准确性,防范财务风险,加强内部控制。

跨界合作和综合服务:会计信息管理行业正逐渐与其他领域进行跨界合作,提供综合服务。例如,与数据科学、人工智能和区块链技术结合,为企业提供更全面和创新的财务管理解决方案。

会计信息管理相关行业包括会计软件和信息系统供应商、数据分析和报告服务商、财务咨询公司等。未来的趋势包括数据驱动决策、云计算和大数据应用、自动化和智能化、风险管理和合规性、跨界合作和综合服务。行业的发展需要紧跟技术和市场的变化,不断创新和提升专业能力,为企业提供更高效、准确和可靠的会计信息管理服务。

7.1.3　大数据与会计专业涉及的相关行业现状和趋势

大数据与会计相关行业的现状和趋势正逐渐融合,为会计领域带来了新的机遇和挑战。

(1)现状

数据分析与预测:大数据技术使得会计领域能够处理和分析庞大的财务数据集。通过应用数据分析和预测模型,会计人员能够发现数据中的模式和趋势,提供更准确的财务预测和决策支持。

风险管理与内部控制:大数据技术可以帮助会计人员监测和识别潜在的财务风险,并提供更强大的内部控制机制。通过数据挖掘和分析,可以更快速地发现异常情况和欺诈行为。

业务智能与报告:大数据技术使得会计人员能够生成更丰富和多样化的报告,以支持企业的战略决策。通过可视化和交互式报告工具,会计人员能够将复杂的财务数据转化为易于理解和应用的信息。

(2) 趋势

数据质量和数据安全：随着大数据的应用范围扩大，数据质量和数据安全问题变得越来越重要。会计人员需要确保财务数据的准确性和完整性，同时采取适当的数据保护措施，以保证数据的安全性和隐私保护。

人工智能与机器学习：人工智能和机器学习技术在大数据与会计领域的应用越来越广泛。通过自动化的数据处理和模式识别，会计人员能够更高效地处理大量数据，并发现潜在的商业洞察和风险。

区块链技术与分布式账本：区块链技术兴起为会计领域带来了新的机遇。区块链可以实现可追溯、不可篡改的交易记录，提供更透明和安全的财务信息管理。

云计算与数据存储：云计算技术发展使得会计人员能够更便捷地访问和共享大数据。云计算提供了灵活、可扩展的数据存储和处理能力，为会计工作提供了更高效和可靠的基础设施。

数据合规与监管要求：随着数据合规和监管要求的增加，会计人员需要遵守数据保护和隐私法规，确保财务数据的合规性和安全性。

大数据与会计相关行业正逐渐融合，为会计领域带来了更多的机遇和挑战。通过数据分析与预测、风险管理与内部控制、业务智能与报告等方面的应用，大数据技术能够提高会计工作的效率和准确性。未来的趋势包括数据质量和数据安全、人工智能与机器学习、区块链技术与分布式账本、云计算与数据存储以及数据合规与监管要求。会计人员需要不断更新自己的技能和知识，适应这些发展趋势，并灵活应用大数据技术来提升工作效率和质量。

7.1.4　工程造价专业涉及的相关行业现状和趋势

工程造价相关行业涉及到项目预算、成本控制、工程评估和风险管理等领域，对建筑、土木、机电等各类工程项目的经济效益进行评估和管理。

(1) 现状

建筑工程市场需求稳定增长：随着全球城市化进程的推进，建筑工程市场需求持续增长。不仅涉及住宅、商业、办公等常规建筑项目，还包括基础设施、工业厂房等各类工程项目。

技术应用推动行业发展：工程造价行业逐渐引入信息技术和自动化工具，例如建设项目信息管理系统、成本管理软件、数据分析工具等，提高了工作效率和准确性。

项目管理的重要性日益凸显：工程造价人员在项目管理中扮演重要角色，与项目经理、设计师、施工方等多方合作，协调成本、质量、进度等方面的要求。

(2) 趋势

绿色建筑和可持续发展：随着环保意识的增强，绿色建筑和可持续发展已成为行业发展的趋势。工程造价人员需要了解绿色建筑的成本效益，评估可再生能源和节能措施的投资回报率。

数字化和智能化工具应用：随着信息技术的进步，工程造价行业将更多应用数字化和智能化工具，如建筑信息模型(BIM)、人工智能、大数据分析等，提升成本管理和风险评估的精度和效率。

项目风险管理的重要性：工程项目涉及众多风险因素，包括资金风险、合规风险、工期风险等。工程造价人员需要注重风险评估和控制，为项目方提供合理的预算和成本管理建议。

国际化合作与项目投资：随着全球经济一体化程度的加深，国际合作和项目投资也在不断增加。工程造价人员需要适应国际标准和项目管理规范，具备跨文化交流和合作的能力。

法律法规和政策变化的影响：建筑行业受到各国法律法规和政策的影响较大，例如土地使用政策、建筑标准和规范等。工程造价人员需要及时了解并适应相关政策的变化。

工程造价相关行业在建筑工程市场需求稳定增长的背景下，面临着技术应用、项目管理、绿色建筑、数字化和智能化工具应用、项目风险管理、国际化合作与项目投资等方面的发展趋势。工程造价人员需要不断提升自身的专业素养和技术能力，适应行业变化，并为工程项目提供有效的成本管理和风险评估服务。

财务管理、会计信息管理、大数据与会计、工程造价等专业的发展现状和趋势表明，这些行业正面临快速发展和技术革新的挑战。在这个过程中，企业和个人需要不断提升自身的专业素质和技术能力，以适应行业发展的新需求和趋势。同时，政府和行业组织也需制定相应的政策和标准，推动行业健康、可持续发展。

7.2 财务管理类专业群就业前景与岗位及趋势

7.2.1 财务管理专业就业前景和岗位及趋势

财务管理专业是一个重要的专业领域，在各个行业都存在广泛的就业机会。

（1）就业前景

财务管理专业的就业前景较好。随着企业规模的扩大和金融市场的发展，企业对财务管理人才的需求不断增加。财务管理专业毕业生可以在各种企业、金融机构、政府部门等单位中找到就业机会。

（2）岗位

财务分析师：负责对企业的财务数据进行分析和解读，提供财务决策建议，帮助企业制定财务战略。

财务经理/主管：负责企业财务管理的全面工作，包括财务预算、资金管理、投资决策等。

会计师：负责企业的会计核算和报表编制，确保企业的财务数据准确、合规。

内部控制专员/经理：负责企业内部控制体系建立和管理，确保企业财务运作的合规性和风险控制。

融资专员/经理：负责企业融资活动，包括债务融资、股权融资等，协助企业筹措资金。

税务专员/经理：负责企业的税务管理工作，包括税收筹划、税务合规等。

风险管理专员/经理：负责企业风险管理工作，包括市场风险、信用风险、操作风险等的评估和控制。

(3) 趋势

数据驱动决策：随着大数据和人工智能技术的发展，财务管理逐渐向数据驱动决策方向发展。财务管理专业人才需要掌握数据分析和数据挖掘技术，将数据应用于决策和预测。

国际化视野：随着全球经济一体化的深入发展，财务管理专业人才需要具备国际化的视野和跨文化沟通能力，能够应对全球化的财务管理需求。

风险管理：企业面临的风险越来越复杂多样化，财务管理专业人才需要具备风险管理的能力，包括市场风险、信用风险、操作风险等方面的评估和控制。

可持续发展：财务管理逐渐注重企业可持续发展，包括环境、社会和治理等方面。财务管理专业人才需要关注可持续发展的相关知识和实践。

财务管理专业的就业前景较好。对财务管理岗位的需求广泛，涉及各个行业和企业规模。财务管理专业人才需要不断学习和更新知识，具备数据分析、国际化视野、风险管理和可持续发展等方面的能力，以适应行业的发展和变化。

7.2.2　会计信息管理专业就业前景和岗位及趋势

会计信息管理专业是一个与会计和信息技术相结合的领域，毕业生可以在各个行业中找到就业机会。

(1) 就业前景

会计信息管理专业的就业前景较好。随着信息技术的快速发展和企业对数据管理和分析的需求增加，会计信息管理专业人才受到广泛欢迎。毕业生可以在会计、金融、信息技术、咨询等行业中找到就业机会。

(2) 岗位

会计信息系统分析师：负责企业会计信息系统分析、设计和实施，提高企业信息管理和业务流程效率。

数据分析师：负责对企业财务数据进行分析和挖掘，提供决策支持和业务洞察。

会计师/注册会计师：负责企业会计核算和报表编制，确保财务数据的准确性和合规性。

财务分析师：负责对企业财务数据进行分析，提供财务决策和投资建议。

内部控制专员/经理：负责企业内部控制体系建立和管理，确保财务运作的合规性和风险控制。

信息安全专员/经理：负责企业信息系统的安全管理和风险评估，保护财务信息的安全性。

会计信息管理顾问：提供会计信息管理方面的咨询服务，协助企业优化业务流程和信息系统。

(3) 趋势

数据驱动决策：会计信息管理专业逐渐向数据驱动决策方向发展。毕业生需要掌握数据分析和数据挖掘技术，能够从海量数据中提取有价值的信息，为企业决策提供支持。

信息系统集成：随着企业信息化程度的提高，会计信息管理专业人才需要具备信息系统集成的能力，能够将财务系统与其他业务系统进行整合，实现数据共享和流程优化。

风险管理和内部控制：企业面临的风险越来越复杂，会计信息管理专业人才需要具备风险管理和内部控制的能力,确保财务运作的合规性和风险控制。

信息安全和数据隐私保护:随着信息安全和数据隐私保护的重要性增加,会计信息管理专业人才需要具备信息安全和数据保护的知识,保证企业财务信息的安全性和隐私性。

可持续发展:企业越来越关注可持续发展,会计信息管理专业人才需要了解可持续发展的相关知识,为企业提供环境、社会和治理方面的数据分析和报告。

会计信息管理专业的就业前景较好。岗位需求广泛,涉及会计、数据分析、信息系统、风险管理等多个领域。会计信息管理专业人才需要不断学习和更新知识,具备数据分析、信息系统集成、风险管理和可持续发展等方面的能力,以适应行业发展和变化。

7.2.3　大数据与会计专业就业前景和岗位及趋势

大数据与会计专业结合了会计学和大数据分析技术,具有广阔的就业前景。随着数字化转型的加速和企业对数据驱动决策的需求增加,大数据与会计专业人才越来越受到重视。

（1）就业前景

大数据与会计专业的就业前景非常好。毕业生可以在会计事务所、金融机构、企业财务部门、大数据分析公司等领域找到就业机会。同时,随着企业对数据分析和智能化决策的需求增加,大数据与会计专业的就业前景将进一步扩大。

（2）岗位

数据分析师:负责对大量财务数据进行分析和挖掘,提供财务决策支持和业务洞察。

会计信息系统分析师:负责企业会计信息系统设计、开发和维护,提高财务数据的管理和处理效率。

风险管理分析师:利用大数据分析技术进行风险评估和控制,帮助企业降低风险和提高内部控制。

数据治理专员:负责数据质量管理、数据安全保护和数据合规性管理,确保财务数据的准确性和安全性。

财务智能化顾问:为企业提供财务智能化解决方案,帮助企业实现数字化转型和智能化决策。

大数据项目经理:负责大数据项目规划、实施和管理,确保项目按时交付并达到预期效果。

（3）趋势

数据驱动决策:大数据与会计专业人才需要具备数据分析和挖掘技能,能够从海量数据中提取有价值的信息,为企业决策提供支持。

人工智能和机器学习:随着人工智能和机器学习的发展,大数据与会计专业人才需要掌握相关技术,能够利用机器学习算法对财务数据进行预测和模型建立。

数据隐私保护和合规性:随着数据隐私保护和合规性的重要性增加,大数据与会计专业人才需要具备数据安全和隐私保护的知识,确保财务数据的安全性和合规性。

云计算和大数据平台:大数据与会计专业人才需要了解云计算和大数据平台应用,能够利用云计算和大数据平台进行数据分析和处理。

可持续发展:企业越来越关注可持续发展,大数据与会计专业人才需要了解可持续发展的相关知识,为企业提供环境、社会和治理方面的数据分析和报告。

大数据与会计专业的就业前景非常广阔。岗位需求涵盖数据分析、会计信息系统、风险管理、数据治理等多个领域。大数据与会计专业人才需要不断学习和更新知识,掌握数据分析和挖掘技能,了解人工智能和机器学习应用,具备数据隐私保护和合规性的知识,以适应行业的发展和变化。

7.2.4 工程造价专业就业前景和岗位及趋势

工程造价专业是一个重要的建筑工程管理专业,负责项目预算、成本控制、招投标和合同管理等工作。

(1) 就业前景

工程造价专业的就业前景较好。随着国家对基础设施建设和房地产行业的持续投资,对工程造价专业人才的需求也在增加。同时,建筑行业对成本控制和项目管理的要求日益严格,工程造价专业人才在项目实施过程中扮演重要的角色和承担重要的职责。

(2) 岗位

工程造价师:负责项目预算、成本核算和成本控制,进行项目成本评估和预测。

招投标工程师:参与项目的招投标工作,负责编制招投标文件、评审投标报价和合同谈判等工作。

合同管理师:负责项目合同管理和执行,确保合同条款履行和变更管理。

成本工程师:负责项目成本管理和效益分析,为项目提供成本控制和决策支持。

项目管理师:参与项目管理工作,负责项目计划、进度控制和资源管理等工作。

(3) 趋势

数字化和信息化:随着信息技术的发展,工程造价专业也趋向于数字化和信息化。工程造价专业人才需要掌握相关的软件工具和技术,进行项目数据分析和管理。

BIM技术应用:建筑信息模型(BIM)技术应用将对工程造价专业带来新的机遇和挑战。工程造价专业人才需要了解BIM技术,能够在项目中进行BIM成本模拟和分析。

可持续发展和绿色建筑:可持续发展和绿色建筑的重要性日益增加,工程造价专业人才需要了解可持续发展的相关概念和标准,能够进行项目可持续性评估和成本优化。

国际化:随着中国企业参与国际项目的机会增加,对具备国际视野和跨文化沟通能力的工程造价专业人才的需求也在增加。

项目管理能力:工程造价专业人才需要不仅具备成本控制和预算管理的技能,还需要具备项目管理的能力,能够协调各个项目参与方,推动项目顺利进行。

工程造价专业的就业前景较好。岗位需求涵盖工程造价、招投标、合同管理和项目管理等领域。工程造价专业人才需要具备相关的专业知识和技能,不断学习和更新知识,适应行业发展和变化。同时,注重培养项目管理能力和跨学科的综合能力,提升自身竞争力。

财务管理、会计信息管理、大数据与会计、工程造价等专业在未来的就业前景看好,发展趋势良好。为适应行业发展的新要求,这些专业的毕业生需要不断提升自身的专业素质和技能,跟上技术创新的步伐,以便在竞争激烈的就业市场中脱颖而出。同时,高校和培训机构也需要与时俱进,调整课程设置和教学方法,培养具备跨领域知识和技能的复合型人才。

7.3 财务管理类专业群的培养方向和主干课程及课程论文示例

7.3.1 会计学专业培养方向和主干课程及课程论文示例

(1) 培养方向

培养具有扎实的会计理论基础和实际操作能力,熟悉国内外会计准则和财务管理规范,具备会计信息处理、会计信息分析、财务报表编制、财务管理和税务筹划等方面的能力仍专业人才。

(2) 主干课程

会计学原理

会计制度设计

财务管理

税法与税务筹划

预算与管理会计

会计信息系统

财务报表分析

国际会计准则

审计学

(3) 课程论文题目示例

企业内部控制制度建设研究

财务风险管理研究

会计信息化对会计专业人才素质要求的影响研究

财务报表分析在企业经营决策中的应用研究

财务成本管理在企业经营中的应用研究

新会计准则下财务报表编制与分析研究

(4) 课程论文示例

中文题目:新会计准则下财务报表编制与分析研究(示例节选)

作者:＊＊＊

摘要:文章以新会计准则下财务报表编制和分析为研究对象,通过文献综述和实证分析的方法,探究新会计准则下财务报表编制的主要变化,以及这些变化对财务报表分析的影响。通过案例分析,文章总结了财务报表编制和分析的主要方法,并提出了在新会计准则下进行财务报表分析的建议。研究结果表明,新会计准则下财务报表编制的变化对财务报表分析产生了较大的影响,需要更加细致和全面地进行财务报表分析,以适应新会计准则下的环境。

关键词:新会计准则;财务报表;编制;分析

正文:

一、引言

新会计准则实施对财务报表编制和分析产生了较大的影响,需要更加细致和全面地进行财务报表分析,以适应新会计准则下的环境。本文以新会计准则下财务报表编制和分析为研究对象,通过文献综述和实证分析的方法,探究新会计准则下财务报表编制的主要变化,以及这些变化对财务报表分析的影响。通过案例分析,本文总结了财务报表编制和分析的主要方法,并提出了在新会计准则下进行财务报表分析的建议。

二、新会计准则下财务报表编制的主要变化

新会计准则下财务报表编制的主要变化包括资产、负债和所有者权益的分类、计量和披露标准的变化;收入和费用的计量标准的变化;金融工具的计量标准的变化等。这些变化对财务报表编制和分析都产生了较大的影响。

1. 资产、负债和所有者权益的分类、计量和披露标准的变化

在新会计准则下,资产、负债和所有者权益的分类、计量和披露标准发生了一些变化。例如,在新会计准则下,资产定义发生了变化,包括只要符合以下三个条件之一的,就可确认为是资产:

(1) 是未来可能产生经济利益的;

(2) 该资源的所有权和控制权掌握在企业手中;

(3) 该资源是过去交易或事项的结果。

同时,在新会计准则下,负债定义也发生了变化,包括只要符合以下三个条件之一的,就可确认为是负债:

(1) 企业在过去某个时点发生了一项交易或事件;

(2) 该交易或事件可能导致企业对未来的经济利益造成了流出;

(3) 企业对该项交易或事件存在实际或者合理的义务。

这些变化对财务报表编制和分析产生了影响,需要更加细致地进行分类、计量和披露。

2. 收入和费用的计量标准的变化

在新会计准则下,收入和费用的计量标准也发生了一些变化。例如,在新会计准则下,收入的定义和确认标准发生了变化,要求企业在确认收入时应满足以下条件:

(1) 已经转移了商品或服务的控制权;

(2) 企业已经获得了收入的权利;

(3) 收入的金额可以可靠地计量。

在费用方面,在新会计准则下,对费用进行了更加严格的界定和计量,需要更加严谨地对费用进行分类和计量。

3. 金融工具的计量标准的变化

在新会计准则下,金融工具的计量标准也发生了一些变化。例如,在新会计准则下,金融工具的分类和计量需要更加严格,包括分类和计量的标准更加严格,需要更加详细地披露

金融工具的信息。

三、新会计准则下财务报表分析的影响

在新会计准则下,财务报表分析的方法和要求也发生了一些变化。例如,在新会计准则下,需要更加细致地对财务报表进行分类、计量和披露,同时需要更加详细地披露财务报表的信息。这些变化对财务报表分析产生了影响,需要更加全面和细致地进行财务报表分析。

1. 更加全面的财务报表分析

在新会计准则下,财务报表分析需要更加全面,包括对资产、负债、所有者权益、收入、费用等各个方面进行细致的分析,需要更加准确地计算各种财务指标,并对这些指标进行比较和分析。同时,需要更加注意财务报表中的隐含信息,例如各种财务报表的附注、注释等。

2. 更加细致的财务报表分析

在新会计准则下,财务报表分析需要更加细致,包括对财务报表中的每一个项目进行深入分析,并对其涉及的会计政策、会计估计等进行研究和分析。同时,需要更加注意财务报表中的异常信息,例如突然变化的项目、财务指标等。

四、财务报表编制和分析的主要方法

在新会计准则下,财务报表编制和分析的主要方法包括财务报表分类、计量和披露方法、财务指标的计算方法、财务比率的分析方法等。其中,财务比率的分析方法是财务报表分析的重要方法之一,包括对财务比率的计算、比较和分析等。

五、新会计准则下财务报表分析的建议

在新会计准则下进行财务报表分析,需要注意以下几点:首先,要细致地研究新会计准则的变化,了解其对财务报表编制和分析的影响;其次,要全面地进行财务报表分析,包括对各项财务指标的计算和分析;第三,要细致地分析财务报表中的异常信息,例如突然变化的项目、财务指标等;最后,要结合实际情况进行财务报表分析,避免单纯依赖财务指标进行分析。

六、结论

本文对新会计准则下财务报表编制和分析进行了研究,通过文献综述和实证分析的方法,探究了新会计准则下财务报表编制的主要变化,以及这些变化对财务报表分析的影响。同时,本文总结了财务报表编制和分析的主要方法,并提出了在新会计准则下进行财务报表分析的建议。

通过本文的研究,可以得出以下结论:

(1) 新会计准则下财务报表编制发生了较大的变化,包括资产、负债和所有者权益的分类、计量和披露标准的变化,收入和费用的计量标准的变化,以及金融工具的计量标准的变化等。

(2) 新会计准则下财务报表分析需要更加全面和细致,包括对各种财务指标进行深入分析,同时需要更加注意财务报表中的隐含信息和异常信息。

(3) 财务比率分析是新会计准则下财务报表分析的重要方法之一,需要结合实际情况进行分析,避免单纯依赖财务指标进行分析。

(4) 在新会计准则下进行财务报表分析,需要细致地研究新会计准则的变化,全面地进行财务报表分析,并结合实际情况进行分析。

综上所述,新会计准则下财务报表编制和分析是财务管理和会计信息管理专业的重

要研究内容,需要不断深入研究和探索,为企业的财务管理和决策提供更加精准的数据支持。

7.3.2　财务管理专业培养方向和主干课程及课程论文示例

(1) 培养方向

培养具有财务理论知识和财务管理技能,能够在企业和组织中从事财务管理、投资管理、资金管理、风险管理等方面的工作的专业人才。

(2) 主干课程

会计学原理

财务管理

金融市场与投资

经济法学

财务分析与评估

证券投资分析与决策

国际金融管理

风险管理

财务管理信息系统

(3) 课程论文题目示例

财务管理中的成本管理研究

投资组合优化研究

财务管理中的资金流量分析研究

财务分析中的盈利能力研究

财务管理中的负债管理研究

投资决策中的资产组合选择研究

财务管理中的企业估值研究

(4) 课程论文示例

中文题目:财务管理中的成本管理研究(示例节选)

作者:＊＊＊

摘要:成本管理是财务管理的核心内容之一,对企业的盈利能力和竞争力有着至关重要的影响。文章以成本管理为研究对象,探讨了成本管理的概念、目标、方法、应用和发展趋势等方面,分析了成本管理在财务管理中的作用和意义。通过对实际案例的分析和总结,提出了在成本管理中需要注意的问题和解决方法,为企业的成本管理提供了有益的参考。

关键词:成本管理;财务管理;企业盈利能力;竞争力;方法;应用;发展趋势

一、引言

二、成本管理的概念和目标

三、成本管理的方法和应用

四、成本管理的发展趋势

7.3.3　会计信息管理专业培养方向和主干课程及课程论文示例

(1) 培养方向

培养具有扎实的会计学和信息学基础,熟悉会计信息系统和会计软件,能够从事企业会计信息管理和系统应用的人才。

(2) 主干课程

会计学原理

会计信息系统

信息管理与系统分析

数据库原理与应用

企业资源计划系统

网络技术与应用

财务管理信息系统

税务管理信息系统

电子商务

(3) 课程论文题目

会计信息化发展与应用研究

数据库技术在会计信息管理中的应用研究

云计算在会计信息管理中的应用研究

财务管理信息系统设计与实现

会计信息系统集成与管理

会计信息系统的性能优化与提升

大数据在会计信息管理中的应用研究

(4) 课程论文示例

中文题目:会计信息系统集成与管理(示例节选)

作者:＊＊＊

摘要:会计信息系统集成与管理是会计信息技术应用的重要方向,其能够通过数据集成和分析,提高会计信息的精度和可靠性,为企业的决策提供有效的支持。文章旨在探讨会计信息系统集成和管理方法,介绍了相关技术的发展历程和应用案例,分析了集成和管理对会计信息系统的影响和意义。文章将会对会计信息系统集成和管理进行深入研究和分析,以期提供有价值的参考和启示。

关键词:会计信息系统;集成;管理;精度;可靠性

一、引言

二、会计信息系统集成方法

三、会计信息系统管理方法
四、会计信息系统集成和管理的影响和意义
五、结论

7.3.4 大数据与会计专业培养方向和主干课程及课程论文示例

（1）培养方向

培养具备扎实的会计学、数据分析和计算机技术等方面知识，能够运用大数据技术对财务数据进行处理和分析，提高财务数据的价值和精度，推动财务管理的数字化转型的专业人才。

（2）主干课程

会计学原理

数据结构与算法

大数据技术与应用

数据挖掘

数据库系统原理

统计学原理

会计信息系统

金融市场与数据分析

会计信息安全与风险管理

（3）课程论文题目

大数据技术在财务管理中的应用研究

大数据技术对财务报表分析的影响研究

大数据技术在财务审计中的应用研究

大数据技术在财务决策中的应用研究

大数据技术在财务预算中的应用研究

大数据技术在财务管理中的可视化应用研究

会计信息的图像识别与处理研究

（4）课程论文示例

中文题目：大数据技术对财务报表分析的影响研究（示例节选）

作者：＊＊＊

摘要：文章研究了大数据技术在财务报表分析中的应用与影响。首先介绍了大数据技术的发展和特点，然后分析了大数据技术在财务报表分析中的应用，探讨了其对财务分析的影响。研究结果表明，大数据技术在财务报表分析中能够提高分析效率和准确性，为财务决策提供有力支持。

关键词：大数据技术；财务报表分析；数据挖掘；机器学习；财务决策

一、引言
二、大数据技术概述
三、大数据技术在财务报表分析中的应用
四、大数据技术对财务报表分析的影响
五、结论

7.3.5　工程造价专业培养方向和主干课程及课程论文示例

（1）培养方向

培养具备工程造价核心知识和实际操作能力，能够在建筑施工、工程造价、工程监理等领域从事工程造价管理、工程测量、工程量清单编制、工程项目管理等工作的人才。

（2）主干课程

工程测量

工程造价基础

工程施工组织与管理

工程估价

工程造价案例分析

工程监理

工程合同管理

工程预算与控制

工程管理信息系统

（3）课程论文题目

工程造价管理中的成本控制研究

工程施工组织与管理中的资源优化研究

工程监理中的质量控制研究

工程预算与控制中的成本分析研究

工程造价管理中的信息化实践研究

工程预算与控制中的财务管理研究

（4）课程论文示例

中文题目：工程造价管理中的信息化实践研究（示例节选）

作者：＊＊＊

摘要：文章以工程造价管理为背景，研究信息化技术在工程造价管理中的应用实践，旨在探讨如何利用信息化技术提高工程造价管理的效率和质量。首先，介绍了工程造价管理的基本概念和特点，其次，分析了信息化技术在工程造价管理中的应用现状和发展趋势，最后，探讨了信息化技术在工程造价管理中的应用实践，包括信息化建设的重要性、信息化系统设计与实施、信息化技术在工程造价管理中的应用案例等。通过该文的研究，可以更好地了解信息化技术在工程造价管理中的应用,为相关领域的专业人员提供有益的参考。

关键词:工程造价管理;信息化技术;信息化应用实践;信息化建设;案例分析

一、引言

二、工程造价管理的基本概念和特点

三、信息化技术在工程造价管理中的应用现状和发展趋势

四、信息化技术在工程造价管理中的应用实践

五、结论

7.4 财务管理类专业群核心知识点和专业技能主要内容与要点

7.4.1 财务管理专业核心知识点和专业技能

(1)核心知识点

财务管理基础知识:财务分析、财务决策、财务管理制度等方面的知识。

财务会计知识:会计基础知识、会计核算、会计报表分析等方面的知识。

管理会计知识:成本管理、预算管理、绩效管理等方面的知识。

财务市场知识:金融市场、证券市场、货币市场等方面的知识。

(2)专业技能

财务分析技能:能够运用财务指标进行财务分析,评估企业的经营状况和盈利能力,判断企业风险和投资价值。

财务决策技能:能够根据企业经营状况和市场环境,进行投资决策、融资决策、分红决策等,优化企业财务结构。

资本预算技能:能够进行资本预算管理,进行投资项目评估和选择,为企业提供可靠的投资决策支持。

财务风险管理技能:能够进行财务风险评估和管理,提出风险防范措施,确保企业稳健发展。

公司治理技能:能够设计和建立有效的公司治理体系,规范公司管理和运作,保障企业合法权益。

财务报表分析技能:能够分析财务报表,识别企业经营状况和盈利能力,判断企业风险和发展潜力。

7.4.2　会计信息管理专业核心知识点和专业技能

（1）核心知识点

会计基础知识：会计原理、会计核算、会计制度等方面的知识。

会计信息化知识：会计信息系统、会计软件应用、会计信息安全等方面的知识。

财务管理知识：财务分析、财务决策、财务管理制度等方面的知识。

会计法律法规知识：会计法、税法等方面的知识。

（2）专业技能

会计信息化应用技能：能够熟练掌握会计信息系统和会计软件的操作和应用，能够使用计算机技术进行会计核算和报表编制。

财务分析技能：能够运用财务指标进行财务分析，评估企业的经营状况和盈利能力，判断企业风险和投资价值。

会计信息管理技能：能够对会计信息进行管理和维护，确保会计信息真实、准确和完整。

财务报表编制技能：能够编制企业财务报表和报告，保证财务报表及时、准确和完整。

税务筹划技能：能够根据税法规定，运用税收优惠政策，优化企业财务结构，降低企业税负。

会计法律法规遵循技能：能够熟悉会计法律法规，合规进行会计核算和报表编制，保证企业合法合规运营。

内部控制技能：能够设计和实施有效的内部控制制度，规范企业管理和运作，防范内部风险。

7.4.3　大数据与会计专业核心知识点和专业技能

（1）核心知识点

大数据技术知识：大数据存储、大数据处理、大数据分析等方面的知识。

会计基础知识：会计原理、会计核算、会计制度等方面的知识。

会计信息化知识：会计信息系统、会计软件应用、会计信息安全等方面的知识。

财务管理知识：财务分析、财务决策、财务管理制度等方面的知识。

（2）专业技能

大数据处理技能：能够运用大数据技术进行数据清洗、数据转换、数据分析等操作，提高会计信息的准确性和及时性。

会计信息安全管理技能：能够设计和实施会计信息安全管理措施，防范信息泄露和信息安全风险。

数据挖掘技能：能够运用数据挖掘技术，挖掘会计信息的隐藏价值，提高会计决策的科学性和有效性。

会计信息共享技能：能够实现会计信息共享和交换，提高会计信息的利用效率和应用价值。

数据分析技能：能够对大量的数据进行分析和统计，提供决策支持和参考意见。

会计信息处理技能：能够运用会计信息系统和会计软件，实现会计核算和报表编制自动化和规范化。

数据可视化技能：能够运用可视化技术，将复杂的数据信息转化为图表、报表等形式，便于分析和理解。

数据分析报告撰写技能：能够撰写数据分析报告，将数据分析结果清晰地呈现出来，为决策提供依据。

7.4.4　工程造价专业核心知识点和专业技能

（1）核心知识点

工程造价理论知识：工程造价体系、工程造价方法、工程造价标准等方面的知识。

工程建设管理知识：工程项目管理、工程进度管理、工程质量管理等方面的知识。

工程施工技术知识：建筑施工技术、装饰装修技术、机电安装技术等方面的知识。

市场调研与营销知识：市场调研、竞争分析、营销策略等方面的知识。

（2）专业技能

工程造价咨询技能：能够为企业或个人提供工程造价咨询服务，包括预算编制、招投标咨询、施工图预算、竣工结算等方面的服务。

工程成本控制技能：掌握工程成本控制方法和技术，能够制定工程成本控制计划，保证工程成本控制在合理范围内。

工程量清单编制技能：能够准确编制工程量清单，掌握工程量清单编制方法和技巧。

工程投资分析技能：能够进行工程投资分析，评估工程投资价值和经济效益，为决策提供依据。

工程造价软件应用技能：熟练使用工程造价软件进行预算编制、招投标管理、施工图预算、竣工结算等操作。

工程造价法律法规遵循技能：熟悉工程造价法律法规，能够合规进行预算编制、招投标管理、竣工结算等工作。

市场营销技能：能够进行市场调研和竞争分析，制定营销策略，为企业发展提供支持。

施工图预算技能：能够根据工程施工图纸进行预算编制和成本核算，确保工程成本控制在合理范围内。

工程质量管理技能：掌握工程质量管理方法和技术，确保工程施工质量达到标准要求。

工程进度管理技能：能够制定工程进度计划和监控方法，保证工程按时按质完成。

工程安全管理技能：能够制定工程安全管理规定和措施，确保工程施工安全。

施工组织设计技能：能够进行施工组织设计，合理安排施工进度和施工人员，提高施工效率和质量。

以上专业的核心知识点和专业技能主要内容涵盖了各自领域的重要方面，掌握这些知识和技能对于专业人士在行业中具备核心竞争力和发展潜力具有重要意义。

大学生专业知识与就业前景

7.5 财务管理类专业群职业资格证及核心培训课程

7.5.1 财务管理专业

(1) 职业资格证

注册会计师(CPA):该资格证书是国际通行的会计专业资格证书,证明持有人具备会计理论和实务方面的专业知识和技能,能够进行财务报表编制、审计、税务规划等工作。

注册财务规划师:该资格证书证明持有人具备财务规划方面的专业知识和能力,能够为个人和企业制定财务规划,包括资产管理、投资规划和风险管理等。

企业财务管理师:该资格证书表明持有人具备企业财务管理方面的专业知识和能力,能够进行财务决策、资金管理和风险控制等工作。

(2) 核心培训课程

财务管理基础:学习财务管理的基本概念、原理和方法,包括财务分析、资本预算、资金管理等内容。

企业会计制度:该课程注重企业会计制度知识培训,培养学生了解会计准则、会计政策和报表编制等方面的知识。

财务分析与预测:学习财务报表分析和财务预测的方法和技巧,掌握评估企业的财务状况和经营绩效的方法。

成本管理:该课程关注企业成本的管理和控制,让学生掌握成本核算、成本分析和成本控制等内容。

税收筹划:学习税收法规和税务筹划的知识,了解进行合理的税务规划和优化的方法。

通过学习这些核心培训课程并取得职业资格证书,财务管理专业的学生将具备财务管理和财务规划等方面的能力,为他们在企业财务管理、投资银行、会计师事务所等领域的工作和职业发展提供支持。

7.5.2 会计信息管理专业

(1) 职业资格证

注册会计师(CPA):该资格证书是国际通行的会计专业资格证书,证明持有人具备会计理论和实务方面的专业知识和技能,能够进行财务报表编制、审计、税务规划等工作。

会计信息系统师:该资格证书证明持有人具备会计信息系统方面的专业知识和能力,能够设计和管理会计信息系统,实现会计数据收集、处理和报告。

会计电算化师:该资格证书表明持有人具备会计电算化方面的专业知识和技能,能够利用计算机技术进行会计数据处理和分析。

第 7 章　财务管理类专业群知识结构与就业前景

(2) 核心培训课程

会计基础:学习会计的基本概念、原则和方法,包括会计核算、账务处理和财务报告等内容。

会计信息系统:该课程关注会计信息系统设计和管理知识培训,让学生掌握信息系统开发和运行,以支持会计信息处理和报告。

财务管理信息系统:学习财务管理信息系统的设计和应用,包括预算管理、成本管理和财务分析等方面的内容。

审计学:该课程注重审计的理论和实践,让学生了解审计的目的、方法和程序,以及审计报告编制和分析。

企业资源计划(ERP):学习企业资源计划系统的原理和应用,了解 ERP 系统在会计信息管理中的作用和应用。

通过学习这些核心培训课程并取得职业资格证书,会计信息管理专业的学生将具备会计信息系统设计和管理的能力,能够利用信息技术提高会计信息处理效率和准确性,为企业决策和管理提供有力支持。同时,他们也具备成为注册会计师和会计电算化师等职业资格和能力。

7.5.3　大数据与会计专业

(1) 职业资格证

数据分析师:该资格证书证明持有人具备数据分析方面的专业知识和技能,能够运用统计学和数据挖掘等方法分析和解读大数据,并提供相关的业务建议和决策支持。

会计数据分析师:该资格证书表明持有人具备会计数据分析方面的专业能力,能够运用数据分析技术对会计数据进行挖掘和分析,为企业决策提供数据支持。

大数据应用专家:该资格证书证明持有人具备大数据应用方面的专业知识和能力,能够运用大数据技术和工具进行数据处理、分析和应用,为企业提供大数据解决方案和咨询服务。

(2) 核心培训课程

会计基础:学习会计的基本概念、原则和方法,包括会计核算、账务处理和财务报告等内容。

大数据技术与应用:该课程关注大数据技术的原理和应用,让学生掌握大数据存储、处理和分析方法,了解大数据平台和工具使用。

数据挖掘与分析:学习数据挖掘的基本概念和方法,包括数据预处理、特征选择、模型建立和评估等内容,能够运用数据挖掘技术进行会计数据的分析和挖掘。

数据可视化:该课程注重数据可视化的理论和实践,培养学生数据可视化工具和技术等知识,使其能够将会计数据以图表、图形等形式进行可视化展示。

云计算与数据存储:学习云计算的概念和技术,了解云计算环境下的数据存储和管理方法,掌握云平台上的大数据处理和分析能力。

通过学习这些核心培训课程并取得职业资格证书,大数据与会计专业的学生将具备数据分析和大数据应用的能力,能够运用大数据技术和工具对会计数据进行分析和应用,为企业提供数据驱动决策支持。他们也具备成为数据分析师、会计数据分析师和大数据应用专家等职业的资格和能力。

7.5.4 工程造价专业

(1) 职业资格证

注册造价工程师:该资格证书证明持有人具备工程造价方面的专业知识和技能,能够进行工程项目的造价估算、预算编制和成本控制,为工程项目提供造价管理方面的专业支持。

工程预算师:该资格证书表明持有人具备工程预算方面的专业能力,能够根据工程项目的需求和要求进行预算编制和费用分析,为工程项目的决策提供预算依据。

工程审计师:该资格证书证明持有人具备工程审计方面的专业知识和技能,能够对工程项目的成本、质量和进度等进行审计,评估工程项目的合规性和效益。

(2) 核心培训课程

工程经济学:学习工程项目的经济原理和方法,包括成本估算、投资分析和经济效益评估等内容,掌握工程项目经济性和可行性的评估方法。

工程造价管理:该课程关注工程造价管理的理论和实践,培养学生掌握造价控制、成本管理和费用预测等内容,使其能够进行工程项目的造价管理和控制。

建筑工程预算与计价:学习建筑工程预算和计价的方法和流程,包括定额计价、单价分析和总价控制等内容,能够进行工程项目的预算编制和计价分析。

工程项目管理:该课程涵盖工程项目管理的全过程,通过学习项目规划、组织与协调、进度管理和风险管理等知识,能够有效地组织和管理工程项目。

合同管理与谈判:学习合同管理和谈判的原则和技巧,了解合同法规和条款,能够进行工程项目合同管理和谈判。

通过学习这些核心培训课程并取得职业资格证书,工程造价专业的学生将具备工程造价管理和预算控制的能力,能够为工程项目提供成本管理和经济分析方面的专业支持。他们也具备成为注册造价工程师、工程预算师和工程审计师等职业的资格和能力。

7.6 财务管理类专业群在创业时所需具备的知识结构和技能素质

财务管理、会计信息管理、大数据与会计、工程造价等专业毕业生在创业过程中,具备一定的知识结构和技能素质至关重要。

基本商业知识:掌握市场营销、经济学、管理学、战略管理等基本商业知识,以了解市场需求、定位目标客户、制定经营策略等。

专业知识:具备所涉及领域的核心专业知识,如财务管理、会计信息管理、大数据分析、工程造价估算等,以确保创业过程中能够有效地解决专业问题。

技术技能:熟练掌握相关的技术工具和软件,如财务管理软件、会计软件、大数据分析工具(如 Hadoop、Spark、Python 等)、工程造价软件等。

团队管理与领导力:具备良好的团队管理和领导力,能够激发团队潜力,协调团队成员之间合作,实现共同目标。

沟通与谈判能力:具备良好的沟通与谈判能力,能够与客户、合作伙伴、团队成员等进行有效沟通,达成共识,推进项目进展。

风险管理与应对:了解创业过程中可能面临的风险,如市场风险、财务风险、法律风险等,并具备一定的风险评估、规避与应对能力。

创新思维:具备创新思维和发现机遇的能力,能够从市场中发现潜在的商业机会,以新颖的方式解决问题,提升企业竞争力。

时间与资源管理:具备良好的时间和资源管理能力,能够合理安排时间、有效分配资源,提高工作效率。

法律法规知识:了解与创业相关的法律法规,如税收政策、劳动法规、知识产权保护等,以确保创业过程合法合规。

融资与投资能力:具备一定的融资与投资能力,能够为创业项目筹集资金,对投资项目进行有效分析和评估。

在创业过程中,创业者需要具备跨领域的知识结构和技能素质,以应对创业过程中可能面临的各种挑战和问题。除了上述提到的知识结构和技能素质之外,创业者还应具备以下能力和素质:

快速学习能力:在创业过程中,可能会遇到各种未知领域的问题。具备快速学习能力,能够迅速学习新知识、新技能,以应对不断变化的市场环境。

应变能力:创业过程中往往充满不确定性,具备应变能力能帮助创业者在面对挑战时迅速调整策略,解决问题。

情绪管理:保持积极的心态和情绪,能够在面对困难和压力时保持冷静,进行合理的情绪调节,提高抗压能力。

人际关系与网络建设:拓展人际关系,建立良好的社会关系网络,有利于为创业项目寻找合作伙伴、客户、投资者等资源。

品牌建设与推广:了解品牌建设与推广的基本知识和技巧,通过有效的营销策略提升企业形象,扩大市场份额。

为提高创业成功率,创业者需要努力提升上述知识结构和技能素质,同时,积极参加创业培训、实践活动等,积累实际经验,形成自己的创业方法和模式。此外,与其他创业者、导师、专家等建立联系,寻求指导和帮助,也有助于提高创业水平。

7.7 财务管理类专业群实验、实训、实习、毕业设计等实践环节

7.7.1 财务类软件实验课

财务类软件实验课是财务管理、会计信息管理、大数据与会计、工程造价等专业的学生在大学期间进行的实践环节之一。该课程旨在通过使用专业财务软件来进行实际操作和模拟,帮助学生熟悉和掌握财务管理和会计信息处理的软件工具,培养学生在财务领域的实际应用能力。

会计软件操作:学习使用常见的会计软件,如 SAP、Oracle Financials、QuickBooks 等,进行会计记录、账务处理、财务报表生成等操作。通过实际操作,掌握会计信息的录入和处理流程,并了解会计软件的功能和应用。

财务分析与报告:使用专业财务分析软件,如 Bloomberg、FactSet 等,对企业的财务数据进行分析和报告撰写。通过对财务指标的计算和解读,学会评估企业的财务健康状况、经营绩效等,并能撰写相应的财务分析报告。

大数据分析工具:学习使用大数据分析软件,如 Python、R、Tableau 等,在财务领域进行数据处理和分析。通过对大量财务数据的处理和挖掘,发现潜在的商业洞察,并进行相应的数据可视化和报告呈现。

工程造价软件应用:学习使用专业的工程造价软件,如建筑工程造价软件、项目管理软件等,进行项目预算、成本控制、工程量计算等操作。通过实践操作,掌握工程造价管理的基本流程和软件工具的应用。

在财务类软件实验课程中,学生将通过实际操作和模拟场景,加深对财务管理和会计信息处理的理解和应用能力。通过熟练掌握财务软件工具的使用,学生将为未来的财务工作或进一步的学术研究打下坚实的基础。

7.7.2 财务类仿真和模拟实验课

财务类仿真和模拟实验课是财务管理、会计信息管理、大数据与会计、工程造价等专业的学生在大学期间进行的实践环节之一。该课程旨在通过使用仿真软件和模拟工具,模拟真实的财务情境,让学生在虚拟环境中进行财务决策和分析,提高其财务管理和会计技能。

股票投资模拟:使用股票投资模拟软件,在虚拟的股票市场中进行投资决策。研究不同公司的财务数据、行业趋势等信息,制定投资策略,并模拟交易股票。通过这个实验,学习股票投资的基本原理、风险管理和决策能力培养。

财务决策模拟:使用财务决策模拟软件,模拟不同财务决策对企业经营绩效的影响。扮演企业的财务经理,面临各种决策情境,如投资项目选择、资金筹集和运营管理等。通过模

拟实验,学习财务决策的考量因素、风险评估和战略规划等方面的知识。

财务报表分析模拟:使用财务报表分析模拟工具,对虚拟企业的财务报表进行分析。运用财务比率、指标计算等方法,评估企业的财务状况和经营绩效,并提出相应的建议。通过这个实验,培养财务报表分析的技能和对企业财务信息的理解能力。

预算编制与控制模拟:使用预算编制与控制模拟软件,模拟企业的预算编制和执行过程。参与预算编制、预算控制和绩效评估等环节,了解预算管理的流程和技巧。通过模拟实验,学习预算管理的重要性、预算策划和监控的方法。

在财务类仿真和模拟实验课程中,学生将通过虚拟环境中的实践操作和决策模拟,提升财务管理和会计技能。通过参与模拟实验,学生能够更好地理解和应用财务知识,培养分析问题和解决问题的能力,为未来的财务职业发展做好准备。

7.7.3 财务类实训课程

财务类实训课程是财务管理、会计信息管理、大数据与会计、工程造价等专业的学生在大学期间进行的实践环节之一。该课程旨在通过实际案例和真实场景的模拟训练,使学生能够应用财务理论和技能解决实际财务管理问题。

财务报表分析实训:实际操作和分析真实企业的财务报表。学习如何解读财务报表,计算和解释财务比率,评估企业的财务状况和经营绩效。通过实际案例的分析和讨论,提升财务报表分析的技能和理解能力。

预算编制与控制实训:参与实际企业的预算编制和控制过程。学习预算的制定原则和方法,了解预算与实际执行的关系,并运用实际数据进行预算分析和控制。通过实际的预算实践,培养预算编制和控制的技能和管理能力。

财务软件应用实训:学习和应用常用的财务软件,如财务管理系统、会计软件等。通过实际操作和案例分析,掌握财务软件的使用方法,包括账务处理、报表生成、财务分析等功能。通过财务软件的实际应用,提高财务信息处理和管理的效率。

投资决策实训:通过实际案例和模拟投资环境,进行投资决策的实践训练。学习投资分析和评估方法,进行风险评估和投资组合构建。通过实际投资决策实践,培养投资策略制定和风险管理的能力。

在财务类实训课程中,学生将通过实际案例和真实场景的模拟训练,将所学的财务知识和技能应用于解决实际财务管理问题。通过实践操作和团队合作,学生将培养解决问题的能力、沟通协作能力和实际工作的适应能力,为未来的财务职业发展做好准备。

7.7.4 财务类生产实习

财务类生产实习是财务管理、会计信息管理、大数据与会计、工程造价等专业学生在大学期间进行的实践环节之一。该实习旨在让学生亲身参与企业的财务管理工作,了解和应用财务知识和技能,培养实际操作和解决问题的能力。

财务数据分析与处理：参与企业的财务数据分析和处理工作。收集、整理和分析企业的财务数据，了解企业的经营状况和财务状况。通过实际操作和数据处理，提升财务数据分析和处理的技能和能力。

财务报表编制与审计：参与企业财务报表编制和审计工作。了解财务报表编制规范和要求，收集、整理和编制企业的财务报表，并参与财务报表的审计过程。通过实际操作和审计实践，掌握财务报表编制和审计的要点和技巧。

预算管理与控制：参与企业的预算管理与控制工作。学习预算制定和控制方法，参与预算编制和实际执行的对比分析，进行预算偏差分析和控制措施制定。通过实际操作和预算管理实践，培养预算管理和控制的技能和能力。

财务管理系统应用：参与企业财务管理系统的应用和操作。学习财务管理系统的功能和使用方法，包括账务处理、报表生成、财务分析等。通过实际操作和系统应用，提高财务信息处理和管理的效率。

财务类生产实习通过让学生亲身参与财务管理实践，将所学的财务知识和技能应用于实际工作中。通过与企业合作，获取企业的指导，学生将获得实际工作经验，了解财务管理的实际运作和挑战。这将有助于学生提升解决实际问题的能力、加深对财务管理理论的理解，并为未来的职业发展做好准备。

7.7.5 财务类毕业设计

财务类毕业设计是财务管理、会计信息管理、大数据与会计、工程造价等专业学生在毕业阶段完成的重要实践环节。该设计旨在让学生运用所学的财务知识和技能，独立完成一个财务管理或会计领域的课题研究，展示他们在专业领域的综合能力和创新思维。财务类毕业设计方向涉及多个方面，其目的均为通过毕业设计这个综合学习项目，提升综合能力。

财务分析与决策：选择一个企业或行业，运用财务分析方法和工具，对其财务状况、经营绩效等进行深入研究与评估。分析企业的财务报表、财务比率、财务风险等指标，提出相应的经营决策建议。

预算管理与控制：选择一个企业或组织，研究其预算管理与控制体系。设计一个完整的预算制度，包括预算编制、预算执行与控制、预算偏差分析等环节，并对其在实际运作中的效果进行评估。

财务信息系统开发：根据企业或组织的需求，设计并开发一个财务信息系统。结合财务管理的实际情况，设计系统的功能模块、数据流程和用户界面，实现财务信息采集、处理、分析和报告。

税务筹划与优化：选择一个企业或个人，研究其税务筹划与优化策略。分析税法政策、税务规划方法等，提出相应的税务优化方案，帮助企业或个人减少税负，合法降低税收风险。

财务类毕业设计要求学生运用所学的财务理论和方法，结合实际问题，展开独立的研究工作。学生需要提出明确的研究问题或课题，并进行相关的数据收集、分析和论证。最终，他们需要撰写一份完整的毕业设计报告，包括研究背景、目的与意义、理论框架、研究方法、数据分析与结果、结论与建议等部分。

财务类毕业设计旨在培养学生的科研能力、创新能力和团队协作能力。通过独立完成一个财务管理或会计领域的研究项目,学生将深入理解财务理论与实践的关联,提升问题解决和论证能力,为日后的职业发展打下坚实的基础。

7.8 财务管理类专业群毕业设计题目示例

7.8.1 财务管理专业毕业设计的题目示例

(1) 企业财务风险管理实践研究——以某 A 股上市公司为例

开题方向:财务风险管理。

内容提要:以某 A 股上市公司为例,对其财务风险进行分析和评估,并提出相应的风险管理策略,以期减少企业风险,提高企业盈利能力。

(2) 财务共享服务中心建设与应用研究——以某跨国企业为例

开题方向:财务共享服务。

内容提要:以某跨国企业为例,研究财务共享服务中心建设和应用,分析共享服务中心对企业财务管理的作用和优势,探讨企业如何实现财务共享服务有效运作。

(3) 财务报表信息透明度研究——基于某行业企业数据的分析

开题方向:财务报表分析。

内容提要:以某行业企业数据为样本,研究企业财务报表信息透明度的情况,并对信息透明度与企业价值的关系进行分析,以期提高企业财务报表的透明度和质量。

(4) 企业现金管理研究——以某私募企业为例

开题方向:现金管理。

内容提要:以某私募企业为例,研究其现金管理策略和实践,并提出相应的建议和改进措施,以期提高企业现金管理的效率和效果。

(5) 财务报表准确性评估研究——基于某上市公司数据的分析

开题方向:财务报表准确性。

内容提要:以某上市公司数据为样本,研究其财务报表准确性评估方法,并对评估结果进行分析和评估,以期提高财务报表的准确性和可靠性。

7.8.2 会计信息管理专业毕业设计的题目示例

(1) ERP 系统在会计信息管理中的应用研究——以某企业为例

开题方向:ERP 系统在会计信息管理中的应用。

内容提要:以某企业为例,研究 ERP 系统在会计信息管理中的应用情况和效果,并探讨如何通过 ERP 系统提高会计信息管理的效率和准确性。

(2) 企业内部控制研究——以某制造企业为例

开题方向:企业内部控制。

内容提要:以某制造企业为例,研究其企业内部控制情况和效果,分析内部控制对企业经营和管理的作用和价值,以期提高企业内部控制的质量和效果。

(3) 企业资产评估模型研究——基于某金融公司数据的应用

开题方向:企业资产评估模型。

内容提要:以某金融公司数据为样本,研究其企业资产评估模型的应用和效果,探讨如何通过资产评估提高企业资产的价值和效益。

(4) 会计信息披露质量评估研究——基于某上市公司数据的分析

开题方向:会计信息披露质量评估。

内容提要:以某上市公司数据为样本,研究其会计信息披露质量评估方法和结果,并对质量评估的作用和价值进行分析和评估。

(5) 会计师事务所内部控制研究——以某大型事务所为例

开题方向:会计师事务所内部控制。

内容提要:以某大型事务所为例,研究其内部控制情况和效果,分析内部控制对会计师事务所经营和管理的作用和价值,以期提高事务所内部控制的质量和效果。

7.8.3 大数据与会计专业毕业设计的题目示例

(1) 大数据技术在会计信息分析中的应用研究——以某大型企业为例

开题方向:大数据技术在会计信息分析中的应用。

内容提要:以某大型企业为例,研究大数据技术在会计信息分析中的应用情况和效果,分析大数据技术对会计信息分析的作用和价值,探讨如何通过大数据技术提高会计信息分析的效率和准确性。

(2) 区块链技术在财务管理中的应用研究——以某金融公司为例

开题方向:区块链技术在财务管理中的应用。

内容提要:以某金融公司为例,研究区块链技术在财务管理中的应用情况和效果,分析区块链技术对财务管理的作用和价值,探讨如何通过区块链技术提高财务管理的效率和准确性。

(3) 大数据分析技术在风险管理中的应用研究——以某银行为例

开题方向:大数据分析技术在风险管理中的应用。

内容提要:以某银行为例,研究大数据分析技术在风险管理中的应用情况和效果,分析大数据分析技术对风险管理的作用和价值,探讨如何通过大数据分析技术提高风险管理的效率和准确性。

(4) 金融大数据平台建设与应用研究——以某跨国金融公司为例

开题方向:金融大数据平台建设和应用。

内容提要:以某跨国金融公司为例,研究金融大数据平台建设和应用情况,分析金融大数据平台对金融机构经营和管理的作用和价值。

(5) 现金流量管理研究——以某制造业公司为例

开题方向:现金流量管理。

内容提要:以某制造业公司为例,研究现金流量管理的情况和效果,分析现金流量管理对企业经营的重要性和影响,探讨如何通过现金流量管理提高企业的盈利能力和稳健性,降低财务风险。

7.8.4 工程造价专业毕业设计的题目示例

(1) 基于 BIM 技术的工程造价管理研究——以某工程公司为例

开题方向:BIM 技术在工程造价管理中的应用。

内容提要:以某工程公司为例,研究 BIM 技术在工程造价管理中的应用情况和效果,分析 BIM 技术对工程造价管理的作用和价值,探讨如何通过 BIM 技术提高工程造价管理的效率和准确性。

(2) PPP 模式下的工程造价管理研究——以某城市市政工程为例

开题方向:PPP 模式下的工程造价管理。

内容提要:以某城市市政工程为例,研究 PPP 模式下的工程造价管理情况和效果,分析 PPP 模式对工程造价管理的影响和挑战,探讨如何通过 PPP 模式实现工程造价管理的优化和提升。

(3) 工程造价模型优化研究——以某建筑设计公司为例

开题方向:工程造价模型优化。

内容提要:以某建筑设计公司为例,研究工程造价模型优化情况和效果,分析工程造价模型对建筑设计的影响和作用,探讨如何通过工程造价模型优化提高建筑设计的效率和质量。

(4) 建筑工程风险管理研究——以某建筑公司为例

开题方向:建筑工程风险管理。

内容提要:以某建筑公司为例,研究建筑工程风险管理的情况和效果,分析建筑工程风险管理的重要性和挑战,探讨如何通过建筑工程风险管理降低建筑工程的财务风险和技术风险。

(5) 建筑工程成本管理研究——以某工程咨询公司为例

开题方向:建筑工程成本管理。

内容提要:以某工程咨询公司为例,研究建筑工程成本管理的情况和效果,分析建筑工程成本管理的重要性和挑战,探讨如何通过建筑工程成本管理提高工程的经济效益和社会效益。

7.9 财务管理类专业群涉及的行业典型企业的介绍与分析

(1) 中国银行

中国银行(Bank of China)是中国最大的商业银行之一,也是中国四大国有商业银行之一。它成立于 1912 年,总部位于北京。作为中国的主要金融机构之一,中国银行提供广泛的金融产品和服务,涵盖商业银行业务、投资银行业务、保险业务等领域。

中国银行在国内外设有广泛的分支机构和子公司,包括在中国大陆、香港、澳门、台湾和海外多个国家和地区的分支机构。它是中国境内外最大的人民币交易和结算银行之一,同时也在国际金融市场上扮演重要角色。

作为一家财务管理类专业毕业生可能涉及的行业典型企业,中国银行在多个方面具有重要影响力和业务优势。

集团化经营:中国银行作为一家大型金融集团,旗下拥有多个子公司和分支机构,涵盖银行、保险、证券、资产管理等领域。财务管理类专业毕业生在中国银行及其子公司中可以参与到各个业务领域的财务管理工作,包括资金运营、财务规划、风险管理等。

国内外业务拓展:中国银行在国内外都拥有广泛的业务网络和客户基础,涉及个人银行业务、企业银行业务、国际业务等方面。财务管理类专业毕业生可以参与国内外业务的财务分析、风险评估、资金运作等工作,支持中国银行的业务拓展和风险控制。

金融科技创新:近年来,中国银行积极推动金融科技创新,投入大量资源开展数字化转型和智能化服务。财务管理类专业毕业生可以参与到数字化金融业务的财务管理和风险控制工作,推动金融科技创新,提高服务效率和客户体验。

国际化业务:中国银行作为中国的大型国际银行之一,在国际金融市场上具有广泛的影响力。财务管理类专业毕业生可以参与到国际金融业务的财务管理和风险控制工作,包括国际结算、外汇交易、跨境投资等方面,支持中国银行的国际化战略和全球化经营。

作为财务管理类专业毕业生,有机会在中国银行及其子公司中从事各个业务领域的财务管理工作,参与到集团化经营、国内外业务拓展、金融科技创新和国际化业务等方面,为中国银行的发展和金融行业的稳定与创新做出贡献。

(2) 中国保险集团

中国保险集团(China Insurance Group)是中国最大的保险公司之一,也是世界上最大的保险集团之一。它由中国人民保险集团公司(PICC)和中国人寿保险股份有限公司(China Life Insurance Company Limited)两家保险公司组成。中国保险集团在保险行业具有广泛的影响力和业务范围。

中国保险集团提供多种类型的保险产品和服务,包括寿险、财产险、意外险、健康险、养老保险等。它为个人和企业客户提供全面的风险保障和财务规划解决方案。作为中国保险市场的重要参与者,中国保险集团在财务管理、风险控制和资产管理方面积累了丰富的经验和专业知识。

中国保险集团在国内外都有广泛的业务网络和客户群体,它与国内外众多金融机构、企业和个人建立了紧密的合作关系,为客户提供专业的保险产品和服务。中国保险集团还积极参与国家经济建设和社会事业发展,为社会稳定和可持续发展做出贡献。

加入中国保险集团,毕业生可以获得丰富的行业经验和职业发展机会。在这个领域工作,他们可以参与财务管理、风险评估、保险产品设计、销售和客户服务等方面的工作,为客户提供全面的保险解决方案,并在不断变化的市场环境中成长和进步。

(3) 大型跨国会计师事务所

大型跨国会计师事务所是全球范围内提供专业会计、审计、税务和咨询服务的知名机构。它们在全球各地设有分支机构,并为各类企业、组织和个人提供全面的财务和业务咨询服务。

普华永道(PricewaterhouseCoopers,PwC)是全球最大的会计师事务所之一,总部位于英国伦敦。它提供审计、税务、咨询和企业风险等方面的专业服务。普华永道在全球152个国家和地区设有分支机构,拥有广泛的客户群体,包括跨国公司、中小型企业和政府机构等。普华永道以其专业的服务、全球化的网络和创新的解决方案而闻名。

安永(Ernst & Young,EY)是全球四大会计师事务所之一,总部位于英国伦敦。它提供审计、税务、咨询和企业风险等专业服务。安永在全球150个国家和地区设有分支机构,服务范围广泛,涵盖各个行业和领域。安永以其专业的团队、全球化的资源和领先的技术而备受推崇。

德勤(Deloitte)是全球四大会计师事务所之一,总部位于美国纽约。它提供审计、税务、咨询和金融风险等专业服务。德勤在全球150多个国家和地区设有分支机构,拥有广泛的行业专业知识和全球化的服务网络。德勤以其卓越的专业知识、创新的解决方案和协作的工作方式而著名。

毕马威(KPMG)是全球四大会计师事务所之一,总部位于荷兰阿姆斯特丹。它提供审计、税务、咨询和企业风险等专业服务。毕马威在全球150多个国家和地区设有分支机构,拥有广泛的行业专业知识和全球化的服务网络。毕马威以其专业的团队、高效的服务和深入的行业洞察力而享有声誉。

这些大型跨国会计师事务所在全球范围内具有广泛的业务覆盖和客户基础,它们为各类企业提供专业的财务和业务咨询服务,帮助客户解决复杂的财务和业务挑战。这些事务所的员工可以获得丰富的行业经验、专业知识和职业发展机会,同时通过与全球范围内的专业团队合作,不断提升自身素质和能力。

7.10 本章思考题

(1) 财务管理类专业群的行业现状和发展趋势

分析当前财务管理类专业群所涉及的行业现状和未来的发展趋势,讨论相关专业的就业前景以及对应岗位的需求情况。

(2) 知识结构和技能素质要求对于财务管理类专业群的就业的影响

除了掌握财务管理的专业知识外,财务管理类专业群对学生的哪些知识结构和技能素质有较高的要求?探讨这些要求如何提高学生的就业竞争力和适应行业发展的需求。

(3) 实践环节在财务管理类专业群中的重要性

探讨财务管理类专业群中实践环节(如实验、实训、实习等)对学生的能力培养和职业素养的重要性,以及对于培养学生实际应用能力和解决问题能力的作用。

(4) 课程论文和毕业设计方向

在财务管理类专业群中选择一个具体领域,如投资管理、财务分析等,提出一个适合该领域的课程论文或毕业设计方向,并说明该方向对学生的就业和专业发展的意义。

第8章 教育技术与英语等专业群知识结构与就业前景

教育技术和英语作为当前社会发展中的重要领域,与我们的日常生活紧密相连。当今世界,随着科技的不断发展和全球化的推进,教育和语言领域的挑战和机遇并存。本章将深入探讨教育技术与英语等专业群的知识结构与就业前景。

首先,我们将详细分析现代教育技术、学前教育以及英语专业的行业现状和发展趋势。在此基础上,我们将探讨这些专业群的就业前景和可能的岗位类型,以及各个岗位的发展趋势。在这些专业群的培养方向和主干课程的讨论中,我们将提供一些具体的课程论文示例,以便读者更好地理解这些专业的实际应用和研究方向。同时,我们还将详细列出各专业的核心知识点和专业技能要点,以帮助读者深入了解这些专业的核心内容。在职业发展方面,本章将详细列出各专业群所需的职业资格证和核心培训课程,以及在创业时所需具备的知识结构和技能素质。此外,我们还将深入探讨各专业的实验、实训、实习、毕业设计等实践环节,并提供一些具体的毕业设计题目示例。最后,本章将提供一些涉及这些专业群的行业典型企业的简介,以便读者能够更好地理解这些专业在实际工作环境中的应用。

本章旨在为读者提供一个全面而深入的视角,以便他们更好地理解教育技术和英语等专业群的知识结构和就业前景。我们希望通过学习本章的内容,读者能够对这些专业有更深入的理解,以便他们能够为自己的职业生涯做出明智的选择。

8.1 教育类和英语等专业群涉及的行业现状与发展趋势

8.1.1 现代教育技术专业涉及的相关领域现状和趋势

现代教育技术领域涉及到利用科技手段和创新方法来支持教育过程,提升学习效果和教学质量。

(1) 现状

科技应用广泛:现代教育中普遍应用各种科技工具和平台,如电子白板、在线学习管理系统、远程教育平台等,帮助教师和学生进行教学和学习活动。

资源共享和开放教育:通过互联网和开放教育资源,教育资源共享和开放程度越来越高。学生和教师可以自由获取各种教育资源,拓宽学习渠道和内容。

个性化学习和自主学习:现代教育技术支持个性化学习和自主学习。学习者可以根据自身的兴趣、能力和学习进度进行学习,提高学习效果和自主学习能力。

(2) 趋势

虚拟现实和增强现实应用:虚拟现实(VR)和增强现实(AR)技术将进一步应用于教育领域,为学生提供沉浸式学习体验,增强学习的趣味性和互动性。

数据驱动教学和学习:教育技术将更多地利用大数据和学习分析来优化教学和学习过程。通过分析学生的学习数据,个性化教育和智能辅助教学将得到进一步发展。

社交学习和协作学习:社交学习和协作学习将成为教育技术的重要趋势。教育平台和工具将提供更多支持学生之间互动和合作的功能,促进合作学习和团队合作能力的培养。

远程教育和在线学习发展:远程教育和在线学习将继续蓬勃发展。通过互联网和各种在线教育平台,学生可以在任何时间、任何地点进行学习,学习方式更加灵活和便利。

人工智能在教育中的应用:人工智能技术将在教育领域发挥越来越重要的作用。例如,智能辅导系统、自动评估系统和个性化学习推荐系统等将帮助教师和学生更好地进行教学和学习。

现代教育技术领域在科技应用广泛、资源共享和开放教育、个性化学习和自主学习等方面取得了显著进展。未来的趋势将包括虚拟现实和增强现实应用、数据驱动教学和学习、社交学习和协作学习、远程教育和在线学习发展以及人工智能在教育中的应用。这些趋势将进一步改变教育方式和教育技术应用,提升学习效果和教学质量。

8.1.2 学前教育专业涉及的相关领域现状和趋势

学前教育是指对幼儿(0~6岁)进行教育和照顾的教育,对幼儿的全面发展和基础教育起着重要的作用。

(1) 现状

重视早期教育:越来越多的家长和社会对学前教育的重视程度提高,认识到幼儿早期的学习和发展对其未来的影响。

多样化的教育形式:学前教育不仅限于传统的学前班和幼儿园,还包括家庭教育、托儿所、游戏教育等多种形式,满足不同家庭和孩子的需求。

科技应用:学前教育领域逐渐引入科技应用,如智能教具、教育软件和在线学习平台等,以提供更丰富、互动和创新的教学方式。

(2) 趋势

幼儿全面发展:学前教育将更加注重幼儿全面发展,包括认知、语言、社交、情感、身体和艺术等方面的培养,帮助幼儿建立良好的基础。

个性化教育:随着对幼儿个体差异的认识增强,学前教育将趋向个性化,根据幼儿的兴趣、能力和发展特点提供有针对性的教学和活动。

亲子教育：亲子教育将成为学前教育的重要组成部分，加强家长与孩子之间的互动和教育，提供家庭教育指导和支持。

环境教育和可持续发展：学前教育将注重培养幼儿的环境意识和可持续发展的观念，通过教育活动和实践，引导幼儿爱护自然、保护环境。

融合教育：学前教育将更加关注特殊教育儿童的需求，促进融合教育发展，为所有幼儿提供平等的教育机会。

教师专业化和培训：学前教育教师的专业素养将得到重视，持续的专业培训和提升将帮助教师更好地应对幼儿的教育需求。

学前教育领域在重视早期教育、多样化教育形式和科技应用等方面已经取得了显著进展。未来的趋势将包括幼儿全面发展、个性化教育、亲子教育、环境教育和可持续发展、融合教育以及教师专业化和培训。这些趋势将进一步提升学前教育的质量和效果，为幼儿的成长和发展提供更好的支持和保障。

8.1.3 英语专业涉及的相关领域现状和趋势

英语专业涉及广泛的领域，包括教育、翻译、文化交流、国际商务等。

（1）现状

教育领域：英语教育一直是英语专业毕业生的重要就业方向。目前，英语教育行业需求量大，包括在学校、培训机构、留学机构等从事英语教学和教育管理的职位。

翻译与口译：随着全球化进程的加速，对翻译与口译领域的需求也在增加。翻译可以涵盖文学、商务、法律、科技等多个领域，而口译主要应用于国际会议、商务洽谈等场合。

文化交流：英语专业毕业生可以从事文化交流领域的工作，如文化交流项目策划与组织、国际交流活动管理等，为不同国家和文化之间的交流搭建桥梁。

国际商务：随着全球贸易的增长，英语专业毕业生在国际商务领域也有广阔的就业机会，包括国际市场开拓、跨文化沟通、商务谈判等职位。

（2）趋势

数字化和在线教育：随着科技的发展，英语教育逐渐数字化和在线化，包括远程教育、在线英语学习平台等。英语专业毕业生可以参与教材开发、在线课程设计、教学咨询等相关工作。

跨文化交流与跨境合作：跨文化交流和跨境合作将是未来英语专业的重要趋势。英语专业毕业生需要具备跨文化沟通和合作的能力，积极参与国际项目和团队合作。

行业专业化：随着英语专业就业市场的竞争加剧，毕业生需要在某个领域进行专业化的深入学习和实践，如英语教育的教育技术、翻译与口译的特定领域等。

多语种能力：除了英语之外，掌握其他外语的能力将成为英语专业毕业生的竞争优势，特别是对于涉及多国合作和跨文化交流的职位。

社交媒体与内容创作：社交媒体和数字平台的兴起为英语专业毕业生提供了新的就业机会，如内容创作、社交媒体管理、在线英语教学等。

英语专业在教育、翻译、文化交流、国际商务等领域都有广阔的就业前景。未来的趋势将包括数字化和在线教育、跨文化交流与跨境合作、行业专业化、多语种能力以及社交媒体与内容创作。这些趋势要求英语专业毕业生不断提升自身的专业能力和适应能力，以适应快速变化的职场需求。

现代教育技术、学前教育和英语在当前社会发展中具有重要意义。在未来，这些领域将继续发展，逐步实现教育资源共享、教育方式创新、跨学科融合和国际化合作，为培养具有创新精神和国际视野的人才创造有利条件。

8.2 教育技术和英语专业群的就业前景与岗位及趋势

各个专业的就业前景、就业岗位以及发展趋势各有不同。

8.2.1 现代教育技术专业就业前景和岗位及趋势

现代教育技术是指将现代科技与教育相结合，运用各种教育技术手段和工具来改善教学和学习过程。

（1）就业前景

现代教育技术的就业前景较好。随着教育领域对教学效果和学习体验的要求不断提高，对现代教育技术人才的需求也在增加。尤其是在在线教育、远程教育、电子学习和教育科技创新等领域，现代教育技术人才具备较高的就业机会。

（2）岗位

教育技术顾问：提供教育技术解决方案和咨询服务，帮助教育机构或企业整合和应用现代教育技术。

教育技术教师/培训师：在学校或培训机构从事教育技术相关的教学工作，教授教育技术课程或培训教师使用教育技术工具。

在线教育设计师：负责在线教育平台的课程设计、教学资源制作和多媒体教学内容开发。

学习管理系统管理员：负责管理和维护学校或教育机构的学习管理系统，确保系统正常运行和数据安全。

教育技术研究员：从事教育技术领域的研究工作，探索新的教育技术应用和发展趋势。

（3）趋势

在线教育和远程教育：随着互联网和信息技术的发展，在线教育和远程教育得到越来越广泛的应用。现代教育技术人才需要了解在线教育平台的运作原理和教学设计，能够开发互动性强、个性化的在线教学资源。

移动学习和移动教育应用：移动设备普及为学习提供了更大的便利性。现代教育技术人才需要熟悉移动学习应用开发和设计，能够提供适应移动设备的学习体验和交互式教学。

数据分析和学习个性化：现代教育技术可以通过数据分析来了解学生的学习情况和需

求,从而提供个性化的学习体验和指导。现代教育技术人才需要具备数据分析的能力,能够处理和解读学习数据。

虚拟现实和增强现实技术:虚拟现实和增强现实技术为教学提供了更加沉浸式和互动性的体验。现代教育技术人才需要了解虚拟现实和增强现实技术应用,能够设计和开发相关的教育应用程序和内容。

教育游戏化:游戏化教学成为一种受欢迎的教学方法,可以提高学生的积极性和参与度。现代教育技术人才需要了解游戏化教学设计的原理和方法,能够开发教育游戏和互动式学习应用。

现代教育技术的就业前景较好,岗位涵盖了教育技术顾问、教师/培训师、在线教育设计师、学习管理系统管理员和研究员等。随着教育领域对教育技术的需求不断增加,现代教育技术人才需要持续学习和更新知识,适应教育技术发展和变化。

8.2.2 学前教育专业就业前景和岗位及趋势

学前教育是指对幼儿进行教育和照顾的教育,涉及幼儿园和学前教育机构。

(1) 就业前景

学前教育的就业前景较好。随着社会对早期教育的重视程度提高,对学前教育的需求也在增加。在许多国家,政府投资和政策支持使得学前教育得到进一步发展,为学前教育从业者提供了更多的就业机会。

(2) 岗位

幼儿园教师:在幼儿园从事教学工作,负责幼儿的学习和发展,设计和实施适龄幼儿的教学计划和活动。

幼儿园园长/主任:负责幼儿园的日常管理和组织工作,协调教师团队,制定教育发展方向和政策。

学前教育教研员:从事学前教育教研工作,参与教材开发、教育研究和课程改革等活动。

幼教培训师:从事幼儿教育培训工作,为教师和家长提供专业培训和指导。

学前教育咨询师:提供学前教育相关咨询和指导服务,包括家庭教育咨询和学前教育规划等。

(3) 趋势

多样化的教学方法:学前教育越来越注重个体差异和多元化,教师需要掌握多样化的教学方法,如游戏化教学、探究式学习、合作学习等,以满足幼儿的不同学习需求。

教育技术应用:随着教育技术的发展,学前教育中的数字化和在线教学越来越普遍。学前教育从业者需要掌握相关的教育技术工具和应用,以提供更好的教学体验和资源。

家庭教育合作:学前教育与家庭教育合作越来越重要。学前教育从业者需要与家长建立良好的沟通和合作关系,共同促进幼儿综合发展。

特殊教育关注:对特殊教育儿童的关注和需求逐渐增加。学前教育从业者需要具备一定的特殊教育知识和技能,能够为特殊教育儿童提供个性化的教育支持。

教育研究和政策支持:学前教育领域研究和政策支持将持续增加。学前教育从业者需要关注学前教育研究的最新动态,紧跟政策变化,并不断提升自身的专业素养和能力。

学前教育的就业前景较好,主要岗位包括幼儿园教师、园长/主任、教研员、培训师和咨询师等。随着社会对早期教育的重视和需求的增加,学前教育从业者需要具备多样化的教学方法、教育技术应用能力以及与家长和社区建立良好合作关系。同时,关注特殊教育、紧跟教育研究和政策发展也是学前教育从业者需要关注的趋势。

8.2.3 英语专业就业前景和岗位及趋势

英语专业涉及广泛的职业领域,社会提供了多种就业机会。

(1) 就业前景

英语专业的就业前景良好,英语是国际交流和商务合作的重要工具。社会对英语人才的需求持续增长,许多行业和领域都需要熟练掌握英语的专业人士,包括教育、翻译、媒体、旅游、国际贸易等。

(2) 岗位

英语教师:在学校、培训机构或大学从事英语教学工作,负责教授英语听说读写技能,设计教学计划和课程。

翻译与口译员:从事文字翻译和口译工作,将一种语言转化为另一种语言,促进跨语言和跨文化交流与理解。

外语培训师:在培训机构或企业从事英语培训工作,为学生或员工提供英语学习和培训服务。

英语编辑与校对员:在出版社、媒体或企业从事英语文稿编辑和校对工作,确保文本的语法正确性和流畅性。

国际销售与贸易代表:在国际贸易公司或跨国企业担任英语沟通和业务拓展的角色,负责与国外客户和供应商进行商务谈判和合作。

(3) 趋势

跨文化交流和国际合作:随着全球化的深入发展,跨文化交流和国际合作越来越重要。英语专业人士需要具备跨文化沟通和交际能力,能够在不同背景和文化环境中有效地进行沟通和合作。

多媒体和在线教育:随着科技的进步,英语教学和翻译领域越来越多地应用多媒体和在线教育技术。英语专业人士需要掌握相关的技术工具和平台,以适应数字化教学和翻译的趋势。

行业专业化:英语专业人士需要不断提升自身的专业素养,关注特定行业的知识和术语。例如,在医学、法律、金融等领域,对专业英语的需求较高,因此英语专业人士可以选择在特定行业进行深入研究和学习。

自主创业:一些英语专业人士选择在英语培训、翻译或媒体等领域创业,开设自己的英语培训机构、翻译公司或媒体平台,提供个性化的英语服务。

英语专业的就业前景良好,提供了多种就业岗位,包括英语教师、翻译与口译员、外语培训师、编辑与校对员、国际销售与贸易代表等。随着全球化和科技发展的趋势,英语专业人士需要不断提升自身的跨文化交际能力、掌握多媒体和在线教育技术,并关注特定行业的知识和术语。此外,自主创业也是一种可行的就业选择。

8.3 教育技术和英语专业群的培养方向和主干课程及课程论文示例

8.3.1 现代教育技术专业培养方向和主干课程以及课程论文示例

(1) 培养方向

本专业主要培养具有教育技术理论与技术知识、信息技术、数字化媒体等方面综合能力，教育技术应用与开发能力，教育信息化建设与管理能力，能在各类教育机构、企事业单位等工作岗位从事教育技术应用、教育信息化建设与管理等工作的专业人才。

(2) 主干课程

教育技术导论：教育技术的概念、基本原理、分类与发展历程。

多媒体技术与应用：多媒体技术的基本原理、多媒体应用技术、多媒体课件制作与设计等。

远程教育技术与应用：远程教育的概念、特点和发展趋势，远程教育技术与应用，远程教育课程设计等。

课件开发与评价：课件开发流程、课件评价方法、课件设计原则、课件教学策略等。

教育信息化管理：教育信息化管理的概念、理论、实践，包括教育信息化规划、组织、实施和评估等。

(3) 课程论文题目

教育技术在幼儿园英语教学中的应用研究

多媒体课件在小学语文教学中的应用研究

教育信息化管理的策略与方法研究

智能化教育系统设计与实现

虚拟现实技术在语文教学中的应用研究

微信小程序在教育教学中的应用研究

(4) 课程论文示例

中文题目：微信小程序在教育教学中的应用研究（示例节选）

作者：＊＊＊

摘要：文章旨在探讨微信小程序在教育教学中的应用情况及其效果。首先介绍了微信小程序的概念和特点，然后分析了微信小程序在教育教学中的优势和应用场景。接着，结合具体案例，分别从学生、教师和家长三个角度，深入阐述了微信小程序在教育教学中的应用模式和效果。最后，对微信小程序在教育教学中存在的问题进行了探讨，并提出了相应的解决方案和建议。

关键词:微信小程序;教育教学;应用研究;学生;教师;家长

正文:

一、引言

近年来,随着信息技术的发展和应用的不断深入,教育教学也发生了很大变化。作为一种新型应用技术,微信小程序在教育教学中逐渐得到了广泛的应用。微信小程序具有快速便捷、个性化、互动性强等特点,可以有效地改善教学质量,提高教育教学的效果。本文旨在探讨微信小程序在教育教学中的应用情况及其效果,为教育教学的改进提供一定的参考。

二、微信小程序在教育教学中的优势和应用场景

微信小程序是微信官方推出的一种全新的应用形态,具有快速便捷、体积小、性能优越等特点。在教育教学中,微信小程序具有以下优势:

(1)快速便捷。微信小程序可以直接在微信中使用,不需要下载安装,用户可以直接进入使用,使用起来非常方便快捷。

(2)个性化。微信小程序可以根据用户的需求和兴趣进行定制化,更好地满足用户的个性化需求,提供更加优质的服务体验。

(3)互动性强。微信小程序支持多种互动方式,例如聊天、投票、答题、打卡等,可以让教学更加互动,提高学生的参与度和学习效果。

微信小程序在教育教学中的应用场景主要包括以下几个方面:

(1)教学资源共享。教师可以通过微信小程序分享教学资源,例如课件、资料、练习题等,方便学生随时随地学习。

(2)课堂互动。教师可以通过微信小程序进行课堂互动,例如提问、投票、答题等,可以提高学生的参与度和学习效果。

(3)家校互动。学生和家长可以通过微信小程序进行家校互动,例如查看成绩、作业、考试安排等,可以方便家长了解孩子的学习情况,及时沟通交流。

三、微信小程序在教育教学中的应用模式和效果

(一)学生

在学生方面,微信小程序可以提供个性化的学习服务,例如在线听课、在线做题、在线答疑等。通过微信小程序,学生可以更加便捷地进行学习,提高学习效率和学习成绩。

案例一:英语学习小程序

通过微信小程序提供英语学习服务,例如听力练习、口语练习、阅读练习等,为学生提供更加便捷的学习方式。在使用过程中,学生可以根据自己的兴趣和需求进行选择,享受个性化的学习服务。

案例二:课程预习小程序

通过微信小程序提供课程预习服务,为学生提供更加便捷的学习方式。在使用过程中,学生可以提前预习课程内容,更好地掌握学习重点,提高学习效果。

(二)教师

在教师方面,微信小程序可以提供课堂互动、教学评价等服务,方便教师进行教学管理

和教学改进。

案例三：课堂互动小程序

通过微信小程序提供课堂互动服务，例如投票、答题、提问等，方便教师进行课堂管理和教学改进。在使用过程中，教师可以实时了解学生的学习情况，及时调整教学策略，提高教学效果。

案例四：教学评价小程序

通过微信小程序提供教学评价服务，为教师提供教学反馈和改进建议，帮助教师更好地改进教学质量，提高教学效果。

（三）家长

在家长方面，微信小程序可以提供家校互动、成绩查询等服务，方便家长了解孩子的学习情况。

案例五：家校互动小程序

通过微信小程序提供家校互动服务，方便家长了解孩子的学习情况，例如查看作业、考试安排、课程表等。在使用过程中，家长可以及时了解孩子的学习情况，更好地配合学校进行家校合作。

四、微信小程序在教育教学中存在的问题和解决方案

微信小程序在教育教学中存在以下问题：

（1）安全问题。微信小程序的开放性可能会导致安全问题，例如个人信息泄露、网络攻击等。

（2）知识产权问题。微信小程序使用涉及知识产权的问题，例如版权、专利等。

（3）管理问题。微信小程序使用需要进行有效的管理和监管，以保障教育教学的安全和有效性。

针对上述问题，可以采取以下解决方案：

（1）加强安全管理。加强安全管理，例如加强账号安全、加强数据保护等，以保障用户的隐私和安全。

（2）加强知识产权保护。加强知识产权保护，例如加强版权保护、加强专利保护等，以保障知识产权的合法权益。

（3）加强管理监管。加强管理监管，例如制定相关法律法规、加强监管机制等，以保障教育教学的安全和有效性。

五、结论

微信小程序在教育教学中具有广泛的应用前景和重要的作用。通过微信小程序，可以提供快速便捷、个性化、互动性强的教学服务，有效地改善教学质量，提高教育教学的效果。然而，微信小程序在教育教学中也存在一些问题，需要进行有效的解决和管理。相信随着技术的不断发展和应用的不断深入，微信小程序在教育教学中的应用将会得到更加广泛的推广和应用。

8.3.2　学前教育专业培养方向和主干课程以及课程论文示例

（1）培养方向

本专业旨在培养具有良好的教育思想和职业道德，掌握幼儿园教育原理、幼儿教育教学技能和管理能力的高素质专业人才，能在幼儿园和相关教育机构从事幼儿教育、管理、科研等方面的工作。

（2）主干课程

儿童心理学：儿童心理发展的基本理论、心理测量、心理干预等。

幼儿教育学：幼儿教育的基本原理、教育方法、教育课程等。

幼儿园管理学：幼儿园管理的理论、方法、流程和实践操作等。

幼儿教师职业道德：幼儿教师职业道德的基本原则、规范和案例分析等。

幼儿园安全管理：幼儿园安全教育、安全管理、应急处理等。

（3）课程论文题目

游戏在幼儿园教育中的应用研究

幼儿身体素质评估及其对教育的启示

幼儿园美术教育的价值与实践

幼儿园音乐教育的现状及发展趋势

幼儿身心健康教育的策略与方法研究》

幼儿园数学启蒙教育的策略与方法研究》

（4）课程论文示例

中文题目：幼儿园教育科技应用的研究与实践（示例节选）

作者：＊＊＊

摘要：文章通过文献资料研究和实地调研，探讨了幼儿园教育科技应用的现状和存在的问题，并提出了针对性的解决方案。首先，分析了幼儿园教育科技应用的意义和必要性。其次，介绍了幼儿园教育科技应用的主要形式和应用场景。然后，总结了幼儿园教育科技应用中存在的问题，包括教师的素质问题、幼儿园的设施条件问题、家长的参与问题等。最后，提出了解决问题的具体措施和建议，包括加强教师培训、改善幼儿园设施、加强家长参与等方面。通过该文的研究和实践，可以有效提高幼儿园教育科技应用的质量和效果。

关键词：幼儿园教育；科技应用；教师素质；设施条件；家长参与

一、引言

二、幼儿园教育科技应用的意义和必要性

三、幼儿园教育科技应用的主要形式和应用场景

四、幼儿园教育科技应用存在的问题

五、解决问题的具体措施和建议

六、结论

8.3.3 英语专业培养方向和主干课程以及课程论文示例

（1）培养方向

本专业旨在培养具有扎实的英语语言和文化基础、广泛的跨文化视野和跨学科综合能力，掌握英语教学和翻译技能的专业人才，能在教育、翻译、出版、媒体、国际贸易等领域从事与英语有关的工作。

（2）主干课程

英语语言学：英语语音、语音、语法、词汇、语用、语言变化等。

英语阅读与写作：英语阅读技能、写作技巧、翻译理论与实践等。

英美文学选读：英美文学史、主要文学流派、代表作品及其风格、思想与评价等。

英语教学法：英语教学理论、教学策略、教学评价、教学资源利用等。

跨文化交际：跨文化交际的基本理论、跨文化交际的实践技能、跨文化交际应用等。

（3）课程论文题目

新媒体时代英语阅读教学策略研究

英语词汇教学的策略与方法研究

英语教学中虚拟现实技术应用研究

英语教学中多媒体技术应用与评价研究

英语教师个性化发展的策略与方法研究

英语教学中互动模式研究与实践

（4）课程论文示例

中文题目：英语教学中虚拟现实技术应用研究（示例节选）

作者：＊＊＊

摘要：虚拟现实技术（Virtual Reality，简称 VR）具有强大的沉浸式体验和互动性，在英语教学中应用广泛。文章通过对虚拟现实技术在英语教学中的优势和应用场景的分析，探讨了虚拟现实技术在英语教学中存在的问题，并提出了针对性的解决方案。通过提高教师的应用技能和技术水平、完善虚拟现实技术应用环境、加强学生自主学习等方面的措施和建议，可以有效提高英语教学中虚拟现实技术应用效果。

关键词：虚拟现实技术；英语教学；沉浸式体验；互动性；自主学习

一、引言

二、虚拟现实技术在英语教学中的应用优势

三、虚拟现实技术在英语教学中存在的问题

四、虚拟现实技术在英语教学中的应用解决方案

五、结论

8.4 教育技术和英语专业群的核心知识点主要内容和专业技能要点

8.4.1 现代教育技术专业核心知识点和专业技能

(1) 核心知识点

教育技术的理论基础和发展历程:教育技术的概念、特点、分类、原理和发展趋势,以及全球教育技术的现状和发展趋势。

现代教育技术应用和相关技术:教育技术的应用领域、基本原理和实践方法,以及数字化学习、网络教育、智能教育等方面的技术。

教育技术管理与服务:教育技术规划、组织、管理和评估,以及教育技术服务设计、实施和评估。

(2) 专业技能

各类教育技术及其应用能力:掌握教育技术的应用原理、方法和工具,能够设计和实施教育技术应用方案,如智慧课堂、在线教育等。

教育技术开发和管理能力:掌握教育技术产品开发流程、技术标准和设计原则,能够开发和管理教育技术产品和服务。

教育教学管理和评估能力:掌握教育信息化的理论和实践,能够运用信息技术进行教学设计、教学管理和教学评估。

8.4.2 学前教育专业核心知识点和专业技能

(1) 核心知识点

幼儿心理、认知发展、学习特点:幼儿心理的特点和规律、幼儿的认知发展和学习特点,以及幼儿园教育的目标和原则。

幼儿园教育学、幼儿园管理学:幼儿园教育的理论和实践、教育管理和行政管理的基本原理、组织管理和规划管理。

幼儿教育教学方法、教育技术:幼儿教育教学方法的基本原则和实践方法,教育技术的应用原理、方法和工具,如互动课堂、数字化教育等。

(2) 专业技能

设计和实施幼儿园教育课程技能:掌握幼儿园教育课程的基本原则和编写方法,能够根据幼儿认知特点和发展阶段设计和实施有效的幼儿园教育课程。

幼儿园教学管理和评估能力:掌握幼儿园教学管理和评估的基本原则和方法,能够开展幼儿园教学管理和评估工作。

提供优质的幼儿教育服务能力:具备良好的沟通、协调、管理能力,能够提供优质的幼儿教育服务,与家长和社区保持良好的合作关系。

8.4.3 英语专业专业核心知识点和专业技能

(1) 核心知识点

英语语言的语音、语法、词汇等基础知识:掌握英语的基础语音、语法、词汇和语言表达能力,包括英语听说读写等方面的技能。

英语听说读写的教学原理和方法:了解英语听说读写的教学原理和方法,包括英语教学的基本理论、教学法和教材编写。

英语文化和国际交流的相关知识:了解英语国家的文化、风俗和习惯,以及国际交流的基本规则和礼仪等。

(2) 专业技能

设计和实施有效的英语教学方案技能:根据学生的英语水平和需求,设计和实施有效的英语教学方案,包括课程设置、教学方法和评估等。

良好的英语听说读写能力:具备良好的英语听说读写能力,能够用流利、准确、规范的英语进行口语交流和书面沟通。

英语文化理解和跨文化交际能力:了解英语国家的文化和社会习惯,具有跨文化交际的能力和国际化视野,能够在跨文化环境中自如地沟通和交流。

8.5 教育技术和英语专业群职业资格证及核心培训课程

8.5.1 现代教育技术专业

(1) 职业资格证

教育技术师:该资格证书表明持有人具备现代教育技术方面的专业知识和技能,能够设计和实施教育技术应用方案,提供教育技术支持和培训。

多媒体教学设计师:该资格证书证明持有人具备多媒体教学设计方面的专业能力,能够利用多媒体技术设计和开发教学材料和资源,提供创新的教学方案。

在线教育开发师:该资格证书表明持有人具备在线教育开发方面的专业知识和技能,能够设计和开发在线教育平台和课程,提供在线教育服务和支持。

(2) 核心培训课程

现代教育技术基础:学习现代教育技术的基本概念、原理和发展趋势,了解教育技术应用的基本方法和工具。

多媒体制作技术:该课程关注多媒体技术在教学中的应用,培养学生使用多媒体制作软件和工具,使其能够设计和制作教学多媒体资源。

网络教育与远程教学：学习在线教育平台和远程教学技术应用，包括教学管理系统、在线课程设计和教学评估等内容。

教育信息化管理：该课程侧重于教育信息化的管理和运营，让学生掌握教育信息系统建设和管理的技能，能够提供教育信息化咨询和支持。

教育资源开发与利用：学习教育资源开发和利用方法，包括教学设计、教学评估和教学研究等内容，能够有效利用教育资源支持教学活动。

8.5.2 学前教育专业

（1）职业资格证

学前教育教师资格证：该资格证书表明持有人具备从事学前教育教学工作的资格和能力，能够担任幼儿园教师岗位，负责幼儿教育和管理工作。

幼儿园教育管理师：该资格证书证明持有人具备幼儿园教育管理方面的专业知识和能力，能够管理和组织幼儿园的教育活动和日常运营。

幼儿教育心理咨询师：该资格证书表明持有人具备幼儿心理咨询方面的专业能力，能够提供幼儿教育心理咨询和支持，帮助解决幼儿教育中的心理问题。

（2）核心培训课程

学前教育学：学习学前教育的基本理论和原理，了解幼儿发展的特点和需求，掌握幼儿教育的基本方法和策略。

幼儿心理学：该课程侧重于幼儿心理发展的理论和研究，培养学生促进幼儿心理健康以及识别和干预幼儿心理问题的知识和技能。

幼儿教育方法与技巧：学习幼儿教育中的教学方法和技巧，包括启发式教学、游戏教育、故事讲解等，能够设计和实施有效的教育活动。

幼儿园课程与活动设计：该课程关注幼儿园课程的设计和教学活动的组织，通过学习幼儿园课程标准和课程规划，能够设计和组织适应幼儿发展的教育活动。

家庭教育与合作：学习家庭教育的理论和实践，了解与家长合作的重要性，能够与家长进行有效的沟通和合作，促进幼儿全面发展。

通过学习这些核心培训课程并取得资格证书，学前教育专业的学生将具备从事幼儿园教育工作的资格和能力，能够担任学前教育教师、幼儿园教育管理师和幼儿教育心理咨询师等职位。他们能够关注幼儿全面发展，提供适应幼儿需求的教育和支持。

8.5.3 英语专业

（1）职业资格证

外语教师资格证：该资格证书表明持有人具备从事外语教学工作的资格和能力，能够担任英语教师职位，负责英语教学和管理工作。

翻译资格证：该资格证书证明持有人具备翻译方面的专业知识和能力，能够进行口译和笔译工作，实现不同语言之间有效沟通。

商务英语师:该资格证书表明持有人具备商务英语方面的专业能力,能够在商务领域进行英语沟通和交流,处理商务文书和谈判等工作。

(2)核心培训课程

英语语言学:学习英语的语音、语法、词汇和语用等方面的知识,了解英语语言的结构和演变,掌握语言学的基本理论和方法。

英美文学:该课程侧重于英美文学作品的学习和分析,培养学生研究不同时期和流派的英美文学作品,了解英美文学的发展和特点。

跨文化交际:学习不同文化背景下的交际和沟通技巧,了解文化差异对语言使用和交际行为的影响,培养跨文化交际能力。

口译与笔译技巧:该课程关注口译和笔译的技巧和策略,培养学生掌握口译和笔译的基本原则和技术,使其能够进行口译和笔译实践。

英语教育学:学习英语教育的理论和实践,包括教学方法、教材设计、评估和教育心理学等,能够进行有效的英语教学和教育管理。

通过学习这些核心培训课程并取得资格证书,英语专业的学生将具备从事英语教学、翻译和商务英语工作的资格和能力。他们能够运用英语进行跨文化交流,翻译不同领域的文本,以及从事英语教育和教学管理工作。

8.6 教育技术和英语专业群毕业生在创业时所需具备的知识结构和技能素质

现代教育技术、学前教育和英语专业都是其毕业生具有较大创业潜力的专业领域。在创业时,创业者需要具备的综合的知识结构和技能素质。

(1)现代教育技术专业毕业生创业知识结构和技能素质

知识结构:教育学基本理论、现代教育技术的发展趋势、多媒体制作技术、在线教育平台运营管理、教育大数据分析等。

技能素质:熟练掌握教育技术工具和软件的使用,具备团队协作和创新能力,能够有效地推动教育改革和创新。

(2)学前教育专业毕业生创业知识结构和技能素质

知识结构:学前教育的基本理论、幼儿教育法规政策、幼儿园课程设计和管理、家长教育指导等。

技能素质:具备观察、评估幼儿发展的能力,熟悉幼儿教育方法和手段,能有效组织和指导幼儿活动,具备家长沟通和团队协作能力。

(3)英语专业毕业生创业知识结构和技能素质

知识结构:英语语言学基本理论、英语翻译和口译技巧、跨文化交际原则和技巧、商务英语、国际贸易等。

技能素质:具备良好的英语听说读写译能力,能在不同场合进行有效的英语沟通和翻译工作,熟悉跨文化交流原则,具备团队协作和创新能力。

在创业过程中,还需要具备市场分析和商业模式创新能力,了解投资融资、法律法规等方面的知识,以及拓展人脉和资源整合的能力。同时,还需要具备不断学习和适应市场变化的能力,以保持行业竞争力。

8.7 教育技术和英语类专业群实验、实训、实习、毕业设计等实践环节

8.7.1 教育技术和英语类软件实验课

软件实验课是现代教育技术、学前教育、英语等专业学生的重要实践环节之一。在这门课程中,学生将学习和实践与软件应用相关的技能和知识,以应对现代教育和学前教育中的各种需求。

学习教育软件:接触各种教育软件,如教学设计软件、互动课件制作软件、教学管理系统等。学习这些软件的基本操作和功能,以便在教学实践中应用。

创作教育资源:使用专业软件创作教育资源,如教学视频、教育游戏、教学网站等。学习如何运用软件工具来设计和制作有趣、互动和有效的教育资源。

网络教学与远程教育:学习和实践网络教学和远程教育的软件工具和平台,如在线教学平台、视频会议软件等。了解如何在虚拟环境中进行教学和学习,并掌握相应的技术操作。

数据分析与学习评估:学习使用数据分析软件和学习评估工具,以收集、整理和分析学生的学习数据。学习如何利用这些数据来评估学生的学习成果,优化教学过程。

软件实验课旨在培养学生的软件应用能力、创意思维和教学设计能力。通过实践操作和项目应用,学生将学习如何合理利用软件工具来提升教学效果和学习体验。他们将有机会设计和创建自己的教育资源,并运用软件技术来解决教育领域的实际问题。

在软件实验课中,学生通常需要完成一系列的实践任务和项目,例如制作教学课件、设计互动教学活动、开展远程教学实验等。通过这些实践活动,学生将能够更好地理解和掌握教育软件应用,提升自己的专业能力和竞争力。同时,软件实验课也为学生提供了探索教育技术领域的机会,为未来的职业发展做好准备。

8.7.2 教育技术和英语类仿真和模拟实验课

教育技术和英语专业的学生通常会参与仿真和模拟实验课程,以提升他们在教育和语言领域的实践能力和专业技能。

教学模拟实验:扮演教师或学生的角色,通过模拟教学场景进行实践。设计和执行教学计划,利用教育技术工具进行教学活动,并评估学生的学习成果。

虚拟语言学习实验:利用虚拟语言学习环境进行语言实践和交流。与虚拟角色进行对

话、参与虚拟语言学习社区,通过模拟实验提高语言沟通能力和跨文化交际能力。

多媒体制作实验:学习使用多媒体软件和工具,如音频编辑软件、视频制作工具等,创作教育相关的多媒体资料。制作教学视频、语言学习材料、教育游戏等,提升教学效果和学习体验。

远程教育实验:通过远程教育平台参与远程教学实验。使用在线教学工具和技术,与远程学生进行互动和教学交流,探索远程教育的优势和挑战。

教育技术应用实验:学习和实践教育技术应用。研究和使用教育软件、在线学习平台、虚拟现实技术等,设计和实施创新的教育技术解决方案,提升教学效果和学习成果。

通过参与教育技术和英语类的仿真和模拟实验课程,学生将有机会运用各种教育技术和语言学习工具,模拟真实的教学和学习情境,提高自己在教育和语言领域的专业技能和实践能力。这些实验课程有助于学生更好地理解教育和语言学习的理论知识,并将其应用于实际教学和学习环境中。通过实践和反思,学生将能够不断改进自己的教学和语言技能,为未来的教育和语言工作做好准备。

8.7.3　教育技术和英语类实训课程

教育技术和英语专业的学生通常会参与实训课程,以提升他们在教育和语言领域的实践能力和专业技能。

教学实训:亲自担任教师角色,在实际教学环境中进行教学实践。到学校、语言培训机构或社区组织担任教学实习生,设计和执行教学计划,与学生互动并评估他们的学习成果。

多媒体课件制作实训:学习使用多媒体软件和工具,如 PowerPoint、Prezi 等,制作教学课件和教育资源。设计各种教学素材,包括幻灯片、视频、音频等,提升教学效果和学习体验。

在线教育平台实训:通过参与在线教育平台的实训,熟悉和掌握在线教育工具和平台的使用。设计在线教学课程、创建学习资源,与学生进行在线互动和评估,探索在线教育的实际应用和教学方法。

语言实训:参与语言实训课程来提升自己的语言技能。这可能包括口语实训、听力训练、写作指导等,通过模拟真实语言环境,提高语言交流能力和应用能力。

教育技术应用实训:学习和实践教育技术的应用。研究和使用各种教育软件、在线学习平台、虚拟现实技术等,设计和实施创新的教育技术解决方案,提升教学效果和学习成果。

通过参与教育技术和英语类的实训课程,学生将有机会在真实的教学和语言环境中进行实践,锻炼自己的教学和语言技能。这些实训课程有助于学生将理论知识应用到实际情境中,并提供反馈和指导,帮助他们不断改进和提高自己的实践能力。通过实践和反思,学生将能够更好地理解和应用教育技术和语言学习的原理,为未来的教育和语言工作做好准备。

8.7.4　教育技术和英语类生产实习

教育技术和英语专业的学生通常需要参加生产实习,以获得与教育和语言领域相关的实践经验和技能。

教育机构实习：选择在学校、教育机构或语言培训中心等教育机构进行实习。参与教学活动,协助老师进行课堂管理、教学准备和教学辅助工作。通过实际参与教学实践,熟悉教育工作的流程和方法,并与学生互动,了解学生需求和教育环境。

多媒体制作实习：参与多媒体制作实习,例如参与教育课件、教育软件或在线教学资源开发和制作。学习使用专业的多媒体软件和工具,设计和制作教育相关的多媒体内容,如教学视频、课件、互动教材等。通过实习,提升自己的多媒体制作技能,并将其应用于教育领域。

在线教育平台实习：选择在在线教育平台实习。参与在线课程制作和管理,了解在线教育平台的运营和功能,与学生进行在线互动和支持。通过实习,了解在线教育的运作方式和特点,学习教学设计和课程管理的实践经验。

语言教学实习：选择在语言培训中心或国际学校等环境进行语言教学实习。担任教师助教角色,参与课堂教学,帮助学生提高英语听、说、读、写的能力,并协助教师进行教学活动和评估。

教育技术和英语类生产实习的目的是让学生将理论知识应用于实际教育和语言环境中,培养他们的教学技能和专业素养。通过实习,学生将有机会与专业人士合作,了解行业实践和需求,并在实际工作中发展自己的教育技术和语言能力。这些实习经验将为学生未来的教育和语言职业发展提供有力支持,并为他们在实际工作中取得成功打下坚实基础。

8.7.5　教育技术和英语类毕业设计

教育技术和英语类专业群的学生在毕业阶段需要完成毕业设计项目,这是他们整个学业的总结和实践应用的机会。毕业设计是综合的学习项目,常见方向主要分为两类,其目的均为提升学生的综合能力。

(1) 教育技术类毕业设计

在线教育平台设计与开发：设计和开发一个在线教育平台,包括用户界面设计、教学资源管理、学生互动和评估等功能。

教育游戏设计与评估：设计并开发一个教育游戏,结合学科知识和互动学习,通过实验评估游戏对学生学习效果的影响。

教育技术工具评估与比较：选择不同教育技术工具,评估和比较其在教学中的有效性和适用性,提出改进建议。

(2) 英语类毕业设计

英语教学方法设计与实施：设计一种创新的英语教学方法,并在实际课堂中实施,通过数据收集和分析评估方法的效果。

语言教材开发与评估：设计并开发一本适用于特定学习者群体的英语教材,并通过实验和调查评估教材的有效性和适用性。

跨文化交际研究：通过跨文化研究和调查,探索不同文化背景下英语交际的特点和挑战,提出跨文化交际的教学策略和建议。

在毕业设计过程中,学生需要进行文献综述、研究设计、数据收集与分析,并撰写毕业设计报告。他们将通过独立研究和实践,深入探讨和解决教育技术和英语相关的问题,并提出创新的观点和方法。毕业设计项目旨在培养学生的研究能力、解决问题的能力和学术报告写作能力,为他们的未来职业发展打下坚实的基础。

8.8 教育技术和英语类专业群毕业设计题目示例

8.8.1 现代教育技术专业毕业设计的题目示例

(1) 虚拟现实技术在教育中的应用研究

探究虚拟现实技术在教育中的应用,研究其对教学效果和学生学习体验的影响,分析虚拟现实技术教学的优势和不足,并提出改进方案。

(2) 人工智能技术在教育评估中的应用研究

研究人工智能技术在教育评估中的应用,探究如何利用人工智能技术进行教育评估,提高评估的准确性和效率。

(3) 大数据技术在教育中的应用研究

研究大数据技术在教育中的应用,探究如何利用大数据技术进行教育数据分析,提高教学效果和学生学习成效。

(4) 在线教育平台设计与实践

研究在线教育平台设计和实践,探究如何更好地设计和管理在线教育平台,提高在线教育的教学效果和学生学习体验。

(5) 在线考试系统设计与实践

研究在线考试系统设计和实践,探究如何更好地设计和管理在线考试系统,提高在线考试的准确性和效率。

8.8.2 学前教育专业毕业设计的题目示例

(1) 学前教育教学管理模式研究

研究学前教育的教学管理模式,探究如何更好地组织和管理学前教育教学,提高学前教育教学的效果和质量。

(2) 学前儿童情感教育研究

研究学前儿童情感教育,探究有效的情感教育方法和策略,提高儿童情感能力和自我调节能力。

(3) 学前教育课程改革研究

研究学前教育课程改革,探究如何更好地设计和管理学前教育课程,提高学前教育教学效果和学生学习体验。

(4) 幼儿游戏教育研究

研究幼儿游戏教育,探究游戏教育对幼儿认知、社交、情感等方面的影响,提高幼儿游戏教育的效果和质量。

(5) 学前教育中心理健康教育研究

研究学前教育中心理健康教育,探究如何更好地培育幼儿的心理健康,提高幼儿的身心健康和学习成效。

8.8.3 英语专业毕业设计的题目示例

(1) 英语词汇教学策略研究

研究英语词汇教学策略,探究如何更好地教授和学习英语词汇,提高学生英语学习效果和成绩。

(2) 英语写作教学研究

研究英语写作教学,探究如何更好地教授和学习英语写作,提高学生英语写作能力和水平。

(3) 英语听力教学策略研究

研究英语听力教学策略,探究如何更好地教授和学习英语听力,提高学生英语听力能力和水平。

(4) 英语口语教学策略研究

研究英语口语教学策略,探究如何更好地教授和学习英语口语,提高学生英语口语能力和水平。

(5) 英语阅读教学策略研究

研究英语阅读教学策略,探究如何更好地教授和学习英语阅读,提高学生英语阅读能力和水平。

8.9 教育技术和英语类专业群涉及的行业典型企业的介绍与分析

(1) 现代教育技术专业涉及的行业典型企业的详细介绍与分析

腾讯课堂是一家典型的现代教育技术企业。

腾讯课堂是由中国科技巨头腾讯公司推出的在线教育平台。作为腾讯公司旗下的重要产品之一,腾讯课堂利用互联网和现代技术,提供各种在线学习资源和服务,覆盖了从学前教育到职业培训的广泛领域。

其核心竞争力有如下方面:

在线课程和教学资源:腾讯课堂聚集了丰富的在线课程和教学资源,包括学科知识、技能培训、语言学习等多个领域。学习者可以通过腾讯课堂灵活选择感兴趣的课程,并随时随地进行学习。

教学工具和平台:腾讯课堂提供了一系列教学工具和在线学习平台,帮助教师和学生进行在线互动、课堂管理和学习评估。这些工具和平台提供了更便捷和有效的教学方式,促进了学习者互动和参与。

教育服务和咨询:腾讯课堂还提供教育服务和咨询,包括教育培训机构合作、教育咨询和学习规划等方面的支持。通过与合作伙伴合作,腾讯课堂为学习者提供更多个性化和专业化的教育服务。

腾讯课堂作为一家现代教育技术企业,具有重要的社会影响力和价值。它推动了教育数字化和在线化进程,为广大学习者提供了更灵活和便捷的学习方式。腾讯课堂还通过技术创新和合作伙伴关系,促进了教育资源共享和优化,提高了教育的可及性和质量。

腾讯课堂将继续致力于教育技术创新和发展。随着人工智能和大数据等技术的不断进步,腾讯课堂将进一步提升在线学习个性化和智能化水平,为学习者提供更加精准和个性化的学习体验。同时,腾讯课堂还将加强与教育机构、教师和学生合作,共同推动教育现代化和创新。

腾讯课堂作为一家现代教育技术企业,通过在线课程、教学工具和教育服务等方式,为学习者提供便捷、个性化的学习体验。它的发展促进了教育数字化和在线化,为教育产业创新和发展做出了重要贡献。未来,腾讯课堂将继续推动教育技术进步,以满足学习者不断变化的需求,助力教育事业繁荣发展。

(2) 英语专业涉及的行业典型企业的详细介绍与分析

英语流利说是一家知名的在线英语学习平台。

英语流利说成立于2012年,总部位于中国北京,是中国领先的英语学习平台之一。该企业通过移动应用程序和在线课程提供个性化的英语学习服务,致力于帮助用户提高口语表达能力和英语沟通能力。

其核心竞争力有如下方面:

科学有效的学习方法:英语流利说采用基于语音识别和人工智能技术的学习方法,通过语音评测和个性化课程推荐,帮助用户提升英语口语表达能力。他们提供丰富多样的学习内容,包括日常对话、商务英语、口语训练等,满足用户不同需求。

社交学习平台:英语流利说提供社交学习平台,用户可以与全球英语学习者进行实时对话和互动交流,提高英语口语的实际应用能力。用户可以参与各类主题讨论、角色扮演、英语角等活动,增加与他人互动和交流机会。

个性化学习进度:英语流利说根据用户的学习需求和水平制定个性化学习计划,用户可以根据自己的时间安排和学习进度进行学习。平台还提供学习记录和学习报告,帮助用户跟踪学习进展并进行评估。

英语流利说致力于提供高效便捷的英语学习平台,为广大用户提供了提升英语口语能力的机会。他们通过科学有效的学习方法和社交学习平台,让用户能够更加自由地学习、练习和交流。该平台对于英语学习者来说具有较大的社会影响力,帮助用户提高英语沟通能力,提升就业竞争力和跨文化交流能力。

英语流利说将继续致力于提供更高质量的英语学习服务。他们将不断优化学习体验,拓展学习内容和资源,满足用户不同学习需求。同时,他们还将利用先进的技术手段不断改进学习方法,提升学习效果和用户体验。

英语流利说作为中国知名的在线英语学习平台,通过科学有效的学习方法和社交学习平台，帮助用户提升英语口语表达能力。该平台的个性化学习计划和丰富的学习资源，使用户能够更加自由地学习、练习和交流。未来，英语流利说将继续发展并提供更优质的英语学习服务，为用户提供更好的学习体验和成长机会。

8.10 本章思考题

（1）教育技术和英语类专业群涉及的领域的行业现状和发展趋势

分析当前教育技术和英语涉及的领域的行业现状以及未来的发展趋势，探讨相关专业的就业前景和对应岗位的需求情况。

（2）知识结构和技能素质要求对于教育技术与英语等专业的就业的影响

除了掌握教育技术和英语领域的专业知识外，教育技术与英语等专业对学生的哪些知识结构和技能素质有较高的要求？讨论这些要求如何提高学生的就业竞争力和适应行业发展的需求。

（3）实践环节在教育技术与英语等专业中的重要性

探讨教育技术与英语等专业中实践环节（如实验、实训、实习等）对学生的能力培养、职业素养和创新能力的重要性，并说明其对于就业和专业发展的价值。

（4）课程论文和毕业设计方向

在教育技术与英语等专业中选择一个具体领域，如教育技术应用、英语教学方法等，提出一个适合该领域的课程论文或毕业设计方向，并解释该方向对学生的就业和专业发展的意义。

第9章 应聘求职简历与面试及终身学习提高就业竞争力

求职与面试的过程是每个职场人士都必须经历的挑战。在这个过程中,如何准确地展示自己的技能、经验和职业目标,如何了解市场需求,如何设计出能吸引雇主的简历,如何在面试中表现出色,都是至关重要的。本章的第一部分将为你提供一些关于求职简历与面试的实用建议。

然而,求职和面试只是成功职业生涯的开始。要在竞争激烈的职场中保持竞争力,不断学习和提升自我就显得至关重要。在这个快速变化的世界,我们需要适应新的技术、新的工作方式、新的商业模式,甚至新的行业。因此,本章的第二部分将讨论终身学习的重要性,并提供一些提高就业竞争力的方法。

9.1 求职简历与面试

在大学毕业生求职过程中,有许多方面需要关注和重视,特别是在简历设计和面试阶段。

9.1.1 了解自己的职业兴趣和目标

在大学毕业生在求职过程中,了解自己的职业兴趣和目标非常重要,这可以帮助你明确自己感兴趣的领域和行业,并为你在编写简历和面试中展示自己的能力和潜力提供指导。

自我评估:反思自己的兴趣、价值观、技能和优势。考虑自己对哪些领域感兴趣和有激情,并思考自己的目标和愿望。

探索职业领域:研究不同的职业领域和行业,了解其中的工作内容、要求和发展前景。可以通过参加职业讲座、实习、实践项目等方式,亲身体验不同职业的工作环境和职责。

资源调研:利用各种资源,如职业咨询师、校友网络、职业指导服务和在线职业平台,获取有关不同职业和行业的信息。了解工作的日常需求和挑战,以及相关的技能和知识。

实践经验:参与相关的实习、兼职工作、志愿者活动或学术研究项目,积累实践经验,进一步了解自己对特定领域的兴趣和适应度。

寻求指导:与职业指导师、行业专家或有相关经验的人交流,寻求他们的建议和意见。他们可能能够分享他们的职业经历和行业见解,帮助你更好地了解自己的职业兴趣和目标。

了解自己的职业兴趣和目标将有助于你在求职过程中选择合适的职位和机会,以及在简历准备和面试中突出自己与所申请职位的匹配度。同时,它还可以为你制定长期的职业规划和发展路径提供指导。记住,职业发展是一个持续的过程,持续地了解自己的兴趣和目标,并不断调整和适应变化的职业环境是至关重要的。

9.1.2 市场调研

市场调研是求职过程中非常重要的一步,它可以帮助你了解目标行业和公司的情况,以及相关职位的需求和竞争状况。通过市场调研,你可以更好地准备自己的求职材料和面试策略,增加自己在求职过程中的竞争力。通常,可借鉴一些市场调研方法,并按步骤实施市场调研。

研究目标行业:了解目标行业的发展趋势、市场规模、主要参与者以及行业内的热门职位。可通过行业报告、新闻、行业协会和专业网站等渠道获取相关信息。

研究目标公司:选择你感兴趣的公司,并对其进行深入研究,了解公司的使命、愿景、核心价值观、产品或服务、市场地位和竞争优势等信息。可查阅公司的官方网站、年度报告、新闻稿和社交媒体等渠道获取相关信息。

分析职位需求:仔细阅读和分析你感兴趣的职位描述和要求,理解职位所需的技能、经验、教育背景和其他要求。这将帮助你了解自己是否符合职位要求,以及是否需要进一步提升自己的能力和知识。

调查竞争状况:了解该行业和该公司内其他竞争者的情况,了解他们的产品、市场份额、竞争优势和战略。这将帮助你在求职材料和面试中突出自己的优势和独特性。

面试准备:根据你的市场调研结果,准备相关的问题和答案,以便在面试中展示你对目标行业和公司的了解和兴趣。通过准备针对性的问题和回答,展示你的能力、知识和适应性。

市场调研是一个持续的过程,它可以帮助你在求职过程中更好地定位自己,制定合适的求职策略,并增加成功的机会。记住要收集可靠的信息来源,综合分析,并将市场调研的结果应用到你的求职准备中。

9.1.3 简历设计

简历是求职过程中非常重要的一部分,它是向雇主展示自己能力、经验和教育背景的关键工具。出色的简历具有明显的特点,将有助于被雇主看中,从而获得面试机会。

结构清晰:简历的结构应该清晰易读,包括个人信息、求职目标、教育背景、工作经历、技能和其他相关信息。使用标题、段落和项目符号等,使简历整洁有序。

突出关键信息:将最相关和最引人注目的信息放在简历的前面,以便雇主能够快速地了解你的核心竞争力。例如,你可以将关键技能、实习经验或项目经历放在简历的顶部。

强调成果:在描述工作经历和项目经历时,强调你所取得的具体成果和贡献。使用具体的数据和事实,说明你在工作中取得的成功和成就。

突出技能和能力:列举你的关键技能和能力,并确保它们与目标职位的要求相匹配。使用简洁的语言描述你的技能,并提供相关的例子或证据来支持你的主张。

适应职位要求:根据目标职位的要求调整简历的内容和重点。强调与职位要求相关的经验、技能和教育背景,以提高你的可信度和竞争力。

简洁明了:尽量保持简历简洁明了,不要过分冗长。使用简洁的语言和短语,避免冗长的句子和段落。

格式一致性:确保简历的格式一致性,包括字体、字号、标题、段落缩进等。使用清晰易读的字体,并避免使用过多的装饰或花哨的设计。

检查错误:在提交简历之前,仔细检查拼写、语法和格式错误。请多次审查简历,或者请别人帮你检查,以确保没有任何错误。

最重要的是,根据目标职位的要求和个人背景,自定义你的简历,使其与职位需求相匹配。每次申请不同的职位时,都要对简历进行适当的修改和调整,以突出你在相关领域的专业知识和经验。

9.1.4　面试注意事项

准备充分:面试前要充分了解招聘公司的基本信息、企业文化和目标职位的职责,了解公司的最新动态和行业动态也是一个加分项。

自我介绍:准备一个简短而精彩的自我介绍,突出自己的优势、技能和适合该职位的经历,避免过于谦虚或夸张。

聆听与回答:在面试过程中,要认真聆听面试官的问题,并给出简洁明了的回答。遇到不理解的问题,可以适当请教面试官,展现出自己的学习能力和适应性。

提问环节:提前准备一些关于公司和职位的问题,在面试结束时,可以向面试官提问。这不仅展示了你对公司和职位的关注,还有助于你了解是否适合这份工作。

穿着得体:根据公司的文化和职位要求,选择合适的服装。着装得体会给面试官留下专业且认真的印象。

礼貌待人:从面试开始到结束,始终保持礼貌和尊重。向面试官问好、微笑、保持眼神交流等细节都会给面试官留下良好的印象。

保持自信:在面试时保持自信和镇定,即使在回答问题时遇到困难,也要尽量表现出沉着冷静,展示出自己适应压力和应对挑战的能力。

关注非语言沟通:在面试过程中,除了语言表达之外,还要注意自己的非语言沟通,如坐姿、手势和面部表情等。保持良好的姿势和积极的表情可以增加你的吸引力。

跟进:在面试结束后,可以通过邮件或电话向面试官表示感谢。这将展示你的礼貌和对职位的诚意,同时有助于提高自己在招聘者心中的印象分数。

反思与总结:在每次面试后,对面试过程进行反思和总结,找出可以改进的地方。无论面试结果如何,都要保持乐观的心态,不断积累经验,以便更好地应对未来的求职挑战。

在大学毕业生求职过程中,需要充分准备、认真对待每一个环节。通过优化简历设计、提高面试技巧以及保持积极的心态,可以提高求职成功的概率。

9.2 终身学习的重要性和不断提高就业竞争力的方法

9.2.1 终身学习的重要性

终身学习是一个持续不断的学习过程,意味着人们在整个生命中都需要不断地学习新知识、技能和能力。终身学习对个人和社会的发展具有重要意义。

应对不断变化的世界:随着科技的快速发展和全球化的推进,各行各业都在不断地发生变化。终身学习有助于我们适应这种变化,提高我们在不断变化的环境中生存和发展的能力。

提高就业竞争力:终身学习可以帮助我们不断地更新和完善知识体系,提高技能和能力,从而在激烈的就业竞争中保持竞争力。

个人成长与发展:通过终身学习,我们可以不断地挖掘自己的潜力,实现个人成长和发展。学习新知识和技能可以让我们更好地了解自己,提升自信心和成就感。

提高生活质量:终身学习可以帮助我们在各个方面提高生活质量,包括职业发展、健康、人际关系以及其他充实人生的领域。

9.2.2 不断提高就业竞争力的方法

确立目标:设定明确的职业目标,为自己的学习和发展制定计划。了解所在行业的发展趋势和需求,以便确定需要学习的知识和技能。

拓宽知识面:不断拓宽知识面,学习跨学科的知识,提高自己的综合素质。这将有助于我们在面对不同领域的挑战时,更加游刃有余。

培养实际技能:注重实践操作能力培养,提高自己在实际工作中的应用能力。参加实习、实训或志愿者活动,积累实际经验。

持续学习:利用在线课程、专业培训、讲座等途径,持续学习新知识和技能。关注行业动态,了解最新技术和发展趋势。

建立人际关系:建立广泛的人际关系,与同行业的专家和同事保持良好的沟通和合作。参加行业活动、交流会等,扩大人际网络,以便在职业发展中获得更多的机会和资源。

学会适应与创新:适应能力和创新能力在当今社会尤为重要。学会适应新环境、新技术和新工作模式,保持敏锐的洞察力,勇于尝试和创新。

培养良好的习惯:养成定期阅读、思考和总结的习惯,提高自己的学习效率和质量。同时,保持良好的身心健康,以便更好地应对工作和生活的挑战。

反思与总结:定期对自己的学习和工作进行反思和总结,找出需要改进的地方。从失败和挫折中汲取经验,不断提升自己的能力和素质。

终身学习对于提高个人就业竞争力具有重要意义。通过持续学习、拓宽知识面、培养实际技能等途径,我们可以不断提高自己的竞争力,适应不断变化的世界,实现个人和职业成功发展。